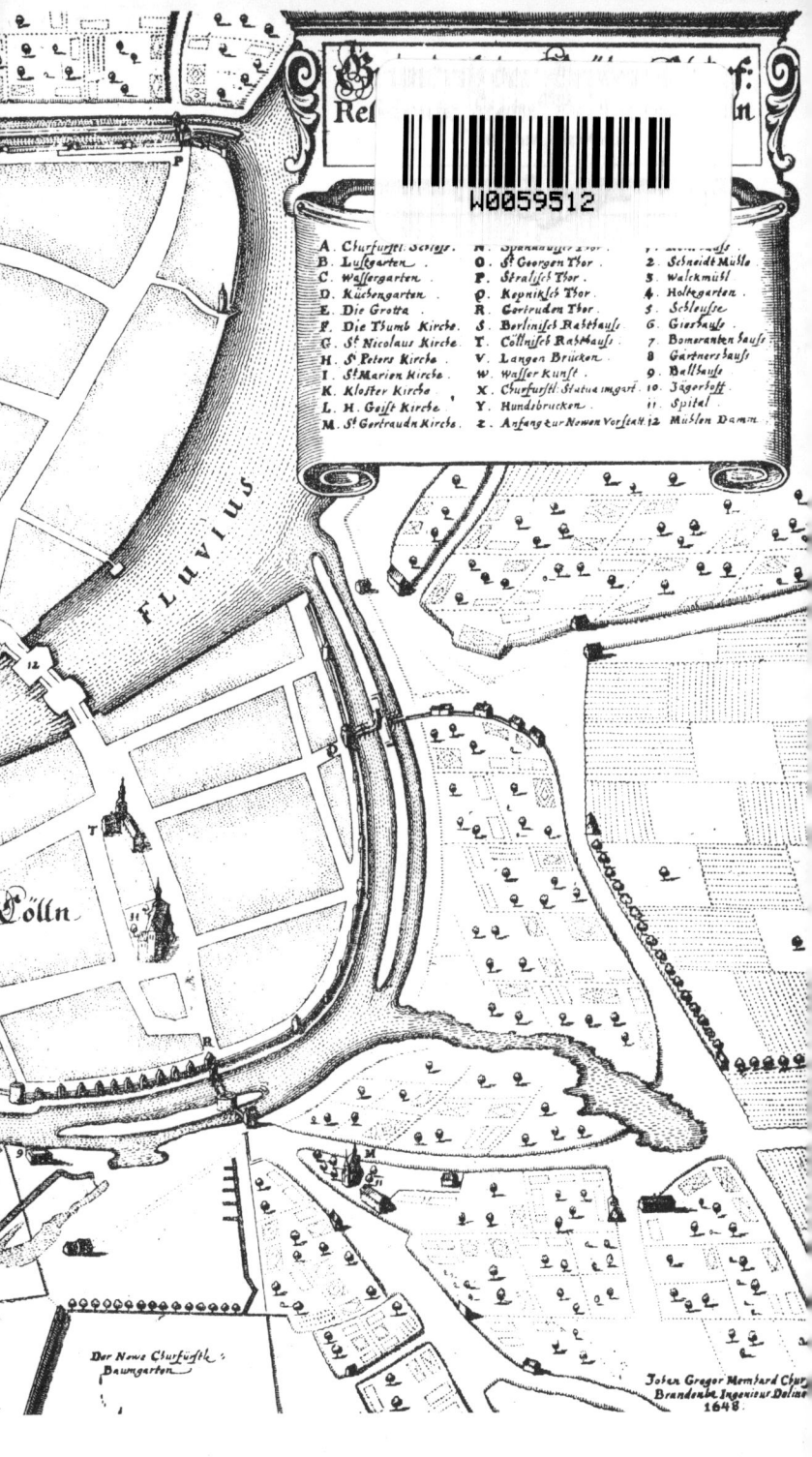

Eberhard Cyran

DAS SCHLOSS AN DER SPREE

Die Geschichte
eines Bauwerks und
einer Dynastie

arani

3. Auflage 1983
Mit 74 Bildern
nach zeitgenössischen Vorlagen
Verzeichnis der Abbildungen
auf Seite 384
Umschlaggestaltung
Rudolf Flämig
Einbandentwurf Martin Kausche
© 1976 by arani-Verlag GmbH
Berlin
Alle Rechte vorbehalten,
auch die der fotomechanischen
Wiedergabe, der Dramatisierung,
der Funkübertragung
und des Vortrages.
Printed in Germany
Satz und Druck:
Druckhaus Langenscheidt, Berlin
Lithographie und Druck
des Schutzumschlages:
Klibor, Berlin
Foto auf dem Schutzumschlag:
Bildarchiv
Preußischer Kulturbesitz, Berlin

**CIP-Kurztitelaufnahme
der Deutschen Bibliothek**
Cyran, Eberhard
Das Schloß an der Spree
Die Geschichte eines Bauwerks
und einer Dynastie
ISBN 3-7605-8502-7

Von *Eberhard Cyran*
erschien ferner
Sanssouci
Traum aus dem Sand
352 Seiten mit
34 zeitgenössischen Stichen

Jedes Ding
unter dem Himmel
hat seine Stunde:
Steine sammeln
und Steine zerstreuen,
herzen und ferne sein
vom Herzen.
Denn der Mensch kann
doch nicht treffen
das Werk, das Gott tut,
weder
Anfang noch Ende...

Prediger Salomo

ERSTER TEIL

DIE
FRÜHE
ZEIT

1440 — 1640

1. KAPITEL

Der Eisenzahn

Wo sich die Hügel des nördlichen Barnim und des südlichen Teltow einander nähern, führten seit alten Tagen Handelsstraßen über einen Fluß namens Spree.

Um die Zeit, da im fernen Apulien der große Staufer Friedrich II. seinen Kampf um die Idee eines zentralen Weltreiches gegen die Allgewalt der Päpste austrug, während die deutschen Länder versanken in Verrat und Verwirrung der geistlichen und weltlichen Mächte untereinander, während zugleich das Abendland erbebte unter dem Sturm mongolischer Horden – zu dieser Zeit etwa schickten sich im walddunklen Nordosten an jener Spreefurt, nicht lange nach der Gründung Münchens durch den löwengleichen Heinrich, zwei Marktsiedlungen, Berlin und Coelln, an, ihr bescheidenes Dasein zur Doppelstadt zu erhöhen. Am Nordufer, auf der Barnimseite, wuchs Berlin; drüben, auf der gegenüberliegenden Insel oder Halbinsel das jüngere, nach Kolonialschema angelegte Coelln, vermutlich benannt nach der uralten Reichsstadt am Rhein, an welchen Strom auch der Name des märkischen Rhin erinnert.

Schon vom großen Carolus heißt es, daß er seine blutigen Wallfahrten über die Elbe bis zu einem wendischen Inselnest »potsdupimi« – Unter den Eichen – ausgedehnt habe, gerade also etwa bis zu dem Punkt, wo sich ein Jahrtausend später ein Lustschlößchen mit dem Märchennamen »Sanssouci« erheben sollte...

Unter den Nachfahren des großen Eroberers verlagerte sich der Schwerpunkt des Reiches mehr und mehr nach Osten. In der Harzburg regierte der vierte Heinrich, zu Braunschweig der trutzige Heinrich der Löwe.

Vom Harz her kam auch das erste märkische Fürstenhaus. Aus Anhalt, dem Stammsitz der Askanier, wanderten die ersten

Siedler zu jenen Spreeniederungen, die einmal das Herz einer Weltstadt werden sollten.

Wie kaum ein anderes Stück deutscher Erde wurde die sandige Mark vom Zeitensturm umtobt und geplagt. Ihr Zeichen war und blieb: Armut.

Als die Askanier ausstarben, herrschten für fünfzig Jahre bayerische Herren. Aber sie *herrschten* eben auch nur – *leben* wollten sie lieber im sonnigeren Süden. Das karge, verlorene Ostland blieb ihnen fremd.

Die Wittelsbacher verhökerten die Mark dem düsteren Kaiser Karl, der im goldenen Prag residierte und die Mark in sein geplantes Ostreich einzubeziehen gedachte. Karls Sohn Sigismund wiederum überließ das unansehnliche Erbe großzügig seinem Zechkumpanen, dem Nürnberger Burggrafen und Fürsten von Ansbach, Friedrich VI., als Lohn für die Dienste gegen die Türken und bei der Kaiserwahl Sigismunds. Wieder regierte also ein süddeutsches Geschlecht im märkischen Wald und Sand. Und wieder zogen es die edlen Herren vor, im freundlicheren Süden zu verweilen. Was gab es in der Mark auch zu holen?

So entsprach auch das äußere Bild des Doppelstädtchens Berlin-Coelln der Bedeutung des Landes: Neben einigen Gotteshäusern und Klöstern umstanden hölzerne oder lehmgefügte, mit Stroh oder Schindeln gedeckte Hütten die ungepflasterten Wege. Die von endlosen Sumpfniederungen begleitete Spree umfloß zahlreiche Inseln und Werder. Einzige Verbindung zwischen den beiden Orten blieb für lange Zeit eine Bohlenbrücke, die vom alten Berlinischen Markt, dem späteren Molkenmarkt, über das Gerinn der Spreemühlen zum Coellnischen Fischmarkt führte.

Residenz- und Bischofssitz war indessen seit Otto I. die einst königliche Burg und Stadt Brandenburg an der Havel, nach der auch die Mark ihren Namen trug. In Berlin blieb es ein Ereignis – und ein höchst unwillkommenes dazu –, wenn sich einmal der Landesvater zeigte. Meistens bedeutete es nur neue Geldopfer. Seine Berliner Wohnung, das Hohe Haus in der Klosterstraße, war ein stattliches, wahrhaft hochragendes Gebäude. Seine Reste kamen bei Abbruch eines Lagerhauses, in das es eingebaut war, im Jahre 1931 zum Vorschein.

In jenem Hohen Haus geschah es einstens, daß sich der erste Zoller den Respekt der widerspenstigen märkischen Stände erzwang. Dafür sperrte man seinem Sohn und Nachfolger, Friedrich II., mittlerweile Kurfürst des Reiches, als er in Berlin-Coelln Einzug halten wollte, das Spandower Tor vor der Nase zu. Worauf der neue Herr kurz entschlossen mit seinen sechshundert Reisigen zum Sturm ansetzte. Da öffnete sich das Tor sehr schnell. In der Stadt angelangt, nahm er alsbald den Hohen Rat fest und der Stadt ihre sämtlichen Privilegien. Das hatten die selbstbewußten Berliner nun davon.

Dieser betrübliche Tatbestand entschied jedoch möglicherweise das Schicksal nicht nur Berlins und der Mark, sondern des deutschen Ostens:

Der Kurfürst, dessen eigentliche Residenz die Stadt Brandenburg war, beschloß, gerade *hier* mit dem Bau einer beherrschenden Burg zu beginnen; und zwar unverzüglich, als wisse er, daß die Geschichte dränge. Was er in Brandenburg niemals verspürt hatte: hier schien er etwas von einem »genius loci« zu ahnen. Hier sollte sein neues Haus erstehen, das er zu einer festen, der eigentlichen Mitte des Landes zu erheben gedachte.

Nicht ahnen konnte er, daß dieser Ort dazu bestimmt sein sollte, einst Mitte zu werden im weltgeschichtlichen Sinn – mit allem Glanz, allem Stolz und Kampf durch die Jahrhunderte.

Den Platz für die erste Burg wählte der Kurfürst klug: genau zwischen den beiden Städten, auf dem sogenannten »Werder«, und zwar an der »Langen Brücke« und in Anlehnung an die alte Coellnische Stadtmauer.

Der kurfürstliche Hammerschlag »mit syn eegen Hand«, von dem der Chronist berichtet und der die Grundsteinlegung besiegelte, sollte für ein halbes Jahrtausend Glück und Aufbau bedeuten. Bis eine ferne, gnadenlose Zeit die Steine und alles Gewordene und Geschaffene wieder zu Staub zermahlen würde.

*

Jetzt leitete dieser Beginn wahrhaft neue Zeiten ein. Neue Zeiten indessen beginnen meist für die Betroffenen ziemlich freudlos.

Die allzu feierliche Grundsteinlegung und das stolze Benehmen der westlichen Gäste führten die sonst recht uneinigen Geschlechter und Zünfte wieder zusammen, und es dräute der sogenannte »Berliner Unwille«. Während der Kurfürst mit den Herzögen von Pommern und Lauenburg in Fehde lag, nutzte man kühn die Gelegenheit, die kurfürstlichen Herren im Hohen Haus kurzerhand einzusperren, die Urkunde mit dem Vertrag wegen des Baugrundes zu rauben und die Maurer und Handwerker von dem begonnenen Werk zu verjagen.

Zu allem Überfluß öffneten die tüchtigen Bürger noch den auf dem coellnischen Werder gelegenen Spreestau: ein Teil der Stadt, vor allem der Baugrund des künftigen Schlosses, wurde kurzerhand unter Wasser gesetzt!

Natürlich konnte die Sache nicht gut gehen; und es gilt hier nur die Entschuldigung, daß man den jungen Zollern eben noch nicht kannte. Der eilte auch sogleich zu dem von brodelndem Aufruhr bedrohten Schauplatz seiner kurzen Herrscherherrlichkeit und erstickte bemerkenswert schnell den Aufstand durch Dokumentation seines »Unwillens«. Die Hauptakteure wurden vor ein zu St. Nikolai tagendes Gericht gefordert.

Die Anführer mußten einen beträchtlichen Teil ihres Besitzes abtreten und hohe Geldbuße zahlen, sofern sie nicht auf dem Rad endeten. Andere steckte man in den Juliusturm zu Spandow, der damals noch solchen Zwecken diente, bevor man ihn später würdigeren, nämlich den Staatsschatz zu bergen, zuführte. Der Berliner Bürgermeister Bernd Ryke, die Seele des Aufstandes, wurde nach Einziehung seiner reichen Lehen aus den märkischen Hauptstädten Berlin, Coelln, Prenzlow, Brandenburg und Frankfurt sowie aus Spandow verwiesen. Bald danach raunte man sich im Volke zu, der Kurfürst habe ihn sicherheitshalber in der Gegend von Wittenberg »von unbekannten Rittern anrennen und so hart verwunden lassen, daß er davon sterben mußte« . . .

Damit war auch der stolzen Selbständigkeit Berlins der Todesstoß versetzt. Viele alte Geschlechter verließen die Stadt. Der Handel versiegte. In der Mark wurde die Doppelstadt von Frankfurt überflügelt. Ob das Sinnbild der Freiheit, der Roland, in die Spree gestürzt worden ist, wie es heißt, findet sich kaum bestätigt. Jedenfalls sah und hörte man danach nichts mehr von ihm.

Ein sichtbares Zeichen aber trug jetzt auch das Wappen der Stadt: Auf dem Berliner Bären thronte mächtig mit ausgebreiteten Flügeln der brandenburgische rote Adler; der Bär trug Halsband und Kette: Berlins Rolle als selbständige Stadt war ausgespielt.

Es beginnt die Geschichte der Residenz.

*

Der Bau des Schlosses an der Spree, das die Chroniken nicht ganz zu Unrecht »Frenum antiquae libertatis« – Zaum der alten Freiheit – nannten, ging nun rasch und ungestört vonstatten. Überdies brachte die ganze Geschichte dem Kurfürsten immerhin den Vorteil, daß die Bürger nun selbst die Kosten ihres Joches tragen durften.

Solche Zielstrebigkeit hatten die guten Berliner bis dato von seiten irdischer Obrigkeit nicht kennengelernt. Dafür verliehen sie dem Landesvater, der ihnen dieses »Zwing-Coelln« vor die Nase setzte, auch alsbald seinen historischen Ehrennamen: Von nun an hieß Friedrich II. der »Eisenzahn« oder einfach: der Eiserne.

Und blieb es. In aller Freundschaft, versteht sich. So leichtsinnig waren die Berliner ein zweites Mal nicht mehr, sinnlos wider den Stachel zu löcken. Und schließlich gewannen sie ja auch einiges dabei, wie sich bald herausstellte . . .

Die neue Burg, für westliche Begriffe von schlichtester Bescheidenheit, stellte immerhin das erste profane Gebäude von Rang in der Mark dar: auch hierin Mitte und Maßstab für alles weiterhin Entstehende. Man begann damit, daß man die alte Stadtmauer von Süden bis zur äußersten Nordwestecke, wo sich in Nähe der Dominikanerkirche ein viereckiger Befestigungsturm erhob, niederlegte. Dieser Turm, durch Jahrhunderte erhalten, sollte in seinem Unterbau den Sockel für den späteren »Münzturm« bilden, dessen Einsturz später den Zusammenbruch der Schaffenskraft des Meisters Schlüter bedeutete.

Die beiden Abbildungen zeigen die Belehnung Friedrichs I. mit der Mark Brandenburg

durch König Sigismund im Jahre 1417. Nach
Holzschnitten aus dem Jahre 1483

Die östliche Stadtmauer an der Spree ließ man stehen. Ihre beiden Wehrtürme und ein altes, zwischen ihnen gelegenes Haus bezog man in die neue Anlage ein. Der nördliche Eckturm wurde nun Mittelpunkt der Burg – und blieb mit seinen zweieinhalb Meter dicken Findlingsmauern als sagenumsponnener »Grüner Hut« bis in unsere Tage erhalten.

An ihn lehnte sich ein dem heiligen Erasmus geweihter Kapellenbau, obgleich wenige Schritte davon im Süden die Klosterkirche der Dominikaner ragte. Was wäre zu dieser Zeit ein Schloßbau ohne Kapelle gewesen?

An den Andachtsraum schloß sich der Hauptbau mit den Gemächern des Fürsten und dem großen Saal. Wirtschaftsgebäude umgaben einen Hof, der wiederum an die alten Klostergebäude der Dominikaner grenzte. Um die ganze Anlage fügte man doppelten Wall und Graben. Lebte man doch zu einer Zeit, da jeder gegen jeden zu kämpfen gewohnt war: Land gegen Stadt, Stadt gegen Adel, Adel gegen Bürger, Bürger gegen Fürst – und oftmals alle gegen die Übermacht der Kirche . . .

*

Anderthalb Jahre später zeigte sich die neue Burg an der Spree vollendet: eine auch für hiesige Verhältnisse bedeutende Anlage.

Ihr Herzstück, der »Grüne Hut«, fand nun gleichsam symbolisch ehrenvolle Verwendung als Gefängnis, um das die phantasiereiche Zeit manch schaurig-schöne Mär wie die der »Eisernen Jungfrau« flocht. Diesem Standbild einer verführerischen Dame pflegte man, romantisch wie man nun einmal gesinnt war, die Unholde und Tunichtgute zuzuführen, damit sie, von der jäh zu grausigem Leben Erwachten an den bis dahin von unsichtbaren Dornen und Messern strotzenden Busen gepreßt, unter dem sinnigen Spruch: VADE IN PACEM – Geh hin in Frieden – zerfetzt den Krebsen und Karpfen des Spreearmes zu guter Letzt zum Fraße dienten, die in dem sumpfigen Gewässer vorzüglich gediehen und sich auch auf der kurfürstlichen Tafel größter Beliebtheit erfreuten . . . Ungeachtet dessen war es ein strahlender Tag, als die Burg den Herrscher zum

16

ersten Male in ihren Mauern empfing. Es wird weiterhin berichtet, daß der Kurfürst eine aus feinen Silberplatten geschmiedete Rüstung trug, darüber einen pelzverbrämten blauen Samtmantel. Seine Gemahlin prangte in reichbesticktem Ober- und Unterkleid und einer nach neuestem Pariser Modell gearbeiteten Wulsthaube. Hauben spielten zu diesen Zeiten für die Damen eine entscheidende Rolle, was nur verständlich erscheint, denn wie auf allen Gebieten der Körperpflege hielt man es auch mit den Haaren; zweifellos tat man gut daran, sie so vorteilhaft wie möglich zu verstecken.

Die Herren der kurfürstlichen Begleitung kokettierten indessen mit den modernen, an Brust und Rücken weit ausgeschnittenen Wämsen – man liebte damals besonders bei den Männern das Dekolleté! – und eleganten, knappen Oberhosen über langen Beinkleidern, während von den Schultern ein kurzer Mantel von Samt oder flandrischem Tuch flatterte . . .

Im Gegensatz zu den Modeberichten der hohen Herrschaften können wir über das Äußere des alten Eisenzahn-Schlosses in den Chroniken nichts nachlesen. Wir wissen nur, daß es »stattlich« und unmittelbar an der Spree gelegen war und daß vom Hof eine Treppe zum Eingang der Halle emporführte, auf der in Anbetracht des feierlichen Einzuges Pagen in den zollernschen und brandenburgischen Farben standen.

Der Unterbau der Burg bestand aus von weither herangeschleppten Feldsteinen, das Obergeschoß aus gebrannten Ziegeln. Ebenso die Fußböden – nur das Wohnzimmer der hohen Herrschaften besaß hölzernen Boden, der mit Sand bestreut wurde. Dafür schmückte man die niedrigen Decken mit Malereien und Vergoldung, während die Möbel, hauptsächlich hölzerne Truhen und Sessel, teilweise mit Samt gepolstert waren, was ihrer Unbequemlichkeit kaum Abbruch tat.

Den schönsten Raum stellte zweifellos der große Saal über der Eingangshalle dar, dessen Gewölbe von Granitsäulen getragen wurde. Türeinfassungen und Kamin waren ebenfalls aus Granit gemeißelt, der Fußboden mit roten und schwarzen Steinen eingelegt. Wände und Gewölbe zierten erbauliche Malereien und Sprüche.

Von den Zinnen der alten Burg schweifte der Blick weit über

die Wasser und die Coellner Stadt bis zu den Höfen des Grauen Klosters. Von den Wiesen und Altwässern her umwehten die längste Zeit des Jahres Nebel die festgefügten Mauern und Wälle, deren düstere Wucht im grauen märkischen Licht bei den Hofleuten immer wieder Sehnsucht wachrief nach den heiteren Tälern des Frankenlandes, aus dem die meisten von ihnen hierher verschlagen waren.

Mochte der Aufenthalt an der Spree für die Herrschaften trotz der neuen Burg alles andere als kurzweilig sein, so bemühte sich der Kurfürst doch unermüdlich, die Residenz weiter auszubauen und in ihrer Bedeutung zu festigen. Die Macht der Brandenburger kam zu dieser Zeit im Rate des Reiches beinahe der der kaiserlichen Habsburger gleich, nachdem die Staufer bis zu ihren letzten Erben dem Haß der Päpste und deren Helfer zum Opfer gebracht worden waren. Die Stimme des Eisenzahns wog gewichtig im Kreise der einander ewig mißtrauenden deutschen Fürsten, und seine märkische Residenz sollte dem Rechnung tragen. Vierzehn Jahre nach Einweihung der Erasmuskapelle erhob er diese zum Domstift – wobei der Kurfürst wohl vor allem auch die eigene Patronatsstellung gegenüber der Kirche im Auge hatte.

Das alte Hohe Haus in der Klosterstraße, dessen er nun nicht mehr bedurfte, erhielt der Kammerdiener »zu Lehen«. Ebenso sicherte sich der Kurfürst seine Burg – und schlug damit zwei Fliegen mit einer Klappe, wie eine alte Urkunde bestätigt:

»Zur besseren Befestigung seines neuen Schlosses zu Coelln hat der Kurfürst beschlossen, dasselbe mit Burglehen zu versehen, damit, wenn er oder seine Nachkommen nicht anwesend, das Schloß Beistand durch Burgsassen, welche sich lange Zeit hindurch der Herrschaft nützlich und treu bewiesen haben, nicht entbehren möge. Diese sollen das Schloß nach Burglehensrecht und Gewohnheit bewachen und im Falle der Noth mit aller Macht vertheidigen helffen ... «

Was für die derart Ausgezeichneten noch mit dem Vorteil absoluter Freiheit von allen Abgaben und der Rechte zu mancherlei bürgerlichen Geschäften verbunden war.

Das neue Schloß an der Spree als Schwer- und Mittelpunkt des Kurfürstentums brachte seinem Herrn gute Früchte. Forderten die Städte zuvor überall Bestätigung ihrer Rechte und Anteile, so waren sie nun selbst bedingungslos zur »Huldigung« verurteilt. Was ihnen an Rechten verblieb, geruhte der Landesherr gelegentlich als freiwilliges Gnadengeschenk zu gewähren.

Auch die anspruchsvollen Stadtadligen waren »Untertanen« geworden wie alle anderen Bürger, denen man jetzt großmütig, wenn auch mit Einschränkung, die Wenden und die Juden zurechnete. Die Segnungen des Friedens und der Ordnung begannen sich zum erstenmal in der Mark auszuwirken.

Entscheidende Bedeutung über die Jahrhunderte hinweg erhielt Friedrich II. durch die Erkenntnis, daß die Mark ein vorgeschobener Posten gegenüber dem slawischen Osten sei – und durch die Bekundung dessen, indem er auf jener Spreeinsel seine Burg errichtete.

Brandenburg begann teilzuhaben an der deutschen Geschichte.

2. KAPITEL

Gefährliche Jagden,
Pest und Weltuntergang

Der Nachfolger Albrecht, der sich gern mit dem Ehrennamen »Achill« nennen hörte, liebte es als einer der präch-
tigsten Fürsten seiner Zeit, in der fränkischen Residenz »wie
König Artus« hofzuhalten, während das Reich verkam. Die
Deutschen fanden sich in den Welthändeln zurückgesetzt und
überall von »fremden Nationen« überspielt. Zum erstenmal erklang der Ruf nach einer »tütschen Nation«. Doch die hemmungslos ihrer Hausmachtpolitik verfallenen Fürsten kannten
wie zuvor nur Hader und Intrigen. Die armseligen Bauern und
die eingeschüchterten Bürger sahen sich verraten von ihren ewig
schwelgenden, ewig raufenden Herren. Halb mittelalterliches
Lehensreich, halb fragwürdiger Bund von zentralistisch ver-
walteten Fürstenstaaten, dämmerte die mitteleuropäische Welt
dahin.

Ganz Fürst dieser ruhmlosen Zeit des kranken Reiches war der
brandenburgische Albrecht Achilles. Was Wunder, daß dem
prächtigen Haudegen an der Mark und dem düsteren Burgbau
an den Ufern der Spree nichts gelegen war!

So kam er vorerst auch gar nicht selbst, die Regierung zu übernehmen, sondern schickte dafür seinen fünfzehnjährigen Sohn
als Statthalter, sprich: Eintreiber. Benötigte man das Geld doch
dringend zur Deckung der vielerlei Schulden. Lebte nicht auch
Albrechts kaiserlicher Freund und Gönner, der »letzte Ritter«
Maximilian, vom Kredit der Augsburger Fugger?

Als bald darauf infolge der wachsenden Forderungen Unruhen
ausbrachen, beschloß der Landesherr nun doch, künftig ab und
zu selbst an der Spree zu verweilen. So ergab sich auch die Notwendigkeit, das bescheidene Schloß zu erweitern. Ein »Frauenzimmer« wurde angebaut, desgleichen eine »große Stube, darin
man ißt«.

Um die märkische Residenz vor Überraschungen – besonders auch von seiten der getreuen Bürgerschaft – zu schützen, hielt der »Achill« jetzt ständig vierhundert fränkische Reiter im Schloß an der Spree, die sich hier allerdings so wenig wohl fühlten wie der gesamte Hof. So hat sich aus diesen Tagen der Brief eines Fräuleins erhalten, in dem sie sich bei ihren Mainzer Angehörigen beklagt, sie sei von der rauhen märkischen Luft »gantz schwartz« geworden...

Die Besuche des Landesvaters blieben demzufolge immer nur kurze Visiten, die mit um so kostspieligeren Trinkgelagen, Festen und Turnieren gefeiert wurden.

Der Kurprinz Johann hingegen lebte in der größten Bescheidenheit und wußte oft nicht, wo er die vom Vater verlangten Gelder hernehmen sollte. So blieb die Regierung des glorreichen Achilles für die Mark eine traurige Zeit. Kriege und Fehden – auch mit dem eigenen Adel – zeichneten die Jahre.

Wie in ihren besten Tagen raubten und plünderten die Quitzows und Möllendorffs, die Putlitz, Grävenitz und Wartenbergs die Dörfer und Städte, brannten und mordeten sie nach Herzenslust. Um die reisenden Kaufleute besser ausnehmen zu können, verrammelten sie die Landstraßen und legten sich an den günstigsten Punkten selbst auf die Lauer.

Da aber riß dem bisher so stillen Kurprinzen der Geduldsfaden. Ohne den fernen Vater zu fragen, beschloß er, eine Treibjagd zu veranstalten, die jetzt nicht mehr dem wohlschmeckenden Wild, sondern dem adligen Gelichter galt. Binnen kurzem waren fünfzehn Burgen überwältigt. Der Einfachheit halber ließ der junge Held die bis dato Unüberwindlichen gleich im eigenen Hof aufknüpfen.

Die edlen Herren erstarrten vor Schreck. Für eine Weile war wieder Ruhe im Land.

*

Johann, dem friedliebenden Kraftjüngling, gab man wegen seiner dennoch wohlwollenden Verhandlungsbereitschaft den antikisierenden Namen »Cicero«.

Im Gegensatz zu seinem prunkenden Vater vermied er alle äußeren Konflikte und nahm weder seine berechtigten schlesischen Ansprüche wahr noch die seiner sächsischen Gemahlin. In der Reichspolitik als »Jurist« hoch angesehen, war er auch der erste Zoller, der sein Leben ganz der Mark widmete und hier begraben wurde: zunächst in der Gruft des Klosters Lehnin, wo schon einige Askanier ruhten.

Johann Cicero – der als erster der Wassersucht, von jetzt an dem Erbübel seiner Familie, erlag – hinterließ seinem Sohne

Namensfaksimile des Kurfürsten Johann Cicero

Joachim ein Vermächtnis, das seinen Charakter und sein Bemühen bezeugt:

»Es stehen Viele im Wahn, man erweise sich alsdann erst recht für fürstlich, wenn man die Unterthanen beschweret und durch gewaltsame Zwangsmittel ihre Vermögen erschöpfet, hernach prasset man lustig und befleckt die anererbte Hoheit mit schändlichen Lüsten. Ich kann nicht begreifen, was ein solcher Fürst vor Ehre habe. Es ist eine schlechte Ehre, über Bettler zu herrschen.

Vom Kriegführen halte ich nichts. Wenn man nicht zur Beschützung des Vaterlandes den Degen ziehen muß, ist's besser, davon zu bleiben.

Die Armen nehmet in Euren Schutz. Ihr werdet Euren Fürstenthron nicht besser festigen können, als wenn Ihr den Unterdrückten helffet, wenn Ihr den Reichen nicht nachsehet, daß sie die Geringen überwältigen und wann Ihr Recht und Gleichheit widerfahren lasset.

Vergesset nicht, den Adel im Zaume zu halten!

Liebster Prinz, ich verlasse Euch ein großes Land. Allein es ist kein deutsches Fürstenthum, in dem mehr Zank, Mord und

Grausamkeit im Schwange als in unserer Mark. Wehret doch solchem Unwesen und schaffet, daß Eure Unterthanen liebreich und sanftmüthig bei einander wohnen mögen!

Zu diesem Ende bitte ich Euch, an einem wohlgelegenen Ort eine Universität aufzurichten, in welcher die Jugend wohl unterrichtet und zu guten Sitten und Künsten angeführet werde. Die Kriegsunruhe, die überhäuften Geschäfte und der frühe Tod haben mich an der Erfüllung gehindert.

Jetzo werde ich, liebster Sohn, versammelt zu meinen Vätern. Lebt glückselig und regieret wohl...«

Aus den Franken waren märkische Fürsten geworden.

*

Wieder residierte ein fünfzehnjähriger Knabe im Schloß an der Spree – und in einem Lande, wo nach des Vaters Wort »mehr Zank, Mord und Grausamkeit« ihr Wesen hatten als irgendwo sonst in deutschen Landen.

Ängstlicher denn je sah das Volk ins Kommende. Armut und Gewalttätigkeit herrschten wie nie zuvor, und die Seelen versanken in Aberglauben und Gemütsroheit.

Die für jene Zeit charakteristische Sittenlosigkeit und mangelnde Hygiene führten auch zu der furchtbaren Seuche, die bereits in Frankreich und Südeuropa ihre Opfer gefordert hatte und nun, nach einem glühenden Sommer, jählings über die Mark Brandenburg hereinbrach. Alle Stände, die höchsten weltlichen und geistlichen Herren wurden von dieser pestähnlichen Krankheit befallen und verfaulten jammervoll bei lebendigem Leibe. Bald hatte die Seuche das ganze Land erfaßt.

Zugleich geschahen unheimliche Zeichen und Wunder. Feurige Kometen erschienen am Himmel, die sündige Menschheit zu warnen, kreuzähnliche Raupenspuren auf den Kleidern wurden als Zeichen des Allerhöchsten gewertet.

Die Pest, nach den blauschwarzen Flecken auf Armen und Beinen der Betroffenen der »Schwarze Tod« genannt, rottete ganze Dörfer und Städte aus. Das Vieh, nicht mehr gemolken und gefüttert, verkam in den Ställen; die unbestellten Felder verdarben. Die Kirche verschrieb Gebete und bestimmte Heilige zu

Schutzpatronen, doch hörten die Zeichen der zürnenden Dämonen nicht auf.

Endlich ging man dazu über, die mit Toten und Kranken verseuchten Häuser ohne Rücksicht auf die Gesunden zuzumauern. Nicht einmal Lebensmittel ließ man in den zu Gräbern gewordenen Häusern zurück. Auch sonst nahm man es in grauenvoller Gleichgültigkeit nicht mehr genau, verscharrte man Lebende und Tote in gemeinsamen Gruben. Die Seuche wütete weiter, ergriff auch die Tiere, selbst die Fische in den Bächen und Flüssen . . .

Da die Priester ohne Unterlaß von der »Strafe Gottes« predigten, begann man im Volk ebenso emsig nach den »Schuldigen« zu suchen. Und fand sie. In den Juden.

Die ganze Verlorenheit und Unterdrückung, die Angst und der seit Generationen aufgestaute Haß der Menschen entlud sich jetzt gegen die unglücklichen Kinder Abrahams. Man fand nun heraus, daß sie Brunnen verpestet und Christenkinder geschächtet oder heilige Hostien geschändet hatten. Persönliche Rache an manchem Wucherer kam hinzu. Unter geistlicher Anführung rotteten sich die Bürger vor den Häusern der Israeliten zusammen, rissen Männer, Frauen, Kinder auf die Straße und töteten sie wie Ungeziefer.

Bei weiterer Suche nach gottgefälligen Opfern fand man noch ein »unehrenhaftes« Gewerbe: die Totengräber. Ihnen sagte man nach, sie hätten, um ihre Arbeit rentabler zu gestalten, zusammen mit den Juden das Wasser vergiftet. In seinem Wahn vergaß das Volk, daß die Totengräber zumeist selbst die ersten Opfer der Ansteckung geworden waren. Man überfiel auch sie und mordete sie wie die Juden.

Bis man, da es nun niemand mehr gab, die Toten zu begraben, ganze Dörfer zumauerte und verbrannte, eifrig darauf bedacht, daß kein Lebender entwich . . .

*

Der junge Kurfürst Joachim I., dazu erzogen, die Ungläubigen und Ketzer als Ausgeburten der Hölle zu sehen – vielleicht aber auch im Erkennen, dem großen Chaos gegenüber versagt

zu haben –, ordnete sich trotz seines angeborenen Gerechtig-
keitssinnes bei den endlosen Judenhinrichtungen, die als wahre
Volksfeste gefeiert wurden, seinem geistlichen Ratgeber und
Beichtvater, dem Bischof Hieronymus Scultetus von Brandenburg, völlig unter. Dieser ehemalige Bauernsohn und bedeutende Demagoge (der in Wirklichkeit schlicht Schulz hieß) war
der eigentliche Regent im Lande.

In jene traurig-fromme Zeit fiel auch ein Fest, das vom Volk
allerdings kaum mitgefeiert wurde: Joachims Vermählung mit
der dänischen Prinzessin Elisabeth. Infolge der noch immer
wütenden Pest verlegte man die Feier nach Stendal. Beim Einzug in die Residenz an der Spree raunten sich die enttäuschten
Berliner zu, daß eine Ehe, unter so unfreundlichen Umständen
gefügt, wenig glücklich werden könne...

Joachim, wegen seines besonnenen Wesens »Nestor« genannt,
war nun Gatte einer schönen, liebenswürdigen Frau. Doch die
Sorge ums Land verließ ihn nicht.

Noch eine andere Seuche wütete in den so schwer heimgesuch-
ten Marken: die Pest der Recht- und Gesetzlosigkeit. Der Adel
nutzte wieder seine Stunde.

Das erneute Aufblühen des Raubritterunwesens in den ostelbischen Landen war kein Zufall: es bedeutete die Agonie des sterbenden echten Rittertums. Aus dem Krieger sollte der Land-
wirt werden; »Herr« war nicht mehr der gepanzerte Analphabet,
sondern nach neuem Renaissancevorbild der gebildete Kavalier
und Mäzen. Der Geist begann, sich über primitive Körperlichkeit zu erheben.

Die märkischen Ritter spürten, daß ihre Zeit des lustigen Räu-
berdaseins zu Ende ging. Was die Uneinigkeit der Fürsten, die
Eigensucht der Kirche, Armut und Pest übrigließen, suchten
sie auf ihre Weise zu zerstören: Untergang und Vernichtung
war der große Zug auch dieser Zeitwende.

Längst ging es für die edlen Herren nicht mehr um »ritterlichen«
Kampf wie zur Zeit der großen Turniere, sondern um niedrig-
stes Diebes- und Wegelagererunwesen, für das man unter sich
den treffenden Ausdruck »aus dem Stegreif« erfunden hatte.
Die vornehmsten Adligen, selbst die Hofleute des jungen Fürsten, hielten es für eine standesgemäße Belustigung, sich derart

zu bereichern. Am Abend ritt man von der kurfürstlichen Tafel im Schloß an der Spree mit rußgeschwärzten Gesichtern aus, um anderen Morgens wieder gereinigt und ehrbar sein Amt bei Hofe zu versehen.

Die Gassenbuben aber sangen laut den bitteren Vers:

> Morden und Stehlen ist keine Schand,
> es tun ja nichts andres die Besten im Land!

Der Kurfürst, den Jahren nach noch fast ein Knabe, sah mit Schmerz und Zorn auf das Treiben ringsum. Er schwor, daß er jedem Räuber ohne Rücksicht auf Stand oder Rang Gerechtigkeit widerfahren lassen werde! Man kennt die Geschichte, nach der ihm ein Zufall einen wichtigen »Beweis« in die Hand spielte, den er zum Exempel erheben mußte:

In mondheller Nacht war beim Dorfe Elsholz ein Kaufmann überfallen, ausgeraubt und zuletzt in einen Sumpf geworfen worden. Es gelang dem Opfer, seine Fesseln zu lösen und sich zu retten. Und: er hatte einen der Herren des Hofes unter den Räubern erkannt.

Auf die Anzeige hin versammelte der Kurfürst den ganzen Hof im Saal seines Schlosses an der Spree. Der Kaufmann wurde hinter einem Wandteppich verborgen. Als der Ritter Lindenberg erschien, ein schöner, junger Edelmann, der sich der besonderen Freundschaft des Kurfürsten erfreute, kam der Kaufmann hervor und deutete auf den Kavalier: Der hier sei es, der ihn beraubt und in den Sumpf geworfen habe!

Lindenberg, zu Tode erschrocken, glaubte ein Gespenst vor sich zu sehen. Der Kurfürst war nicht weniger erschüttert. Doch er hatte sein Wort verpfändet. Lindenberg leugnete nicht. Er regte sich auch nicht, als das hohe Gericht das Urteil sprach: Tod durch den Strang.

Wieder wurde der gesamte Adel der Mark von Entsetzen gepackt. Der junge Fürst stand plötzlich allein.

Auf den Schlössern rings im Lande gab es geheimnisvolle Zusammenkünfte. In dunkler Nacht eilten Kuriere hierhin, dorthin. Jeder wußte: es bahnte sich etwas an gegen den jungen Kurfürsten.

Ein Herr von Otterstedt war das Haupt der Verschwörer; er hatte sein Hofamt in unmittelbarer Umgebung Joachims. Ein Jagdausflug zu den Spreeufern bei Köpenick sollte die Unternehmung auslösen. Es war alles bereit.

Als der Kurfürst am Morgen sein Schlafzimmer verließ, fand er an die Tür mit Kreide jene seitdem berühmten Worte geschrieben:

> Jochimken, Jochimken höde dy!
> Wo wi di kriegen, da hängen wi dy!

In der Köpenicker Heide berieten die Herren noch einmal den geplanten Mord in seinen Einzelheiten. Nebel lag über Wäldern und Wegen; so übersahen sie einen Bauern, der, argwöhnisch geworden, den Anschlag unmittelbar vor der Ausführung bis ins kleinste erfuhr.

Die Strenge hatte Joachims Vater die Liebe seines Volkes gekostet – er selbst gewann sie gerade dadurch; ihm rettete sie das Leben.

Joachim hatte soeben mit seinem Gefolge das Köpenicker Tor passiert, als ihm der Bauer atemlos in den Weg stürzte. Sofort ließ der Kurfürst seine Trabanten zusammenziehen und sich von dem Bauern in die Heide führen. Ehe sie sich's versahen, waren die Verschworenen gefangen.

Der junge Fürst hielt strenges Gericht. Er hatte das Testament des Vaters beherzigt. Der Jüngling hatte sich als Mann erwiesen.

*

Die einsetzende Ruhe und Ordnung kamen dem Land und der Residenz bald zugute. Die Anwesenheit des Hofes im Schlosse zu Coelln, häufige Besuche fremder Fürstlichkeiten und die damit verbundene Pflicht zu Repräsentation und kultiviertem Gebaren weckten auch in den Bürgern das Streben, es den Herren nachzutun.

Neben Jagden und festlicher Geselligkeit widmete sich Joachim intensiver wissenschaftlicher Arbeit. Getreu dem väterlichen

Vermächtnis, gründete er die Universität zu Frankfurt an der Oder und sorgte – schon als Gegengewicht gegen das berühmte Wittenberg – für ihren Ausbau und ihre Bedeutung.

Ebensowenig aber hinderte ihn seine Strenggläubigkeit, trotz der schönen Gemahlin nachts in abenteuerlicher Verkleidung, auf den Spuren Harun al Raschids, privates Glück zu suchen. So begegnete er der Coellner Ehefrau Katharina Hornung, deren »magische« Augen es dem herangereiften Manne angetan hatten. Die Schwäche des Landesherrn für die bald zur offiziellen Geliebten avancierte Dame löste im Volk manches Geflüster aus und rief selbst den Reformator Luther auf den Plan. Obgleich als »Ketzer« verdammt, ließ er es sich doch nicht nehmen, Joachim durch eigenhändige Briefe zu warnen. So hieß es in einem von ihnen:

»Summa, gnädigster Herr, es ist zuviel. Zuviel zerreißet den Sack, es kann so nicht gehen, stehen noch bleiben. Gott muß drein sehen. Will drein sehen nicht helfen, so muß drein schlagen helfen! Gott gebe, daß sich E.K.F.G. seliglich bedenke und bekehre. Amen. Zu Wittenberg am Tage Ciriaci 1528. E.K.F.G. williger Martinus Luther mit eigener Hand.«

Dem deutlichen Schreiben folgten weder Antwort noch Wirkung. Luther hingegen verharrte nicht untätig: er wagte sich kurz entschlossen aufs politische Parkett und verbündete sich mit einem nicht ungefährlichen Feinde Joachims, dem Ritter Minkwitz, der gerade mit dem Bischof von Lebus in Fehde lag und bereits Fürstenwalde gestürmt hatte. Joachim sah sich gezwungen, um Berlin ein Heer zusammenzuziehen. Krieg drohte. Zum Glück löste sich der Streit friedlich. Später unternahm auch noch eine kaiserliche Kommission einen Vorstoß gegen die privaten Lustbarkeiten des Brandenburgers. Doch es blieb unleugbare Tatsache: sein Stolz und seine Autorität überstanden auch dies.

*

Wie zu jeder Zeit der Not und Unsicherheit beseelte auch und gerade damals ein geheimnisvoller Drang die Menschen, aus dem Stand der Gestirne das Walten der ewigen Mächte zu ent-

Oben:
Kurfürst Joachim I.
Gemälde von
Lucas Cranach d. Ä.
Rechts:
Markgraf Albrecht
von Brandenburg,
Bruder Joachims I.
Radierung von
Albrecht Dürer

ALBERTVS·MI·DI·SA·SANC·
ROMANAE·ECCLAE·TI·SAN·
CHRYSOGONI·PBR·CARDINA·
MAGVN·AC·MAGDE·ARCHI·
EPS·ELECTOR·IMPE·PRIMAS
ADMINI·HALBER·MAR·CHI
BRANDENBVRGENSIS

Kurfürst Joachim II. Gemälde von Lucas Cranach d. J.

rätseln. Joachim I. widmete sich ebenfalls ernsthaft solchem Streben. Im obersten Stockwerk des Kapellenturmes an der Spree richtete er seinem Hofastrologus, Johann Carion, ein Studierzimmer mit Sternwarte ein.

Bereits vor Carion hatte ein berühmter Wahrsager, Stöffler, für den zweiten Monat des Jahres 1524 eine Sintflut errechnet, der die ganze bewohnte Erde zum Opfer fallen sollte. Die Kon-

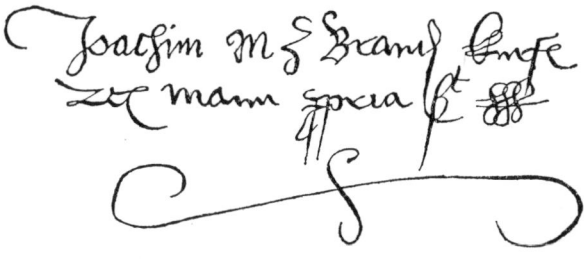

Namensfaksimile des Kurfürsten Joachim I.

junktion von Saturn, Mars und Jupiter im Zeichen der Fische bedinge unausweichlich eine Katastrophe!

Jeder bereitete sich auf seine Weise auf das schreckliche Ereignis vor. Die Wohlhabenden verkauften ihre Häuser und Äcker, um sich für alle Fälle im Gebirge anzusiedeln. Die Kleinen verjubelten ihre letzten Spargroschen; es kam ohnedies nicht mehr darauf an. Andere bauten nach dem Beispiel von Urvater Noah Archen, um mit deren Hilfe die letzten materiellen Güter in Sicherheit zu bringen. Was wieder besondere Diebesbanden auf den Plan rief, die sich mit Hingebung gerade diesen willkommenen Ansammlungen zuwandten ...

Der angedrohte Unglücksmonat kam heran – und verging. Von einer Sintflut hatte man nichts bemerkt; das Volk atmete auf. Doch nicht der Kurfürst. Ihm nämlich hatte der weise Carion bewiesen, daß sich Kollege Stöffler um etliches verrechnet habe und die Katastrophe nicht jetzt, sondern erst im Juli nächsten Jahres fällig sei!

Als die Sonne am kritischen Tage aufging, erwachte das Schloß an der Spree zu geheimnisvollem Leben. Die Dienerschaft eilte, sämtliche Equipagen des Hofes mit Proviant und Schätzen zu beladen.

Südlich der Schwesterstädte erhoben sich die »Coellnischen« oder »Tempelhofer Berge«. Auf ihrer höchsten Erhebung, dem späteren Kreuzberg, suchte der Kurfürst mit den Seinen Zuflucht. Ein drohendes Gewitter zwang die Flüchtlinge auf die Knie; doch es verzog sich wieder schnell. Seine Mätresse hatte der Kurfürst unauffällig zu einem anderen sicheren Platz bringen lassen. Die Stunden der Angst führten ihn nun wieder mit seiner Gattin zusammen. Sie auch war es, die darauf bestand, nach Berlin zurückzukehren, komme, was da kommen wolle. In der Stadt waren die Flucht und ihr Anlaß nicht verborgen geblieben. Schon hatte man das Schloß erreicht und die mit Nachdruck angetriebenen Pferde wollten gerade ins Burgtor einbiegen, als unvermittelt aus dem jäh wieder verfinsterten Himmel ein Blitz niederfuhr. Geblendet, betäubt, sank Joachim zusammen. Das zu üblem Empfang versammelte Volk stürzte schreiend davon.

Als der Kurfürst wieder zu sich kam, kletterte er mit bebenden Knien aus dem Wagen. Vor ihm lag sein Kutscher, vom Blitz getötet. Auch seine vier Pferde waren getroffen worden.

Die Chronik aber, die alles getreu bewahrt hat, schließt mit der tröstlichen Versicherung:

»Sunsten hat das Wetter keinen Schaden nicht gethan ...«

3. KAPITEL

Ausverkauf
des alten Glaubens

Das Haus Brandenburg gewann in dieser Zeit noch einmal bedeutenden Einfluß im Rate des Reiches. Das Ordensland Preußen wählte nach dem Tode des Hochmeisters Friedrich von Sachsen den zwanzigjährigen Markgrafen Albrecht zu dessen Nachfolger.

Wichtiger aber war die Stellung, die ein anderes Mitglied des Hauses Zollern einnehmen sollte: Joachims einziger, um sechs Jahre jüngerer Bruder Albrecht, der Geistlicher und mit dreiundzwanzig Jahren Erzbischof geworden war.

Kardinal Albrecht, eine der glänzendsten Fürstengestalten der Reformationszeit, trug neben den Titeln eines Erzbischofs von Mainz und Magdeburg und damit den des Kurfürsten und eines Bischofs von Halberstadt noch die Insignien eines Erzkanzlers des Reiches und Primas von Germanien. Er war berühmt als Mäzen, Freund der Mediceer und des Erasmus von Rotterdam, Gönner Dürers, Holbeins und Mathias Neithardts, genannt Grünewald.

Andererseits beschränkten sich nicht alle hohen geistlichen Herren auf ihre Ämter oder die Pflege des Schönen. Machtkämpfe und blutiger Verrat zeichneten die Politik auch der kirchlichen Sachwalter wie in jenen Tagen, da bereits Kaiser Friedrich II. in seinen verzweifelten Kämpfen ausrief:

– O glückliches Asien, o ihr glücklichen Beherrscher der Morgenländer, welche die Waffen ihrer Untertanen nicht fürchten und von den Erfindungen der Geistlichen und Bischöfe nichts zu fürchten haben!

Der Allgewalt der Kirche entsprachen nur zu oft Unwissenheit und Unwürdigkeit ihrer Vertreter. Längst kamen Warnungen aus den eigenen Reihen; der Mißbrauch aller Praktiken und Symbole des Glaubens stand in böser Blüte.

Am schmerzlichsten sollte sich das bei einem der wichtigsten Sakramente auswirken: dem der Reue und der Buße. In Verbindung mit der Ohrenbeichte eine Institution von höchster Weisheit, bewährt seit undenklicher Zeit, sollte gerade dieses Sakrament die große Wende auslösen.

Papst Leo X., der für den Bau einer neuen, herrlichen Petersbasilika und seinen römischen Hof wachsende Unsummen brauchte und verbrauchte, hielt das mittelalterlich umdunkelte Deutschland mit seiner Erlösungssehnsucht für besonders ertragreich. Hier erwiesen sich die Bußfertigkeit und das Sündenregister sowie die einfältige Gläubigkeit als so ausgeprägt, daß erfolgversprechende Geschäfte mit Sicherheit in Aussicht standen.

Vertreter des Heiligen Stuhles war der Bruder Joachims I., der Erzbischof von Mainz. Ihm sollte die Hälfte aller Einkünfte gehören, sofern er den Handel entsprechend förderte. Der kunstsinnige, geistvolle Kirchenfürst erkannte sehr wohl die Fragwürdigkeit des Auftrages. Doch es traf sich leider, daß er selbst recht großartige und kostspielige Liebhabereien und demzufolge nicht weniger beträchtliche Schulden besaß. Und dann: wenn er es nicht übernahm, profitierte ein anderer, Unwürdigerer.

Natürlich mußte man die Ausführung einem untergeordneten, skrupellosen Demagogen übertragen. Man fand ihn in dem früheren Dominikanermönch Johann Tetzel.

*

Es war wieder einmal ein leuchtender Frühlingstag, als sich das feiertäglich gestimmte Volk in den Straßen von Berlin-Coelln drängte – diesmal nicht in Erwartung festlicher Hinrichtungen, sondern eines Erlebnisses von geringerer Schauerlichkeit, dafür von um so zukunftsträchtigerer Bedeutung: Man erwartete den berühmten Ablaßverkäufer und Sendboten des Papstes, damit er auch hier den irrenden Schafen für wenige Groschen die frohe Botschaft der Vergebung ihrer sämtlichen geheimen und offenkundigen Sünden bringe.

Wegen seines anstößigen Lebenswandels hatte ihn der Ritter

Kaiser Maximilian zu Innsbruck im Inn ersäufen lassen wollen; doch war es Tetzel gelungen, sich rechtzeitig päpstlicher Begnadigung zu versichern. Jetzt schlug des entlaufenen Mönches historische Stunde in der Mark.

Schweren Herzens hatte Joachim I. dem Drängen seines erzbischöflichen Bruders stattgegeben und seine Einwilligung zum Ablaßkauf erklärt. Des Kurfürsten persönliche Einstellung ging aus der Tatsache hervor, daß er seinem Hofe streng verbot, diesen Ablaßrummel mitzumachen. Zugleich aber – und das ist wieder eine der Ironien der Geschichte – war er es, dem dadurch die Mark Brandenburg die Reformation und diese selbst den entscheidenden Durchbruch zu verdanken hat . . .

Kurz, Tetzel hielt Einzug in Berlin-Coelln. In der Berliner Nikolaikirche folgten seine Werbepredigten. Einer der genialsten Volksverführer der Geschichte spielte virtuos auf allen Registern seiner Kunst. Der Vers:

> Wenn das Geld im Kasten klingt,
> die Seele aus dem Fegfeuer springt!

den man dem Volksdichter Hans Sachs zuschrieb, blieb das Zauberwort, das die Schatullen und Säckel öffnete.

Joachim I. war ein zu klar denkender, gebildeter Mann, um nicht die bedeutungsschweren Strömungen zu erkennen. Doch was sich da anbahnte, drohte alle mühsam gefügten Dämme zu sprengen. Eine Revolution stand bevor: Die gewaltigste Umwälzung seit dem Einbruch der Germanen ins Römische Reich. Joachims erzbischöflicher Bruder zu Mainz mochte dabei die Haltung des Kurfürsten ebenso bedingt haben wie der Rat des Bischofs Hieronymus Scultetus von Brandenburg.

*

In Berlin beeinflußte die Lage entscheidend eine Frau: die Kurfürstin Elisabeth. Wie viele in der Liebe zu kurz Gekommene flüchtete sie sich mit letzter Kraft in den Trost der Religion. Ihr Bruder, der wegen seiner Tyrannei vom Volke vertriebene Dänenkönig Christian II., der sich längere Zeit am Hofe zu Coelln an der Spree aufgehalten hatte, spielte als glühender Verfechter der Reformation die Rolle des Bekehrers. So wenig sich Joachim um seine Gattin kümmerte – in diesem Punkte blieb er aufmerksamer Ehegemahl: Er verbot seiner Frau strikt jede Betätigung in jener gefährlichen Richtung.

Doch es war bereits zu spät. Was sie nicht öffentlich bekennen durfte, tat die Kurfürstin um so inbrünstiger im geheimen. Sie nahm nicht nur mit Luther regen Briefwechsel auf, sondern bestellte auch einen Prediger der neuen Lehre.

Während der Kurfürst mit seiner Mätresse nach Breslau reiste, um sich dort mit dem Bruder des Kaisers, dem neuen König von Böhmen und Ungarn, Ferdinand, zu treffen (wobei er auf die böhmischen und schlesischen Erbansprüche gegenüber Habsburg verzichten mußte), empfing seine Frau im Schlosse zu Coelln an der Spree das Abendmahl. Man hatte den lutherischen Sendboten verkleidet ins Schloß geschmuggelt – doch die fünfzehnjährige Tochter verriet die Mutter. Später bereute die Prinzessin und bekannte sich selbst als leidenschaftliche Protestantin.

Aber diese Eröffnung bedeutete den Todesstoß für die Ehe des Fürsten. Joachim berief sofort eine Synode der brandenburgischen Bischöfe nach Berlin, der er die Frage vorlegte, ob die Kurfürstin zum Tode zu verurteilen oder auf Lebenszeit einzusperren sei.

Man entschied sich fürs letztere, schon um der Verirrten Gelegenheit zum Widerruf zu geben. So wurde sie als Gefangene in ihren düsteren Gemächern im Schloß an der Spree gehalten; sie sah weder Gatten noch Kinder, immer in der Furcht, ihr Leben verwirkt zu haben.

Durch Unaufmerksamkeit ihrer Bewachung gelang es ihr, mit ihren sächsischen Verwandten Verbindung aufzunehmen. Der dortige Kurfürst ließ ihr Nachricht zukommen: Wenn es ihr gelänge zu fliehen, erwarte er sie an der Grenze und sei bereit, ihr Freistatt zu gewähren.

In einer regnerischen Märznacht schlich sich die Kurfürstin, gefolgt von ihrer Kammerfrau und wie diese als Bäuerin verkleidet, durch die endlosen Gänge des Schlosses zu einer Pforte im Spreeflügel. Dort harrte ein Kahn. Am Rande der Stadt fanden

34

sie verabredungsgemäß einen wartenden Bauernwagen ... In Sachsen wies ihr Onkel der Geflohenen das Schloß Lichtenberg unweit Wittenberg als Wohnsitz an, von wo aus Elisabeth sofort eifrig Verbindung mit Luther aufnahm.

Joachim gedachte im ersten Zorn, dem Rat seines Bischofs Scultetus folgend, einen Auslieferungsantrag an Sachsen zu stellen und seine Gemahlin hinrichten zu lassen. Bald jedoch erkannte er die Annehmlichkeit dieser Lösung und erlaubte schließlich sogar seinen Kindern, die Mutter für längere Zeit zu besuchen.

Dies hatte hingegen andere Folgen: Die beiden Söhne Joachim und Johann gerieten so nachhaltig in den Bannkreis der neuen Lehre, daß sie sie fest in ihren Herzen nach der Mark zurückbrachten, was sie allerdings nicht hinderte, dem Vater mit heiligem Eide zu schwören, dem alten Glauben niemals zu entsagen ...

Joachims I. Regierung war gezeichnet von Streben und Irren, geboren aus gärender Zeit, deren Strömungen zu hindern oder zu lenken nicht in seiner Macht liegen konnte.

Noch im Jahre seines Todes hielt die Reformation Einzug in die Marken. Der Sieg in Brandenburg bedeutete zugleich den entscheidenden Durchbruch der Lehre Martin Luthers.

4. KAPITEL

Das zweite Schloß

Der dreißigjährige Joachim II. war ein heiterer und lebensfroher Herr, als er die Regierung übernahm. Am Hofe Kaiser Karls V. als Page ritterlich erzogen, hatte der Kurprinz die brandenburgischen Hilfstruppen siegreich gegen die Türken vor den Wällen Wiens geführt. Von diesem Tage an trug er den Ehrennamen »Hektor«, während man den Vater als »Nestor« gerühmt hatte. Wie sein Vater die Wissenschaften, begünstigte Joachim II. die schönen Künste, an denen es hierorts bislang arg mangelte. Um seiner Residenz neues Gewicht zu verleihen, beschloß er als erstes, das Domstift aus der Erasmuskapelle in die alte, nun zum höheren Zweck sorgsam erneuerte Klosterkirche auf dem Schloßplatz zu verlegen. Die Mönche der Dominikaner, denen das Gotteshaus bis dahin gehörte, wurden nach Brandenburg umgesiedelt.

Der neue Dom, jene frühere Dominikanerkirche, hatte schon lange vor dem Bau der ersten Burg bestanden, und die Brüderstraße trug ihren Namen von den Klosterbauten her. Jetzt ließ der Kurfürst einen der massigen, alten Befestigungstürme zum Glockenturm umgestalten, genannt »die Glock«. Das Geläute fügte sich aus zehn großen und kleinen Glocken und klang in seiner Harmonie weit über Stadt und Land.

Außer dem Glockenturm erhielt der Dom noch zwei neue Türme an der Südwestfront, also nach den späteren »Linden« zu. Wegen der sehr alten Fundamente der Kirche und des unsicheren Grundes setzte man sie in Fachwerk, mit Kupfer umkleidet, dem alten Chor auf. Die Schwingungen der darin ebenfalls angebrachten Glocken bewirkten später den unrettbaren Verfall. Dieser erste Berliner Dom aus frühgotischer Zeit stellte eine etwa fünfzig Meter lange, sechzehn Meter hohe dreischiffige Hallenkirche mit fünfeckigem, reichgeschmücktem Chor dar.

Die Decken wurden von Kreuzgewölben getragen, entsprechend etwa den zu gleicher Zeit entstandenen Kirchen zu Brandenburg und Prenzlau.

Hier im Berliner Dom geschah es auch, daß der junge Kurfürst das Abendmahl »in beiderlei Gestalt« einnahm und damit – inoffiziell – den Sieg der Reformation in der Mark besiegelte. Vor der Nikolaikirche in Spandau erinnert noch heute ein Denkmal an dieses Ereignis, von dem man früher annahm, es habe sich dort abgespielt. Am zweiten Novembertag, dem Tage Allerseelen, fand in der Berliner Nikolaikirche in Anwesenheit von Rat und Bürgerschaft der erste evangelische Gottesdienst statt.

Geschah der offizielle Übertritt des Kurfürsten zum neuen Glauben auch erst vierundzwanzig Jahre später, so hatte Joachim II. das Gelübde, das er dem Vater auf dem Totenbett gegeben, doch gebrochen. Jedenfalls aber trug er Sorge, daß trotz des neuen, gereinigten Glaubens fast das gesamte Kirchenwesen, der Schmuck der Altäre, das gottesdienstliche Ritual und alle Zeremonien erhalten blieben – was wohl wesentlich um des ihm sehr am Herzen liegenden Prunkes willen geschah.

Auch gegenüber der strengen neuen Kirchenordnung wahrte Joachim seine konservative Haltung. Luther selbst zögerte nicht, ihm mit erstaunlichem Humor zu bestätigen:

»Wenn Joachim sich nicht mit einem Chorhemde oder Chorkappe bescheiden will, so sollen die Priester getrost drei anziehen, und dünket ihm eine Procession zu wenig, so sollen sie wie die Juden von Jericho siebenmal herumziehen, der Kurfürst aber soll wie David vor der Bundeslade singen und springen, denn solche Stücke, wenn nur der abusus (Mißbrauch) wegbleibt, geben oder nehmen dem Evangelium gar nichts.«

Was den Dom zu Coelln angeht, so erfreute er sich zu dieser Zeit eines beträchtlichen Reichtums in der Ausstattung, wie eine alte, sehr wohlwollende Chronik bestätigt:

»Kaum anderswo findet man eine so große Fülle von Heiligthümern und eine so große Pracht derselben. Man kann die Statuen Christi und der Maria in gediegenem Golde und kostbarsten Edelsteinen sehen, die Statuen der Apostel und der

Heiligen aus purem Silber. Die Zeremonien, die bis heute auf das sorgfältigste beobachtet werden, werden nur mit Gefäßen und Stoffen von größtem Werth verrichtet. Die geweihten Gegenstände sind alle in Silber gefertigt und mit Gold überzogen. Der Schmuck des Domes sowie die purpurnen Behänge, die gantz besonderer Art sind, wetteifern mit jeglicher königlicher Pracht.«

Und der Kanzler Erwin von Ulm vermerkte anläßlich eines Besuches, daß »ein gar ansehnlicher Schatz im Dom zu Coelln an der Spree aus allen Stiften und Klöstern zusammengeklaubt wurde, so in dem zu Rom und Venedig, auch St. Denys zu Frankreich nicht viel zuvor giebt...«

Unter dem Dom lagen die Grufträume, die der Kurfürst für die Sarkophage seines Vaters und Großvaters, die bisher in Lehnin ruhten, würdig herrichten ließ. Später erweiterte der Große Kurfürst diese Gruft noch für sich und seine Nachkommen.

Rings um den Dom breitete sich der Friedhof, auf der einen Seite von den Klostergebäuden am Schloß, auf der östlichen von der alten Stechbahn begrenzt.

*

War schon die Umgebung beim besten Willen nicht gerade als ansprechend zu bezeichnen, so konnte der Burgbau des Eisenzahns mit seinen bröckeligen Anfügungen und den uralten Klostergebäuden dem prachtliebenden neuen Herrn erst recht nicht genügen. Überdies bedurfte es jetzt eines »Zwing-Coelln« mit Türmen und Wällen längst nicht mehr.

Schon bei der Einrichtung des Domes hatte Joachim einen größeren Plan im Auge: nämlich einen Schloßneubau entsprechend den Anforderungen seines Renaissance-Hofstaates.

Da in der Mark eingesessene Meister nicht zu finden waren, berief der Kurfürst den sächsischen Kaspar Theyß mit seinem Bauführer Kunz Buntschuh nach Berlin. Sie nun erhielten den Auftrag, an Stelle der alten Burg auf der Flußinsel einen neuen Palast zu errichten. An den sächsischen Höfen zu Dresden und Torgau hatten die Formen der südlichen Renaissance, hier bisher noch unbekannt, gerade Einzug gehalten: Von dort kam

auch der Bau- und Mühlenmeister Kaspar Theyß. Das neue
Schloß sollte aus zwei Gebäuden bestehen: das eine an der
Spree, vorwiegend noch Reste der alten Burg enthaltend; das
andere nach Süden, dem späteren Schloßplatz, zu. Hauptteil
wurde der südliche, bei dem man Entwürfe des ebenfalls sächsischen Meisters Konrad Krebs verwandte. Von ihm stammte
das Vorbild für den neuen Berliner Palast, Schloß Hartenfels
bei Torgau. Bald nach Joachims II. Regierungsantritt hatte
Krebs in Berlin das Modell ausgearbeitet, das Kaspar Theyß
nun Gestalt werden ließ.

Und dieses neue Schloß an der Spree war ein anderer Bau als
die düstere, gedrückte Mauermasse der alten Eisenzahn-Burg!
Drei Stockwerke hoch erhob es sich nun, mit kupfernem Dach
und überragt von schönen Renaissancegiebeln, mit seiner
Schauseite nicht mehr wie früher zum Fluß, sondern dem son-
nigen Platz vor der Stechbahn zu. Dorthin öffnete sich auch das
von Säulen flankierte Hauptportal mit doppelter Durchfahrt,
überkrönt von zierlichen Balkonen. Die Ecken der Fassade
schmückten Türme, von denen sich der an der Spreeseite bis
zuletzt unter der Schlüter-Architektur erhielt. Von den Bauten
des Eisenzahns blieb außer den Fundamenten als Kern der uralte Wehrturm, der »Grüne Hut«.

Der sechsunddreißig Meter hohe Palast (noch um sechs Meter
höher als das spätere Königsschloß!) bedeutete eine Kostbarkeit nicht nur für die Mark, sondern für den deutschen Osten
überhaupt. Reiche Sandsteinarbeiten aus Pirnaer Material ließen
den hellen Bau mit seinen dekorativen Freskomalereien anders
repräsentieren als die rohe Feld- und Backsteinarchitektur vergangener Jahrhunderte.

Wie die ganze Südfront waren auch die fünf hohen und vier
kleineren Giebel auf dieser Seite mit Malereien geschmückt, die,
auf alten Stichen noch erkennbar, zierliche Säulenarchitektur
mit Rankenwerk und figürlichen Motiven zeigten. Zusammen
mit der Quaderbemalung des Sockelgeschosses verliehen sie
dem Bau einen eigenwilligen Reiz, der nicht nur von dem neuen
Zeitgeschmack, sondern auch von der Lebensfreude des Bauherrn zeugte. Überdies waren alle Bildhauerarbeiten und Statuen bunt bemalt, die Ornamente aber mit geschlagenem Gold

39

überzogen, wie es auch später der große Friedrich an seinen Schlössern liebte.

Die Fassadenmalereien überstanden allerdings die Zeit schlecht. Schon zwanzig Jahre später vermerkte ein auswärtiger Besucher von der Berliner Residenz, daß ihr Äußeres leider »nicht allzu schön anzusehen« sei . . .

Wie die reiche Südfront zeichneten sich auch die Innenhöfe durch hierorts völlig neue architektonische Besonderheit aus. Vor allem waren es die vorgelagerten Treppentürme, die dem östlichen Hofe den Charakter gaben.

Sie öffneten sich in ganzer Höhe mit schmalen Fensterbändern, deren schlanke Pfeiler von den schrägen Brüstungen überschnitten wurden. Seit dem ersten derartigen Treppenturm des Louvre hatte sich diese Bauweise bei französischen Schlössern durchgesetzt. Jetzt nahm auch die deutsche Renaissance den Gedanken auf und bildete ihn zu höchstem Formenreichtum durch.

Bei der Berliner Anlage war es die durchbrochene »Wendelstiege«, der für ganz Deutschland Bedeutung zukam. Pilaster, Brüstungen, Fensterbekrönungen trugen Ornamente und Wappen in fast südlichem Reichtum. Schöpfer dieser eleganten Bildhauerarbeiten war der sächsische Steinmetz Hans Schenk, kurioserweise genannt »Scheußlich«, der hier sein Meisterwerk schuf. Der unermüdlich fleißige Mann gestaltete nicht nur die Giebel und Erker, sondern auch die Schornsteine mit plastischem Schmuck – für das damalige Deutschland eine ebenso erstaunliche Besonderheit wie das kostbar durchbrochene Mauerwerk des Treppenturms.

Vor dem Spreeflügel erhoben sich im Hof zwei die Mitte betonende Aufgänge: der mächtige, im Achteck geschlossene »Reitschneck« – so benannt, weil in ihm die Herrschaften bis vor ihre Gemächer in den oberen Stockwerken reiten oder sich in Sänften emportragen lassen konnten. Auch für Wagen war diese Auffahrt geeignet oder für Schlitten. Dem »Reitschneck« dicht angefügt war ein zierlicher Turm mit einer Wendelstufentreppe, der dem »Fußgängerverkehr« diente.

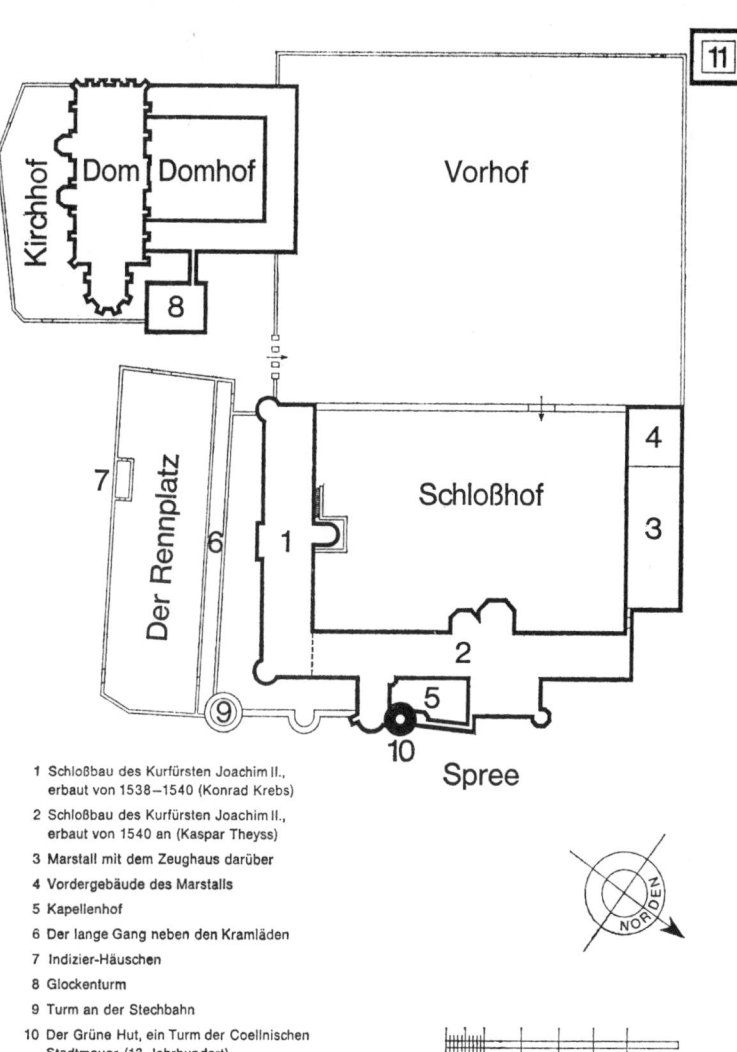

1 Schloßbau des Kurfürsten Joachim II.,
   erbaut von 1538–1540 (Konrad Krebs)

2 Schloßbau des Kurfürsten Joachim II.,
   erbaut von 1540 an (Kaspar Theyss)

3 Marstall mit dem Zeughaus darüber

4 Vordergebäude des Marstalls

5 Kapellenhof

6 Der lange Gang neben den Kramläden

7 Indizier-Häuschen

8 Glockenturm

9 Turm an der Stechbahn

10 Der Grüne Hut, ein Turm der Coellnischen
    Stadtmauer (13. Jahrhundert)

11 Turm aus der Zeit Kurfürst Friedrichs II.

Der Schloßbau Joachims II.

In dieser Zeit erhielt auch der alte Wehrturm an der Spree seinen von nun an berühmten »Grünen Hut«. Unmittelbar daneben erhob sich der massive Turm der Erasmuskapelle mit dem an ihn gelehnten Wendelstiegenturm. Einer der beiden Dachreiter erhielt ein Glockengeläut.

Zu Füßen der Spreefront spülte das Wasser unmittelbar an die Grundmauern; neben der »Langen Brücke« führte eine Rampe hinab zur Pferdeschwemme.

Auf der dritten Seite des Hofes, zum späteren Lustgarten hin, entstand eine Reihe von Nebengebäuden; so der Marstall mit der darüber gelegenen Rüstkammer, der Vorgängerin des späteren Zeughauses. Auf der vierten (westlichen) Seite schloß eine Mauer den Hof ab, deren mittlerer Torbau Stallungen und Wohnungen für das Gesinde enthielt.

Eine doppelte Loggienkolonnade, von den Zeitgenossen ihrer Schönheit wegen gerühmt, faßte nach italienischer Art die östliche und südliche Hoffront ein. Die Brüstungen zeigten Reliefs, die oberste Galerie krönten Brustbilder der damaligen deutschen Kurfürsten, deren bunte Bemalung viele Besucher als »erschrecklich lebendig« beeindruckte.

Als Gegenstück zu dem viereckigen Turm an der Nordwestecke, dem späteren »Münzturm«, schloß sich an die dortigen Wirtschaftsgebäude nach Süden hin ein von steinernen Pfeilern getragener »hulzerner Gang« an, der unmittelbar zum Dom führte. Diese ursprünglich als Provisorium gedachte bequeme Verbindung zwischen der fürstlichen Wohnung und dem Domchor hielt sich bis in die Zeit des Großen Kurfürsten.

*

Entsprechend Joachims II. Bedürfnis nach äußerem Prunk – dem protestantischen Bekenntnis zum Trotz – mußte auch die alte Erasmuskapelle einem Neubau weichen. Dieser etwa dreizehn Meter hohe Raum umfaßte jetzt zwei Geschosse. Sein – bis zuletzt erhaltenes – Gewölbe stellte eine besondere Kostbarkeit dar an der Grenze der versinkenden Gotik und des neuen Renaissancereichtums. Die Gewölberippen, Schlußsteine, Wappenschilde wie auch die tragenden Säulen waren aus hellem

42

Sandstein gemeißelt. Die schlanken Säulen gingen ohne Abschluß in das geschwungene Gewölbe über. Einige der Rippen waren in schwebender Leichtigkeit frei in der Luft verschlungen. Bunte Fenster und Glasmalereien, das Gold der Altäre, Statuen und hohe Leuchter ergänzten das farbige Bild dieses edelsten Raumes im alten Berlin.

Neben der Kapelle zeichnete sich der »Lange Saal« durch Größe und Schönheit der Einrichtung aus. Der Riesenraum erstreckte sich im dritten Geschoß über die ganze Länge des Südflügels – also über fast siebzig Meter. Die Wände mit Gobelins und die niedrige Decke mit Schnitzereien und reicher Vergoldung geschmückt, war er Mittelpunkt des Hoflebens und glänzte als Prachtstück der Innenarchitektur jener Tage.

Neben dem Palast an der Spree schuf Kaspar Theyß für den ihm in Freundschaft verbundenen Kurfürsten noch eine Reihe von Jagdschlössern, so im Grunewald, in Grimnitz, Potsdam, Köpenick und Zossen. Mitte aller Bewunderung aber blieb der mächtige Bau zu Berlin-Coelln: Hier wuchs die »Residenz«, aus der sich die Idee des neuen Staatsbewußtseins entwickeln sollte.

In eine mittelalterliche Welt dürftiger Bürgerhütten, bescheidener Kloster- und Kirchenbauten, enger, schmutziger Gassen, in denen die Schweine umherspazierten – in dieses graue Stadtgebilde stellte der zweite Joachim vor nun vierhundert Jahren seinen lichten Renaissancebau, ein Werk gewaltiger Maße und gewaltiger Ausstrahlung, ein eigenwillig-schöner Ausdruck künstlerischer Gesinnung, neuer Gesittung, landesherrlicher Macht. Die großen Wirtschaftswege aber gaben nach wie vor Frankfurt an der Oder das Übergewicht. Ebenso behielt die alte Hauptstadt Brandenburg noch ihren Vorzug bei den Landtagen, wie es die Vertreter der märkischen Städte auch jetzt noch forderten.

5. KAPITEL

Feiern, Frauen,
Gläubiger

Der »Hektor« fühlte sich nur wohl in dem Bewußtsein und der Umgebung von Pracht und Luxus. Sein Nachfahre, der große Friedrich, umriß ihn mit den Worten:
»Seine Regierung war milde und freundlich. Man beschuldigte ihn, die Freigebigkeit bis zur Verschwendung zu treiben . . .«
Und das tat Joachim II. wirklich – in einem Maße, das ihn fast an die Seite seines anderen Nachkommen, des ersten Königs, treten läßt. Joachims Turniere, seine Gastmähler, sein ungebärdiger Drang zu pomphafter Hofhaltung, zu Reisen mit ungeheurem Gefolge belasteten das noch von der Pest her verarmte Volk der Marken tief, mochten auch die ihm nacheifernden reichen Stadtadligen und Bürger mit ihrem Aufwand über vieles hinwegtäuschen.

Andererseits strebte der lebenslustige Kurfürst aufrichtig danach, alle Welt zufrieden und froh zu sehen. Der Segen seiner Großzügigkeit ergoß sich auch über die Kinder des Volkes, mit denen er zusammentraf. Nur fragte er nicht, woher er die Mittel nahm. Bald mußte er wie sein Vater zu höchst unpopulären Steuern seine Zuflucht nehmen – und bei jüdischen Geldverleihern.

Der erste Joachim hatte sie als an der Pest »Schuldige« verjagt – jetzt sollten sie dem Sohne helfen, seine Schulden zu verringern. Also verfügte der Kurfürst: Es sei den Juden – unter Zahlung ansehnlicher »Schutzgelder« – nunmehr gestattet, wieder in seinen Landen Einzug zu halten!

Und sie kamen.

Unter den Zugereisten befand sich auch ein Herr Lippold aus Prag, der es derart verstand, sich in die Gunst und in die Finanzmanipulationen des immer in Geldnot schwebenden Fürsten einzuschmeicheln, daß er bald zum Vertrauten in allen Ge-

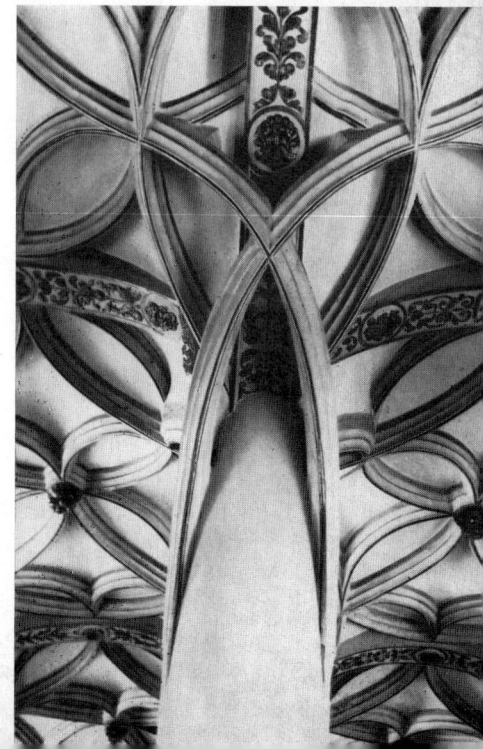

*Oben: Schloßbau des Kurfürsten
Joachim II., von der Langen Brücke
aus gesehen. Rekonstruktion
Rechts: Deckengewölbe der unter
Joachim II. erbauten Erasmuskapelle*

Oben:
Kurfürst Johann Georg
im Alter von 56 Jahren.
Holzschnitt von Peter Hille
nach Franz Friedrich
Unten:
Kurfürst Georg Wilhelm.
Zeitgenössische Darstellung

schäfts- und Liebesdingen seines Herrn avancierte. Lippold wurde der eigentliche Vollender des Schlosses an der Spree. Durch seine Geschicklichkeit, durch Bestechung und mehr oder weniger genial getarnten Wucher war er in Kürze der reichste Mann im Lande und entscheidender Gläubiger des Hofes. Immer neue Steuern und Hilfsgelder, neue Schuldverschreibungen wußte der »Kurfürstliche Münzmeister« durchzusetzen.

Nach außen hin in höchsten Ehren und allmächtig, in der Tiefe der Herzen verabscheut als Symbol der Habsucht und Ausbeutung, sollte ihm beschieden sein, bald ein neues, unendlich beschämendes Aufflackern der »Volksseele« heraufzubeschwören. Noch aber schützte ihn der ihm gewogene Kurfürst.

*

Von Jahr zu Jahr entwickelte sich das Schloß des »Hektor« immer mehr zum heiteren Mittelpunkt aller Künste und zierlicher Lebensart. Dichter, Maler, Schauspieler, Geschichtsschreiber fanden sich hier zusammen. Als erster Fürst dieses Landes hielt sich Joachim II. eine große Bibliothek und einen eigenen Hofmaler, den Mailänder Baptista. Bildhauer, Stukkateure, Metallarbeiter, Kupferstecher, Teppichweber kamen in die Residenz. Seine Lukas-Cranach-Sammlung ist noch heute erhalten.

Hofstaat und Gefolge des Brandenburgers glänzten wie kaum die eines anderen deutschen Fürsten dieser Zeit und waren nur vergleichbar denen seines Onkels, des Mainzer Erzbischofs. Wie dieser wollte Joachim II. im Herrscher den Genießer und Liebhaber aller schönen Künste, Sinnenfreude und Großzügigkeit vereinen.

Von den ungezählten Festen im neuen Schloß an der Spree erhielt eines besondere Bedeutung – nicht nur wegen des Aufwandes, sondern vor allem um seiner politischen Folgen für die kommenden Jahrhunderte willen: Die große Doppelhochzeit, die Vermählung des Kurprinzen Johann Georg mit der Tochter des Piastenherzogs Friedrich II. von Liegnitz und des Prinzen Georg von Liegnitz mit einer Tochter des Kurfürsten. Dieses denkwürdige Fest besiegelte nun zwiefach den Erbvertrag, nach welchem bei Aussterben der herzoglichen Linie die

Herzogtümer Liegnitz, Brieg und Wohlau an Brandenburg fallen sollten – der historische Rechtsgrund für die zweihundert Jahre später so nachdrücklich erhobenen Ansprüche des jungen Friedrich II. auf Schlesien.

Ein anderer Tag noch blieb in besonderer Weise bedeutsam: Joachims II. Mitbelehnung mit dem Herzogtum Preußen, nachdem der letzte Hochmeister des Deutschen Ordens, Markgraf Albrecht, die Lehre Luthers angenommen hatte: Zum ersten Male erhob sich auf Fahnen und Tafeln der schwarze preußische Adler über der Residenz an der Spree.

Wie viele der damaligen Großen verstand es der Kurfürst vorzüglich, religiöse Überzeugung mit weltlichen Freuden jeder Art unter einen Hut zu bringen. Die Bürger seiner Residenz wußten allerlei zu erzählen von seiner allen Stolz vergessenden Freundlichkeit und Herablassung gegenüber hübschen Kindern aus dem Volke – besonders, wenn diese dem weiblichen Geschlecht angehörten.

Verständnisvolle Chronisten entschuldigten die außerehelichen Eskapaden des Landesvaters mit dem »Jagdunfall« seiner Gemahlin, die im Jagdschlosse Grimnitz durch den Fußboden gebrochen und dabei von einem im darunterliegenden Stockwerk an der Wand hängenden Hirschgeweih peinlich verletzt worden sei. Aus Schamhaftigkeit habe sie es unterlassen, sich ihren Ärzten anzuvertrauen. Kurz und gut: Von jenem Tage an trug sie den fragwürdigen Ehrennamen »Hedwig die Züchtige«...

Waren die Seitensprünge des ersten Joachim ohne Einfluß auf das öffentliche Leben geblieben, so änderte sich das bei seinem Sohne: bald herrschten die Damen des Kurfürsten über Hof und Land. Dabei war es der liebreizenden Witwe des Burgunder Artilleriehauptmannes und Stückgießers Dietrich vergönnt, als »Schöne Gießerin« in die Historie einzugehen – wenn auch nur als geheimnisvoll wandelnder, unheilträchtiger Schatten, der später im Schloß an der Spree zu mitternächtiger Stunde spuken sollte.

Anna Sydow, wie die schöne und vorläufig noch unverkennbar dem Diesseits zugewandte Person hieß, begleitete den Kurfürsten auf allen Reisen und Jagden. Sie kostete ihn nicht nur für ihre Person erhebliche Summen – auch ihre Kreaturen blähten

und brüsteten sich allerorten auf ihren von der Gießerin verge-
benen Posten und Pöstchen, sofern sie nicht der korrupte Herr
Lippold am Bande hielt. Korruption und Unfähigkeit gingen
Hand in Hand mit Verschwendung und amouröser Hemmungs-
losigkeit. Bald war der Haß im Volke gegen die Mätresse nicht
geringer als gegen den Münzmeister. Begab sich der Hof zur
Jagd, so rotteten sich die Bauern zusammen und stellten ihren

Namensfaksimile des Kurfürsten Joachim II.

Herrn hämisch zur Rede: Ob das des gnädigsten Kurfürsten
unechte Frau sei? Ob das seine echten Kinder wären? Wie dürfe
er tun, was ihnen, dem Volk, verboten sei?
Um ihre Zukunft zu sichern, ließ sich die Gießerin mit reichen
Gütern beschenken. Ihre gemeinsame Tochter Magdalena wur-
de zur Gräfin Arneburg erhoben. Der sich zurückgesetzt füh-
lende Kurprinz mußte dem Vater sein heiliges Ehrenwort geben, daß er ihr niemals ein Haar krümmen noch sich an ihrem
Besitz oder gar Leben vergreifen werde.
So kam es, daß sich das neue Schloß an der Spree zu seinen architektonischen Besonderheiten bald noch größeren Ruhm als
»Liebeshof« erwarb, wobei vom jüngsten Pagen bis zur reifen
Ehrendame jeder seinen Teil beitrug.
Immerhin hatte das irdisch-eitle Treiben auch sein Gutes. Mit
der sich entwickelnden Lebensform und Kultur war auch ein
neues Gefühl für Körperlichkeit in die Mark gekommen. Jetzt
wurde es sogar Mode, sich zu baden! Auch hier wirkte das Vorbild: Der Kurfürst badete in seinem prächtigen, eigens dafür

eingerichteten Kabinett – der Bürger eiferte, es ihm nachzutun. Und zwar in den sich ständig mehrenden Badestuben, bei denen es natürlich nicht nur um die bisher als so unkeusch verrufene und bekämpfte Errungenschaft der Hygiene ging. Die Badestuben wurden zu einem wesentlichen Mittelpunkt der Geselligkeit. Die Freude am Körper erwachte – auch hierin die Renaissance einleitend im Sinne antiker Ideale menschlicher nackter Schönheit ... Wesentlicher Anteil daran kam dem berühmten Stadtphysikus Mattheus Fleck, genannt Flaccus, zu – und wohl auch dem Brandenburgischen Hofmedikus Dr. Paul Luther, dem dritten Sohn des Reformators, der als Leibarzt Joachims II. den Kurfürsten in seinen drei letzten Lebensjahren beriet und betreute. Flaccus und Luther führten als unerhörte hygienische Neuerung die Reinigung des Bartes, das Putzen der Zähne, die Desinfektion der Häuser mittels Schwefel und Salpeter ein – und ebenso einen heilsamen »Kaugummi«: »was man im Mund kewen oder halten soll«... Zum ersten Male wurde das noch immer drohende Gespenst der Pest wirksam gebannt.

Im Zustand der Städte Berlin-Coelln hatte sich sonst während der letzten Jahrzehnte wenig geändert. Abgesehen von dem Prunkbau an der Spree gab es fast überall nur ungepflasterte Wege, Schindel- und Strohdächer, endlose Moräste und versumpfte Flußarme.

Vom Kreuzberg aus sah man die bescheidenen Türme von St. Marien, St. Nikolai und St. Petri, des Hospitals zum Heiligen Geist, des Grauen Klosters und des alten Domes. Außerhalb der Mauern lagen die Kapelle St. Gertrauden und das Aussätzigenquartier St. Georg.

Das Gelände am Schloß bestand hauptsächlich aus Sumpfland, die Bürgerhäuser zeigten nur selten etwas von dem neuen Reichtum, obgleich die Schwesterstädte in den letzten Jahren an Wohlstand und Handel beträchtlich zugenommen und auch die furchtbare Dezimierung durch die Pest allmählich wieder aufgeholt hatten.

Die einst öden Coellnischen oder Tempelhofer Hügel vor den

Toren trugen jetzt Reben, aus denen ein beliebter Wein gekeltert wurde, den man allerdings niemals rein trank – man wußte schon, warum. Er wurde mit aromatischen Wurzeln und Kräutern, mit Honig und Himbeeren versetzt, durchgeseiht und abgeklärt. Man nannte dieses Elixier »Klarett«, den Honigwein »Met«. Der als Medizin beliebte Kräuterwein war nach dem altgriechischen Arzt, dessen Kuren jetzt Mode wurden, »Hippokrates« benannt ...

Jetzt begannen auch die Patrizier und Hofbeamten, sich nach dem Vorbilde ihres Herrn als Mäzene zu fühlen. Kunstvolle Epitaphien schmückten die Kirchen. Der berühmte Totentanz von St. Marien oder das Weltgericht blieben Symbole für den Triumph der Kunst und des schaffenden Lebens über die dunklen Mächte.

Im übrigen war die Reformation ein lohnendes Geschäft. Die protestantischen Fürsten beeilten sich allenthalben, die Kirchengüter zu schlucken und aus ihrer religiösen Überzeugung höchst diesseitigen Nutzen zu ziehen. Es hatte sich also im Grunde nicht allzu viel geändert.

Joachim II., allem Radikalen abhold, verfuhr auch hierin schonend. So ließ er zum Beispiel die Mönche vom Grauen Kloster in Ruhe aussterben, ebenso wie sich die anderen geistlichen Bruderschaften in Berlin und Coelln allerhöchster Rücksicht erfreuen durften. Allerdings waren sie auch nicht sonderlich begütert ...

Das kostspielige Leben des Hofes, die Habsucht der »Schönen Gießerin« samt Gefolge hatten die Finanzen der Kurmark tief zerrüttet. Das neue Schloß an der Spree wurde täglich von mahnenden Gläubigern umdrängt. Immer gefährlicher verstrickte sich Joachim II. in die Unternehmungen seines Münzmeisters Lippold.

Der »Hektor« war sechsundsechzig Jahre alt, als er bei einer Wolfsjagd im Gelände des Köpenicker Schlosses plötzlich starb, schmerzlos, wie von unsichtbarer Hand berührt. Mit seinem Tod erloschen für lange Zeit die echte Lebensfreude, der Kunstsinn und die Heiterkeit in der märkischen Residenz.

Joachims Prunksucht hatte das Land an den Rand des Ruins gebracht, und doch ist die Gestalt des »Hektor« eine der liebenswertesten in der Geschichte der deutschen Fürsten. Weltoffenheit und Kultur, religiöse Duldsamkeit und Friedenswille zeichneten seine Herrschaft. Selten war Berlin so unbeschwert wie zur Zeit seiner Lebensmitte nach dem Grauen der Pest.

6. KAPITEL

Der neue Herr
und die Volksseele

Der Kurprinz Johann Georg hatte seit seiner Hochzeit Berlin und den Vater nicht mehr wiedergesehen. Grollend verbrachte er die Jahre auf dem einsamen Schlosse Zechlin in der Prignitz.

Im Gegensatz zum Vater wollte er nicht »leben und leben lassen« –, sondern herrschen. Was für ihn soviel hieß wie: sich rächen, am Hof, an der Gießerin, an allen, die bisher gefeiert hatten – am Schatten des Vaters, der ihn nicht liebte, wie er es einst so sehr ersehnt hatte.

Vor der Geschichte kam Johann Georgs unfroher, düsterer Gestalt die Aufgabe zu, nach dem Tode des kinderlosen Markgrafen von Cüstrin die Neumark wieder mit Brandenburg zu vereinen, was allerdings nicht seinem politischen Geschick zugeschrieben werden kann.

Bösen, harten Angesichts hielt der neue Fürst Einzug im neuen Schlosse des Vaters. Den ihn empfangenden Adel und die Abordnungen der Bürgerschaft wies er ab wie den Hohen Rat. Nachdem er allein und wortlos im riesigen Langen Saal getafelt hatte, winkte er einen seiner mitgebrachten Vertrauten heran und raunte ihm einen Befehl zu. Innerhalb der nächsten Stunde rollte die erste Regierungshandlung des neuen Landesvaters ab: Unvermittelt wurden die Tore der Stadt geschlossen und die Häuser der vornehmsten Räte besetzt, ihre Besitzurkunden beschlagnahmt und sogleich rücksichtslose Untersuchungen gegen jedermann eingeleitet, der nur irgendwie mit dem verstorbenen Kurfürsten zu tun gehabt hatte. Am besten kamen noch diejenigen davon, die unter Beschlagnahme ihres Vermögens verbannt wurden.

Wohl wußte man, daß der Kurprinz einst dem Vater ein urkundlich verbrieftes Gelübde gegeben hatte, die »Schöne Gie-

ßerin« unter seinen Schutz zu nehmen und ihren Besitz unangetastet zu lassen. Nun ließ sie der Kurfürst wie eine Verbrecherin verhaften, ihrer sämtlichen Güter, Häuser, Kleinodien berauben und sie selbst ins dunkelste Verlies der Festung Spandow werfen, wo sie – nach vier Jahren der Qual –, verraten und vergessen auch von denen, die ihr einst Reichtum und Ämter dankten, wahrscheinlich durch eigene Hand den Tod fand, ohne das Tageslicht noch einmal wiedergesehen zu haben. Ihre Tochter indessen, die mit einem jungen Adligen verlobt war, wurde aufs Schloß vor den Herrn geschleppt, wo sich Johann Georg mit verkniffenem Lächeln zu dem letzten Schreiber, einem verwachsenen Krüppel, mit den Worten wandte:
– He, du! Willst du mein Schwager werden?
Der Gefragte wagte vor Schreck nicht zu antworten. Er brauchte es auch nicht ... Die seltsame Trauung erfolgte auf der Stelle.
Nicht lange nach dem Tode der Mutter begann im Gemunkel des Volkes eine alte Sage aufzuleben. Es hieß, daß im Schlosse zu Coelln an der Spree zu mitternächtlicher Stunde die Weiße Frau umgehe. Ihr Erscheinen aber zeige jedesmal einen Todesfall in der kurfürstlichen Familie an.
Die Weiße Frau war nicht nur ein »Gespenst«, sondern eine charakteristische Gestalt ihrer Zeit, ein Symbol für das immer geltende Drohen jenseitiger Dämonen, ein trauriger Todesbote, dessen Zorn nicht erweckt werden durfte. Bisher hatte im Schlosse zu Coelln eine Gräfin Kunigunde von Orlamünde diese Rolle gespielt. Um den Burggrafen Albrecht den Schönen zu gewinnen, hatte sie ihre beiden Kinder umgebracht, wofür sie wiederum von ihrem ritterlichen Geliebten verstoßen wurde und an unerfüllter Liebe starb ... Jetzt versank diese schöne Mär, und man glaubte zu wissen: Die Weiße Frau sei niemand anderes als die Schöne Gießerin, die nach ihrem Tode keine Ruhe finden könne. Im Jagdschloß Grunewald habe man sie unter der Treppe lebendig eingemauert, und nun spuke sie dort wie an der Spree, um allen Nachkommen des Mörders die Todesstunde anzuzeigen.

*

Schlimmer als der Freundin des alten Kurfürsten erging es dem listenreichen Münzmeister Lippold. Vor kurzem noch umschmeichelt und ehrfurchtsvoll als hoher Gönner gegrüßt und gefürchtet, war er plötzlich ein Verfemter. Zu viele standen in seiner Schuld, jeder erhoffte sich Befreiung von seinen Verpflichtungen. Über zu viele hatte Lippold angeblich Unheil gebracht.

Wieder einmal steigerte sich die »Volksseele« in hemmungslosen Haß. Vor der Synagoge in der Klosterstraße rottete sich das Volk zusammen und steckte sie unter wilden Verwünschungen in Brand. Darauf zog man zu den Häusern der reichsten Juden, stürmte, plünderte, verbrannte sie. Lippold kam ins Verlies des »Grünen Hutes«. Die Untersuchung gegen ihn wurde mit größter Hingabe geführt: Die Anklageschrift lautete auf Betrug und Zauberei. Außerdem brachte man in Erfahrung, daß Lippold seinem Herrn am letzten Abend einen Becher mit spanischem Wein gereicht hatte. Also lag auf der Hand: Lippold hatte den Kurfürsten vergiftet!

Bei den nun folgenden »Verhören« erwies sich der Scharfrichter Balzer als ein Folterkünstler von beachtlichem Einfallsreichtum. In den Tagen, da Berlin-Coelln den Karneval feierte, führte man den kaum mehr menschenähnlichen Delinquenten durch die Hauptstraßen, in denen die fröhlichen Masken feiernd durcheinandertrieben, und riß und brannte ihn an zehn Plätzen mit glühenden Zangen. Auf dem Neuen Markt hatte man ein kunstvolles Gerüst erbaut, damit die herbeiströmende Volksmenge das Schauspiel in allen Einzelheiten genießen konnte.

Zum Schluß wurde der verbrannte, zerfleischte und zerbrochene Mensch – noch immer bei voller Besinnung – in vier Stücke gerissen, die man an vier Galgen aufhängte. Die Eingeweide wurden auf dem Neuen Markt verbrannt. Als das Feuer den Holzstoß samt dem festlichen Schmuck von Fähnchen und Moritatenbildern auflodern ließ, lief unter dem Gerüst eine Maus hervor. Da wich das Volk unter angstvollem Geschrei flüchtend zurück:

– Der Zauberteufel des Münzjuden!

Im Anschluß an diese Hinrichtung wurden innerhalb von vierundzwanzig Stunden alle Juden erneut aus der Mark Brandenburg ausgewiesen. Der Schädel des unglücklichen Lippold aber grinste für Jahre, schwarz und vermodert, von der Höhe des Georgentores auf die reformiert-christliche Umwelt herab.

*

Niemals in der deutschen Geschichte verschmolzen Todesangst und Lebensrausch, Grausamkeit und Festesjubel, Frömmigkeit und abgrundtiefe Verderbnis zu solch wilder Einheit wie in jenen Tagen, da die Reformation über den alten Glauben gesiegt und ein neues Zeitalter geboren zu haben glaubte. Durch seine Strafgerichte und Beschlagnahmungen, durch Geiz und unerbittliche Kontrollen hatte Johann Georg in verhältnismäßig kurzer Zeit die väterlichen Schulden getilgt und die zerrütteten Finanzen in Ordnung gebracht. Jetzt sah er keine Veranlassung mehr, sich nicht ebenfalls in den Strom der Vergnügungen und des Aufwandes zu stürzen. Seine Feste und Feuerwerke sollten alles bisher Dagewesene in den Schatten stellen. Die alten Berichte finden kein Ende in den Beschreibungen der Tafelgenüsse, Dekorationen, Schauspiele, Überraschungen, die den von weit herbeigeholten Gästen dargeboten wurden.

Bald genügte dem Landesherrn auch nicht mehr das umfangreiche Renaissanceschloß des Vaters. Als Erklärung muß allerdings eine Tatsache gelten: Zum mindesten in seiner ehelichen Fruchtbarkeit war Johann Georg bedeutend. Er brachte es mit seiner schlesischen Gemahlin immerhin auf dreiundzwanzig Kinder, von denen ihn fünfzehn überlebten . . .

Im siebenten Jahr seiner Regierung berief er den hoch angesehenen Generalobersten der Artillerie und Munitions-, Zeug- und Baumeister, den italienischen Grafen Rocco di Lynar, nach Berlin und gab ihm den Auftrag zu einem neuen Anbau des Schloßkomplexes an der Spree.

Graf von Lynar, der für den Kurfürsten noch das Schloß in Bötzow, vor allem aber Festungsbauten in Spandow, Cüstrin und Peitz, überdies Salz- und Hüttenwerke schuf, entsprach dem Wesen Johann Georgs. Hochfahrend, eitel, selbstbewußt und fromm, verstand er hervorragend, sich »zu verkaufen«, mochte seine Leistung auch wenig Gesicht zeigen.

Wie hoch der Kurfürst den Baumeister einschätzte, geht aus dem »Gehalt« hervor, das diesem sogleich nach Eintritt in brandenburgische Dienste gezahlt wurde:
»1000 Thaler in Gold, außerdem Hofkleidung für acht Personen, auf acht Pferde Futter und an Deputat zwei Wispel Weizen, zwölf Wispel Roggen, 250 Tonnen Bier, zwei Fuder rheinischen Wein, drei Fuder weißen Landwein, ein Fuder roten Landwein,

Namensfaksimile des Kurfürsten Johann Georg

sechs fette Ochsen, 50 fette Hammel, 25 Schnittschafe, 20 Säuger, 30 Kälber, 30 fette Schweine, zwei Tonnen Heringe, zwei Tonnen Rotscheer, zwei Schock Schollen, acht Centner Hechte, acht Centner Karpfen, hundert Thaler zu frischen Fischen, Gewürz und Zucker, vier Tonnen Butter, sechs Tonnen Käse, vier Scheffel Hafergrütze, sechs Tonnen Salz, 1½ Schock Gänse, acht Schock Hühner, acht Stein Talg, 50 Wispel Hafer, Heu, Stroh, und Holz nach Bedarf...«
Zwei Jahre später folgte eine Aufbesserung von 1200 Talern und ein Ehrengeschenk von 30000 Talern. Und der – etwas skeptische – Chronist schrieb:
»Hierzu kamen die unbekannten Verdienste des Grafen bei seinen vielen Geschäften... Ingleichen daß er sich 1581 zu Spandow einen Pallast erbauete, der ihm gewiß nicht viel aus eigenem gekostet haben wird...«
Der aus der Toskana stammende Graf verstand es obendrein, den Landesherrn von sich abhängig zu machen, indem er ihm das Geld für die kurfürstlichen Bauten und Vergnügungen vorschoß.

Als erstes Werk bei der Erweiterung des Berliner Schlosses errichtete Lynar an der Spreeseite, anlehnend an den sagenhaften »Grünen Hut«, das neue »Haus der Herzogin«. Der Name bezog sich auf eine Schwester Johann Georgs, die hier lebte, bevor der Flügel später als kurfürstliche Wohnung diente. Wie die Theyßsche Schloßplatzfront wurde auch dieser Mittelbau der Spreeseite von zwei Erkertürmen flankiert, die durch je ein offenes Obergeschoß weiten Ausblick über Stadt und Land boten. Das Dach zierten »sächsische« Renaissancegiebel. Der alte Rundturm aus den Tagen des Eisenzahns, der »Grüne Hut«, wurde dabei so eingebaut, daß er einen großen Teil seines sichtbaren Umfanges einbüßte. Durch Dachaufbauten und erweiterte Obergeschosse entstanden neue Wohnräume für die Kurfürstin, die später auch die Gattinnen des ersten Königs benutzten.

Um einen Zugang von den Treppentürmen des Hofes her zu schaffen, verband man das »Haus der Herzogin« mit dem Hauptflügel durch einen Loggiengang, der aus drei übereinander liegenden Bogenhallen bestand und die verschiedenen Bauten zusammenfaßte. Die dabei verwandten toskanischen Säulen verliehen dem Hof auch auf dieser Seite südliche Eigenart.

Zwei Jahre nach Lynars Ankunft trat noch der aus Lugano gebürtige Peter Niuron in den Dienst Johann Georgs, wo er unter Aufsicht des bequem gewordenen Grafen weitere Anbauten ausführte.

An der Spreeseite wurde nach den Wohnräumen neben und über der Erasmuskapelle der erweiterte Hofapothekenflügel erbaut, der bis in den späteren Lustgarten hineinreichte und erst beim Neubau der Hohenzollernbrücke zwischen Schloß und Dom um den größten Teil verkürzt wurde. Auch hier erhoben sich freundliche, fast schon barocke Giebel über das hohe Dach, während die Fensterumrahmungen aus Sandstein die spätgotischen Formen des Joachimbaues beibehielten. Am Märkischen Museum ist der dorthin versetzte Giebelanbau noch heute zu sehen – einziger Rest des in mehr als drei Jahrhunderten Gewachsenen...

Das wesentlichste Werk der Ära Lynar-Niuron wurde beim Berliner Schloßbau ein Quertrakt, der parallel zur Spreefront den alten östlichen von dem neuen westlichen Hof trennte. Die vier Geschosse des Baues, der als einzigen Schmuck ebenfalls hohe Giebel trug, waren als Wohnräume für die zahlreiche kurfürstliche Familie gedacht und besaßen eine aufsehenerregende Neuerung: Jedes Stockwerk erhielt eigene »Kabinette«, deren Schächte in die Spree gingen...

Entsprechend der Persönlichkeit des Bauherrn waren weder die inneren noch die äußeren Besonderheiten der neuen Schöpfungen künstlerisch bemerkenswert. Einer jedoch verlieh Johann Georgs Wirken ein eigenes Gesicht: die Anlage seiner Gärten am Berliner Schloß.

Vor Regierungsantritt hatte der Kurprinz in der ländlichen Zurückgezogenheit der Prignitz bereits als eifriger Gärtner Erfahrungen gesammelt. Nun, nach neu angelegten Küchengärten, berief er den Gartenmeister Desiderius Corbinianus an seinen Hof, mit der Aufgabe, großzügige Schloßgärten zu gestalten, die nach Osten hin vom neuen Apothekenflügel, nach West und Nord hin vom Wasser abgeschlossen wurden. Die Gesamtanlage umfriedete eine Mauer, deren Grenzen auch der später um vieles kunstvollere »Lustgarten« des Großen Kurfürsten einhielt. Die Südwestecke bildete dabei der alte, quadratische Wartturm, der nun mit einer »Wasserkunst« ausgestattet wurde. Er diente der Bewässerung der Gärten, war aber auch mit dem Schloß durch eine Leitung verbunden. Von der Oberspree leitete ein besonderer Kanal das Wasser über die spätere Schloßfreiheit und über ein großes Schöpfrad in sein Reservoir. Ein »Kunstmeister« wachte über dem reibungslosen Funktionieren der Anlage, die auch noch mit den kurfürstlichen Mühlen am Mühlendamm in Verbindung stand. Der Turm erhob sich gleichzeitig als Eckgebäude des westlichen Schloßhofes und lieferte später auch für die kurfürstliche Münzprägerei die Wasserkraft – daher sein Name »Münzturm«; Schlüter sollte ihn später in seinen großartigen Barockplan übernehmen. In unmittelbarer Nachbarschaft führte die »Hundebrücke« zum Tiergarten – etwa an der Stelle, wo sich heute die ihrer Statuen beraubte Schinkelsche Schloßbrücke befindet.

*

In seinem weitläufigen, wachsenden Schloßbezirk, inmitten der vielarmigen Spree, zwischen den Ortschaften Berlin und Coelln, lebte der Kurfürst mit seiner großen Familie, mit seinen Dienern und Räten wie ein Hausvater in Wohn- und Lebensgemeinschaft zusammen.

Der »Haushalt« zählte an die vierhundert Personen und zweihundert Pferde, die hier ständig gehalten und beköstigt wurden. Auf dem »Mühlenhof« am Mühlendamm wurde unter Aufsicht des Amtshauptmannes gemahlen, gebacken, geschlachtet. Hier wurde das Futter für die Pferde abgemessen und der Hof mit Speise und Trank versorgt.

Das Gesinde wurde vom Kurfürsten nicht nur verpflegt, sondern auch gekleidet; der Hofschneider mit seinen Gesellen gehörte zum kurfürstlichen Anhang. Hatte man es in den sorglosen Zeiten Joachims II. nicht so genau genommen, so lebte man jetzt nach strengen Regeln:

Im Sommer stand man um vier, im Winter um fünf Uhr auf. Die Räte traten um sechs beziehungsweise um sieben Uhr zusammen. Jeden Morgen versammelte sich der Hof in der Erasmuskapelle, erst danach wurde die Morgensuppe verabreicht. Um neun oder zehn Uhr folgte das Mittagsmahl, um vier das Abendbrot. Eine Viertelstunde nach dem Signal zum Essen wurden alle Tore geschlossen, damit niemand etwas von den Speisen und Getränken heimlich davontragen könne – eine Gepflogenheit, die offenbar trotz dieser Maßnahme in munterem Schwange war.

Um acht wurde durch Klopfzeichen den männlichen Besuchern der »Frauenzimmer« mitgeteilt, daß es nun Schluß sei des Vergnügens. Um neun wurden die Tore geschlossen und das Licht gelöscht. Auch das Feuer in den Kaminen und in der Küche wich der langen Nacht, die von allen Menschen, ob Fürst, ob Bürger, Besitz ergriff.

7. KAPITEL

Goldmacherei
und Lebenselixiere

So wie der Hof trotz gelegentlicher Festespracht in kleinbürgerlicher Ordnung dahinlebte, machte sich gegen Ende des sechzehnten Jahrhunderts eine unübersehbare Stockung des öffentlichen Lebens und Treibens bemerkbar. Entsprechend der Erstarrung in engherzige Orthodoxie der jungen evangelischen Kirche, sank zugleich der Wohlstand des Landes. Als entscheidende Folge der Reformation wurde die Mark Brandenburg in Süd und West von den großen Handelswegen ausgeschlossen. Der früher einmal so bedeutsame Einfluß der märkischen Zollern schien erloschen.

Und doch war eine Tür aufgestoßen worden. Mit der Entdeckung der Neuen Welt wurde trotz Aberglaube und Unwissenheit die Sehnsucht nach der Enträtselung des Daseins, nach der Erforschung der Erde und der Elemente immer mächtiger – und natürlich auch der Drang, sich Geld zu verschaffen.

Neben der Bibliothek besaß das neue Schloß eine Kunstkammer, und im Anschluß an die Hofapotheke die alchimistische Küche nahe der Münzprägerei. Absicht oder Zufall –?

Jedenfalls nahm man diese Nachbarschaft ernst, wie auch das Gehalt und die Bedeutung des kurfürstlichen Leibmedikus Leonhard Thurneißer zeigte, der eines Tages an der Spree Einzug hielt, in der schönen Hoffnung empfangen, daß er seinen Herrn mit umwälzenden Entdeckungen beglücke. Thurneißer, einer der begabtesten Scharlatane, die je ihr Publikum fanden und kannten, besaß jedoch so wenig wie seine minder tüchtigen Kollegen den »Stein der Weisen«, noch brachte er das von seinem Herrn so heiß ersehnte Gold zustande. Und doch sollte er durch sein glänzendes Organisationstalent entscheidend zur Entwicklung des Handwerks und der gewerblichen Betriebe in Berlin beitragen.

Thurneißers Herkunft, sein Werdegang und sein Ende erscheinen charakteristisch für die Welt- und Entdeckungssehnsucht der Menschen jener Tage, in denen sich auf so seltsame Weise Lebensgier und Todesfurcht mit Phantasie und plumpem Bauernfang mischten, der für uns Spätgeborene etwas Entwaffnendes an sich hat ...

Der junge Leonhard, zu Basel geboren, erlernte ursprünglich die Goldschmiedekunst, dann die Arzneiwissenschaft. Mit siebzehn Jahren bereits verheiratet, entwich der kleine Doktor Faustus seiner ihm zu eng gewordenen schweizerischen Umwelt und ging nach England. Von dort begab er sich nach Frankreich, später nach Deutschland. Hier wurde er Soldat und zog mit den Landsknechten des Markgrafen Albrecht Alkibiades plündernd und sengend durchs Land, bis er, nach einer Gefangenschaft, sein Glück weiterhin als Goldschmied, Bergarbeiter, Apotheker, Alchimist und Drucker versuchte.

Sein Eifer und seine Geschicklichkeit auf allen Gebieten brachten ihm die Aufsicht über zwei Tiroler Bergwerke ein oder, wie es in anderen Quellen heißt, sogar deren Besitz. Daneben arbeitete er in geheimer Medizin weiter, die es ihm besonders angetan hatte.

Doch wieder siegte das Abenteurerblut. Es hielt ihn nicht länger als wohlhabenden, inzwischen zum zweitenmal verheirateten Bürger. Thurneißer verkaufte seinen Besitz und durchwanderte die Welt: Afrika, Ägypten, Arabien und Syrien, Spanien und Portugal; die romantischen arkadischen Inseln, das Gelobte Land, Griechenland, Italien, Ungarn waren seine Stationen.

Und wieder kehrte er nach Deutschland zurück. Diesmal als Astrologe. Sein Ruf an den deutschen Fürstenhöfen gründete sich auf die Tatsache, daß er dem polnischen König Tag und Stunde seines Ablebens vorausgesagt hatte. Der König selbst hatte davon allerdings weniger als der Prophet, dessen Ruhm von da an kometenhaft leuchtete.

Thurneißer, der mit den berühmtesten Ärzten, Alchimisten und regierenden Persönlichkeiten in Verbindung stand, hatte daraus im wesentlichen eine entscheidende Erkenntnis gewonnen: daß alle großen Wissenschaftler und Gelehrten dieser Zeit hauptsächlich Ruhm und Erfolg einer mehr oder weniger genialen

Scharlatanerie verdankten. Was sie stümperten, vollbrachte er. Erregte die Bewältigung seiner für damalige Verhältnisse wunderbaren Reisen schon Erstaunen, so wuchs Thurneißers Ansehen um so mehr durch seine Werke, in denen er die unterwegs gesammelten Erfahrungen aufs glücklichste zu nutzen verstand. Nach einem in Münster erschienenen Buch über die Grundlehren der Astrologie, Alchimie und so weiter ließ er in der Frankfurter Universitätsdruckerei sein charakteristischstes Werk unter dem Titel PISON herstellen. In diesem eigenwilligen Buch befaßte sich der Autor mit den chemischen und anderweitigen Eigenschaften der Flüsse und Gewässer, denen er besondere moralische Einflüsse auf die Menschen beilegte. So stellte er etwa von dem Fluß der märkischen Residenz unter anderem bündig fest:

»Das Wasser der Spree ist grünfarbig und lauter. Es führt in seinem Schlick Gold und eine schöne Glasur. Das Gold enthält 23 Carat ½ Gren.«

Und von der Havel:

»Die Havel hält in ihr nichts Besonderes, ein Fischreich schwer und ungesund. Faul Wasser, davon etliche Weiber, so es trinken, gar böse, scharfe und lügenhafte Zungen überkommen, den Leuten Arges nachzureden ...«

Daher also!

Zu allem wollte Thurneißer nicht nur in Wassern Gold und Rubine, sondern vielfältiges Edelgestein auch im Sande der armen Mark Brandenburg entdeckt haben. Bei Neustadt wollte er Gold, in der Nähe von Bernau Saphire und kostbare Salzquellen ans Tageslicht bringen.

Der Kurfürst Johann Georg muß das aufsehenerregende Werk zu Gesicht bekommen haben. Anläßlich eines Besuches in Frankfurt an der Oder bestellte er den Wundermann zu sich. Da die Kurfürstin gerade unpäßlich war, ergab sich gute Gelegenheit, Thurneißer zu erproben. Er zeigte sich so erfahren wie erfolgreich in der Behandlung eingebildeter und tatsächlicher Leiden, daß ihn Johann Georg mit fürstlichem Gehalt als Leibmedikus engagierte.

Zur Wohnung und für seine Laboratorien wurde ihm der Apothekerflügel des Schlosses angewiesen.

Bald jedoch setzte es der tüchtige Weltmann durch, daß man ihm das Graue Kloster überließ, das ohnedies leer und verlassen dalag, seitdem der letzte Mönch darin selig entschlafen war. Das ehrwürdige Gemäuer erwachte nun zu durchaus anderem Leben. Außer seinen Privatlaboratorien richtete Thurneißer dort ein: Lagerräume für Spezereien und Materialien, seltene, exotische Häute und Papiere, Gewürze und Chemikalien; eine Buchdruckerei, Kupferstecherei und Werkstatt für Formenschneiderei; Sammlungen von Instrumenten, Naturalien, Gemälden und eine eigene Menagerie fremdartiger Tiere: gewissermaßen den ersten Berliner Zoo. Er gab sogar Teppiche in Auftrag und gründete damit die erste Gobelinweberei an der Spree, ebenso wie er der erste war, der hier dem Kunsthandwerk eine Stätte schuf. Er beutete die Wissenschaften in jeglicher Richtung aus, er arbeitete mit Zahlenmystik und Kabbala, mit den Sternen und mit der Erde, mit dem Wasser und dem Harn, mit den Eingeweiden und jeglichem Kraut und Kot oder Metall, mit Gläsern, Werkzeug oder Heiltränken.

Thurneißers Schriftgießerei lieferte nicht nur deutsche und lateinische Typen, sondern die fast aller damals bekannten Sprachen der Völker. Die Schönheit der Drucke aus seinen Werkstätten erregte noch im achtzehnten Jahrhundert, dieser Blütezeit edler Buchdruckerei, Bewunderung.

Besonders eindrucksvoll waren die Illustrationen und Stiche, von denen sich ein nach Fachurteil »prachtvoller« erhalten hat, der die grauenhaften Hinrichtungsrituale des unglücklichen Lippold darstellt.

Durch Thurneißer wurde das Berlin jener Tage zu einem Mittelpunkt typographischer Kunst. Der Hinweis »Getruckt zu Berlin im graven Kloster« galt als hervorragende Qualitätsmarke.

*

Thurneißer wußte, was er sich und seinem Rufe schuldig war. Wie er nach außen als großer Herr auftrat, so stellte auch seine Wohnung Schatzkammer wie Raritätenkabinett dar. Im Saale gab es einen lebensgroßen, silbervergoldeten Hirsch, der als

Kronleuchter Dienst tat. Nicht einmal der kurfürstliche Palast kannte solche Kostbarkeiten. Seine exotischen Skorpione in Baumöl standen allgemein als unheimliche »Zauberteufel« in Verruf. Hauptattraktion aber war der »Schwimmende Vogel« – ein raffiniertes Aquarium, in dem sich seltene Fische um einen Stieglitz bewegten, der mitten in einem ausgesparten Behältnis saß, so daß der Eindruck entstand, hier sei die Natur auf den Kopf gestellt und der Vogel zum Lurch geworden ...

Daß der Kurfürst und seine Gemahlin zu Thurneißers Verehrern und Gästen zählten, nimmt nicht wunder; eher schon, daß ihm der Kaiser höchstselbst freundschaftliche Briefe schrieb und ebenso die »jungfräuliche« Elisabeth von England. Sie alle sahen in ihm den Weltmann und Entdecker, den Arzt und Astrologen, Schriftsteller und Alchimisten, Industriellen und Kunstgelehrten.

Bald gab es natürlich auch genug Leute, denen sein hochfahrendes Wesen in die Augen stach – und seine Geschäftstüchtigkeit. Einer seiner hartnäckigsten Gegner am Berliner Hof war der hochgewachsene Kavalier Sparr, ein angesehener Haudegen.

Der gewitzte Thurneißer verstand es zu parieren. In einem seiner Werke über die Krankheiten fand sich ganz nebenbei die streng sachliche Feststellung:

»Große und starke Personen sind kalter Natur, haben eine böse, unreine Complexion, stinken und schwitzen viel. Welcher Art ist etwa ein Herr Christoph Sparr, der Kurfürstliche Oberhofmeister zu Berlin ...«

Wurde er von der Fachwelt angegriffen, so wehrte sich Thurneißer ebenfalls auf seine Weise, wie zum Beispiel gegen einen Herrn Joel aus Greifswald, den er mit einem Traktat ehrte, das folgenden Titel trug:

»Kurze Verantwortung und nothwendige Ehrenrettung des hoch und weit berühmten Herrn Leonhard Thurneißer zum Thurn, Kurfürstlich Brandenburgisch bestallten Leib-Medici und Bürgers zu Basel, auf die unbesunnenen, übelgegründeten, mit Neid und falscher Anklage, wie eine Sackpfeife mit Wind gefüllten, aber mit unchristlichen gleisnerischen Tücken und giftgallischer Bitterkeit, wie ein Igel mit Stacheln überzogenen, verlogenen ehrendiebischen Theses, disputationes und Schmähschriften Franz Joels, des Licentiaten zu Greifswald in Pommern.«

Eine Überschrift, in der im wahrsten Sinne des Wortes »alles drin« ist ...

*

Thurneißer verstand es nicht nur, durch seine Schriften Aufsehen zu erregen, er handelte und produzierte auch, gleichgültig, ob es sich um astrologische Kalender oder magische Metallplättchen handelte. Besondere Geschäfte machte er mit seinen Thesen, nach denen jegliche Krankheit mit dem verdünnten Urin derselben Person geheilt werden könne. Diese mit verschiedenen Farben und Stoffen versetzten »Amethyst«-, »Gold«- oder »Rubin-Tinkturen« brachten ihm allein ein Vermögen von seiten der hypochondrischen Modedamen und Herren der Residenz ein. In seinen Labors und Werkstätten beschäftigte er Hunderte von Arbeitern und Künstlern, Gießern und Chemikern, Druckern und Holzschneidern. Ein bis dahin nicht gekanntes gewerbliches Leben zog durch ihn in Berlin ein. Und alles, was er produzierte, verwandelte sich unter seinen genialen Händen in bares Gold.

Aber leider nur für ihn selbst – nicht für seinen weit weniger genialen, dafür um so geldgierigeren Herrn im Schloß an der Spree.

So mußte eines Tages die allerhöchste Ungnade folgen und damit der Abstieg. Plötzlich war der geheimnisumwitterte Mann ein böser Hexenmeister, mit dem Satan persönlich im Bunde. Überdies zeugten ja Thurneißers Flaschenteufel und der berüchtigte Zaubervogel, der im Aquarium mit den unschuldigen Fischen Unzucht treibe (dies wörtlich in der Anklage formuliert), genugsam für solch dunkle Bindungen ...

Um der Folter und peinlichen »Verhören« zu entgehen, benutzte der Leibmedikus eine westdeutsche Reise des Herrn zur Flucht. Kurze Zeit danach fand man den gelehrten Mann im Schutze des Heiligen Vaters in Rom, der ihm nun, nach Rückkehr zum alten Glauben, das schöne Belvedere in den vatikanischen Gärten zur Wohnung überließ. Bis auch dieser Schutz fadenscheinig wurde und der Ruhelose in einem Kloster in Coeln am Rhein landete, nachdem er sein Glück zu Coelln an der Spree nicht zu bewahren gewußt hatte.

Ein Triumph ward ihm noch zuteil, von dem er freilich soviel oder sowenig hatte wie einst der von ihm beratene Polenkönig: Thurneißer starb am nämlichen Tage, den er sich selbst in seinem Horoskop errechnet hatte. Trotz seiner späten Frömmigkeit hatte er sich dies nicht versagen können...

Bei aller schillernden Vielfalt kam diesem Mann für die Residenzstadt Berlin eine Bedeutung zu, die diejenige seines fürstlichen Gönners weit in den Schatten stellte. War er es doch gewesen, der Johann Georg immer wieder zu Unternehmungen und Verbesserungen auf allen Gebieten, und sei es auf dem der Straßenreinigung und öffentlichen Hygiene, veranlaßt hatte. Nach seinem Weggang wurden die alte Nikolai- und Marienschule zu einer großen Lehranstalt in Thurneißers ehemaligen Laboratorien vereinigt, zu dem bis in die Gegenwart berühmten Berlinischen Gymnasium zum Grauen Kloster.

Zu gleicher Zeit brachte der Zuzug aus dem Westen, besonders aus den Niederlanden, wo gerade der Herzog Alba und die Heilige Inquisition der Gegenreformation wüteten, mit den emigrierten Künstlern und Handwerkern einen neuen Begriff von Ordnung und Sauberkeit ins Land, der auch dem grauen Bilde des Kurfürsten Johann Georg einen freundlichen Schimmer leiht, den man bei ihm sonst vergeblich suchen mag.

8. KAPITEL

Eine neue Stechbahn,
Otterngezücht
und dunkle Wolken

Als Johann Georg endlich seinem Sohne Joachim Friedrich den Platz überließ, war dieser bereits über fünfzig Jahre und ein alternder Mann. Ebenso fromm wie kränklich, sorgte der neue Herr alsbald für die Beseitigung der Überbleibsel des katholischen Ritus. Den alten Schmuck im Dom ließ er noch unangetastet; der neue, gereinigte Gottesdienst aber wurde in puritanischer Strenge durchgeführt. Das Volk ging dabei nur zögernd mit; immer wieder flackerte der Unmut gegen den übellaunigen Neuerer der Gottesdienste auf. Auch gab man ihm, geheim oder offenkundig, die Schuld an der von neuem über die Residenz hereinbrechenden Geißel der Pest.

Wieder wurden die Menschen von Todesangst gehetzt. Wieder ratterten die Leichenkarren Tag und Nacht durch die Straßen, wehrte man sich gegen das Unabwendbare durch Gebete und Grausamkeiten, durch Suff und vermeintliche Flucht in exaltierte Freuden. In wenigen Tagen starb fast der vierte Teil der Berliner Bürger.

In dieser Zeit fand die Kurfürstin Katharina den Weg zu dienender Menschenliebe. Als Schülerin Thurneißers zur Apothekerin ausgebildet, sorgte sie nun, soweit es die fragwürdigen Hilfsmittel ihrer Zeit erlaubten, für die Bevölkerung. Sie erweiterte die Hofapotheke und ließ die Bürger unentgeltlich mit Arzneien versorgen. Sie beaufsichtigte die gesamte Milchgewinnung, sorgte für Sauberkeit und Kinderpflege. Von dieser Zeit an führte der alte Berlinische Marktplatz den Namen »Molkenmarkt«.

Der Kurfürst stiftete in dem von ihm erbauten Schloß Joachimstal in der Uckermark eine Fürstenschule, aus der später, nach Berlin verlegt, das berühmte Joachimstalsche Gymnasium wurde. Am Berliner Schloß entstanden neue Altangebäude an der westlichen Hoffront und auf der Lustgartenseite sowie die neue Stechbahn. Dieser zwischen dem gotischen Dom und der Spree gelegene Turnierplatz wurde von dem sächsischen Bildhauer Kaspar Zimmermann mit dreißig Statuen »nach römischer Art« geschmückt. Die neue Stechbahn verlieh nun auch der Umgebung des Schlosses etwas Großzügiges und Weltoffenes.

*

Der Ehrgeiz des neuen Landesherrn Johann Sigismund ging dahin, nach dem Tode des geistesgestörten Herzogs Albrecht von Preußen dieses Land unter den märkischen Kurhut zu bringen. Nach langem Ringen gelang es ihm: zunächst als Regent, dann als gewählter Herzog, was nicht ohne beträchtliche Bestechungssummen an die preußischen und polnischen Stände abging.

Johann Sigismunds Gattin, eine harte und herrschsüchtige Dame, war die preußische Prinzessin Anna. Während sie ihre eigene lutherische Partei am Berliner Hofe züchtete, hielt es ihr Mann mit den Calvinisten. Dies und politische Erwägungen veranlaßten den Kurfürsten, von nun an seine Residenz im fernen Königsberg aufzuschlagen: immerhin die Voraussetzung zu der knapp hundert Jahre später ebendort stattfindenden eigenmächtigen Königskrönung des Enkels ...

Doch soweit war es noch nicht.

Brandenburgs Stern sank Tag um Tag.

Während die Katholischen nicht nur im Reich, sondern auch durch die Einheit Österreich-Spanien in ganz Europa entscheidende Macht besaßen, waren die Protestanten, ebenso beschränkt und kleinlich wie uneins, zur »Provinz« abgesunken. Schwächliches Lavieren im großen Strom brachte Brandenburg in Gefahr, auch die letzten reichsverfassungsmäßigen Rechte zu verlieren. Wie draußen, so drinnen. Häusliche Disharmonie, ständige Abwesenheit von Berlin ließen die Stimme des Kurfürsten auch im Konzert der deutschen Fürsten verstummen.

Die politische Vermählung der ältesten Tochter Johann Sigismunds mit dem katholischen Pfalzgrafen von Neuburg, dem

Erbberechtigten von Jülich-Cleve-Berg, sollte gleichsam das Signal zum Aufruhr geben. Die Verhandlungen über das Ehegeschäft waren bereits erfreulich gediehen, als es zu einem leider betrüblichen Zwischenfall kam.

Und zwar geschah es, als die beiden Landesväter beim fröhlichen Umtrunk – in vino veritas! – ihre gegenseitigen Sympathien schlagartig erkannten, woraus sich »schlagartige« Folgerungen ergaben. Man ohrfeigte sich plötzlich nach Herzenslust – und aus war der Traum von Erbberechtigung und Herrschaftserweiterung. Und nicht nur dies: Der längst fällige Funke war ins Pulverfaß der Zeit gefallen. Für dreißig verheerende Jahre sollte ringsum die Kriegsfackel brennen . . .

Natürlich brannte Europa und die deutsche Erde nicht von heute auf morgen lichterloh. Noch stand die ausschlaggebende Entzweiung hinsichtlich der »ewigen Werte« beider Konfessionen aus.

Auch dazu trug der Kurfürst das seine bei, indem er kurz nach dem verhängnisvollen Streit im Dom zu Coelln offiziell das Abendmahl in doppelt gereinigter calvinistischer Form nahm – was wiederum die lutherisch gesinnte Gemahlin und das Volk als Herausforderung empfanden. Während es dem gutwilligen Manne hier tatsächlich um persönlichste Dinge ging – den von ihm verkündeten Grundsatz der Toleranz in Glaubensdingen nahm er ernst –, prangerten eifrige Lutheraner sogleich von den Kanzeln das »Otterngezücht« der calvinistischen »Wölfe und Himmelsräuber« als »Teufelsspuk« an. Und es fehlte nicht mehr viel zum Sturm, als in der Karwoche des darauffolgenden Jahres der Berliner Dom seines letzten, noch aus katholischer Zeit stammenden Schmuckes beraubt wurde: des kostbaren marmor- und goldgeschmückten gotischen Altars. Jetzt stellte ein primitiver Holztisch im Chor den Mittelpunkt des Gottesdienstes dar. Die Gemälde und Statuen, die alten Glasfenster und Bildmalereien waren als »Affen- und Pfaffenwerk« zerstört worden.

Nicht lange darauf brachte den ebenso wohlmeinenden wie abergläubischen Kurfürsten ein Bericht seines Kammerdieners außer Fassung: Man hatte in den Korridoren des Schlosses an der Spree den Geist der Weißen Frau gesehen!

Dies, der Wein und dunkle Gedanken veranlaßten den Zermürbten, die Regierung seinem Ältesten zu übergeben und das bessere Jenseits aufzusuchen.

Doch hatte das Gespenst diesmal nicht nur dem Herrn, sondern dem ganzen Lande Unheil angezeigt: In Böhmen brach der Völkermord aus, der Mitteleuropa, besonders aber die Mark Brandenburg, für Generationen verwüsten sollte.

Und doch blieb die Tatsache, daß unter Johann Sigismund die Erwerbung der niederländisch-westfälischen Erbschaft wie der preußischen Gebiete im Osten gelang. Die brandenburgischen Interessen reichten jetzt von der polnischen bis zur holländischen Grenze.

Johann Sigismund war auch der erste europäische Fürst, der den engen religiösen Horizont durchbrach, indem er nicht nur den Grundsatz der Glaubensfreiheit verkündete, sondern auch von jeder Verfolgung seiner Glaubensgegner absah. Zum ersten Male wurde der bis dato und weiterhin allgemein wirksame schlimme Grundsatz »cuius regio – eius religio« beseitigt, der die Untertanen anderer Länder zwang, entweder den Glauben ihrer Obrigkeiten anzunehmen oder Haus, Hof, Familie und Heimat zu verlassen. Brandenburg wies einen neuen Weg in die Zukunft.

Es hätte ein Beginn unendlicher Fruchtbarkeit sein können. Das Schicksal wollte es anders. Noch war die Zeit nicht reif. In Not und Blut mußte sie ihr Erbe austragen.

9. KAPITEL

Der schwedische
Brautwerber

Auch der Sohn Georg Wilhelm war trotz seiner fünfundzwanzig Jahre bereits bei Regierungsantritt ein kranker Mann. Ein unheilbares Leiden – Wassersucht – hinderte ihn an seiner Bewegung. Bald konnte er sich nur mittels einer Sänfte fortbewegen. Das friedliebende, protestantische Brandenburg war im Reiche nicht nur restlos isoliert, es war ein politisches Niemandsland, ein Vakuum geworden; und ein militärisches dazu. Der Kurfürst mußte zusehen, wie im Auftrag des Kaisers die westfälischen Provinzen verwüstet wurden. Das Brandschatzen besorgte Tilly. Wenig später gingen durch den Sieg des zweiten kaiserlichen Heros, Wallenstein, die Stifte Magdeburg und Halberstadt verloren. Und nicht nur das: im Norden drohte der Schwede Gustav Adolf.

Der hatte sich indessen mit einer Schwester Georg Wilhelms vermählt. Die Brautwerbung und Vorgeschichte gibt für sich allein schon den Stoff zu einem Roman ab:

Gustav Adolf hatte von den Reizen der Brandenburgerin Maria Eleonora so viel Verlockendes vernommen, daß er beschloß, sich die Auserkorene zunächst einmal inkognito anzusehen. Und zwar schickte er einfach eine Gesandtschaft an den Berliner Hof, der er sich unter falschem Namen anschloß.

Während der Gesandte mit dem Kurfürsten Johann Sigismund schwerwiegende politische Probleme erörterte, machte sich der junge Edelmann an die Prinzessin heran – mit dem Ergebnis, daß der von ihr restlos Entzückte sein Inkognito zum Teufel jagte und sich ihr verriet. Woraufhin die junge Dame dem Fremden vor dem Hofe derart auffallendes Entgegenkommen zeigte, daß sie einen Skandal entfesselte und der schwedische Gesandte von dem gekränkten Kurfürsten einen heftigen Verweis einstecken mußte, weil er seinen munteren Begleiter nicht fester an der Kandare hielt... Da erwachte der Stolz der Prinzessin, und sie belehrte ihren Vater eines Besseren. Der alte Kurfürst willigte in die Verbindung seines Töchterleins mit dem Schweden ein.

Jetzt trat jedoch seine preußische Gattin Anna auf den Plan. Sie hatte eine polnische Verschwägerung im Sinn und widersetzte sich dem Vorhaben mit ganzer Kraft. Auch die Räte des alten Kurfürsten befürchteten Verwicklungen mit Polen, ebenso der Kurprinz.

Mittlerweile starb der Vater, und während Georg Wilhelm in Preußen mit dem Polenkönig über preußische Geschäfte verhandelte, überlegte es sich die Kurfürstin Anna in Berlin plötzlich anders und gab, offenbar überwältigt von der Beständigkeit der Liebe des Schweden, diesem ihr Einverständnis kund.

Natürlich war sie dazu keineswegs berechtigt, sondern allein ihr Sohn, der regierende Kurfürst. Der protestierte auch sofort heftig von Königsberg aus. Aber das war auch das einzige, was zu tun ihm übrigblieb...

Denn in Berlin regierte Anna, seine Mutter, und die sorgte alsbald dafür, daß ihre Tochter heimlich nach Braunschweig gebracht wurde. Kurz danach erschien der schwedische Kanzler Oxenstierna mit pompösem Gefolge zur feierlichen Brautwerbung an der Spree. Fanfaren erklangen, Federn wallten von kostbaren Hüten, Samt und Seide prangte an nordischen Heldengestalten wie aus dem Bilderbuch. Die Berliner zeigten sich hingerissen.

Die kurfürstlichen Räte waren es weniger. Sie getrauten sich nicht, die Werbung des hohen Gastes anzunehmen; schließlich kannten sie den Willen ihres Herrn. Die resolute Kurfürstinmutter aber kümmerte sich nicht um die offiziellen Hemmungen. Sie sagte laut und vernehmlich ja und ersuchte die Herren, sie nach Braunschweig zu begleiten. Zuvor stieg die würdige Matrone höchstselbst und zum namenlosen Kummer des braven Kanzlers Pruckmann in die modrigen Gewölbe des Schlosses an der Spree hinab, um ihnen eigenhändig die wertvollsten Kleinodien als Aussteuer für die Tochter zu entnehmen, die die korrekten Räte beharrlich verweigert hatten.

In Braunschweig übergab Anna ihr Kind dem fremden Herrn

und schloß sich dem Zuge nach Wismar an. Dort bestieg sie in der siegesfrohen Gesellschaft das festlich geschmückte Flaggschiff der schwedischen Flotte, das die Prinzessin und sie in die Arme des blonden, wenn auch zeitgemäß korpulenten schwedischen Recken führen sollte.

*

Wie in seiner Familie saß Georg Wilhelm in der Politik zwischen zwei Stühlen. Natürlich nahm der Polenkönig Sigismund die Verbindung Brandenburgs mit seinem ärgsten Feinde übel auf. Andererseits erwartete Gustav Adolf von dem frischgebackenen Schwager, daß er sich an seine Seite gegen Polen schlage.

In eine neue gefährliche Zwickmühle geriet der Kurfürst mit seinem anderen Schwager, dem Kurfürsten Friedrich von der Pfalz. Dieser hatte entgegen den habsburgischen Ansprüchen die böhmische Krone angenommen, ohne weder die Macht noch die Fähigkeit zu solcher Verantwortung zu besitzen. Nach kurzem Schwelgen im jungen Glanz wurde er aus dem Lande vertrieben und irrte nun, mit dem Spottnamen »Winterkönig« bedacht, friedlos umher.

Nachdem sich der Heimatlose mit riesigem Hofstaat wie ein Heuschreckenschwarm in Cüstrin niedergelassen hatte, erschien er in Berlin, um sich hier im Schloß an der Spree bei seinem Schwager einzuquartieren.

Was die Räte befürchtet hatten, geschah: Der Kaiser fühlte sich brüskiert – ebenso wie das Volk gegen den »Bettelkönig« rebellierte. Die Minister, in schwerer Sorge, ließen alles in Berlin lagernde Pulver schleunigst aus der Stadt schaffen und setzten dem Gast so nachdrücklich zu, daß er es vorzog, sich »aus Sicherheitsgründen« nach Holland abzusetzen. In Berlin erschienen indessen die »Hilfstruppen« des Geflohenen: hungrige, habgierige englische Heeresreste. Die Bürger zu Berlin wiederum, in der Annahme, ihr eigener Landesvater habe die Truppen herbeigerufen, um die Calvinisten gegen die Lutheraner zu beschützen, tobten in offenem Aufruhr...

Jetzt lag die Mark Brandenburg für die Soldateska aller Parteien schutzlos offen. Der Kurfürst hatte es in seiner Friedensliebe gerade auf eine Söldnertruppe von tausend Mann gebracht, die kaum imstande waren, das Räuberunwesen im Lande zu bekämpfen, geschweige denn als Heeresmacht zu wirken. Als sich die Kaiserlichen näherten, ließ Georg Wilhelm ganze 150 Mann zum Schutze Spandows abmarschieren. Wieder gab es eine Revolte, und die Getreuen des Kurfürsten konnten sich nur durch Flucht hinter die schweren Torflügel des Schlosses retten. Um ein Haar wäre dieses selbst gestürmt und der Landesvater verprügelt worden.

Der Brandenburger beeilte sich nun, dem Kaiser seine vollkommene Ergebenheit zu beteuern und auf Rat seines Günstlings und Kanzlers, des Grafen Schwarzenberg, alle Verbindung zu den calvinistischen Brüdern abzubrechen.

Der Kaiser beantwortete dieses Entgegenkommen damit, daß er seinem Feldhauptmann Wallenstein das Herzogtum Mecklenburg übertrug: eine Ohrfeige für den Kurfürsten, der dort berechtigte Ansprüche besaß. Im übrigen beliebte der kaiserliche Feldherr, während er sich in Güstrow ein prächtiges Residenzschloß baute, ohne den Kurfürsten zu fragen, in Brandenburg Quartier zu nehmen und hier nach Herzenslust wie in Feindesland zu hausen. Dann erschien er zu kurzem »Staatsbesuch« in der Hauptstadt. Kaum konnte man hier die 1500 Herren und Diener seines Gefolges unterbringen, ganz abgesehen von Pferden und Troß.

Im geschmückten Langen Saal des Schlosses an der Spree fand das festliche Beschwichtigungsmahl statt. Man trat sich förmlich auf die Füße, um dem kaiserlichen Feldherrn seine Reverenzen zu erweisen. Wallenstein, die gefürchtete »Faust des Kaisers«, zeigte sich nicht weniger leutselig und machte allenthalben einen überwältigenden Eindruck – vor allem auf die Damen.

Im übrigen kam er natürlich nicht, um die Spannungen mit dem Brandenburger wegen der schwedischen Heirat von dessen Schwester beizulegen. Er brauchte nichts weiter als Schutz und Rückendeckung bei seinem geplanten Angriff auf die Festung Stralsund; der Brandenburger aber klammerte sich an sein Trug-

bild einer Neutralität und beschwor den Gast, sein ohnedies darbendes Land zu schonen. Wallenstein lächelte dazu höflich:
– Krieg ist leider kein Kinderspiel. Und meine Soldaten müssen leben, genau wie Ihr!
Man verstand es, zu leben.
Die Residenz an der Spree lernte jetzt die kaiserliche »Freundschaft« kennen. Die Generäle feierten Tag und Nacht und erpreßten üppigste Kontributionen, die Soldateska aber wütete mit unvergleichlicher Roheit gegen das »Bürgerpack«, dessen Geld, Nahrung und Frauen herhalten mußten. Kein verstecktes Jungfräulein auf dem Dachboden, kein vergrabener Taler in Keller oder Garten war vor ihnen sicher. Nebenher geschahen Plünderungen, offizielle Zahlungen, Abgaben, Verhaftungen. Und dies war erst der Anfang.

Inzwischen war nämlich der Schwedenkönig zum Entsatze Stralsunds an der deutschen Küste gelandet und nahm die Gelegenheit wahr, sein protestantisch-hilfreiches Herz zu entdekken. Und die Gelegenheit war günstig, wie sich nicht leugnen läßt.
Die Kaiserlichen aber drängten sich plötzlich, vor dem nordischen Recken flüchtend, wie ein Rudel hungriger Wölfe in der Mark zusammen. Die Schweden folgten ihnen auf dem Fuße. Gustav Adolf forderte seinen Schwager klipp und klar auf, mit dem Kaiser endgültig zu brechen, oder...
Wieder zögerte Georg Wilhelm. Das Volk ließ es sich nicht nehmen, die Schuld an der hoffnungslosen Lage dem verhaßten Kanzler, dem österreichisch-katholischen Grafen Schwarzenberg, zuzuschieben. Es hieß, daß er sich von allen Seiten zugleich bezahlen ließe, wozu der Geschichtsschreiber Gallus mit gallebitterer Tinte feststellte:
»Ein schwarzer Verräther umwand den Thron, umschlang den schwachen Fürsten; Adam Schwarzenberg ist sein Name! Einem Glauben ergeben, der nach Blut dürstet und Ausrottung der Ketzer für Verdienst hält, stand er doch fest in der Gunst des Regenten, der, oft gewarnt, den Verräther nicht durchschauen wollte!«

In Wahrheit vertrat Schwarzenberg eindeutig den Anschluß an den Kaiser, was zumindest eine Entscheidung bedeutete. Es blieb das Kuriosum: Er, der Katholik, wurde der vertrauteste Berater des evangelischen Fürsten während dieses erbarmungslosen Glaubenskrieges!

So fiel die Antwort an Gustav Adolf sehr reserviert aus:
»Man kennt des Königs Absichten nicht. Auch findet man bei ihm keine Sicherheit gegen den Kaiser. Sollte er aber siegen, so könnte er mit Pommern, oder doch mit Preußen, davongehen.«

Bald darauf erschien der »Goldkönig«, wie der Schwede – besonders von den Damen – wegen seines hellen Lockenhauptes und seiner kraftvollen Beleibtheit genannt wurde, mit seinem Heere vor Berlin. Der Kurfürst ließ sich dem Schwager in seiner Sänfte entgegentragen. In Treptow fand die denkwürdige, nichtsdestoweniger recht frostige Begegnung statt. Gustav Adolf forderte erneut eine Entscheidung, die der Diplomat Schwarzenberg noch einmal hinauszuzögern verstand. Georg Wilhelm kehrte aufatmend in sein Schloß an der Spree zurück. Kaum aber war er über den Reitschneck wieder in seinen Gemächern angelangt, als ferne Fanfaren aufklangen: Die Schweden hatten bereits die Stadttore besetzt, und Gustav Adolf hielt höchstselbst feierlichen Einzug in Berlin. Mit 200 Mann Garde erschien er auch sogleich im Schloß und richtete sich in den Staatsräumen häuslich ein. Draußen jubelte das Volk den schwedischen Befreiern zu, während die fremden Truppen auf dem Schloßhof und auf dem Werder an lodernden Wachfeuern kampierten.

Der arme Georg Wilhelm aber zog sich in seine Kapelle zurück und flehte um Hilfe. Währenddessen schickte er seine Gemahlin Elisabeth-Charlotte, den selbstsicheren Schwager willkommen zu heißen. Gustav Adolf empfing die Kurfürstin im Langen Saal ungemein artig, wobei er nicht zu bemerken vergaß, daß zufällig die Kanonen seiner Getreuen auf die Stadt, besonders aber aufs Schloß gerichtet und, nebenbei, geladen seien . . .

Seine Bedingungen hatte er bereits schriftlich aufgesetzt. Sie lauteten:

»Mein Schwager hat die kaiserlichen Truppen in seine Länder aufgenommen. Er hat sie mit allen Bedürfnissen unterstützt, er hat ihnen alle Festungen und Plätze, welche sie begehrten, geöffnet und durch alle diese Dienstleistungen doch nicht so viel erreicht, daß er und sein Volk auch nur menschlich behandelt worden wären. Alles, was ich von ihm verlange, ist: Sicherheit beim Glückswechsel, eine mäßige Summe Geldes und Brot für meine Truppen. Dagegen verspreche ich ihm Schutz gegen jeden Feind und Entfernung des Kriegsschauplatzes von der Mark. Der Kurfürst entschließe sich daher, ob ihm meine Freundschaft nutzen oder meine Feindschaft seine Hauptstadt die Schrecken der Plünderung erfahren lassen will!«

Was blieb dem Brandenburger anderes übrig, als in die Arme des Schwagers zu sinken? Als das Abkommen in Berlin bekannt wurde, kannte der Jubel keine Grenzen. Man hatte schon den Generalangriff auf die Residenz befürchtet. Kaum war man nach den Festesfreuden ins Bett gefallen, als donnernde Kanonenschläge die Berliner jäh aus ihrem Schlummer rissen. Doch es waren nur Freudenbekundungen der schwedischen Landsknechte; auch sie atmeten auf, daß sie nicht schon wieder kämpfen mußten. Was sie wollten, bekamen sie auch so ... Leider hatte man in der Eile vergessen, daß die Kanonen noch immer geladen und auf bestimmte Ziele gerichtet waren. So landeten etliche Geschosse in den Dächern von Berlin-Coelln – und im Spreeflügel des Schlosses, was dem schreckhaften Landesvater übel zusetzte.

Die neu besiegelte Freundschaft kostete die Mark monatlich 30000 Taler in Gold und die gesamte Verpflegung des schwedischen Heeres. Georg Wilhelm aber schrieb einen reuevollen Brief nach Wien, in dem er beteuerte, daß er nur durch Vergewaltigung zu solch scheinbarer Treulosigkeit gezwungen worden und in der Tiefe seines Herzens immer und ewig kaiserlicher Trabant zu bleiben willens sei!

Da traf in Berlin neue Schreckensnachricht ein: Der kaiserliche General Tilly hatte Magdeburg erobert und völlig zerstört. Nur Stein- und Aschehaufen waren von der einst so stolzen Stadt übriggeblieben. Im übrigen näherten sich die Kaiserlichen Berlin. Der Kanzler Schwarzenberg beschwor seinen Herrn, Gustav

Adolf zum Abzuge zu bewegen. Der stolze Schwede räumte das Feld, doch nicht ohne die Versicherung, daß er seinen Schwager von nun an weder als Bundesgenossen noch als Neutralen, sondern als Feind ansehe! Die Truppen, mit denen er eben noch Brüderschaft getrunken hatte, eröffneten jetzt den Angriff auf Berlin und Coelln. Die Rache regierte, so daß, wie der Chronist berichtet, »die Mauern und die Herzen bebten«...

Obendrein ließ der Kaiser dem Brandenburger mitteilen, daß er ihn nur noch als Verräter zu behandeln gedenke.

Die kaiserlichen Heere aber machten sich ein Fest daraus, in der Mark ebenso zu wüten wie die schwedischen Glaubensbrüder. Nach dem Tode des »Goldkönigs« – der übrigens nicht von Feindeshand, sondern durch eigene Getreue auf dem Schlachtfeld von Lützen ermordet wurde – ergoß sich der Strom der schwedischen Horden um so hemmungsloser über die unglückliche Mark. Den Schweden folgten die Kaiserlichen mit Brandschatzung und Plünderung; nach ihrem Abzuge rächten sich wieder die Schweden für die »Begünstigung« ihrer Feinde. Es gab keine unausdenkbare Scheußlichkeit, die die Soldateska nicht am Volk verübte.

Die Räder der Kanonen und die Hufe der Pferde verwüsteten die Äcker; die Dörfer verbrannten, verkamen. Die Bauern verließen ihre Höfe und schlossen sich den Landsknechtshaufen an. Die Frauen folgten als Marketenderinnen oder Dirnen. Der Hunger regierte vor Haß und Rache. Man lebte von Eicheln, Bucheckern, Hanf und Wurzeln. Als auch diese knapp wurden, holte man sich das Fleisch der Hingerichteten von den Schindangern. Auch die Kirchhöfe wurden geplündert, die frischen Gräber geöffnet und die Bestatteten verschlungen.

Hunger wurde zum Wahnsinn. Der Mensch, der entartete, verlassene Mensch war der furchtbarste Fluch Gottes. Für die wenigen Überlebenden wurde die Heimat zur Hölle.

*

Zweiundzwanzig Jahre tobte nun der Krieg über dem Land. Und noch war kein Ende abzusehen. Der Kaiser war in seiner Weisheit zu dem Schluß gekommen, daß Pommern den Schweden überlassen bleiben und dafür Brandenburg die Kosten des angestrebten Reichsfriedens bezahlen solle . . .

Eine fast hoffnungslose Aufgabe harrte des Erben.

Und noch immer Brand und Tod für acht lange Jahre.

In der Ferne aber dämmerte das neue Zeitalter herauf. Das Mittelalter versank, nachdem alle unerfüllte Sehnsucht unerlöster Menschen das Chaos heraufbeschworen hatte, in dessen Agonie jegliches Schaffen, Glauben, Hoffen unterging.

In der Mark Brandenburg, im deutschen Osten, war es das Werk eines Mannes, die Tür aufzustoßen, eine neue Ausgangsstellung zu errichten und die Grundlage zu schaffen für eine neue Staatsidee: das Werk Friedrich Wilhelms, des »Großen Kurfürsten«.

ZWEITER TEIL

DIE
NEUE
ZEIT

1640 – 1740

10. KAPITEL

Das Ende des Grauens

Selten wohl in der Geschichte fand ein Fürst sein Land bei Regierungsantritt in solchem Zustande vor wie der zwanzigjährige Friedrich Wilhelm. Die Provinzen verwüstet oder in fremder Hand, die Seelen der Menschen verängstigt, verkümmert, verwahrlost, die Städte und Dörfer entvölkert. Die Residenz Berlin-Coelln zählte noch ganze sechstausend Einwohner. Von den 845 Häusern stand über ein Viertel leer, der Rest war größtenteils verfallen oder unbewohnbar.

Der kleine Kurprinz war schon in der Wiege durch kriegerisches Geschrei und Geschieße aus Anlaß jenes Besuches des »Winterkönigs« aufgestört worden, und der Chronist will wissen, daß das Kind ohne jede Angst ob des wilden Lärms zum Fenster hinübergehorcht habe, um das Weitere in Ruhe abzuwarten...

Der junge Kurfürst hielt, was der Prinz versprochen hatte. Und er beschränkte sich nicht nur aufs Zuschauen und Abwarten. Die Geschichtsschreiber seines Jahrhunderts erhoben ihren Helden zum lorbeerumkränzten Idol. Unter seinem Zepter begann der Aufstieg Brandenburgs ins Licht der Weltgeschichte, wurde aus verwahrlosten Landsknechtshaufen die erste einem Staat entwachsene geordnete Armee: das erste stehende Heer Europas.

»Preußen« begann, Begriff zu werden, weitete den Namen, deutete vorwegnehmend das Werden einer Idee an...

Mit scharfem Geiste, unermüdlicher Energie, diplomatischer Klugheit schöpfte der junge Kurfürst buchstäblich aus dem Nichts, förderte er Künste und Wissenschaften. Er kannte keinen Vertrag, keine Gerechtigkeit, keine Treue und keinen Eid, wenn es um berechneten Gewinn ging – er kannte nur seine Macht. Er war ganz ein Kind seiner Zeit, doch er stand weit darüber. Er war nicht weniger »fromm« als seine Vorfahren – doch unendlich ränkevoller als alle zusammen in der Verfolgung seiner Ziele.

Brandenburg trat seinen *eigenen* Weg an. Und dieser Weg mußte zwangsläufig den des Reiches kreuzen. Zwischen Habsburg und Hohenzollern brachen die alten Bindungen. Zu groß, um als Spielball der Reichspolitik auch weiterhin zu dienen – zu klein, um selbst entscheidend die Geschicke zu formen: so stand der Staat des Zollern wie kein anderer vor der Wahl, Hammer oder Amboß zu sein.

Die kaiserliche Willkür hatte alle Ordnungen zerstört, auf denen einmal das Heilige Reich gegründet war. Namentlich seit Karl V. stellte »das Reich« nur noch Mittel der größtenteils von Jesuiten geführten habsburgisch-spanischen Hauspolitik dar. Und die Interessen des Hauses Habsburg lagen in Spanien, Italien, Ungarn – nur nicht in Deutschland, wo der Kaiser allzu oft durch Verletzung der Reichsverfassung als ein fremdes Phantom regierte. Und das Beispiel wirkte auf die Fürsten, die, wie der Wiener Hof rettungslos verschuldet, nichts als ihre persönlichen Geschäfte im Auge hatten.

Wer die Zerstörung der europäischen Mitte am meisten förderte, sie am meisten nutzte – das war Ludwig XIV., der strahlende Sonnenkönig, vor dessen Augen jetzt greifbar die Krone Karls des Großen aufleuchtete. Bayern und Sachsen standen schon auf seiner Seite; der Brandenburger zögerte nicht, sich ihm zu verkaufen. Er wandte sich dem Meistbietenden zu, war es nun Habsburg oder Bourbon. Und doch gab es für ihn in Wahrheit nur eines, das zählte: sein Land im deutschen Osten.

Er fragte nicht nach Geburt und Rang. Sein größter Marschall, Derfflinger, war ein früherer Schneidergesell. Von Gottesgnadentum, auf das sich seine Nachfolger, gerade die allerletzten, so gern berufen sollten, wußte er nichts. Arbeit war seine Losung. Arbeit allein war: Gnade.

Früh lernte der Kurprinz das Ränkespiel der Mächte am Hofe seines Vaters kennen, die Bigotterie und die endlosen Fehden innerhalb der »gereinigten« Religion. Als der Knabe zehn Jahre alt war, entdeckte er unter seinem Bett einen dolchbewehrten Mann, der durch die Unerschrockenheit des Prinzen rechtzeitig dingfest gemacht werden konnte. Friedrich Wilhelm zweifelte zeit seines Lebens nicht daran, daß dabei der väterliche Günstling Schwarzenberg seine Hände im Spiele gehabt hatte: Der Kurprinz hatte für den Österreicher zu scharfe Augen.

Der Knabe sprach bald Lateinisch, Französisch, Polnisch. Er wurde Meister im Reiten und Jagen und besaß alle höfischen Kenntnisse, die einem Fürsten seiner Zeit zukamen. Gustav Adolf, der sagenhafte »Goldkönig«, blieb für ihn leuchtender Held. Niemals vergaß er die Szene, wie die Leiche des Schweden zu Wolgast auf das umflorte Schiff gebracht wurde ...

Schwarzenberg war es, der dafür sorgte, daß der Kurprinz vom Hofe entfernt wurde. Nicht von ungefähr fürchtete er den Einfluß des jungen Herrn. So schickte Georg Wilhelm den Ältesten während der Kriegszeit zum Studium an die damals berühmte Universität Leyden und später nach Den Haag. Holland besaß höchste Bedeutung für Weltwirtschaft, Schiffbau und Gewerbefleiß jeglicher Art. Verkehr und Ackerbau blühten dort wie niemals in den Marken.

Doch erfuhr der Kurfürst nach nicht langer Zeit, daß sich sein Sohn ein wenig zu sehr mit der schönen Tochter des fragwürdigen »Winterkönigs«, Ludovica, eingelassen hatte. Diese lebenslustige Jungfrau wurde im Laufe der Jahre (ungeachtet ihrer streng eingehaltenen Ehelosigkeit und nachdem sie zum Katholizismus übertrat und als ehrwürdige Äbtissin waltete) Mutter von nicht weniger als vierzehn munteren Kindern ... Mochte es nun das eigene Gewissen oder der nachdrückliche Wunsch des sorgenden Vaters gewesen sein – der Prinz kehrte gehorsam ins Elternhaus zurück. Mit glänzenden Festen empfing man den »verlorenen Sohn«.

Auch Graf Schwarzenberg gab eine Soiree in seinem Palais in der Brüderstraße. Merkwürdigerweise erkrankten unmittelbar darauf der bärenstarke Jüngling und sein Vater an einer nicht feststellbaren Krankheit.

Der Kurprinz wurde gerettet, eine Korona berühmter Ärzte gab ihn dem Leben zurück; bald konnte er mit dem Vater eine Reise nach Königsberg antreten. Aber Georg Wilhelm ging auf dieser Reise zu seinen Vätern ein – wie man sich zuraunte, an den Folgen des Giftanschlages ...

Der zwanzigjährige Prinz kehrte eilends zur Spree zurück. Er nannte sich jetzt stolz:

»Wir, Friedrich Wilhelm, Markgraf zu Brandenburg, des Heiligen Römischen Reiches Erzkämmerer und Kurfürst, Herzog in Preußen, Jülich, Cleve, Berg, Stettin, Pommern, Kassuben, Vandalen, sowie in Schlesien, Herzog zu Crossen und Jägerndorf, Burggraf zu Nürnberg, Fürst zu Rügen, Graf zu Mark und Ravensburg, Herr zu Ravensberg und so weiter . . .«

Leider mußten fast alle die klangvollen Herrschaftsgebiete erst noch gesichert oder gar erobert werden. Das einzige Land aber, in dem er wirklich regierte, bestand vorwiegend aus Ruinen und Wüste.

Zunächst bestätigte der junge Kurfürst den Grafen Schwarzenberg in seinen Ämtern (es erschien ihm klüger) und begab sich wieder nach Preußen, wo man ihn bedrängte, die polnische Königstochter zu ehelichen. Dann, nach dem Tode ihres Souveräns, boten die polnischen Reichsstände dem Brandenburger an, ihn zum Könige zu machen, wenn er zur römischen Kirche überwechsele. Diese Wendung hätte das Schicksal des deutschen Ostens wohl für alle Zeit – und anders – entschieden. Der fromme Kurfürst aber erwiderte, getreu dem Einfluß seiner lutherischen oder calvinistischen Berater: Unter solcher Bedingung möchte er nicht einmal Römischer Kaiser werden! Dafür bemühte er sich um die Hand seiner Cousine, der Schwedenkönigin Christine. Die betont männliche Jungfrau aber hielt nichts von der Ehe. Außerdem wünschten ihre Minister als Gemahl keinen so eigenwilligen Typ . . . So verzichtete Friedrich Wilhelm weise und warb um die oranische Prinzessin Luise Henriette. Die Vermählung erfolgte nach dem Friedensschluß.

Als ein Schlaganfall der nunmehr aussichtslosen Karriere des Grafen Schwarzenberg ein Ende bereitete, wurde der ehemalige Favorit mit höchstem Gepränge in der Nikolaikirche zu Spandow – es schien geeigneter als Berlin – zu Grabe getragen. Was nicht verhinderte, daß das Volk überzeugt blieb, der junge Landesherr habe den gefährlichen Mann entsprechend seinen Verdiensten heimlich beseitigt. Das Gerücht hielt sich ein ganzes Jahrhundert hindurch, bis ein Bruder des großen Friedrich die Gruft zu Spandau öffnen und die Leiche untersuchen ließ.

Man fand den Kopf auf der Brust des Toten liegend; doch erwiesen sich die Halswirbel als unverletzt, woraus man ableitete, daß die Mär von einer Hinrichtung Unsinn sei . . .

Nach dem Westfälischen Frieden, der zu Münster und Osnabrück unterschrieben wurde, fand der Dreißigjährige Krieg endlich seinen Abschluß.

Langsam erwachte das tote Land zu neuem Leben.

11. KAPITEL

Der Garten des
Großen Kurfürsten

Bedenkt man die furchtbare Verarmung der Mark, auch die Verwahrlosung und Baufälligkeit des alten Schlosses an der Spree, so übertrifft Friedrich Wilhelm in seinem künstlerischen Wollen und Schaffen noch seinen berühmten Mäzen-Sohn, den ersten König Preußens.

Das Bild der Stadt Berlin-Coelln, das sich zu jener Zeit dem Fremden bot, war unbeschreiblich. Schweine, Schlamm und Gestank blieben die hervorragendsten Merkmale der hauptstädtischen »Avenuen«.

Entsprechend sah es auf dem Schloßplatz aus, wo zuvor der Stolz der Residenz, die statuengeschmückte Stechbahn, gewesen war. Jetzt zog sich vom Dom bis zur Langen Brücke der bröckelnde Mauerrest, begleitet von Krambuden, wie sie zu jeder Zeit Kriege und Not im Gefolge haben. Auch der Dom ließ nichts mehr von seiner einstigen Pracht erkennen; der ihn umgebende Friedhof war nur noch Abladeplatz für Unrat.

Das Schloß selbst starrte mit leeren Fensterhöhlen. Während der vergangenen Jahrzehnte war zwar üppig gefeiert, jedoch wenig getan worden, den Verfall aufzuhalten. Das Mauerwerk hatte sich teilweise im sumpfigen Grunde gesenkt; man stützte es mit groben Stämmen. Das Dach, des früheren Kupferbelages beraubt, war notdürftig mit Schindeln geflickt. Regen und Schnee wehte in die Hallen und Zimmer. Die Dielen waren verheizt oder so morsch, daß, wie es in einem Bericht hieß, »die Leute befürchten mußten, daß sie alle Stunden runder fallen und Sie zu Tode schlagen...«.

Gleich nach der Thronbesteigung ging der junge Kurfürst daran, die schlimmsten Verwahrlosungen nach Kräften zu beseitigen. Doch es fehlte nicht nur an Mitteln, sondern vor allem an jeglichen Fachkräften, ganz abgesehen vom nötigsten Material.

So ließ Friedrich Wilhelm aus Holland Handwerker und Steinmetzen kommen. Unter den ersten Künstlern war der Architekt Johann Gregor Memhardt, der sich bereits unter seinem Vater als Festungsbaumeister bewährt hatte. Memhardts Eltern hatten als Protestanten aus Linz an der Donau nach Holland fliehen müssen.

Der neue Baumeister begann seine Arbeit am Schlosse zu Berlin mit dem Ausbau der kurfürstlichen Wohnung im Spreetrakt. Der uralte Rest der ersten Burg, der »Grüne Hut«, wurde jetzt vom Gefängnis zum höfischen Heim befördert und entsprechend ausgebaut.

Schönheitsempfinden und Scheu, die verwöhnte holländische Gemahlin in das verfallene Gemäuer seiner Ahnen heimzuführen, veranlaßten den Kurfürsten, die ersten vier Jahre seiner Regierung in Cleve zu wohnen. Dann aber wurde der Einzug des jungen Paares im neu hergerichteten Schloß an der Spree zum Triumph für die ganze Stadt. Vor allem entzündeten sich die Herzen an dem liebenswürdigen Wesen der oranischen Prinzessin, der die Berliner von nun an bis zu ihrem frühen Ende eine Liebe entgegenbrachten, die nur vergleichbar war mit der zu jener anderen Luise, die 150 Jahre später hier als Königin regieren und ebenso jung sterben sollte...

Zur Begrüßung überreichte man der Kurfürstin ein ellenlanges Gedicht, in dem es zum Schlusse hieß:

> Komm, Deine Burg, das Wunderwerk zu Coelln,
> wird sich so freundlich stelln
> als wie vor diesem nimmer,
> solange sie getrutzt.
> Es haben alle Zimmer
> sich schön herausgeputzt
> mit eines Malers Pinsel,
> als kaum trug Cous Insel.
> Bom bom di bi di bom!

Der begnadete Dichter hieß Nikolaus Peucker, seines Zeichens Ratskämmerer und Stadtrichter.

Für die junge Kurfürstin schuf Memhardt innerhalb der neu

hergerichteten Wohnräume die »Kapelle« – einen quadrati-
schen holländischen Raum, der nichts Religiöses, sondern neben vergoldetem Stuck und üppiger Ornamentik nur ovale
Porträts der oranischen Verwandtschaft enthielt. Mit jenem ge-
kuppelten Salon, der sich als einziger Zeuge dieser Zeit bis
zum Schluß erhielt, zog das Barock ins Schloß an der Spree ein.
Von den weiteren Arbeiten Memhardts am Schloß war es nur
noch ein Entwurf für das südliche, der Breiten Straße zugewandte Schloßportal, der alle späteren Um- und Neubauten
überdauerte. Schlüter verwandte ihn später in seinem Bau.

Zugleich mit den ersten Instandsetzungsarbeiten hatte Friedrich
Wilhelm noch vor Kriegsende den Auftrag gegeben, das Sumpf-
gebiet, wo sich zuvor die Küchengärten befanden, in großzügige Anlagen umzugestalten. Während er sich erst nach vierzigjähriger Regierung zu einem Neubau des Schlosses durchrang,
beschäftigte ihn von Anfang an die liebevolle Förderung seiner
Gärten, wobei ihm die Anregungen, die er zuvor in Holland
empfangen hatte, zugute kamen – und damit seinem Land, für
dessen Verhältnisse solche Gartenkunst ein mit nichts zu ver-
gleichendes Ereignis war.
Der neu ernannte Hofgärtner Michael Hanf begann seine Arbeit damit, daß er zunächst einmal Unmengen des allzu wohl-
feilen Gassenunrates aus Berlin-Coelln zusammenkarren und damit das Terrain auffüllen ließ. Eine Wasserleitung folgte, die eine
Neptunfontäne speiste. Seltene Pflanzen, Büsche und Bäume
machten die frühere Wildnis zum gepflegten »Lustgarten«, welcher Name seitdem trotz aller Veränderungen und Zerstörungen
die Zeiten überdauerte.
Vom »Blumengarten« stieg man auf einer Terrassentreppe in
den »Untergarten« hinab, wo sich jetzt etwa der Dom erhebt,
während nach Norden hin wieder Stufen in den »Hintergarten«
führten, der durch eine Lindenallee abgeschlossen wurde. In
diesem rückwärtigen Gartenteil entstand das hölzerne »Pomeranzenhaus« – eine Orangerie, in der man exotische Blumen und
Früchte hielt. Nach einem Brande errichtete der Baumeister Johann Arnold Nehring ungefähr an gleicher Stelle das spätere be-

rühmte Pomeranzenhaus, einen eleganten Bau auf halbovalem Grundriß mit zierlicher, nach Süden hin geöffneter Fassade. Eine hölzerne sogenannte »Pomeranzenbrücke« überquerte einen dort fließenden Spreearm.

Mittelpunkt der Gesamtanlagen wurde eine Marmorstatue des Landesherrn selbst, die die Kurfürstin von dem Wallonen Dusart anfertigen ließ. Dieses Werk, insofern von Bedeutung, als es das erste in Berlin errichtete Herrscherbild war, gewidmet dem Retter aus dreißigjähriger Kriegsnot, stellte den jugendlichen Fürsten dar, zu dessen Füßen zwei Putten mit wasserspeienden Delphinen spielten.

Dieser bald weitgerühmte Lustgarten des Großen Kurfürsten barg neben seinen seltenen Blumen und Pflanzen vor allem an die hundert marmorne, bleivergoldete, bronzene und sandsteinerne Statuen französischer und italienischer Meister – eine Sammlung, die nicht einmal der große Friedrich später wieder zu ergänzen vermochte, nachdem sie der nüchterne Soldatenkönig als zwecklosen Plunder beseitigt hatte.

Jetzt also stellte der Lustgarten zugleich das erste deutsche Freilichtmuseum dar, ein früher Vorgänger der späteren »Museumsinsel« am gleichen Platze . . .

Ein Wiegenlied, der Kurfürstin gewidmet – wieder von der Muse des richterlichen Hauspoeten Peucker –, läßt das Bild dieser Gärten in rührend-romantischer Verklärung vor unseren Augen noch einmal erstehen:

> Schlaf, Churprinz, Friedrich Wilhelms Sohn,
> damit Du größer wirst
> und endlich Deines Vaters Thron
> besitzest als ein Fürst.
> Es liegt noch keine Sorg auf Dir,
> drum schlaf und weine nicht:
> Der Krieg, das ungeheure Thier,
> steht draußen, wie man spricht.
> Wir lassen ihn nicht mehr herein,
> und kommt er unvermuth,
> so sagen wir, Du bist noch klein,
> ein Schelm, der Dir was thut!

Drum schlaf, es hat noch keine Noth,
wann ist nicht Krieg geschehn?
Und morgen, wills der liebe Gott,
sollst Du den Garten sehn.
Den Garten, den Dein Vater hat
so wunderschön gebaut,
desgleichen Babylon, die Stadt,
kaum jemals angeschaut.
Du wirst Dich wundern um den Mann
mit einem Gabelstiel,
der Wasser von sich spritzen kann,
sobald der Gärtner will.
Du siehst den wunderschönen Klee
dem Lenz entgegengehn
und Männerchen, weiß wie der Schnee,
nach guter Ordnung stehn.
Du kommst ins Pomeranzenhaus
und probest den Geschmack
und ließest die Citronen aus,
die Welschland kaum vermag.
Nach diesem hältst Du Mittagsruh,
und wenn Du bist erwacht,
so zeigt man Dir die mülke Kuh,
aus Holland mitgebracht.
Man führt Dich auf den Neuen Berg
und zeigt Dir Hirsch und Wild,
die neue Spree, das Schleusenwerk,
und was es sonst noch gilt.
Schlaf also, lieber Churprinz, schlaf,
so sollst Du alles sehn;
wird das nicht stattlich sein und prav?
Ja, ja, es soll geschehn!

Als Krönung der Anlagen errichtete Memhardt an der Spree
noch ein »Lusthaus« – einen zweigeschossigen Kuppelbau in
holländisch-barocker Art, von dessen Galerie man einen schönen Ausblick über die Gärten und die ländliche Wildnis jenseits
der Wasser genoß.

Am meisten bewundert wurde der zu ebener Erde gelegene Grottensaal, an dessen Wänden Muscheln, Korallen, bunte Edelsteine und Kristalle glitzerten, deren magisches Gefunkel wiederum besondere »Überraschungen« barg: unsichtbare Fontänen, die durch versteckte Hebel in Gang gesetzt wurden und die ahnungslosen Gäste durchnäßten, ein zu diesen – und späteren – Zeiten beliebter Scherz. Außerdem gab es zwischen den vielerlei Verzierungen wunderbar künstliche Vögel, die mittels fein gearbeiteter Wasserorgeln zwitscherten und pfiffen. Ein »Grottenmeister« sorgte für reibungsloses Funktionieren aller Mechanismen, auch für die Rohrverbindungen mit dem alten Turm der »Wasserkunst«.

In Erinnerung an dieses längst verschollene Bauwerk schuf Friedrich II. später den berühmten Muschelsaal im Potsdamer Neuen Palais, der mit seinen kunstvollen Dekorationen und mineralischen Sammlungen Weltruf besaß.

Nach fürstlicher Tradition widmete sich der Kurfürst in freien Stunden nicht nur der friedlichen Gartenpflege, sondern mit wahrer Leidenschaft der Jagd in der Umgebung der Residenz. Ein wildes Schwein oder einen Hirsch zu schießen wurde nach den neuen Gesetzen schwerer geahndet als Menschenmord. Zu stark wirkte noch die Kriegszeit nach. Jäger und Forstbediente herrschten rücksichtslos über alles, was Wald hieß.

Angesichts einer Hofjagd im »grune Walde« vor den Toren fühlte sich der richterliche Hofpoet wieder einmal zu einer dem Fürsten gewidmeten Dichtung angeregt, die den Titel trug:

ALLERUNTERTHÄNIGSTES SUPPLIKATUM
An Se. Churfürstliche Durchlaucht um eine wilde Sau
auf der Jagd beim Grunen Walde.
Den 12. Decembris 1671.
Durchlauchtigster Großmächtigster Churfürst,
Gnädigster Herr,
gestern hab ich angesehn,
großer Nimrodt! Deine Jagd,
die Du bei dem Grunen Walde
anzustellen hast behagt.
Und gefiel mir trefflich wohl,

weil ich zuvorhin dergleichen
all mein Tage nicht erschaut.
Wär ich einer von den Reichen,
so vermöcht ich auch soviel,
daß ich mir ein hauend Schwein,
eine Sau, und sollt es endlich nur ein Fröschlein sein,
schafft in meiner Küch und Hauß;
aber was ist hier zu sagen?
Giebt nicht Friedrich Wilhelm mir auch einmal von Seinem Jagen
etwas ab? Churfürstinn, Dich zuvörderst nur gesund,
da Du fürstlich schwanger bist
und ein Prinzchen mit Dir gehet
oder eine Prinzessin?
Ach, daß doch mein Wunsch bestehet!

> Des Groß-Gewaltigen Jägers; das ist:
> Ew. Churfürstlichen Durchlaucht
> Allerunterthänigster
>
> Niclas Peucker

Der Kurfürst versprach, die etwas umschweifige Bitte zu erfüllen, sofern der Dichter ein *kurzes* Dekret, das er als Landesherr
unterzeichnen könne, umgehend ebenfalls in Versen aufsetze.
Der hungrige Reiter des Pegasus überlegte nicht lange. Er
schrieb:

> Der Große Nimrodt giebt Befehl:
> Actäon (das ist der von Oppen!)
> sol Niclas Peuckern seine Kehl
> mit einem wilden Schweine stoppen.
> Er wird dafür, wenn Dorothee,
> die Churfürstinn, nach Kindesweh
> sich wohl und glücklich wird befinden,
> ein Wiegenlied zusammenbinden!
>
> Friedrich Wilhelm

Der bedürftige Musensohn erhielt die ersehnte Sau.

Der Große Kurfürst. Gemälde von Govaert Flink. 1653

Oben:
Der Alabastersaal.
Nach Beger, Thesaurus
Brandenburgicus
Unten:
Kurfürstin Dorothea,
die zweite Gemahlin
des Großen Kurfürsten.
Gemälde von Vaillant

12. KAPITEL

Die Residenz erwacht

Der so schmerzlich ersehnte Friede brachte nur kurze Ruhe. Zu sehr waren die Dinge ringsum noch im Gären. Wenn Brandenburg überleben wollte, mußte es weiterkämpfen.

Friedrich Wilhelm wußte es. Bald focht er an der Seite der Schweden gegen die Polen, bald gegen die Schweden; bald mit dem Kaiser, bald gegen ihn; bald mit Ludwig XIV., bald als sein Feind, dann wieder als sein Vasall. Seine Truppen standen bald in Dänemark, bald am Rhein. Auch gegen die Türken flatterte wieder der Brandenburgische Adler.

Auf dem Schlachtfeld ein Held, war der Kurfürst bei den Friedensverhandlungen der gewiegteste Diplomat. Verfolgt man die Geschichte seiner Bündnisse und Verträge, so glänzt diese in hervorragendstem Maße durch eine Perfidie, deren Sprünge von genialer Rücksichtslosigkeit und Geschicklichkeit gekennzeichnet sind. Sein großes Vorbild Gustav Adolf hatte einmal eigenhändig geschrieben:

»Gott spricht jetzt nicht mehr durch Propheten und Träume zu den Königen, sondern wo eine günstige Gelegenheit ist, seinen Nachbarn anzugreifen und die eigenen Grenzen zu erweitern, muß man dies für einen göttlichen Beruf halten!«

Entsprechend diesem »göttlichen Beruf« handelte auch der schwedische Reichsmarschall Wrangel, der – auf Veranlassung Ludwigs XIV. – sechsundzwanzig Jahre nach dem Abschluß des großen Krieges wieder einmal in die Mark einfiel. Von neuem wiederholten sich alle Schrecken der Vergangenheit, kosteten die Bauern den entsetzlichen Schwedentrunk, wurden andere bis an den Hals in die Erde vergraben und als Zielscheibe benutzt, nagelte man Frauen mit den Brüsten an Zäune und peitschte sie, bis sie gestanden, wo ihr Geld verborgen war. Der Kurfürst stellte das schwedische Heer vor den Toren Ber-

lins, im Rhinluch. Die Schlacht bei Fehrbellin wurde – nach
Warschau – der zweite entscheidende Sieg der frühen preußischen Geschichte.

Die verklärte Gestalt des blutjungen Prinzen von Homburg,
der gegen den Befehl des Kriegsherrn den Angriff eigenmächtig
wagte und zuletzt gerade durch seine »Insubordination« die
Schlacht entschied, überstrahlt in ihrer dichterischen Erhöhung
durch Heinrich von Kleist die schlichte Realität der Historie,
die leider durchaus solch schönen Schimmers entbehrt. In
Wirklichkeit war der »Landgraf mit dem silbernen Bein« ein
hinkender Krüppel und im reifen Alter von Mitte Vierzig, nebenbei noch mit einer um zwanzig Jahre älteren Witfrau verheiratet. Wohl begann er als braver Reiterführer den Kampf mit
den Schweden, aber durchaus befehlsgemäß. Von einer kriegs-
gerichtlichen Verurteilung war nicht die Rede, und wenn sich
der Veteran später zur Ruhe setzte, so wegen seines Körper-
schadens und vielleicht auch, weil er mit der Entlohnung seiner
Dienste, sprich Kriegsrente, nicht ganz zufrieden war ...

*

Die Nacht, die der Kurfürst nach langer Abwesenheit zum ersten Male wieder im Schloß an der Spree verbrachte, wurde
vom Chronisten gleichsam als die zweite Geburtsstunde der
Stadt Berlin gefeiert.

Doch mit der Befreiung der Mark war der Krieg nicht zu Ende.
Außer den Schweden blieben immer noch zwei andere Mächte
im Spiel: Ludwig XIV. und der Kaiser in Wien. Zu dieser Zeit
prägte der Hofkanzler in Wien das bemerkenswerte Wort: – Es
ist nicht im Interesse des Kaisers, daß an der Ostsee ein neuer
Vandalenkönig entsteht!

Dieses allerhöchste Desinteresse fand unter anderem seinen Ursprung darin, daß gerade der letzte Piastenherzog von Liegnitz,
Brieg und Wohlau gestorben – und damit der Fall eingetreten
war, den die Erbverbrüderung von 1537 vorsah. Die Herausgabe der Herzogtümer wurde in Wien ebenso abgelehnt wie
die des dem Hause Brandenburg längst zustehenden Herzogtums Jägerndorf an der böhmischen Grenze.

Nun waren aber wieder Frankreich und Schweden zu Feinden geworden, und Ludwig legte Wert darauf, daß der Kaiser durch ein nicht zu schwaches Brandenburg in Schach gehalten würde: die Aussichten auf Pommern besserten sich.

Da erschienen die Türken vor Wien. Jetzt brauchte Ludwig keine Sorge zu haben, daß die österreichischen Bäume in den Himmel wuchsen. Die Türken wurden geschlagen – wieder wandelte sich die Lage. Diesmal zugunsten des Kaisers, der sich nun um Brandenburg beflissen zeigte. Doch hatte der Kaiser wieder auf die Schweden keinen Einfluß. Frankreich aber, zu dem Friedrich Wilhelm aus allerlei Gründen offiziell weiter halten mußte, brauchte Brandenburg nicht mehr ...

So ging das Spiel hin und her, Zug um Zug. Friedrich Wilhelm verstand seine Partie. Vor allem aber: Er durfte nicht müde werden. Dank der schutzlosen Mittellage seines Landes konnte sein Werk nichts sein als ein einziges Lavieren, ein Abtasten der Möglichkeiten vom ersten bis zum letzten Regierungstage.

So weit das »Draußen«. Drinnen im Hause sah es auch nicht übermäßig friedvoll aus. Und zwar fand für den Kurfürsten mit dem frühen Tode der liebenswürdigen Luise Henriette ein Lebensabschnitt sein Ende. Nie mehr sah er so glückliche Tage wie an der Seite seiner jungen Frau.

Schon nach einem Jahr vermählte er sich neu mit der in mehr als einer Hinsicht dunklen, verwitweten Herzogin von Lüneburg, Dorothea, einer geborenen Holsteinerin. Mochte es den auf der Höhe seines Mannestums wandelnden Fürsten gereizt haben, die pompöse, glutäugige Dame in sein Schloß zu führen, so sollte sie ihm bald zeigen, daß er seine Kräfte überschätzt hatte. Wie er politisch der cholerische Fürst voller Klug- und Falschheit war, von dem sein großer Nachkomme Friedrich später bemerkte, daß er, »wenn nicht der ersten, so doch der zweiten Regung Meister« gewesen sei – so führte zu Hause *sie* allein das Zepter ...

Vorerst sah die neue Landesmutter ihre Aufgabe darin, mit ökonomischem Sinn die ihr von ihrem Gemahl überlassenen Landstrecken als Baustellen für die aufblühende Residenz zu verkaufen. Sie setzte die Anlage regelmäßiger Straßen durch und sorgte, daß sich die Bürger ihren Plänen für eine neue »Dorotheenstadt« brav unterordneten. Jenseits der »Hundebrücke« – über sie wurden seit alten Tagen die Hunde vom Jägerhof zur Jagd in den Tiergarten gebracht – ließ die Kurfürstin die späterhin berühmte prächtige Allee von sechs Reihen Linden nach einem Plan des Prinzen Moritz von Nassau anlegen. Dorothea pflanzte selbst den ersten Baum in öffentlicher Feier. Diese »Galerie«, die eine neue Entwicklungsrichtung für Berlin, nämlich nach Westen, andeutete, zog sich von der Neustädtischen Brücke (an der heutigen Oper) bis zur jetzigen Schadowstraße hin: die großzügigste Anlage dieser Art im damaligen Europa.

Rechts hinter dem Neustädter Tor erhob sich an einem weiten, freien Platz, jenseits der Stelle, wo heute die Universität steht, das alte Gießhaus. Dahinter sah man bis zum Vorwerk nahe dem Spandauer Tor über die Spree, wo aus den Gutsbauten später das Schlößchen Monbijou werden sollte. Auch dieses Vorwerk bewirtschaftete die Kurfürstin persönlich.

Die längst verfallenen und unbrauchbaren Befestigungen, die die Doppelstadt umgaben, ließ Friedrich Wilhelm jetzt von seinem Baumeister Memhardt erneuern. Jenseits dieser neuen Wälle und Mauern wuchsen bald danach die spätere Friedrichstadt und Rixdorf-Neukölln.

Denn die Einwohnerzahlen stiegen schnell. Allein während der Regierung des Großen Kurfürsten verdreifachten sie sich. Ihren Teil daran hatten, wie bei der Entwicklung jeder handwerklichen und gewerblichen Tätigkeit, die französischen Einwanderer, die besonders die Dorotheenstadt bevölkerten.

Dabei wurden die Untertanen gut erzogen: Gotteslästerungen und Flüche kosteten von jetzt ab 200 Taler, die Verunreinigung der Spree 50 Taler. Wer einen Baum oder Weinstock beschädigte, dem wurde die Hand abgehackt. Einen Bienendieb aber übergab man dem Henker, der dem Delinquenten zuerst die Därme aus dem Leibe reißen mußte, bevor er am Ort der Tat neben seinen eigenen Innereien feierlich aufgehängt wurde...

Die so barbarische wie notwendige Strenge nach der Anarchie der endlosen Kriegsläufte verfehlte nicht ihre Wirkung. Der einzelne begann, sich mitverantwortlich zu fühlen am Eigentum der Gemeinschaft. Zum erstenmal gab es eine »preußische« Zucht und Ordnung.

Mit der Residenz wuchs wieder das Schloß. Fast vierzig Jahre nach Regierungsantritt sollten vergehen – nun war es soweit: Der neue Oberbaudirektor Johann Arnold Nehring, der als Gehilfe seines holländischen Meisters Michael Mathias Smids (den er bald überflügeln sollte) nach Berlin kam, wurde zum Vorläufer eines Schlüter. Er liebte Italien und war wie sein genialer Nachfolger mit den klassischen Formen der Michelangelo und Bramante vertraut.

Zunächst entstand ein kleiner neuer Schloßflügel an der Spree am sogenannten winzigen »Eishof«, der das alte »Haus der Herzogin« mit dem Lynarschen Lustgartenflügel verband. Auf der Wasserseite öffnete sich eine Bogenhalle als sommerlicher Pavillon; die beiden Obergeschosse enthielten schmale Galerien, deren obere, die sogenannte »Braunschweigische Galerie«, den späteren kaiserlichen Festräumen zugehörte. Die untere, als Empfangssaal vor dem kurfürstlichen Arbeitszimmer gedachte, nahm den kostbaren Porzellanbesitz des Schlosses auf.

Der eigentliche Wohn- und Arbeitsraum Friedrich Wilhelms lag nach der Spree hinaus und hieß die »Kugelkammer«: hier bewahrte er die Stein- und Eisenkugeln auf, die die schwedischen Gäste als Salutschüsse ins Schloß gefeuert hatten.

Bei allen Salons, Kabinetten und kleineren Sälen waren die Decken reich an vergoldetem Stuck, mit Gemälden und Gewölben geziert. An den Wänden und Decken lebten antike Genien, Helden und Götter; samtene und seidene Tapeten, goldene Pilaster, brokatene Möbel und reich eingelegte Fußböden schufen hier zum erstenmal französische Pracht.

Die meisten dieser Räume wurden zu Zeiten des Kurfürsten nicht mehr vollendet, sondern später – unter Verwendung der alten Decken und Stuckarbeiten – neu ausgestattet. Hier lieferte der junge Bildhauer Andreas Schlüter sein Debüt als selbständig schaffender Innenarchitekt.

Nehrings bedeutendstes Werk wurde der berühmte Alabastersaal. Dieser Staatsraum für Empfänge und Festlichkeiten ersetzte den früheren »Langen Saal« an der Schloßplatzseite. Dieser, nun verkommen und ungünstig gelegen, war auch wegen seiner geringen Höhe zu einer Reihe von Wohnräumen umgebaut worden.

Der neue Saal erhielt seinen Platz zwischen dem Lynarschen Quergebäude und dem Lustgartenflügel, indem der obere Teil des früheren Altantraktes abgerissen und über seinem Erdgeschoß der Prunkraum errichtet wurde. Der Zugang ergab sich aus der kurfürstlichen Wohnung im Spreeflügel. Der »Alabastersaal« – der im übrigen nur weißen Stuck und Marmor, aber keinen Alabaster zeigte – hieß auch der »Scheene«, der »Weiße«, der »Große« oder »Neue Saal«.

Korinthische Halbsäulen und dazwischen die Statuen der Kurfürsten des Reiches gliederten die schneeweißen Wände. Zu den zwölf brandenburgischen Kurfürsten gesellten sich die von Friedrich Wilhelm am höchsten geschätzten Heroen der Weltgeschichte: Cäsar, Alexander der Große, Karl der Große, Rudolf von Habsburg. Die Langseiten wurden durch fünf hohe Fenster in wechselnder Anordnung mit je sechs Nischen (in denen die Kurfürsten standen) unterbrochen. Die aufsteigenden weißen Pilaster trugen das reiche Gesims, und dieses wiederum die gewölbte Decke, in deren Fresken und plastischen Gestalten die Künste und Wissenschaften dem Erbauer huldigten. Von der Wandarchitektur blieb ein Stück bis zuletzt erhalten, so daß es möglich war, sich ein Bild von diesem durch vornehme Schlichtheit weit und großartig wirkenden Raum zu machen.

Im ersten Stock des Apothekenflügels wurde die Kurfürstliche Bibliothek eingerichtet – die Grundlage für die späterhin gewaltige Preußische Staatsbibliothek –, die 20000 Bücher, 16000 Handschriften und zahlreiche orientalische Manuskripte von höchstem Wert umfaßte. Eine eigene Hofdruckerei gehörte dazu. Im Anschluß an den neuen Spreeflügel schuf Nehring noch im östlichen Hof – an Stelle des vielgerühmten »hangenden Ganges« mit den Brustbildern der Brandenburger, die nun längst zu verwitterten, kaum mehr kenntlichen Greisenköpfen geworden waren – einen neuen, zweigeschossigen Bogengang, der ursprünglich den ganzen Hof einrahmen und so die verschiedenen Bauten zusammenfassen sollte.

Dieses klassisch anmutende, viel wertvolles Material verschlingende Werk mit seinen gewaltigen, fast zwölf Meter hohen Säulen wurde später von Schlüter wieder zerstört; es paßte nicht in seine Pläne. Nur einige Säulen verwandte Schlüter bei seinen drei Portalen im gleichen Hof.

Neue Gestalt erhielt auch der Haupteingang des Schlosses gegenüber der Breiten Straße durch ein dreigeteiltes, triumphbogenartiges Torgebäude.

Am Schloßplatz erhoben sich jetzt steinerne Bogenlauben, in denen die Händler ihre Läden errichteten; eine gleichartige Arkadenreihe zog sich vor dem Dom und dem alten Glockenturm hin.

Einen guten Eindruck der Gesamtanlage mit Brücke und Pferdeschwemme im ausgehenden siebzehnten Jahrhundert vermittelt das Gemälde aus jenem Schloß Tamsel bei Cüstrin, wo später der junge Kronprinz Fritz bei der reizenden Frau von Wreech Trost und Liebe suchte.

*

Unter den von Friedrich Wilhelm beschäftigten Meistern ragte neben Nehring noch der Piemontese Philipp de Chieze hervor, der für den Kurfürsten das alte Potsdamer Stadtschloß erbaute und die damals sehr beliebte »Berline« erfand, einen bequemen Reisewagen für den Herrscher. Diese Kutsche fand bald Nachahmer in aller Welt und machte den Namen der brandenburgischen Hauptstadt zum erstenmal überall berühmt.

Aus Schweidnitz in Schlesien kam der Hofbildhauer Michael Daebler; von den Malern glänzte der flandrische Jacob Vaillant mit pompösen Deckengemälden. Sein bekanntestes Werk war ein Riesenbild im Marmorsaal des Potsdamer Schlosses: »Die Apotheose des Großen Kurfürsten«, das die »schwarze Dorothea« eindrucksvoll zeigte und sogar Napoleons Interesse bei seinem Potsdamer Besuch erweckte.

Als Hofmaler war auch der Holländer Rütger van Langevelt geschätzt, dessen kaum zu zählende Deckengemälde in den kurfürstlichen Gemächern zusammen mit dem anderweitigen Prunk der Stukkateure, Emailleure, Vergolder, Bildhauer zum erstenmal in der Mark eine Versammlung europäischer Künste und Künstler schufen.

Wie der Kurfürst in seinem Schlosse chinesische und »indianische« (er meinte indische) Kostbarkeiten sammelte, öffnete er auch dem Lande die Tore zur Welt. Er pflanzte zum erstenmal in diesen Breiten Kartoffeln und Orangen an. Erstere waren noch hundert Jahre später etwas so Seltenes, daß Marie Antoinette Kartoffelblüten als »dernier cri« beim Hofball im Haar trug. Ebenso führte der Kurfürst den Kakao als »Stärkungsmittel« ein und machte den Kaffee in Berlin so populär, daß der biedere Soldatenkönig später am Lustgarten ein »Hofcafé« einrichtete, dessen Reinverdienst in die königlichen Taschen floß, sosehr er auch sonst gegen die »auswärtigen Laster« zu Felde zog.

Ein französischer Reisender aber berichtete jetzt von der auferstandenen Residenz:

»Ich hatte alle fatiguen vergessen, als ich Berlin zu sehen bekam. Alles schien mir so schön, daß ich mir eine Öffnung im Himmel dachte, von wo die Sonne ihre Wohltaten auf diese Erdstrecke ausbreitet. Es sind nicht mehr diese Einöden, welche ich einst durchreist bin. Die Stadt besteht aus drei anderen, deren Gebäude sehr regelmäßig, und der größere Teil im italienischen Geschmack. Der Lustgarten, welcher nur fünfhundert Schritt hat, dient zur Erholung des Kurfürsten. Die Gärten sind von Orangerien, Jasmin und allen Arten Blumen ausgefüllt, mit einem Wort, mit allen Kostbarkeiten, welche Italien, die Königin der Länder, durch Schönheit des Bodens und des Klimas darbietet.«

13. KAPITEL

Empfänge, Moden,
Alchimie und Gift

In diesen Tagen erschien auch die erste Zeitung in diesen östlichen Landen. Das Privileg und die Lizenz zur Herausgabe
seiner »Wöchentlichen Avisen« erhielt der Buchdrucker Runge,
zugleich kurfürstlicher Botenmeister des Schlosses an der Spree.
Zu freisinnig durfte sich diese Gazette freilich nicht gebärden:
das Damoklesschwert der allerhöchsten Zensur hing an gar fei-
nem Faden über ihr.

Glücklicherweise gab es genug Unverfängliches zu berichten.
Auch damals beherrschten als Lieblingsthema Nummer eins
Hofklatsch und Liebestragödien die Schlagzeilen. Und dann:
Staatsbesuche, denn die höfische Pracht der neu erstandenen
Residenz lockte zahlreiche Gäste von auswärts herbei. Mancher
Vertrag wurde im Schloß an der Spree besiegelt, gelöst, neu
bestätigt und begraben. Bald erschienen die seidenrauschenden,
perückenumwallten Gesandten aus Paris, bald kaiserliche oder
niederländische Herren, bald polnische, schwedische, dänische
oder russische Botschafter, alle empfangen mit Würde und dem
ihnen gemäßen Pomp, an dem das Volk regen Anteil nahm.

Besonderes Aufsehen erregte eine Gesandtschaft des Tataren-
fürsten Murad Kierai, die gekommen war, dem mächtigen Khan
der Preußen die Freundschaft ihres Gebieters anzutragen. So
waren die Berliner noch niemals zusammengelaufen.

Dabei hatte schon lange, bevor die Tataren die Hauptstadt er-
reichten, ein Eilbote des Kommandanten der Festung Cüstrin
den Kurfürsten in Kenntnis gesetzt: eine Bande zerlumpter Pil-
ger, die sich als Gesandtschaft des Großkhans ausgebe, sei im
Dorfe Karzig von den Bauern verprügelt worden. Sie hätten
dort wie die Raben gestohlen ...

Was dann in Berlin erschien, übertraf alle Erwartungen. Auf
struppigen, verhungerten Pferden, in Fetzen gehüllt, von Un-

geziefer starrend und Gerüche ausströmend, die selbst zu damaliger Zeit als »pestilenzartig« empfunden wurden, wälzte sich der Haufe östlicher Herrlichkeit durch die Straßen zum Schloß.

Den Dolmetscher zeichneten besondere Reize aus: Er war ein gefangener Preuße, dem seine Gastgeber Nase und Ohren abgeschnitten hatten, die nun recht unzulänglich durch hölzernes Kunstgewerbe ersetzt waren. Die Gesandten verehrten dem Kurfürsten ein paar unbrauchbare, vorsintflutliche Pistolen und einen abgetriebenen Gaul; woraufhin ihnen als Gegengeschenk ein Bad und frische, ungezieferfreie Kleider dargeboten wurden. Die Kleider nahmen sie, wenn auch widerstrebend; denn sie »rochen so merkwürdig«. Das Bad aber verbot ihnen leider ihre heilige Religion...

An Seltsamkeit der Erscheinung vergleichbar, wenn auch durchaus erfreulicher, gestaltete sich ein Besuch aus südlicher Ferne. Es war der Negerhäuptling Jan Connoy aus der ersten brandenburgischen Kolonie an der Goldküste von Guinea, die später zur Festung »Großfriedrichsburg« ausgebaut, jedoch vom Enkel des Kurfürsten, dem Soldatenkönig, um seiner ihm wichtigeren inneren Kolonisation willen wieder aufgegeben wurde.

Hatte der Hof früher mehr oder weniger zu eigenem Nutz und Frommen gefeiert, so mußte sich jetzt die Verbindung mit den großen Staaten durch die vielerlei Gesandtschaften auch auf Lebensart und Sitte auswirken. Maßgebliches Vorbild wurde Versailles, besonders in der Hofsprache. Die zahlreichen französischen Emigranten förderten diese Entwicklung auch im Volk, und nicht nur in Berlin.

Sah man hier zuvor die Matronen mit züchtig bedecktem Busen und Haar, so rauschten sie jetzt mit freigebigem Dekolleté durch »Salons«, und an Stelle der gutbürgerlichen Hauben florierten üppige »Fontangen«, genannt nach ihrer Erfinderin, der eleganten Duchesse de Fontanges in Paris. Natürlich versuchte eine Flut frommer Traktate, diesen Erscheinungen entgegenzuwirken. So nannte sich etwa eines der wohlmeinenden Büchlein schlicht:

»Der gedoppelte Blasbalg der üppigen Wollust, nemlich die er-
höhete Fontange und die bloße Brust, mit welchem das neumo-
dische und die Eitelkeit liebende Frauenzimmer in ihren eigenen und vieler unvorsichtigen Mannsbildern sich darin vergaf-
fenden Herzen ein Feuer der verbothnen Liebeslust angezün-
det, so hernach zu einer hell leuchtenden großen Flamme einer
bittren Unlust ausschlägt, jedermänniglich, absonderlich dem
Tugend und Ehrbarkeit liebenden Frauenzimmer zu guter Warnung und kluger Voraussichtigkeit vorgestellet und zum Druck
befördert durch Ernestum Gottlieb, Anno 1689.«
Zu diesem dichterischen Titel gesellten sich eindrucksvolle Illustrationen von gekreuzten Knochen und Damen mit bloßen
Brüsten und Riesenfrisuren, die ein Teufel am Bande führte ...
Die künstlichen Kopfaufbauten bürgerten sich nun auch bei
den Herren der Schöpfung immer mehr ein. Seitdem der Sonnenkönig seine Glatze unter einer Allongeperücke verbarg, trug
der Kurfürst zu Berlin trotz seines schönen braunen Haares bei
offiziellen Anlässen die überdimensionale »Staatsperücke«; die
Herren des Hofes und der Residenz beeilten sich, es ihm nachzutun.
Mochten die Modeanforderungen und -auswüchse wechseln,
eines blieb unveränderlich: der Bedarf an Geld und Gold. Auch
der Große Kurfürst glaubte an Geister und Alchimistengeheim-
nisse so fest wie seine Vorfahren oder das Volk. Zuerst in Köpenick, dann im Berliner Palast, hielt er sich eine treffliche He-
xenküche, die ihn jährlich Tausende von Talern kostete – in der
Hoffnung, glücklicher als seine Ahnen den Urgrund der Goldmacherei zu entdecken.
Berühmtester dieser Zaubermeister war sein Geheimer Kammerdiener Johann Kunkel, nebenbei ein ebenso tüchtiger Che-
miker wie gewiegter Kaufmann und begabter Fabrikant. An
Stelle des Goldes erfand er immerhin, gleichsam aus Versehen,
das schöne Rubinglas. Der Kurfürst hatte ihm das alte Kanin-
chenwerder in der Havel nahe Potsdam, die spätere Pfaueninsel,
zum Geschenk gemacht, damit er ungestört wirtschaften könne.
Erst später stellte sich heraus, was für Riesensummen die Experimente des Alchimisten dort verschlungen hatten. Nach einem
Prozeß, den man ihm machte, ging er nach Stockholm, wo ihm

am Hofe Karls XI. solche Erfolge zuteil wurden, daß er zuletzt als »Ritter von Löwenstern« wieder in Berlin auftauchen konnte. Neben dem Rubinglas entdeckte er auch den Phosphor. Nicht lange nach seiner Flucht aus Berlin tauchte ein Nachfolger auf: der genialische sechzehnjährige Apothekerlehrling Johann Friedrich Böttger, dem ebenfalls der Ruhm vorauseilte: es sei ihm untrüglich gelungen, Gold zu fabrizieren. Böttger selbst schien diesem Ruf nicht zu trauen, denn er beeilte sich, so bald wie möglich der Berliner Hofluft wieder zu entfliehen – nach Wittenberg, wo er brav Medizin zu studieren gedachte. Doch hatte er nicht umsonst dem Berliner Herrscher den Mund wäßrig gemacht: Offiziere holten ihn ebenso eilig an die Spree zurück. Aber auch dies mißlang. Der sächsische Kurfürst, hellhörig geworden, schnappte den seltenen Vogel für sich und sperrte ihn seinerseits in den Käfig. Bis zu seinem Tode, achtzehn Jahre lang, wurde Böttger in Meißen gefangengehalten. Gold zu machen gelang ihm freilich auch hier nicht – dafür aber das bisher in Europa unbekannte Verfahren, Hartporzellan herzustellen. Noch heute profitiert die von ihm ins Leben gerufene weltberühmte Manufaktur von seinem seltsamen Schicksal.

*

Kunkel und Böttger entflohen, die Goldherstellung mißlang – aber dafür hatte der Große Kurfürst einen um so tüchtigeren Finanzminister in seinem Hause: die ebenso kluge wie ehrgeizige und rachsüchtige Gemahlin Dorothea. Von den sechs Kindern der oranischen Luise Henriette überlebten nur der Kurprinz Karl Emil und seine Brüder Friedrich und Ludwig ihre Mutter. Jetzt regierte die neue Frau mit ihren eigenen Söhnen. Neben ihr wurde der »Große Kurfürst« zum Pantoffelhelden. Selbst die Minister und Räte hatten nur noch *ihren* Befehlen zu gehorchen. Bewies sie in wirtschaftlichen, städtebaulichen und politischen Dingen Format, so galt sie im Volke als Bild der bösen Stiefmutter – und Giftmischerin von Profession. Es war nur gut, daß es im Schloß an der Spree noch eine Weiße Frau gab, der es oblag, eine Reihe unerwarteter Todesfälle in der kurfürstlichen Familie vorauszusagen, so daß die Überraschung kaum mehr in der Tatsache selbst als nur noch in der Wahl der Opfer zu sehen war.

Das erste wurde, der Legende zufolge, der Kurprinz Karl Emil. Dieser hübsche und starke Jüngling, der dem Vater von allen Söhnen am ähnlichsten war, hatte unter der Abneigung der Stiefmutter besonders zu leiden. Verzieh sie ihm nicht, daß er vor *ihren* Kindern rangierte – und vor allem, daß er so gesund und lebensfroh war? Als er sich einmal beim Vater wegen ihrer öffentlichen Brüskierung beklagte, schwor sie ihm Rache. Es verging kaum ein Monat, und er starb. An »plötzlicher Entkräftung«, wie es der Hofarzt der Kurfürstin amtlich bescheinigt haben soll...

Die historische Wahrheit ist freilich, daß der Kurprinz im Winterquartier des Heeres einer Pockenepidemie zum Opfer fiel. Was das Volk nicht hinderte, nur zu gern die andere, geheimnisvollere Lesart zu glauben. Zumal die Kette von nun an nicht abreißen sollte.

Der Tod seines Ältesten traf den Kurfürsten tief. Der Zweite, Friedrich, ein stilles, verwachsenes Kind mit großem Kopf, großer Nase und dementsprechenden Hemmungen und Belastungen, der die Stiefmutter von vornherein jeder Schändlichkeit für fähig hielt, glaubte sich nach dem Tode des Bruders am Berliner Hof nicht mehr sicher: Jetzt war *er* ja Kurprinz. Heimlich reiste er, nur von seinem Lehrerfreund Danckelmann begleitet, nach Kassel zu seiner Tante, der verwitweten Landgräfin von Hessen.

Als Friedrich Wilhelm von der Flucht des Sohnes erfuhr, erreichte es Dorothea, daß der Kurfürst einen General nach Kassel beorderte, die Auslieferung des »Deserteurs« zu verlangen. Da sich die Landgräfin empört weigerte, brachte es die Stiefmutter dahin, daß ihr Gatte den Kurprinzen enterbte.

Friedrich Wilhelm verteilte in seinem Testament die Länder seines Kurhutes unter die anderen fünf Söhne. Endlich gelang es den vereinigten Bemühungen der benachbarten Fürsten von Sachsen, Braunschweig und Dessau, den zürnenden Vater zu besänftigen. Nachdem sich der Kurprinz klug gedemütigt und alle Schuld auf sich genommen hatte, durfte er die hessische Prinzessin Elisabeth Henriette heiraten, die er inzwischen ken-

nengelernt hatte. So hatte sich die Flucht zuletzt doch noch als
gut erwiesen ...

Angesichts diesen schweren Schlages blieb der Stiefmutter nur
noch eine Hoffnung, wenn sich schon keine Gelegenheit fand,
den allzu mißtrauisch Gewordenen ebenfalls an »Entkräftung«
dahingehen zu lassen, daß seine Ehe wenigstens kinderlos bleiben würde. Auch diese Hoffnung zerschellte: Pünktlich nach
neun Monaten meldete sich in Anwesenheit des versammelten
Hofes in den Gemächern der Kurprinzessin eine neue kleine
Erdenbürgerin zur Stelle.

Kurz danach verspürte die Kurfürstin wieder einmal Sehnsucht,
ihren Liebling, den Kurprinzen Friedrich, zu einem kleinen
Fest bei sich zu sehen. Er war ihr so geflissentlich aus dem Wege
gegangen, daß es schon fast auffiel. Natürlich sollte der Abend
ganz intim in ihren Gemächern und ohne die Kurprinzessin
stattfinden. Hatte man sich nicht genug zu erzählen in diesen
spannungsgeladenen Zeiten? Überdies nahmen die Gicht und
das Asthma des alten Kurfürsten immer mehr zu.

Der Kurprinz lehnte die Einladung dankend ab. Doch die Stiefmutter bestand auf dem Wiedersehen. Es ging nicht an, daß er
sich ständig draußen im Schlosse Köpenick aufhalte. Im übrigen stellte sie »besondere Vereinbarungen für die Zukunft« in
Aussicht.

Friedrich kam, mit seiner jungen Frau. Der Empfang bei Dorothea galt indessen nur ihm allein. Angesichts der liebenswürdigen Konversation war Friedrich nahe daran, alle bösen Gedanken zu bereuen; nach der Mahlzeit wurde Mokka gereicht.
Kaum hatte der Kurprinz das sonst so stärkend wirkende Ge-
tränk genossen, als er, von Krämpfen geschüttelt, zusammen-
brach. Leider war diesmal der Hofarzt nicht zur Hand – dafür
aber der treue Danckelmann, den der Kurprinz mitgebracht und
im Nebenkabinett hatte warten lassen. Dieser trug sorglicher-
weise ein Pulver in der Tasche, das ihm die hessische Landgräfin »für alle Fälle« in die Hand gedrückt hatte. Wahrscheinlich
war es nichts als ein starkes Brechmittel ...

Sofort am anderen Morgen, noch schwer krank, ließ sich der
Prinz nach Köpenick zurückbringen. Von dort teilte er seinem
Vater mit, daß er leider genötigt sei, auf Reisen zu gehen, da

man ihm bei Hofe offensichtlich nach dem Leben trachte ...
Woraufhin es Dorothea durchsetzte, daß die Kurprinzessin weder das Schloß an der Spree verlassen noch ihren Mann in Köpenick besuchen durfte.

Das Druckmittel verfing nicht. Selbst die Nachricht, seine Frau sei wieder guter Hoffnung, vermochte Friedrich nicht zu bewegen, auch nur für einen Tag nach Berlin zu kommen.

Kurz danach starb die Kurprinzessin Elisabeth Henriette. An einer »Kolik« – ähnlich der, wie sie der Prinz nach jenem Kaffeestündchen bei der Stiefmutter überstanden hatte. Nach anderer Quelle hieß es wieder: »An den Blattern.«

Das Volk von Berlin-Coelln folgte dem Trauerzuge – an dem der Kurprinz nicht teilnahm – mit offenkundigem Haß und Zorn. Verwünschungen wurden laut – doch allerhöchsten Ortes nahm man sie nicht zur Kenntnis. Der böse Verdacht drang bis in die Geschichtsbücher, an Dementis fehlte es nicht. Wer wollte etwas beweisen?

*

Noch vor Ablauf des Trauerjahres vermählte sich der Kurprinz zum zweitenmal: mit der liebenswürdigen Prinzessin Sophie Charlotte von Braunschweig-Lüneburg, der zweifellos geistvollsten und bedeutendsten Frau aller regierenden Hohenzollern. Trotz ihrer Jugend hatte Sophie Charlotte schon ein gutes Stück Welt gesehen: mit zwölf Jahren war sie nach Italien gereist, mit vierzehn nach Paris, wo ihre Cousine, die berühmte Liselotte von der Pfalz, als resolute Frau des Bruders Ludwigs XIV. bei Hofe lebte.

Sophie Charlottes Mutter, die ehrgeizige Kurfürstin Sophie von Hannover, war von der Heirat ihrer Tochter beeindruckt und vergaß sogar ihre frühere Abneigung gegen die narbige Gesichtshaut des großen Brandenburgers. Von ihrem Berliner Besuch schrieb sie nach Hause:

»Der gute Kurfürst war alle Tage in Spitzen gekleidet und immer heiter wie ein Vierzigjähriger. Ich gab ihm mit Vergnügen einen Kuß. Ob mein Mann das gleiche mit der Frau Kurfürstin getan hätte, weiß ich allerdings nicht.«

Das letztere ging gegen die schwarze Dorothea...

Der Kurfürst Friedrich Wilhelm war an die sechzig Jahre alt, ein für jene Zeit beinahe biblisches Alter. Krank und fast willenlos stand er unter dem Einfluß seiner Gemahlin, die ihn nun veranlaßte, ein neues Testament aufzusetzen, in dem er diesmal seine Länder unter sämtliche Söhne – es waren noch zwei aus der ersten, vier aus der zweiten Ehe – verteilte, wenn auch unter Oberhoheit des Kurprinzen. So blieb für Dorothea immerhin der Triumph, daß ihre vier zuletzt doch die Mehrheit bilden würden.

Um sich vor Überraschungen in der Ausführung zu schützen, ersuchte und erhielt der Kurfürst die Zusicherung des Kaisers in Wien, als Testamentsvollstrecker zu wirken – unter der bescheidenen Bedingung, daß Brandenburg auf die ohnedies angeblich verjährten schlesischen Ansprüche verzichte. Der müde und kranke Friedrich Wilhelm ging darauf ein, wieder unter der Voraussetzung, daß ihm dafür das benachbarte Schwiebus an der Oder zugestanden würde – ein ohnehin schwacher Ersatz. Dies geschah jedoch in Form eines echt habsburgischen Handels: Im Auftrag der Apostolischen Majestät bewog der kaiserliche Gesandte den ständig in Geldverlegenheit schwebenden Kurprinzen dazu, hinter dem Rücken des Vaters einen Revers zu unterschreiben, in dem er sich verpflichtete, bei Regierungsantritt Schwiebus sofort wieder dem Kaiser zurückzugeben!

Sieben Jahre nach dem Tode des Großen Kurfürsten erfolgte tatsächlich die seltsame Abtretung. In letzter Stunde erklärten die brandenburgischen Bevollmächtigten noch: damit würden die schlesischen Ansprüche wieder gültig! Die Wiener Kommissare weigerten sich verständlicherweise, eine solche Forderung zu Protokoll zu nehmen. Fünfzig Jahre später sollte sich ein anderer Friedrich – unter Stürmen allgemeiner Entrüstung – dieser Machenschaften allzu deutlich entsinnen...

Noch hatte man indessen im Schloß an der Spree anderen Kummer; bereits während der Wiener Verhandlungen gab es nämlich einen neuen Todesfall zu beklagen.

Oben: Das Schloß von der Langen Brücke aus. Nach dem Gemälde
aus Schloß Tamsel bei Küstrin. Um 1650
Unten: Der Schloßplatz um 1700. Von links: Marstall (davor das Reiterstandbild
des Großen Kurfürsten von Schlüter), Lange Brücke, Dom mit Glockenturm,
Pferdeschwemme, Schloß, Kapellenturm, Haus der Herzogin

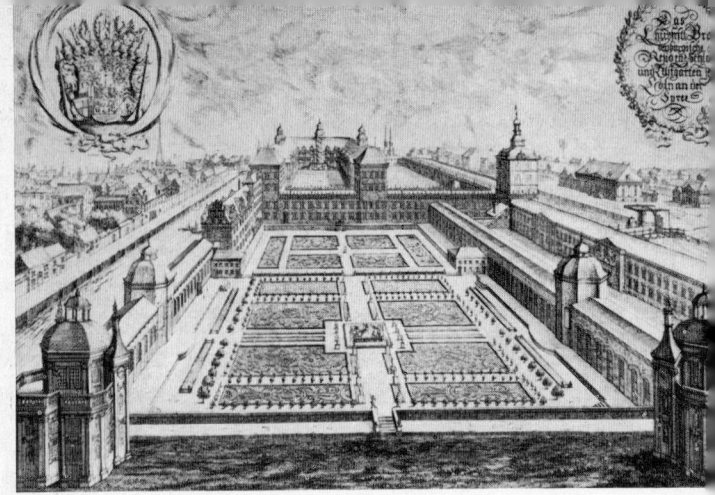

Oben:
Schloß mit Lustgarten. 1666
Mitte:
Ansicht des Schlosses von
der Burgstraße aus. Aquarell
von J. Stridbeck. 1690
Unten: ·
Vogelschaubild des Schlosses.
Aus dem Lageplan
von La Vigne. 1685

Die Kurfürstin Dorothea veranstaltete zur Feier ihres Sieges – vier gegen zwei – einen Hofball. Ehrengast war neben dem Kurprinzen sein Bruder Ludwig. Ihm widmete an diesem Abend eine Cousine der Stiefmutter, eine holstein-glücksburgische Prinzessin aus Kiel, ihren reifen, aber noch immer beträchtlichen Charme. Sie bot dem Prinzen als Eris-Apfel eine ungewöhnlich große, süße Orange, die er nicht nur als Schmuck empfangen, sondern essen durfte . . .

Am nächsten Morgen war er tot. Ein »Herzanfall«, wie der Arzt der Kurfürstin diesmal schonungsvoll zur allgemeinen Kenntnis gab . . .

Wieder hielt bei Hofe alles den Atem an, verwünschte man im Volk laut die Giftmischerin. Der alternde Kurfürst, der sonst jede geringste »Lästerung« unnachsichtlich zu ahnden pflegte, verhielt sich auffallend still.

Was nicht bedeutete, daß es unter den Eheleuten selbst zum besten stand. Man erzählte sich von recht lautstarken Familienkrächen in den allerhöchsten Gemächern. Und nicht nur dort: Einmal hatte der Kurfürst seiner Gattin vor versammeltem Hof den federgeschmückten Feldherrnhut vor die Füße geschleudert und ihr zugeschrien: sie solle sich statt der Nachtmütze diese Haube wählen, da sie überall kommandieren wolle!

Der Einfluß der Frau blieb stärker. Auch war sie in seiner zunehmenden Krankheit seine unermüdlichste Pflegerin. Sie wußte wohl, warum . . . Außerdem hatte sich diesmal die Weiße Frau sogar am hellichten Tage gezeigt – ausgerechnet dem Hofprediger Brunsenius, der einen ebenso geheimen wie ellenlangen Bericht darüber hinterlassen hat.

Wirklich verschlimmerte sich die Gicht des Kurfürsten zusehends. Wassersucht – die Hauskrankheit der Hohenzollern – forderte den Rest. Bis zum letzten Augenblick regierte der alte Fürst mit Umsicht und Tatkraft, gab er seinem Sohn Ratschläge auf allen Gebieten als wirklicher Landesvater.

Der Kurprinz sah dem Kommenden mit Haltung entgegen. Tiefere Bindungen hatten zwischen ihnen beiden niemals bestanden – ihre Wesensart war zu unterschiedlich.

Nachdem der Sterbende sein Haus versehen und seinen Erben wie ein biblischer Patriarch gesegnet hatte, ging er an einem leuchtenden Maimorgen in seinem Potsdamer Stadtschloß, wohin er sich noch kurz zuvor hatte bringen lassen, in Frieden dahin.

Friedrich Wilhelm war der erste Fürst seines Landes, der sich eine gesamtdeutsche Stellung erobert, der die militärischen, politischen, kulturellen Voraussetzungen eines kommenden Königtumes geschaffen hatte, das gegenüber der Welt zu proklamieren sich sein Sohn, aus welchen Motiven auch immer, beeilte.

14. KAPITEL

Der kleine König

Der junge Friedrich III. übernahm von seinem Vater einen geordneten Staat von fast anderthalb Millionen Seelen; der Große Kurfürst hatte mit achthunderttausend angefangen.

Im übrigen hatte der Sohn vom Vater fast alle Fehler geerbt und noch einige dazu – doch nicht dessen gewaltige Persönlichkeit. Sein Enkel, der größere Friedrich, schrieb über den Großvater später:

»Er war klein und verwachsen; seine Miene war stolz, seine Physiognomie gewöhnlich. Er war äußerst bestimmbar. Ließ er sich fortreißen, so geschah es aus Laune; war er sanft, so kam es von seiner Lässigkeit. Die Lobsprüche, die man Ludwig XIV. reichlich zumaß, beeindruckten ihn, und er war der Meinung, daß er auch seinerseits gepriesen werden müsse, wenn er sich diesen König zum Vorbild nähme. Die Freigebigkeit, die Friedrich I. liebte, war Vergeudung. Er bedrückte die Armen, um die Reichen zu mästen. Seine Bauten waren prachtvoll, seine Marschälle und Diener zeigten eher asiatischen Prunk als europäische Würde...«

Dieses für den eigenen Nachkommen verblüffend kühle, harte Urteil (das zur Kenntnis der souveränen Seele des zweiten Friedrich nicht minder interessant ist), entspricht aber doch nur zum Teil dem Bilde, das der erste König aus dem Abstand der Jahrhunderte bietet. Die kulturelle Leistung, die ihm sein Land, vor allem Berlin, dankte, seine Friedfertigkeit und sein unablässiges Streben im Sinne des Schönen, sein Mäzenatentum gegenüber Künstlern und Gelehrten machten ihn im Grunde gerade seinem Enkel ähnlich, der ihn mit so spitzer Feder charakterisierte.

Im Vergleich zum Vater und auch zu seinem Sohn schien Friedrich I. schwach; aber er war ebenso zäh wie schwach. Er besaß

– dort, wo es ihm darauf ankam, nämlich in der Welt des höheren Scheines, der mehr ist als nur Schein – erstaunliche Tatkraft und Energie. Der Baron von Pöllnitz, der später noch unter dem Alten Fritz seinen Klatsch blühen ließ, sagte von dem ersten König:

»Sein Charakter war schwierig, es war nicht leicht, an ihn heranzukommen – aber wenn es einem gelang, hörte er mit großer Güte zu. Ehe er sein Wort gab, überlegte er – aber dann hielt er es auch. Diese Eigenschaft verschaffte ihm das Vertrauen aller Reichsfürsten. Sie wußten, daß er der deutschen Sache ergeben war, und wählten ihn gern zum Schiedsrichter. Seine Untertanen liebten ihn . . . «

Auch dieses Urteil mag gelten.

Der in Königsberg geborene Prinz ließ als Kind nicht erhoffen, daß er alt werden oder gar zur Kurwürde emporsteigen könne. Die Amme hatte den Säugling einst rücklings vom Arm fallen lassen und aus Angst vor Strafe davon geschwiegen. Als man es bemerkte, war Heilung nicht mehr möglich. Um seinen Buckel zu verbergen, trug Friedrich später stets die riesige Allongeperücke.

Der junge Prinz wurde von seinem Erzieher Eberhard von Danckelmann früh auf die Beschäftigung mit Wissenschaften und Künsten gelenkt. Im übrigen bevorzugte er ebenso früh das Theaterspiel und zeigte bald einen fast krankhaften Hang nach Förmlichkeiten und Anerkennung. Als der Siebzehnjährige über den brandenburgischen Gesandten in London den dringenden Wunsch vortrug, man möge ihm den Hosenbandorden verleihen, lehnte der König Karl II. dies rundweg ab; Friedrich vergaß es ihm niemals.

Die drückende Atmosphäre am Berliner Hofe, die Erfahrungen mit der Stiefmutter, die Geistererscheinungen und Todesfälle, das Bewußtsein eigener Häßlichkeit bei um so größerem Schönheitsempfinden, Schmeicheleien dem künftigen Herrscher gegenüber – und nicht zuletzt die Hochzeit ohne Liebe mit einer geistvollen, überlegenen Frau, die bei aller Jugend eine Dame von Welt war und ihren Mann bestenfalls verächtlich ihren

»kleinen Äsop« nannte, sofern sie ihn überhaupt beachtete – das waren Belastungen, unter denen der Prinz tief leiden mußte.

Gegenüber dem Kaiser in Wien, dessen Auffassung vom »östlichen Vandalenkönigtum« in seiner Seele brannte, bewies Friedrich Klugheit und Haltung. Als er den väterlichen Vertrag als Kurfürst und die Herausgabe von Schwiebus unterschrieb, tat er es mit dem Zusatz:

– Ich halte mein Wort, weil ich es muß. Aber ich überlasse es meinen Nachkommen, unser Recht auf die schlesischen Fürstentümer zur Ausführung zu bringen!

Auch in der Regierung zeigte er Weitsicht. Er führte in großen Linien die väterliche Politik fort und übernahm dessen erfahrene Räte. Er wollte keinerlei machtpolitische Experimente, die das kleine Land nur in Schwierigkeiten stürzen mußten – denn klein war sein Machtbereich noch immer im Verhältnis zu den europäischen Großmächten in Nord, Ost und West.

Der junge Herr begann seine Regierung mit einem Protest gegen den letzten Willen seines Vaters und den der Stiefmutter. Er ließ kurzerhand das Testament für ungültig erklären und schränkte die Einkünfte der alten Kurfürstin derart ein, daß sie an diesem Dasein keine Freude mehr hatte und es bald mit dem besseren Jenseits vertauschte.

Der atemberaubende Prunk, der seine Regierung von nun an kennzeichnen sollte, trat zum erstenmal bei dem wahrhaft überwältigenden Leichenbegängnis für den verstorbenen Vater in Erscheinung. Es war, als befreie sich der vom Leibe her nicht mit Glücksgaben gesegnete Fürst mit solch makabrem Prunk von seinen Bedrückungen, seiner Lebensangst und der Last unendlicher Einsamkeit, die von nun an auf seine schiefen Schultern sinken sollte. Als wüßte er, daß solch unerhörter Aufwand ihm all das ersetzen mußte, was der Vater an wirklichen Taten und Kämpfen zu leisten imstande gewesen war ...

Im Frühjahr war der Große Kurfürst gestorben. Im Oktober schon mußte Friedrich ins Feld ziehen, »weil der Franzose abermals das Römische Reich antastet«. Es war der dritte Einfall des Sonnenkönigs, der diesmal zur furchtbaren Verwüstung der Pfalz und des Heidelberger Schlosses führte. Die brandenburgischen Truppen zeichneten sich in diesem Feldzug besonders bei der Belagerung der Rheinfestung Bonn aus, wo der Kurfürst selbst im Lager erschien. Den Fall dieser entscheidenden Festung feierte man in Berlin als ein Ereignis, dem man hier größte Bedeutung beimaß.

Was nichts daran änderte, daß die ersten innerpolitischen Verordnungen des neuen Herrn keineswegs etwa soziale oder grundsätzliche Dinge von Bedeutung betrafen, sondern ausschließlich solche, die sich mit der nunmehr angebrachten Entfaltung des Hofstaates befaßten.

Wie die Livreen und Prunkgeschirre, die Hofämter und Lakaien, die Kutschen und Illuminationen, die Räume und Dekorationen gehörte für den seltsamen kleinen Mann auch die Musik zum Gesamtbild, sei es bei den Gottesdiensten, bei der Tafel oder bei den pompösen Ein- und Aufzügen des Hofes. Im barocken Zusammenklang der Glocken, Kanonenschüsse, Pauken und Trompeten empfand er die Bestätigung eigenen Herrschertums, dem, weit über den landläufigen Begriff der »Eitelkeit« hinaus, fast etwas Religiöses innewohnte; wie denn alle Hohenzollern, auch der geniale »Atheist« Friedrich II., in ihrer Tiefe, mochten sie sich dessen bewußt sein oder nicht, bei aller Begrenztheit oder Weite ihrer Bildung vielleicht mehr als Herrscher anderer Länder Gott*sucher* waren . . .

Jetzt gaben nicht weniger als vierundzwanzig Trompeter und zwei Paukenschläger um zwölf Uhr mittags das Zeichen zum Beginn der Tafel im Schloß an der Spree; sie begleiteten den Kurfürsten auf allen Reisen und Fahrten, war es auch nur nach Potsdam oder Köpenick oder Oranienburg. Und die Rolle, die er sich von einem Höheren auferlegt glaubte, erlaubte ihm niemals zu lächeln.

✳

Aus der Fülle der mehr oder weniger märchenhaft gefeierten Gäste der aufblühenden Residenz ragte besonders der fünfundzwanzigjährige Zar Peter hervor, der in die Geschichte seines Reiches später als der »Große« eingehen sollte, da er nicht nur der freundlichen Gewohnheit oblag, Rebellen und »Staatsfeinde« höchst persönlich zu foltern und zu köpfen – so etwas ge-

hörte zu den von je liebgewordenen Landessitten eines Reußen-
herrschers –, sondern auch die ersten zivilisatorischen Anfänge
im Rahmen seiner Möglichkeiten schuf.

Mit Rücksicht auf jene Gewohnheiten zeigte er besonderes Interesse an Hinrichtungsmethoden und erfuhr so von einem Berliner Richter, daß man bei Mördern hierzulande die mechani-
sche Hilfe des Räderns in Anspruch nahm.

Da der fortschrittliche Segen westlicher Strafvollzugs-Rituale
bislang noch nicht nach Rußland vorgedrungen war, zeigte der
begeisterte Zar solche Neugier für die neue Spielart, daß er
darauf bestand, unbedingt selbst ein *Opfer* auf solche Weise
vorzunehmen.

Nun hatte man unglücklicherweise keinen einschlägigen Verbrecher zur Hand; worauf sich der hohe Gast sofort erbot, einen Herrn seines eigenen Gefolges zu solch lehrreichem Schauspiel zur Verfügung zu stellen. Es war schwierig, ihn von seinem Vorhaben abzubringen.

Bei der großen Galatafel ließ einer der Lakaien vor Schreck
über den Appetit des Gastes eine Platte fallen, die klirrend auf
dem Marmorboden zerschellte. Der Zar, der niemals seine Waffen ablegte, sprang sofort auf, zog wild um sich blickend den
Degen aus der Scheide, nichts anderes denkend, als daß man
ihm nach dem Leben trachte. Wieder kostete es den Kurfürsten
beträchtliche Mühe, ihm klarzumachen, daß er hier nicht zu
Hause sei und es sich wirklich nur um ein Versehen des Dieners
handele. Der Zar gab sich zufrieden – jedoch nicht, ohne darauf
zu bestehen, daß der ungeschickte Sklave sofort ausgepeitscht
würde, wie es sich für solche Fälle gehöre. Um dem hohen Gast
keine neuerliche Enttäuschung bereiten zu müssen, beeilte man
sich – auch das zeugt für Friedrichs Art –, aus dem Gefängnis
schleunigst einen Dieb herbeizuschaffen, der in die Livree des
Dieners gesteckt und dann vor den Augen des befriedigten Gastes gestäupt wurde, wobei dieser wieder eigene Anteilnahme
an der Beschaffenheit der Ruten und den von ihnen hervor-
gebrachten Wirkungen zeigte ...

*

Nach wie vor bedeutete es den Gipfel von Friedrichs Wünschen und Bestrebungen, seinen brandenburgischen Kurhut mit der Königskrone zu vertauschen.

Schon dem kleinen (zweitgeborenen) Prinzen hatte zu Königsberg erstaunlicherweise ein schmeichelnder Poet an der Wiege den lateinischen Vers gesungen:

»Auf des Königs Berg ward Friedrich geboren. Was heißt das? Musen, ihr sagt es voraus: Friedrich wird König dereinst!«

Kam es daher, daß bereits Ludwig XIV. dem Großen Kurfürsten den selbstlos-intriganten Rat gegeben hatte, sich durch eigenmächtige Erhöhung gegenüber Wien selbständig zu machen?

Dem ewig kämpfenden Friedrich Wilhelm allerdings war es nicht um Schein, sondern um reale Macht gegangen.

Der Sohn hielt es gerade umgekehrt.

Der Weg vom Entschluß bis zur Ausführung des heimlichen Planes war lang und mit vielen, vielen Goldstücken gepflastert, die der Bestechung, nicht zuletzt für die Umgebung des Kaisers, dienten. Ganz abgesehen von der offiziellen Rechnung, die zu überreichen der Wiener Hof nicht zögern sollte.

Denn der Kaiser brauchte den Brandenburger nicht weniger – vor allem sein Geld und seine Truppen, die in allen Himmelsrichtungen seit je für Habsburg stritten. Und die Kassen in Wien waren geradezu unwürdig leer; nicht einmal mehr die jüdischen Bankiers borgten der Apostolischen Majestät einen Groschen.

Natürlich war die kaiserliche Zustimmung zum Spiel des Brandenburgers nicht nur ein materielles, sondern auch politisch ein höchst delikates Kapitel. Friedrich bewältigte es meisterhaft.

Im Hinblick auf die Wiener Empfindlichkeit schlug der Kurfürst vor, die erstrebte Königswürde auf die *nicht* zum Reiche gehörenden Gebiete des Herzogtums Preußen zu gründen und deshalb den unverbindlichen Titel »König *in* Preußen« annehmen zu wollen. Da die anderen Kurfürsten keine derartigen außerdeutschen Länder besäßen, könnten sie auch nicht Ansprüche wie Brandenburg erheben. Weiterhin wies Friedrich darauf hin, daß das Herzogtum Preußen bereits im sechsten Jahrhundert ein Königreich gewesen sei (unter einem gewissen

116

rex Litpho, auch Litalan genannt, woraus der Name Litauen entstanden sein soll) – also viel früher, als das Haus Habsburg seine Macht in Deutschland begründet habe ...

In der Tat, eine gute Klinge, die der kleine Brandenburger führte! Das Land, um das es hier ging, besaß mit seinen blühenden Städten und Häfen einen Umfang wie das ganze Königreich Dänemark. Und vor allem: da es niemals zum Reich gehört hatte und gehörte, konnte sich Friedrich dort wirklich zum König machen, ohne Vasall zu werden.

Die Kaiser aber hatten – und darin lag eine ihrer großen deutschen Unterlassungssünden – das weite Gebiet niemals beansprucht, es nie gefördert oder auch nur geschützt. Ursprünglich Eigentum des Hochmeisters des Deutschen Ordens, stach das Land jetzt auf einmal dem Kaiser ins Auge, und es fiel ihm ein, die Rechte des längst nicht mehr existierenden Ordens übernehmen zu wollen ...

Das Geduldspiel gelang Friedrich unter entsprechenden Opfern, mochte auch der kluge Prinz Eugenio von Savoyen, der »edle Ritter«, aus seiner Meinung kein Hehl machen: Der Kaiser solle alle Minister hängen lassen, die ihn mit so unheilvollen Ratschlägen unterstützten!

Doch Eugen vergaß oder beachtete zu wenig, worum es dem Kaiser Leopold hauptsächlich ging: Er brauchte die brandenburgischen Truppen noch immer im Kampf gegen Ludwig XIV., ganz abgesehen von der Unterstützung in anderen Dingen seitens des »Vandalenstaates« an der Ostsee!

Noch jemand war dagegen: der Vatikan. Zwar hatte der Heilige Vater früher einmal selbst den Brandenburger zum Könige salben wollen; aber damals hegte er gewisse Hoffnungen in Glaubenskorrekturen.

Jetzt erließ er ein geharnischtes Breve:

»Der Markgraf von Brandenburg hat ein freches und bisher unter Christen unerhörtes Sakrilegium, einen strafbaren Bruch des Rechts, begangen und sich in schamloser Weise der Zahl derer zugesellt, welche das göttliche Wort: ›Sie haben geherrscht, doch nicht durch Mich!‹ auf ewig verdammt ...«

Doch die Zeiten, da solche Bannflüche den Untergang von Dynastien bedeuteten, waren vorbei. Immerhin hat die Kurie bis ins neunzehnte Jahrhundert die preußischen Könige nicht anerkannt, sondern weiterhin konsequent als »Markgrafen von Brandenburg« tituliert.

∗

Auch innerhalb des Palastgebietes an der Spree ging es nicht ohne Kämpfe ab.

Bei Regierungsübernahme hatte der Kurfürst seinen Lehrer und Freund Danckelmann zum Oberhaupt des Staatsrates, zum Oberpräsidenten und zu anderen Ehren erhoben. Als Danckelmanns Hauptgegnerin erwies sich jetzt die anmutige Königin, die sich durch die in ihren Augen zu weit gehende Freundschaft des Ministers zu ihrem Gatten von der Macht ausgeschlossen sah. Sie empfand es vor allem als unerträglich, daß Danckelmann es wagte, seinen sonst ja recht ehrenvollen Grundsatz strengster Sparsamkeit auch auf die Bedürfnisse des Hofes anzuwenden.

Sophie Charlottes Feindschaft gegen den »Pedanten« wurde zum Zeichen für die zahlreichen Höflinge, die gleich ihr nach seinem Sturz trachteten. Alle Streber, Schmeichler, Kostümträger des überprächtigen Hofes zu Berlin mußten in dem unerbittlichen Arbeiter ihren naturgegebenen Feind sehen. Mit Hinweis auf seine sechs Brüder, die alle bedeutende Persönlichkeiten waren und von denen außer Eberhard zwei dem Geheimen Rat angehörten, sprach man gehässig von dem Danckelmannschen »Siebengestirn«, das den Staat zum Gefängnis machen wolle, in dem nur einer Narrenfreiheit genieße: nämlich Friedrich selbst. Geschickt eingefädelte Intrigen konnten, zusammen mit dem Gift der Verleumdung, dem seiner selbst nicht sicheren Fürsten immer wieder geschickt eingeflößt, ihre entsprechende Wirkung nicht verfehlen.

Äußere Veranlassung zu Danckelmanns Sturz ergaben politische Mißerfolge und Ungeschicklichkeiten des Ministers. Zudem war mittlerweile in Polen der König Johann Sobieski gestorben und die Königskrone durch rasches Handeln an den benachbarten sächsischen August gekommen. Hannover wurde Kurfürstentum und dadurch Brandenburg ebenbürtig.

Der von seinem Traum besessene Friedrich hatte keine Zeit. Er fand einen geschmeidigeren Fechter für seine Pläne: den ehrgeizigen Höfling Colbe von Wartenberg, dessen Frau bald als »königliche Mätresse« eine mehr sonderbare als delikate Rolle bei Hofe spielen sollte.

Nun also wurde der Kammerherr von Wartenberg allmächtig: war er es doch zuletzt, der die heiklen Verhandlungen mit dem Kaiser zum Abschluß brachte.

Indessen erwartete Friedrich fiebernd vor Erregung und zeitweilig richtig krank das Ergebnis der Verhandlungen. Man befürchtete am Berliner Hofe, er werde eine Enttäuschung in der Krönungsfrage nicht lebend überstehen. Allabendlich mußte ein Stadttor eigens für den erwarteten Kurier aus Wien offengelassen werden.

Endlich, in den letzten Novembertagen, traf der Bote mit dem Krönungstraktat, der kaiserlichen Einwilligung – die zugleich die Rechnung mit der Liste eindrucksvoller Forderungen bedeutete –, in Berlin ein und wurde noch in der Nacht ins Schlafgemach des Kurfürsten geführt. Am Tage danach schenkte Friedrich seinem Favoriten Wartenberg als intimes Zeichen »ewiger Dankbarkeit und Treue« ein kleines Herz aus ostpreußischem Bernstein, das der nunmehrige Oberkammerherr gleichsam als offizielles Signum allerhöchster Gnade an blauem Seidenbande um den Hals tragen sollte.

*

Der Kurfürst aber rüstete sich zur Premiere seines Lebens. Allein für die Fortschaffung des Hofstaates nach Königsberg, wo sich der neue »König in Preußen« *selbst* zu krönen gedachte, benötigte man außer den Pferden des Marstalls noch 30 000 Vorspannpferde. Die Pracht galt nicht zuletzt dem doppelten Sieg: Friedrich hatte es tatsächlich durchgesetzt, daß er die Krone weder aus der Hand des Kaisers noch eines Geistlichen in Empfang zu nehmen brauchte ...

Als die frisch gebackenen Majestäten Mitte März aus Königsberg in die Hauptstadt zurückkehren wollten, stellte sich heraus, daß die Vorbereitungen zum würdigen Empfang daselbst noch fast zwei Monate dauerten. Endlich, am 6. Mai, erfolgte vom Schloß Schönhausen aus der Einzug in die Residenz.

Die alte Georgenstraße – von nun an Königstraße genannt – war durch sechs barocke Ehrenpforten geschmückt, die, vom Freund der Königin, dem Freiherrn von Eosander, entworfen, im perspektivischen Durchblick wie eine raffinierte Fortsetzung riesiger Palastarchitekturen wirkten. Unter Kanonendonner, Glockenläuten und Trompetengeschmetter bewegte sich der Krönungszug durch diese Märchenwelt allein vier Stunden lang bis zum Palast an der Spree, an dessen neuer Pracht Meister Schlüter mit seinem Heer von Helfern arbeitete.

Der König war bei diesem Triumphzug in einen Purpurmantel gekleidet, der über und über mit Adlern und Kronen bestickt war. Die dichte Reihe von Knöpfen auf dem Staatsrock waren Diamanten, von denen jeder einzelne 3000 Dukaten kostete. Die Königin trug ein ebenfalls diamantgleißendes Goldbrokatkleid und auf ihren schwarzen Locken eine zierliche Krone. Ein dicker Foliant, auf Staatskosten gedruckt, sollte die Schilderungen dieses unerhörten Tages der Nachwelt überliefern. Von dem am Abend beginnenden eigentlichen Fest heißt es darin:

»Berlin schimmerte nicht, sondern brannte gleichsam in allen Gassen von Lichtern, Lampen, Fackeln und Freudenfeuern, so daß Se. Majestät, um alles in wenig Worten zu fassen, ohne Grausamkeit die Lust desjenigen Schauspiels genießen konnten, welches ehemals der unmenschliche Wütherich NERO an dem brennenden Rom zu haben sich gefreut, Berlin aber, ohne Verletzung der Bescheidenheit, wenigstens für diesen Abend, sich den Namen ›Lumen orbi‹ – Licht und Glanz der Welt – zueignen dürfe, den einer aus dem lateinischen Wort BEROLINUM, durch Versetzung von Buchstaben, herausgebracht.«

Ein freundlicher Gedanke, ein hübsches Spiel. Drei Tage lang feierten die Berliner die königliche Verschwendung.

*

Mit der Krönung war auch die Stunde der Erhöhung des Oberkammerherrn zum nunmehrigen »Reichsgrafen Colbe von Wartenberg« gekommen. In Königsberg hatte er die Schleppe des

Krönungsmantels tragen dürfen; als seine Gattin die gleiche Auszeichnung bei Sophie Charlotte verlangte, schlug es die neue Königin rigoros ab. Von nun an waren die beiden Frauen Todfeinde – und die Königin blieb zuletzt die Unterlegene.

Kurz nach Wartenbergs Ernennung sah sich Danckelmann gezwungen, seine Ämter niederzulegen. Doch die Gegner bei Hofe, an der Spitze die reizende Königin, ruhten nicht: Er wurde verhaftet und zuerst nach Spandau, dann nach der Festung Peitz gebracht, sein Vermögen beschlagnahmt und ein langwieriger, perfider Prozeß eingeleitet. Erst nach dem Tode der Königin erhielt Danckelmann die Freiheit wieder – seine Güter niemals.

Es war eine seltsame, für jene Zeit charakteristische Verkettung: Friedrich I. war Danckelmanns Schüler – aber als der Schüler eigene Wege ging (wie bei Erwerbung der Königskrone), versuchte der Lehrer den mündig Gewordenen zu maßregeln, zu regieren. Und ebenso übernahm er sich im innen- und außenpolitischen Spiel, das seine Kräfte überstieg. Danckelmann wollte und konnte nicht erkennen, daß es an diesem seltsamen Berliner Hofe um viel mehr ging als um »Grundsätze« oder Erfüllung der »Pflicht«. Wie Danckelmann selbst den »Undank« seines Herrn, hat Friedrich I. die echte, tiefe Enttäuschung über den zuletzt versagenden Lehrer-Freund-Minister, der ihm einmal das Leben gerettet hatte, nicht verwunden.

So siegte Sophie Charlotte über Danckelmann. Doch sie entfernte sich trotzdem immer weiter von ihrem Gatten. Von den hannöverschen Eltern her besaß sie Genie und Charakter, Egoismus und Kraft – und eine ungewöhnliche Leidenschaft des Geistes vor allem. Ihr Unglück war, daß sie einen anderen Mann gebraucht hätte als Friedrich. Er war zu weich für sie, zu gut, zu unbeständig, zu »fromm« im landläufigen Sinne.

Unter Berücksichtigung des wichtigen Hofklatsches pflegte der König seinen späten Besuch in den Gemächern der Gattin dadurch anzuzeigen, daß er ihr durch Lakaien seine Kissen vorausandte. Ein Brief der Königin an ihre Vertraute, das Hoffräulein von Pöllnitz, wirft ein bezeichnendes Licht auf das Eheleben der Majestäten. Der Brief schließt:

»Ich muß enden, meine teure Freundin, denn die entsetzlichen

Kissen treffen soeben ein. Ich gehe zum Opferaltar. Was denken Sie davon? Wird das Schlachtopfer vollendet werden?«

Sophie Charlottes Haß gegen Danckelmann kam aus den gleichen Tiefen wie die Abneigung gegen ihren mißgestalteten Gemahl. Sie wußte, daß sie Danckelmann aus dem Wege räumen *mußte*, um sich zu behaupten. Erst nach dem Sturze Danckelmanns wurde Sophie Charlotte die »philosophische Königin« – die Ahnin eines Friedrich II.

*

Der Mann, der ihr zu diesem Ehrennamen verhalf, war Gottfried Wilhelm Freiherr von Leibniz, Freund und Lehrer der Königin und als bedeutender Mathematiker, Rechtsgelehrter, Politiker, Theologe, Physiker, Geschichts- und Sprachforscher das letzte wahrhafte Universalgenie, bevor sich der Kreis der Wissenschaften ins Uferlose weitete. Leibniz hat nicht nur – unabhängig von Newton – die Integral- und Differentialrechnung gefunden, definiert und eine eigene »Religion« erdacht, er schuf auch eine völlig neue »Weltsprache«, etwa im Sinne unseres heutigen Esperanto.

Nach Leibnizens Plan wurde in Berlin die berühmte »Sozietät der Wissenschaften«, die Akademie, ins Leben gerufen. Es waren menschlich kühne, wohldurchdachte Gedanken, die der Gelehrte mit Hilfe Friedrichs verwirklichte. Vor allem aber sollte es Aufgabe der neuen Akademie sein, »die Glückseligkeit der Menschen zu fördern, die in Weisheit und Tugend bestehe, nach diesen beiden in der Gesundheit und Bequemlichkeit des Lebens«. Die Grundlage des menschlichen Glückes aber bilde die gute Erziehung der Jugend ... Nicht weniger sollte die neue Akademie um die deutsche Sprache »in ihrer anständigen Reinheit« Sorge tragen.

Friedrich I. blieb an seinem Hof der einzige, der seine Briefe deutsch schrieb. Von ihm lernte es sein Sohn – neben der »Tabagie« wohl das einzige, was der spätere Soldatenkönig bewußt von seinem Vater übernahm. Alles Mäzenatentum und alle Pracht ins Ungeheure zu überhöhen aber gedachte der König durch seinen neuen Schloßbau an der Spree.

15. KAPITEL

Ein Erbe Michelangelos

Schon der Große Kurfürst hatte daran gedacht, die unharmonische Fülle der alten Gebäudekomplexe des Schlosses in einem neuen, würdigen Palastbau zusammenzufassen – doch brauchte der Staat die Mittel andernorts.

Zunächst begnügte sich auch der Sohn mit dem Ausbau der Wohnräume seines Vaters und des Hofes durch den väterlichen Baukünstler Nehring.

Der Reichtum der Dekorationen, von den Fußböden bis zu den Deckengemälden und dem prunkenden Stuck, zeigte den Anspruch des neuen Herrn.

Große Marmorkamine fehlten so wenig wie ostasiatische Lackarbeiten, mit denen etwa das »Chinesische Kabinett« getäfelt wurde.

Während dieser Umbauten starb Nehring. Seine Nachfolge übernahmen die Baumeister Grüneberg und besonders der Hofbildhauer Michael Daebler, der als erstes einen intimen Thronsaal, das spätere sogenannte »Samtzimmer«, gestaltete. Sein Plafond galt als der kostbarste und schönste der Vor-Schlüter-Epoche und hat sich bis zuletzt erhalten. Außer den Gemälden zeigte diese Deckenkunst vorwiegend Weiß und Gold – eine Richtung, die mit Schlüter ihr Ende finden und erst im friderizianischen Rokoko neue Auferstehung feiern sollte.

Der Zufall wollte es, daß Nehring gerade in dem Augenblick starb, da Friedrich den Neubau im Sinne der väterlichen Pläne zu beginnen gedachte. Nach Nehring war nun niemand mehr in Berlin, der als künstlerische Persönlichkeit der Größe dieser Aufgabe – nämlich den neuen Palast unter Verwendung der alten Mauern und Bauten in Angriff zu nehmen – gewachsen gewesen wäre. Und so geschah es wohl auch wieder nicht zufällig, daß in dieser Zeit das Auge des Kurfürsten auf einen Mann fiel,

der sich seine Sporen bereits in Warschau verdient und am Zeughaus eine meisterliche Bildhauerhand erwiesen hatte: Andreas
Schlüter.

Als Sohn eines Bildhauers, wie vermutet wird, in Hamburg geboren, war Schlüter schon als Kind in die damals mächtige, blühende Hansestadt Danzig gekommen. Die Familie selbst schien
aus den Niederlanden zu stammen, und möglicherweise ist ein
Vorfahr der bedeutende flämische Bildhauer Nicóla Sluter gewesen.
Über den Aufenthalt des jungen Andreas in Danzig ist wenig
bekannt. Er ging zu dem Meister Saponius in die Lehre und er-
langte früh durch Ehrgeiz, Fleiß und Begabung große Fertigkeit. Der Glanz des Polenkönigs Johann III. Sobieski zog ihn
bald als »Ausstattungsbildhauer« nach Warschau, wo er an verschiedenen Schloßbauten mitarbeitete. Dort fand er vielleicht
nicht die notwendige und erwartete Protektion; dreißigjährig
kam er nach Berlin. Der junge Glanz der Spree-Metropole erschien ihm von ferne verheißungsvoll; auch war sein Können
dem jungen Friedrich nicht unbekannt. Schlüter wurde als Bildhauer und Lehrer in der neu gegründeten Akademie mit einem
Gehalt von 1200 Talern jährlich angestellt.
Neben den Holländern schätzte man damals besonders die italienische Kunst. Schon der Große Kurfürst hatte sich gelegentlich des triumphalen Einzuges des berühmten Bernini in Paris
von einem Rivalen des genialen Italieners, Francesco Borromi-
ni, einen Palastentwurf ausarbeiten lassen.
Von entscheidendem Einfluß auf alle Pläne zu einem gewaltigen
Repräsentativbau mag auch der Berliner Besuch eines der ge-
feiertsten französischen Künstler gewesen sein, der als Gesandter des Sonnenkönigs an den Hof des Großen Kurfürsten gekommen war: François Blondel. Friedrich Wilhelm, der angesichts der unter seinem Regime entstandenen Bauwerke, etwa
des Schlosses Köpenick, seines Marstalls oder des ersten Zeughauses, erkannte, wie es hierzulande noch an Geist und Format
gerade in der Architektur fehlte, vererbte somit dem schön-
heitsdurstigen Sohne die Sehnsucht nach der feineren Kultur

Oben:
Das halbovale Pomeranzenhaus
und das Lusthaus im Lustgarten.
Aquarell von Johann Stridbeck.
Nach 1700
Mitte:
Blick vom Lustgarten zum Schloß.
Aquarell von Johann Stridbeck.
Nach 1700
Unten:
Teilansicht der Schloßplatzfront
mit dem Torbau von
J. G. Memhardt zur Zeit des
Großen Kurfürsten

König Friedrich I. im Krönungsornat. Gemälde von Friedrich Weidemann

des Westens, deren geistvollste Verkörperung Friedrichs Gemahlin Sophie Charlotte wurde.

Die ehrgeizigen Bauvorhaben des jungen Fürsten standen indessen unter einem Unstern. Kaum irgendwo war es schlimmer bestellt um das handwerkliche Können der Maurer- und Zimmermeister als im Berlin dieser Tage.

Dem zur Bestätigung zeigt sich die Geschichte der Berliner Großbauten als eine einzige Kette von kläglichen Unglücksfällen, Einstürzen und Senkungen, Abtragungen und Fundamentfehlern, die sich bei dem sumpfig-sandigen Grund hier besonders verhängnisvoll auswirken mußten.

Die erste schmerzliche Überraschung solcher Art erlebte man schon bei dem Bauwerk, an dessen Entstehung Schlüter in hohem Maße beteiligt war: am Berliner Zeughaus. Der erste Entwurf zu diesem Waffenmagazin, von François Blondel geschaffen, zeigte die Formenanmut der Zeit des frühen Ludwigs XIV. in der Schule des großen Mansard. Inwieweit später Jean de Bodt und Grüneberg an der veränderten Ausführung teilhatten, steht dahin. Nehring starb jedenfalls kaum ein halbes Jahr nach der Grundsteinlegung dieses Bauwerkes, von dem ein erster, in Halbkreisform angelegter Teil wegen technischer Fehler einstürzte. Nach Grüneberg wurde Andreas Schlüter mit der Bauleitung beauftragt. Er behielt sie kaum ein Jahr. Schlüter wie auch seine Mitarbeiter waren allzu wenig im technischen Detail bewandert. So traten bald wieder Schäden und Risse im Mauerwerk auf, die man mit eisernen Ankern zu flicken versuchte. Eine Baukommission wurde eingesetzt, und Schlüter, ohnedies überbeschäftigt mit zahllosen anderen Plänen, trat die Vollendung an den Holländer de Bodt ab, dem die überreichunproportionierten Berge von Emblemen, Kartuschen, Fahnen und Waffen über der Dachbalustrade zu danken sind.

Blieb demnach vom architektonischen Grundgedanken Blondels und Schlüters am Zeughaus so gut wie nichts übrig, so spricht Schlüters Genie doch um so stärker aus den Schlußsteinen der Hoffenster: den unnachahmlichen Köpfen der sterbenden Krieger.

Mit Unrecht hat man sie »Masken« genannt. Hier siegt die furchtbare Wahrheit des Todes über jede bisherige »Schönheit«, über jedes barocke Pathos oder die Verherrlichung des »Heldentums«. Hier ist nichts von Heldentum – hier spricht das Morden des Krieges mit seinem Grauen. Der Schmerz, das brechende Auge, das Stöhnen des Sterbenden ergreifen uns unmittelbar: echte, erschütternde Kunst eines zeitlos großen Meisters. Hier lebt noch einmal das ferne, ewig-antike Vorbild Michelangelos auf ...

In die ersten Berliner Jahre Schlüters fällt auch die Geburt seines berühmtesten Werkes: der Reiterstatue auf der Langen Brücke. Hier zeigte er bewußt die Idee des »Großen Kurfürsten« über das höfische Porträt hinaus. Das Pferd nimmt die Bewegung des Reiters auf: ein gewaltiger Hengst mit flatternder Mähne und geschwellten Muskeln, ein Bild strömender, gebändigter Kraft, von dem Lessing dichtete:

> Ihr bleibt vor Verwunderung stehen
> und zweifelt doch an meinem Leben?
> Laßt meinen Reiter mir die Ferse geben:
> so sollt ihr sehen!

Kurz vor dem Bildwerk war die neue »Lange Brücke« von Nehring und seinen Mitarbeitern fertiggestellt worden, über deren Mittelpfeiler sich nun die Reiterstatue erhob. Die Brüstungen schmückten sandsteinerne Flußgötter; die Wappenschilder auf Pfeilern und Sockeln stammten ebenfalls von Schlüters Hand. Fremde Besucher schilderten diese Brücke als eine der schönsten, die es damals gegeben habe.

In Schlüter war für Berlin, wo er sich durch seine Schöpfungen bereits Heimatrecht erworben hatte, der erste führende Künder einer neuen Richtung entstanden: des »preußischen Stils«, der von nun an all den großen oder geringeren Bauten der Hauptstadt über Jahrhunderte hinaus das eigene, unverwechselbare Gesicht geben sollte.

*

Daß in Friedrich I. und seinen Künstlern gewaltige Ideen spukten, die aus dem Schloß ein ganzes Regierungszentrum des jungen Königtums zu machen gedachten, geht aus einem Riesenentwurf des Hugenotten Jean Baptiste Broebes hervor, der nicht nur einen Palast römischer Prägung ungefähr an alter Stelle, sondern außerdem im Westen als Abschluß des Schloßplatzes einen hochgekuppelten Dom und im Süden, als Pendant zum Schloß, ein entsprechendes palastartiges Marstallgebäude vorsah. Im Osten, am Wasser, sollte eine halbkreisförmige, von Statuen gekrönte Balustrade zur Langen Brücke mit dem Reiterbild entstehen.

Natürlich erwies sich das Traumprojekt als undurchführbar; ganz abgesehen davon, daß hier im protestantischen Norden der Michelangelo-Dom ohne Sinn gewesen wäre.

So blieb zunächst nichts anderes als Schlüters Neuschöpfung in den Grenzen des alten Joachimbaues, den er mit einer römischen Fassade unter Verwendung der Ecktürme des Schloßplatzflügels zu umkleiden gedachte. Der Kapellenturm an der Spree mit seiner gotisierenden Spitze sollte zu einem barockflachen, statuengeschmückten Belvedere umgestaltet werden; auch sollte die frühere Verbindung zum Dom in einer von Säulen getragenen Wandelhalle wiedererstehen.

Zwei Jahre vor der Jahrhundertwende hatte man im Frühjahr mit dem Umbau der den Osthof umschließenden Trakte begonnen; im Herbst folgte die Schloßplatzfassade. Im selben Jahr übernahm Schlüter seine Arbeit am neuen Palastbau. Zu dieser Zeit gewann auch der Gedanke einer eigenen Residenz der Königin immer deutlicher Gestalt. Während Schlüter ganz mit den Plänen und der Ausführung des Berliner Projektes beschäftigt war, führte – nach Nehring – Eosander die Erweiterung des Sommersitzes Sophie Charlottes in Lietzenburg jenseits des Tiergartens aus.

Der in Riga als Sproß einer schwedischen Familie geborene Johann Friedrich Eosander war um sechs Jahre jünger als Schlüter. Von einem Verwandten hatte er den Adelsnamen »von Göthe« geerbt. Diesen gesellschaftlichen Vorteil nahm er wahr. Was dem vollendeten Hofmann gegenüber Schlüter an Genie fehlen mochte, verstand Eosander durch Bildung, Geschicklichkeit und Charme auszugleichen. Er stieg schnell in Charlottes Gunst, die ihn zu ihrem unentbehrlichen »Orakel« in allen Dingen des guten Geschmacks erklärte.

Nach Danckelmanns Sturz und dem Aufkommen des großzügigen Grafen Wartenberg war die Konstellation für Schlüter jetzt besonders günstig. Zudem arbeitete Eosander in Charlottenburg (wie Lietzenburg später heißen sollte) – noch gab es keine Rivalität zwischen den Künstlern. Ungehindert und getragen vom Vertrauen des Königs, konnte Schlüter darangehen, seine Riesenentwürfe Schritt für Schritt wahr werden zu lassen. Die Grenzen allerdings waren noch immer gegeben. Der alte Spreeflügel und der Lynarsche Zwischenbau traten vorerst zurück; sie waren städtebaulich nicht von Bedeutung und konnten zum Schluß ihr neues Gesicht erhalten.

Als Westfassade – also zu den »Linden« hin – hatte Schlüter eine Wiederholung der Schloßplatzfront mit einem mächtigen Säulenportal geplant, das dem südlichen entsprach. Die Gartenfront hingegen sollte sich mit einem eleganten, karyatidengeschmückten Portalbau in heiterer Bewegung zeigen.

An der Hauptfassade, im Süden, führte Schlüter die beiden alten Ecktürme, früher erkerartig in halber Höhe angesetzt, bis aufs Fundament und gab ihnen neue Gestalt. Von hohen, dekorativen Adlern gekrönt, sollten sie zu beiden Seiten die Dachbalustraden mit ihren Vasen und Statuen begrenzen. Getreu dem Entwurf entstanden unter dem Sims die edlen, durchbrochenen Fensterbänder, in deren Komposition die mit Widderköpfen und Laubgewinden umrahmten kleineren Fenster einbezogen waren. Die mächtigen Steinvasen und Statuen über dem adlergeschmückten Hauptgesims waren wegen des bröckligen Materials nicht von langer Dauer; die späteren, zur Kaiserzeit angebrachten, zeigten geringeren künstlerischen Wert.

Entscheidend für die Schlüterschen Schöpfungen blieb vor allem, daß er immer von den Maßen und Gegebenheiten des alten Schloßbaues auszugehen hatte: angefangen bei den Ecktürmen der Schloßplatzfront, mußte er die Geschoßhöhen und Balkenlagen, ja selbst die Fensteröffnungen und Innenaufteilungen der Räume, besonders die wenig glücklichen Treppenbauten, grundsätzlich übernehmen. Die alte Haupttreppe an der Spreefront durfte im Innenhof um keinen Schritt zur Mittelachse hin verlegt werden – wie der ganze riesige Palast keineswegs ein Neubau, immer nur ein *Um*bau sein sollte und dennoch ein Zeuge der großartigen, weltaufgeschlossenen Bestimmung und Gesinnung eines neuen Zeitalters.

Neu geschaffen werden konnte zunächst nur der Lustgartenflügel. Dort gestatteten die früheren Wirtschaftsbauten keine Verwendung alter Mauern oder Fundamente.

Vom äußeren Schloß waren vor allem die Portale I und V, also die zur Spree hin gelegenen am Schloßplatz und am Lustgarten, ganz eigene Schöpfungen Schlüters. Die Fassaden und das sonstige Dekor entstanden teilweise in Zusammenarbeit verschiedener Künstler.

Als der neue König durch die Eosanderschen Triumphkulissen in seine Residenz an der Spree Einzug hielt, empfing ihn bereits der neue Schloßplatzflügel mit dem Hauptportal, das die kühle Fassade gewaltig durchbrach. Die Riesenordnung der Säulen, von Kennern mit Vorbehalten betrachtet, zeugte von Schlüters Mut zur Monumentalität. Allein mit diesem Portal war aus dem alten Bau ein Königsschloß geworden, dessen Wirkung auf die Zeitgenossen außerordentlich war.

Schlüters Stern leuchtete schon jetzt weit über die Grenzen des Landes.

*

Die neuen Paraderäume waren im wesentlichen fertig, die drei Flügel des östlichen Hofes im Rohbau, das Hauptgeschoß ebenfalls zum großen Teil vollendet. Dennoch gingen die Arbeiten nicht in der von Schlüter geplanten und vom Bauherrn so dringend gewünschten Zügigkeit weiter. Die Verzögerungen waren auffällig; es hieß, daß sich Schlüter mit seinem Maurermeister Leonhard, auch mit dem künstlerischen Stabe nicht zum besten verstand. War es Schlüters jugendliches Temperament, seine fordernde, unermüdliche und niemals mit dem Durchschnitt zufriedene Art, die ihn den Kollegen mißliebig machte? Die Stellung des jungen Schloßbaudirektors, der alles andere als ein verbindlicher Hofmann war, zeigte sich von Anfang an als schwierig; nicht zu Unrecht führte Herr von Eosander sehr bald seine Einwände gegen den technisch weder besonders vorgebildeten noch besonders interessierten Schlüter ins Feld, der zwar ein recht beachtlicher Bildhauer sein mochte, auch saubere, perspektivische Aufrisse zu zeichnen verstand, aber als oberster Architekt der Riesenaufgabe doch keineswegs gemäß sei . . .

Indessen wuchs der Bau nach außen und innen, und der König ließ es sich nicht nehmen, den Malern für ihre Allegorien neue Motive zu liefern, die immer auf irgendeinen »Triumph« hinausliefen: des Morgens über die Nacht, des Frühlings über den Winter, Apollos über die Sterne oder Herakles' über gigantische Unholde. Eine lange Reihe von Stukkateuren und Malern – die sich auch nicht alle unbedingt Schlüter unterzuordnen beliebten – wirkten an diesem Rausch der Farben, der Plastiken, des leuchtenden Reichtums mit.

Josef Werner war der Leiter der Aktsäle der Berliner Akademie; Augustin Terwesten, in seinem Talent dem berühmten van Loo verwandt, vereinigte italienische und niederländische Art; Lubienetzky, ein Pole aus dem Dienste Sobieskis, kam aus der französischen Schule; Leygebe folgte seinem Meister Sandrart; Wentzel vertrat die römische Barockmalerei wie sein Lehrer, der Theatermaler Harms.

Unter den Stukkateuren waren die Italiener Giambattista Novi, Giovanni Simonetti, Antonio Scala und Nicolo Cavian. Von den Deutschen scheint der schon genannte Michael Daebler der bedeutendste gewesen zu sein.

Eine Fülle heute verschollener Namen kam weiter hinzu, das Werk unter Schlüters Führung einend zu harmonischer, prunkvoller Geschlossenheit. Die schweren Stuckdecken mit ihren pompösen Gemälden, die Kamine mit üppigem Marmorschmuck, reichgeschnitzte, vergoldete oder dunkel getönte Türen, Spiegel und kostbare Tapeten schufen in dieser Königswohnung eine Gesamtwirkung, die, gedenkt man des hierzulande bisher Gewohnten, einem die wahrhaft souveräne Beherrschung Schlüters aller Mittel des Schönen und seinen Ideenreichtum erst ganz bewußt werden läßt.

Noch im Jahre der Königskrönung wurde der neue Lustgarten-flügel äußerlich vollendet. Beim ersten Portal an dieser festlichen Gartenfront bewährte sich ein Bildhauer, dessen große Karyatiden den Torbau schmückten: Balthasar Permoser. In Bayern gebürtig, hatte Permoser in Florenz gelernt und kam jetzt aus Dresden, wo er an dem Figurenheer des Zwingers gearbeitet hatte. Gerade bei dem von ihm geschmückten Lustgartenportal sollte es geschehen, daß für den Schloßbaudirektor eine Warnung sichtbar wurde:

In der Höhe des zweiten Stockwerks zeigte sich ein Riß.

Ein kleiner Riß, nichts weiter. Doch dieser wuchs über Nacht; es war zu fürchten, daß der Einsturz des Hauptfensterbogens, wenn nicht des Ganzen, bevorstand. Es handelte sich um das Stück Fassade, hinter dem der Rittersaal lag, der bezeichnenderweise erst fünf Jahre später seine Vollendung erlebte.

Schlüter machte den Hofmaurermeister Leonhard dafür verantwortlich, unter dessen Mitarbeit bereits beim Bau des Zeughauses und der Nehringschen Parochialkirche Einstürze stattgefunden hatten. Der Streit zwischen den Männern führte dazu, daß eine Untersuchungskommission eingesetzt wurde. Sie kam zu dem Ergebnis, daß Schlüter von Schuld nicht freizusprechen sei. Nun, der Schaden blieb in Grenzen. Schlüter verstärkte die Pfeiler des Vorbaues und komponierte das ursprünglich noch zierlicher gedachte Portal mit Hilfe von Permosers schönen Figuren zu etwas massiverer Wirkung um.

*

Kaum zum König erhoben, glaubte Friedrich I. zu erkennen, daß die Räumlichkeiten im neuen Schloß, das zugleich als Regierungspalast dienen sollte, nicht ausreichten – daß also der Gesamtbau nach Westen hin erweitert werden müsse. Da die Errichtung eines neuen Domes an alter Stelle ohnedies nicht mehr in Frage kam und der Säulengang zum Dom hin sich damit erübrigte, lag es nahe, an dessen Stelle den Bau auszuführen.

Schlüter stellte nun einen neuen Entwurf her, nach dem die alte Anlage etwa ums Doppelte vergrößert werden sollte.

Am geschlossensten vermittelte bis zuletzt der kleinere, nach Osten hin gelegene »Schlüterhof« die Harmonie der Komposition des Meisters. Seine an drei Seiten ausgeführten doppelgeschossigen Galerien mit drei großen, betonten Portalbauten, gegliedert durch Säulen und Statuen, schufen eine Atmosphäre der Feierlichkeit, der sich – noch im Ruinenzustand – niemand entziehen konnte.

Das besonders reiche Mittelportal führte zum Haupttreppenhaus an der Stelle, wo früher der »Reitschneck« und die kleine »Wendelstiege« gewesen waren. Schlüter behielt die alte Aufteilung bei, indem er links eine stufenlose Auffahrt für Wagen, Schlitten oder Sänften schuf, zur Rechten wieder eine »Wendeltreppe«, wenn auch in bequemerer und reicherer Form.

Der Mittelraum beherrschte diese erste große Treppenanlage des deutschen Barocks und faßte sie zusammen. Eine klare Säulenarchitektur, überkrönt von Atlanten und einem Deckenfresko, auf dem die olympischen Götter mit Titanen kämpften, empfing den Besucher; gegenüber dem Eingang ritt auf einem Adler der blitzeschleudernde Zeus, umgeben von mit Felsen kämpfenden, stürzenden Riesen, eine Darstellung der Gigantenschlacht.

Stieg man die Rampe zum zweiten Stockwerk empor, so stand man oben vor den geschnitzten Türen, die die Königswohnung verschlossen. Die plastischen Mittelfüllungen mit allegorischen Darstellungen von Schlüters Hand erinnerten in ihrer Kraft der Darstellung und Auffassung wieder an Michelangelo.

Hauptraum der Südflucht war der (später veränderte) Elisabethsaal, dessen plastische Gestalten in ihrem Rhythmus an die Jünglinge der Sixtina erinnern. Die Decke öffnete sich über reichen Reliefs zu einem malerisch gestalteten Wolkenhimmel mit Figuren aus der Mythologie.

Im westlich daranstoßenden Saal schwebten weibliche Genien der Weisheit und des Ruhmes über das Gesims; der kleinen, dahinter liegenden Bibliothek, wo später Friedrich II. das Licht der Welt erblickte, gaben ionische Pilaster ein klassisch-strenges Gepräge.

In der kuppelgeschmückten neuen Kapelle schuf Schlüter einen kühl-repräsentativen Predigtsaal für den Hof. Der Zugang zur

Königsloge und zur Kanzel führte über eine Treppe, die an den Alabastersaal des Großen Kurfürsten anschloß. Nach Norden hin war der schönste Schlüter-Raum der Rittersaal mit reicher Bildhauerarbeit und prachtvoll geschnitzten Türen. Über ihnen symbolisierten unter Palmen und anderen Bäumen ruhende Figurengruppen die vier Weltteile. Neben dem Standbild des Großen Kurfürsten und den Köpfen der sterbenden Krieger am Zeughaus galten sie als die kostbarsten Zeugen von Schlüters plastischem Schaffen. Die Idee der Verkörperung der Erdteile durch Frauengestalten, an sich nicht neu, schien hier besonders amüsant gelöst: so war als Charakterisierung Amerikas ausgerechnet der Elefant zum Begleiter des »Indianers« erkoren. Afrika, ein damals noch sehr fern »schlafender Erdteil«, wurde durch eine unter der Pranke eines Löwen liegende Negerin symbolisiert ...

Das Prunkbüfett des Rittersaales, von Eosander hinzugefügt, prangte unter einer Draperie von leuchtend blauem oder rotem Samt, der die Wirkung des silbernen Aufbaues mit dem goldenen Festgeschirr noch steigerte. Zwei Pokale dieser Sammlung wurden zur Kaiserzeit mit je 150000 Goldmark geschätzt.

Allein die sich dem Rittersaal anschließenden Gemächer hatten eine Gesamtlänge von fast siebzig Metern. Danach folgten im Spreeflügel die Brandenburg- und die Drap-d'or-Kammer. Überall lebte die große Harmonie des Rittersaales in ihrer Vielfalt der prunkenden Formen wieder auf: im als Vorzimmer gedachten Schweizer Saal, in der roten Samtkammer, der Schwarzen-Adler-Kammer, den nobel-zurückhaltenden Königskammern. Immer wieder üppiger Stuck, Vasen mit schwellendem Pflanzen- und Rankenwerk, Kamin-Nischen mit zartem oder wuchtigem Aufbau; italienische, französische, holländische Motive – und doch ein jedes in eigener Behandlung, festlich und vornehm, niemals absinkend ins »barocke« Getön, wie es kleinere Geister als Schlüter nicht selten förderten. Alles immer wieder überwölbt von Farben und Gold, kontrastiert mit Samt und Brokat, edlen Hölzern, filigranfeinen Intarsien der Fußböden, goldenen Möbeln, kristallenen Trauben der Kerzenlüster. Samtene Portieren, silberne Leuchter, Stutzuhren und Vitrinen, Gläser aus Böhmen und Fayencen aus Frankreich – das war die

Welt, die Schlüter für seinen König schuf, unermüdlich, besessen, versunken in seine Arbeit, nicht rechts noch links schauend. Es galt, den grenzenlosen Prachtwillen des kleinen, verkrüppelten Monarchen, des ersten Romantikers auf preußischem Thron, der nur aus seiner Zeit heraus verstanden werden kann – es galt, seinen Traum zu erfüllen, einen Bau emporzutürmen als Mitte und Maßstab der Hauptstadt, des Landes, eines werdenden Königtums künftiger, größerer Zeit.

16. KAPITEL

Der Tag der Majestäten

Wie der junge Königsprunk fügte sich auch der Tageslauf des Monarchen nach pedantisch-abgezirkeltem Protokoll. Nach dem ersten Gähnen des Herrn – bereits zwischen drei und sechs Uhr – eilten die Lakaien und Diener herbei, die Bettgardinen zu öffnen und die erfreuliche Meldung weiterzugeben, daß Seine Majestät wohlauf seien; worauf mit tiefen Reverenzen der diensttuende Kammerherr, die höchsten Offiziere bei Hofe sowie der Leibarzt eintraten, welch letzterer erfuhr, wie der König geschlafen habe. Hernach servierten Kammerlakaien in großer Silberkanne Kaffee, den die Herren mittrinken durften.

Nach dem Ankleiden, kurzer Morgenkonversation und andeutungsweisem Waschen begab sich der König in den Betsalon seiner Mutter, wo er sich etwa eine Stunde lang aufhielt. Danach empfing er den Premierminister zum Vortrag und ging etwa um zehn Uhr in den Staatsrat, ins »Conseil«, der wieder eine Stunde in Anspruch nahm.

Um zwölf Uhr folgte das erste Zeichen zur Mittagstafel, von Paukenschlägern auf den Balkons des Schlosses beim Anrichten dargetan. Das zweite Zeichen, diesmal von Trompetern, erklang, wenn sich der Hof versammelte, was im Schweizer Saal geschah. Jetzt erschollen von den Balkons erneut die Pauken und nicht weniger als vierundzwanzig Trompeten!

Nach Meldungserstattung durch den Oberkammerherrn schritt man in den Speisesaal, wo der König Hut und Stock, die Königin Handschuhe und Fächer dem Kammerherrn vom Dienst überreichten. Zwei Junker präsentierten in silbernen Becken Waschwasser, dazu Servietten. Der Oberhofmarschall stieß seinen Stock auf den Boden; alles verneigte sich. Ein Page sprach mit hoher Stimme das Tischgebet, worauf sich die Majestäten, unterstützt von Lakaien, in ihren Sesseln niederließen. Der Vorschneider kostete die Speisen und bediente die Herrschaften mit umständlicher Feierlichkeit. Wünschte der König zu trinken, so sagte er es dem Pagen, dieser dem diensttuenden Junker, der vom Büfett das Gewünschte auf goldenem Tablett servierte. Wieder mußte der Kammerherr zuerst kosten, bevor er einschenkte. Der König trank auf das Wohl seiner Gattin, dann sie auf das seine. Nach dem Essen zog sich der Hof zurück, bis Majestät Befehl erteilten, ob man ausfahren wolle. Vor dem Dessert, das im roten Samtkabinett eingenommen wurde, meldete sich noch einmal der Oberhofmarschall zu näherer Anweisung. Wieder reichte man Waschwasser und solches zum Spülen des Mundes. In der ungünstigen Jahreszeit führte der König seine Gemahlin in ihre Räume, wo man Mittagsruhe hielt.

Von einer Reise durch Ostpreußen – das gerade die Pest heimgesucht hatte – brachte der König eine Gewohnheit mit, von der er überzeugt war, daß sie »gegen alle böse Luft gut« sei: das Tabakrauchen. Er erhob es zu einer höfischen Einrichtung, dem »Tabakskollegium«, das später unter seinem rustikalen Sohn auf eigene Weise berühmt wurde.

An dieser »Tabagie«, die jetzt als allabendliche Geselligkeit bei Hofe eingeführt wurde, nahm auch der Kronprinz Friedrich Wilhelm teil – und sogar die Königin Sophie Charlotte, die sich allerdings darauf beschränkte, ihrem Gatten die Pfeife zu stopfen und sie mit Hilfe eines Fidibus anzuzünden, eine Auszeichnung, die niemandem sonst erlaubt war. Für die Gäste standen Kohlenbecken bereit. Die Rauchsitten waren genau festgelegt: der »Tobacksrauch« sollte nicht »zu ungeheuer angezogen und ausgeblasen«, die Pfeife ordentlich gestopft werden, niemand durfte »Asche oder Feuer ins Maul ziehen«. Man durfte eigenen Tabak mitbringen, sofern »selbiger nicht unleidlich röche oder stinke« ... Im übrigen war der Genuß zweifellos gering, und es blieb beim steif-förmlichen Paffen. Die Porzellanpfeifen kamen zuerst aus Holland; später brannte man in Berlin Tonpfeifen.

Bevor der König aufbrach, erteilte er noch Befehle wegen der anderntags zu tragenden Staatskleider – ein wichtiges Kapitel in Anbetracht der drückenden Sorgen des Kleidungsprotokolls.

Das Schlafkabinett Seiner Majestät, in das sie sich zeitig zurück-
zuziehen pflegte, war klein; der König wollte und konnte in
keinem großen Raum schlafen. Daß nicht gelüftet werden durfte, verstand sich von selbst; ebenso, daß man zum Schlafen fast
mehr anzuziehen gewohnt war als am Tage. Im Kabinett schlie-
fen mit dem König ein Kammerjunge und ein großer englischer
»Leibhund«. Der Kammerjunge ruhte vor des Königs Bett auf
einer Matratze; der Leibhund mußte ihm zum Kopfkissen dienen. In einem alten Bericht heißt es:
»Der Kammerjunge hat nicht viel schlafen, sondern Achtung
geben müssen auf des Königs Begehren, insonderheit hat er
müssen des Nachts dem Könige das Kammerbecken reichen
und auch wohl fürhalten...«
In einer danebenliegenden Garderobenkammer (eher ein Saal)
wurden die königlichen Gewänder aufbewahrt. In diesem Raum
mußten jede Nacht zwei Kammerdiener, zwei Pagen, zwei Kammerherren, zwei Kammerjäger und ein Lakai Wache halten.
Von hier gelangte man ins Konferenzzimmer, das ebenfalls von
einer ständigen Wache belegt war, die aus zwei Kammerherren,
zwei Kammerjunkern, zwei Kapitänen und einem Oberst oder
gar General bestand, die auf Sesseln und Schlafstühlen »ruhen«,
aber keineswegs schlafen durften. Auf dem Kamin mußte sommers und winters warmes Wasser bereitstehen für Kaffee, Tee,
zum Mundspülen oder zum Waschen.
Im anschließenden Speisezimmer – für kleine Mahlzeiten – hielten sich sechs Lakaien auf, denen es oblag, die unzähligen Kerzenleuchter zu entzünden, zu putzen und zu löschen. Im Schweizer Saal, dem eigentlichen Empfangs- und Vorraum, standen
Tag und Nacht vierzig Trabanten und vierzig Schützen, aufge-
reiht in zwei Fronten, die Schweizer zur Rechten und die Trabanten zur Linken. Sooft ein Angehöriger der hohen Familie
vorbeikam, wurde neben fliegender Fahne das Gewehr präsen-
tiert. Beim Herannahen Seiner Majestät erklang außerdem eine
Spieluhr, die feierlich ihr melodisches Geklimper hören ließ,
während zugleich die Trompeten schmetterten und die Trommeln gerührt wurden.
Die im Schloß an der Spree stationierte »Schweizer Garde«
war eine Mustertruppe, zu der die schönsten jungen Männer her-

angezogen wurden. Ihre Uniform: blaues Tuch mit Karmoisin-
samt und Gold; dazu weiß wallende· Federn auf schwarzen
Samthüten. Die Offiziere zeichneten sich durch scharlachfarbene
Westen und Hosen und silberbetreßte Röcke aus.

Über das Inventar der königlichen Gemächer verzeichnet eine
alte Aufstellung:

»Auf dem berlinischen Schlosse waren sonst sechzehn Königl.
und fast nie zu schätzende besondere Paradezimmer; desgleichen in der Welt wenige anzutreffen gewesen und noch sind.
In jedem Zimmer sind:

1. reiche kostbare, theils wie eine Hand dick mit Gold und
   Silber curios durchbrochene und gewirkte Tapeten, welche
   sehr schön und natürliche Historien und Begebenheiten vorstellen; die sämtlichen Tapeten auf dem berliner Schlosse
   sind allein fast unschätzbar, darunter diejenigen die vornehmsten sind zu 6 Gemächern, mit welchen der verstor-
   bene König Ludwig XIV. unseren Hochseeligen Herrn vor
   einigen Jahren beschenkte.
2. In allen Zimmern große Spiegel, 2 Stück in jedem, 15 F.
   hoch und 8 F. breit mit dicken Silber-Rähmen.
3. In jedem Zimmer große massive silberne Tische von schöner und ausländischer Arbeit.
4. eine große silberne massive Gueridon, mit soviel massiven
   silbernen Leuchtern, auf welchen jeden Leuchter Wachs-
   lichte stehen können, in trefflicher ausländischer Arbeit, jeder Gueridon mit den Leuchtern wiegt 80–100 Pfund.
5. Acht große massive silberne Wandleuchter mit Schildern
   und Zierrath, schön.
6. zwei große silberne Lehnstühle, die Gesäße mit spanischem
   Rohr geflochten, mit rothen Sammetpolstern, reich mit Gold
   bordiert, belegt.
7. In jedem Zimmer ein gantz silberner massiver Kronenleuch-
   ter mit 36 Leuchten. Sind alle Zimmer offen, so kann ich alle
   16 Kronen in einer Reihe sehen.
8. Jedes Zimmer hat 4 Thüren und über jeder Thür steht ein
   schön gemaltes Portrait in einem massiv goldenen Rahmen.
9. Fenstergardinen sind von rothem Sammet reich mit Gold
   bordiert.

10. Alle Decken treffliche Stukkaturarbeit mit sehr schönen Figuren und Bildern, alles mit dem schönsten Dukatengold überzogen.

11. Oben an der Decke in der Mitte ein überaus schönes Plafond, das 3000 bis 4000 Thaler gekostet.

12. ein schönes Kamin mit großem massiven Feuerbecken oder Vordersatz von Silber künstlicher und ausländischer Arbeit...«

*

In solcher Umgebung verbrachten die Majestäten ihre anstrengenden Tage. Das Leben des Königs schien weitgehend von dem Theatertraum erfüllt – das der geistvollen Gemahlin weniger. Bald machte sich Sophie Charlotte selbständig. Der gravitätischsteife Formenanbeter Friedrich I. hatte keinen Zugang zu der ruhelosen, »aufgeklärten« Intellektualität und Freigeistigkeit Sophie Charlottes, die in ihrem Lietzenburger Schloß die Nacht zum Tage zu machen liebte, worüber Leibniz vermerkte: »Von den Festen der Königin kam ich nie vor drei Uhr fort und führte ein liederliches Leben...«

Es schien, als wolle Sophie Charlotte angesichts der lediglich zeremoniellen Exzesse ihres Gatten nun gerade ins andere geistige Extrem schlagen. Es gibt keinen besseren Beweis ihrer »oppositionellen« Gesinnung als jene berühmte Prise Tabak, die sie zum Entsetzen ihres königlichen Gemahls ausgerechnet während des spanisch-unerbittlichen Krönungszeremoniells in Königsberg zu sich nahm.

Auf Grund ihrer Versailler Erziehung war sie es auch, die in Berlin die französische Sprache als Hofsprache durchsetzte und damit dem sie tief verehrenden Knaben Friedrich II. schon früh die fragwürdige Vorliebe mitgab, ohne die der große König seinem Volk um sehr vieles näher gekommen wäre.

Auch im Volke grollte es leise, wie der böse, deutliche Vers kurz und bündig feststellte:

> Wer nicht französisch kann,
> kommt bei Hof nicht an!

Indessen waltete der Favorit und allmächtige Minister, der Reichsgraf Colbe von Wartenberg, mit vollendeter Geschicklichkeit über den König und den Hofstaat, Residenz und Regierung. Er vereinigte jetzt auf sich die Titel – und Einkünfte! – eines Oberkammerherrn und Ersten Staatsministers, eines Oberstallmeisters, Generaldirektors der Domänen, Oberamtmanns der Schatullgüter, Marschalls des Königreiches, Protektors der Königlichen Akademien, Kanzlers des Ordens vom Schwarzen Adler und Erbpostmeisters mit den Bezügen eines festen Prozentsatzes der Königlichen Post. In dieser Eigenschaft residierte er im edlen Schlüterpalais gleich jenseits der Langen Brücke, das mit der Schloßplatzfront, dem Marstall und der Reiterstatue auf der Brücke eine geschlossene architektonische Komposition ergab.

Drei Jahre nach der Krönung übereignete Friedrich I. seinem Freunde das aus dem Besitz der Kurfürstin Dorothea stammende Vorwerk an der Spree nebst Baumaterial für ein Lusthaus »Monbijou«, »damit er bisweilen sein Gemüth, welches von vielen großen Geschäften fatigiret wird, daselbst in etwas ausruhen möchte.« ...

Mit dem Entwurf wurde nicht Schlüter, sondern der Favorit der Königin, Eosander, betraut: Von diesem Augenblick an begann der Kampf zwischen dem einschmeichelnden Diplomaten und dem preußisch-schweren, an seine Gesichte gebundenen Schlüter.

War für Schlüter das gewaltige Königsschloß charakteristisch, so erschien der leichte, vorwiegend aus gemalter Scheinarchitektur bestehende Sommerpavillon Monbijou in seiner ersten Form, mit seinen zierlichen Gartenanlagen zum Fluß hin, als Symbol für die raffinierte, französische Eleganz des sieghaften Weltmannes Eosander.

*

Schon während der Zeit nach Danckelmanns Sturz, da der Stern Wartenbergs am Hofhimmel emporstieg, gelang es auch dessen unternehmungsfreudiger Gemahlin, sich in allerhöchster Nähe ein besonders warmes Plätzchen zu erobern.

Königin Sophie Charlotte, Gemahlin Friedrichs I. Gemälde von F. Weidemann

Oben: Die Kurfürstenbrücke. Gemälde von Johann Friedrich Fechhelm.
Über der Brücke das von Schlüter erbaute Palais des Grafen Wartenberg
Unten: Querschnitt durch die Schloßkapelle von Broebes

Friedrich verabscheute den mittlerweile nur noch als Karikatur eigener Vergangenheit wirkenden Sonnenkönig in Versailles – gerade darum oder dennoch wollte er hinter dem großen Vorbild aller Souveräne seines Jahrhunderts nicht zurückstehen, gleich ob es Zeremoniell, Tracht, Garden, Pagen oder Trompeter betraf. Höhepunkt dessen stellte zweifellos eine besonders reizvolle, aus Paris importierte Einrichtung dar, der jetzt auch scheinbar politische Bedeutung zukam: die königliche Mätresse.

Da man an der Spree aber von Haus aus recht protestantisch-calvinistisch-sittsam und nicht ganz so weitherzig erzogen war, mußte es auch hier »Theater« bleiben. Man begnügte sich damit, eine entsprechende Dame des Hofes zu diesem Amte zu »befördern«. Wer aber kam hier schon für so etwas in Frage, wenn nicht die unermüdliche, alle Rivalinnen längst überragende Reichsgräfin Wartenberg? Von geringerer Bedeutung blieb daneben, daß jene geborene Kathi Rickers, Wirtstochter vom Rhein, vermählte Biedekop, vermählte Colbe, eine füllig-rothaarige, weder junge noch schöne noch geistreiche Dame war. Und von guten Sitten wußte sie erst recht wohl nur vom Hörensagen – aber das entsprach wiederum der neuen Position...

Die allerhöchste »Mätresse« – ungeachtet der Tatsache, daß sich die intimen Vertraulichkeiten des Monarchen ihr gegenüber darauf beschränkten, am Abend eine halbe Stunde mit ihr, sommers im Lustgarten, winters in den königlichen Gemächern, herumzuspazieren – gab von nun an den Ton an. Sie entschied, wer bei Hofe empfangen wurde, sie bestimmte die Rangfolge, was mitunter von außerordentlich drastischen und handfesten Prügeleien, zum Beispiel mit der Gattin des Königlich Schwedischen Gesandten, der Gräfin Piper (von der noch berichtet wird), in aller Öffentlichkeit begleitet war.

Daß übrigens Schlüter bei aller Schwerblütigkeit zeitweilig auch Humor besaß, zeigte sich an einem zu den Gemächern der Dame führenden Portal, das er mit sinnigem Symbol überkrönte: Venus, die auf einem schlafenden Leu ruhte. In der Hand hielt sie die Keule des Herkules, mit der ein kleiner Liebesgott spielte...

Umsonst versuchte sich Sophie Charlotte der resoluten Gräfin zu erwehren, äußerte sie öffentlich: Sollte sich diese Hafendirne einmal in ihre, Sophie Charlottes, Räume verirren, würde sie sie höchst eigenhändig zum Fenster hinauswerfen! Es war, als ernte die Königin nun den Lohn für ihre Intrigen gegen Danckelmann. Zu spät. Es half der überlegen-klugen Frau nichts: sie mußte sich mit dem Gestirn der Wartenberg, der neuen, schlimmeren Konstellation, abfinden.

Nicht lange danach erkrankte Sophie Charlotte auf einer Reise in ihrer hannöverschen Heimat. Als in diesen Tagen das Fräulein von Pöllnitz an ihrem Lager saß, bemerkte die Königin lächelnd:

– Welch unnütze Zeremonien wird man wohl bald mit diesem armen Körper anstellen!

Und als die Freundin ihre Tränen strömen ließ:

– Warum weinen Sie? Glauben Sie denn, ich sei unsterblich?

Man wollte der Königin einen reformierten Prediger schicken; sie winkte freundlich ab:

– Lassen Sie mich sterben, bevor wir uns streiten!

Dann fügte sie hinzu:

– Beklagen Sie mich nicht. Ich gehe jetzt, meine Neugier zu befriedigen über die Urgründe der Dinge, die mir mein Freund Leibniz niemals erklären konnte: über den Raum, das Unendliche, das Sein und das Nichts . . . Und dem Könige, meinem Gemahl, bereite ich das Schauspiel eines Leichenbegängnisses, das ihm wundervolle Gelegenheit gibt, seine ganze Pracht darzutun . . .

Der König, ihr Gemahl, zögerte nicht, die Gelegenheit wahrzunehmen.

Die Begräbnisfeierlichkeiten kosteten runde zweimalhunderttausend Taler. Nach der Überführung wurde die Tote in der Erasmuskapelle des Schlosses drei Wochen lang aufgebahrt – so lange dauerten die Vorbereitungen. Allein der Katafalk im Dom – nicht etwa der Schlütersche Prunksarg – kostete 80 000 Taler. Ein ganzes Jahr lang mußte der Hof in Schwarz einhergehen, was wieder eindrucksvolle Wirkungen, zumal bei den mit Silber dekorierten Kleidern des Königs, bedeutete. Nach Ablauf des

Trauerjahres ging er zu elegischem Violett über. Auch die Dienerschaft und die Lakaien erhielten angemessene, kostbare Halbtrauer-Livreen.

Stärker noch als die alten Bilder und Aufzeichnungen von diesen unvorstellbar verschwenderischen Totenfeiern, von dem in schwarzem Samt ertrinkenden Dom auf dem Schloßplatz, dem Pomp der Kandelaber, Pylonen, leuchtenden Transparente, umflorten Pforten, der Fackeln und nächtlichen Umzüge, dem sich aus einem Meer schwarzgefärbter Rosen emportürmenden Katafalk – unvergleichlich eindrucksvoller noch spricht zu uns ein Blick auf den herrlichen Schlütersarg der ersten Königin, an dessen Fuß der Knochenmann das Bild der Toten nachzeichnet. Was war die große Kunst dieser Zeit wie aller Rausch und Pomp anderes als der gewaltsame Versuch, einen Abglanz des Lebens in die gespenstisch-leere, ewige Nacht zu werfen – eine *Illusion* des Schönen zu bewahren über die eigene Kleinheit und den unerbittlichen Schatten des Todes hinaus. Es ging auch trotz aller christlichen Gesinnung und »Aufklärung« um eine Beschwörung uralter, urmächtiger Dämonen, deren zarter Sendbote noch immer die berühmte Weiße Frau war, die zu spuken nicht aufgehört hatte.

Was wissen wir in unserer glaubenslosen, illusionslosen Gegenwart von Bindungen anderer Art? Vielleicht ahnt es unser Intellekt noch angesichts einzelner Werke jener Zeit – sofern nicht auch sie zerstört, längst wieder Staub wurden wie die, denen einst der Glanz zu danken war.

*

Nach Danckelmanns Sturz und Sophie Charlottes Tod griff die Leere nach allem Pomp im Königspalast an der Spree.

Das Volk bestaunte und bejubelte die goldenen Karossen, die aufgeputzten Pferde und Herrschaften, die Dienerheere, den noch immer wachsenden Riesenbau des Schlosses – und vergaß vor dem überwältigenden Bilde, daß man selbst es war, der diese Herrlichkeit bezahlte ...

Infolge der immer steigenden, wahnwitzigen Ausgaben des Hofes und der Günstlingsclique gerieten die Staatsgeschäfte hoffnungslos in Unordnung. So kam eines Tages, was kommen mußte, was der pedantische Warner Danckelmann vorausgesagt hatte: auch das leuchtende Doppelgestirn der Wartenberg geriet ins Sinken.

Noch bevor der gestürzte Premier auf seine Güter verbannt wurde – nicht ohne Rührungstränen in den Augen des nur dem Druck der öffentlichen Meinung weichenden Königs –, verschwand auch die »Mätresse« unter Mitnahme immenser Reichtümer nach Paris, wo sie sich durch ihr würdeloses Leben allgemeine Verachtung zuzog. Der kleine König in seinem gigantischen Palast aber war nun ganz allein.

17. KAPITEL

Des Künstlers Ende

Während sich die Lebensbahn Friedrichs I. wieder neigte, stand Andreas Schlüter auf der Höhe seines Schaffens, seines Ruhmes, seiner wirtschaftlichen Lage. Er hatte Frau und Kinder und bezog jetzt fast das dreifache Jahreseinkommen wie zu Beginn seiner Tätigkeit.

Selbst Sophie Charlotte, sonst nicht unbedingte Freundin des Künstlers, hatte sich zu ihren Lebzeiten für seine Entwürfe begeistert und eine Beschreibung an ihre Tante Liselotte nach Paris geschickt, von wo die beifällige Antwort kam:

»Wie Euer Liebden mir la sale des gardes (den Schweizer Saal) von Berlin schildern, muß er schier so groß sein wie mein Sala zu Montargis, so für einen der größten in der Welt passirt.«

Natürlich verschlang der gewaltige Bau entsprechende Riesensummen. Bald stockten die Zahlungen. Dennoch ließ der großzügige König Schlüter als Anerkennung »zu besonderem Vergnügen« 8000 Taler auszahlen.

Trotz seines Ruhmes nahm Schlüter jedoch längst nicht die Stellung des adligen Eosander ein. Irgendwo erschien sein Name in einem Hofbericht einmal als »Herr von Schlüter« – aber das war nur ein freundliches Kompliment, nichts weiter. Schlüter erhob sich nie über die bürgerliche Welt, aus der er kam.

Der König war von allem, was sein Oberbaudirektor tat und schuf, befriedigt. Im Zuge der Vergrößerung des Schloßbaues nach Westen hin waren nun die Stallgebäude beseitigt und der alte Turm, der die »Wasserkunst« und die Münze barg, in die neuen Planungen mit einbezogen worden.

Im gleichen Jahr, da der Lustgartenflügel (in den alten Maßen) mit den Paradekammern vollendet wurde, begann man mit dem Umbau dieses »Münzturmes«. Er sollte nicht nur durch architektonische Kostbarkeit, sondern vor allem durch seine Höhe

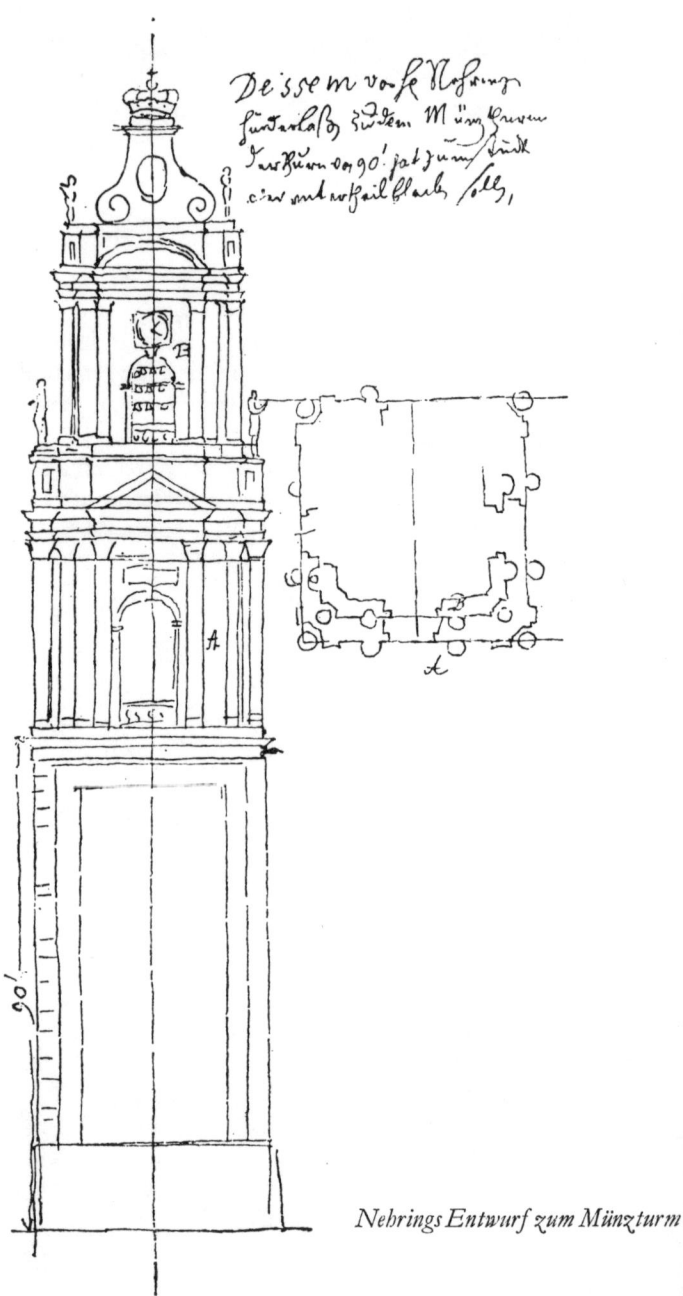

Bei ssem vorste Nohnur
finderlaß zu dem Münzturen
Der Thuren vor 90' hat zum stuck
einer untervhailbaren soll,

Nehrings Entwurf zum Münzturm

von 130 Metern die Krönung der großartigen Palastanlagen und zugleich der höchste Turm Europas werden. In seinem unteren Teil gedachte man eine mit Edelgestein und Brunnenanlagen geschmückte »Grotte«, entsprechend der im alten Lusthaus des Großen Kurfürsten, einzurichten.

Schlüters ganze Liebe gehörte von nun an diesem unerhörten Projekt. Er hatte sich entschlossen, die Fundamente des alten Turmes zu belassen und sie nur bedeutend zu verstärken. Die neuen Mauern maßen jetzt acht Fuß, also zwei und einen halben Meter. Schon Nehring hatte früher einmal einen Entwurf für diesen Turm-Neubau ausgearbeitet, der sich an der Nordwestecke, also etwa in Verlängerung der Lindenallee, erheben sollte. Der Schlütersche Entwurf übertraf den von Nehring noch erheblich in seinen Maßen und seiner Ausstattung. Im obersten Geschoß sollte ein Glockenspiel eingebaut werden, das der König bereits in Holland hatte fertigen lassen und das künftig mit allstündlichen Chorälen über die Residenz erklingen sollte.

Der neue »Oberschloßbaudirektor« arbeitete unermüdlich. Er jagte von einer Baustelle zur anderen, er beaufsichtigte seine Bildhauer- und Stukkateurscharen, die Maler und Tischler, die Zimmerleute und Maurer. Er entwarf Detailzeichnungen, arbeitete selbst am plastischen Detail, an Modellen und Füllungen und Schnörkeln in Marmor, Stuck, Stein, Hölzern. Er war ständig unterwegs, kümmerte sich um Löhne und Rechnungen, um Material und Anfuhr, um all den tausenderlei Kleinkram, den seine Verantwortung und sein Amt von ihm forderten – und litt nur, von Jahr zu Jahr mehr trotz seiner Erfolge, unter der höfischen Überlegenheit seines ihm so entgegengesetzten Rivalen Eosander, der nun, nach dem Tode der Königin, zwar noch immer in Charlottenburg beschäftigt war, sich darum aber nicht weniger um den Berliner Komplex kümmerte.

Schlüter litt aber auch unter etwas anderem, was er, obgleich durch das Malheur des Lustgartenportals bereits gewarnt, merkwürdigerweise offenbar nicht ganz in sein Bewußtsein eindringen lassen wollte:

Das Fundament des neuen Münzturmes, des Prunkstückes und der Erfüllung seines Lebenswerkes, zeigte Risse . . .

Schlüter verstärkte die Grundmauern noch einmal, verband sie

Erster Entwurf
Schlüters
zum Münzturm

mit den alten durch eiserne Anker. Es half nichts: immer wieder traten diese entsetzlichen, wenn auch zunächst noch winzigen Risse auf. Aber hatte man nicht getan, was man vermochte? Und dann: mußten die Fundamente mit all ihrer fast absurden Verstärkung nicht allmählich zur Ruhe kommen?

Doch je höher der Turm wuchs, um so stärker zeigten sich die Risse. Da alle Hilfskonstruktionen und Verstärkungen nichts fruchteten, wurden drei riesige Steinpfeiler, sogenannte Berge, errichtet, die in ihrem Äußeren als gewachsene Felsklippen verkleidet werden sollten.

Inzwischen erhob sich der Turm bis zu einer Höhe von vierzig Metern. Um die Last des Baues zu verringern, entschloß sich Schlüter, die oberen Stockwerke aus feineren Säulenanordnungen um einen schmalen mittleren Kern aufzuführen. Das dritte Geschoß sollte als Laterne gebildet und mit einer reich profilierten, fast an eine Pagode erinnernden Spitze abgeschlossen werden, die ein goldener Genius mit der Königskrone überragte.

Dennoch, mit dem aufsteigenden Wunderbau wuchsen weiter die Risse in den Fundamenten.

Da unternahm es Schlüter, dem König eine neue Veränderung des Gesamtentwurfes vorzuschlagen: Er wollte den Unterteil noch einmal mit einem dritten Mantel umkleiden.

Künstlerisch war die unverhältnismäßige Wucht all dieser Verstärkungen nicht leicht zu lösen. Der geniale Baumeister gedachte jetzt, die massiven Stützen durch riesige, neun zu neun Meter messende Reliefs, Figurengruppen und Brunnenanlagen in Verbindung mit den Felsbergen zu kaschieren...

Der König vertraute ihm. Er stimmte zu.

So wuchs der Turmbau weiter in den Himmel. Schlüter schien zu ahnen, daß es hier um seine Existenz in jeder Richtung ging. Verbissen, schweigsam, abweisend, arbeitete er gegen die immer deutlicher warnenden Stimmen seiner Mitarbeiter am ungeheuren Werk fort. In der Mitte des Jahres 1706 hatte der Turm eine Höhe von etwa sechzig Metern erreicht. Zu dieser Zeit erstattete Schlüter dem in Holland weilenden König eigenhändig genauesten Bericht über jede Einzelheit – nur nicht über das jetzt einzig Entscheidende:

Broebes Skizze
zum Bau
des Münzturms

Schlüters zweiter Entwurf zum Münzturm

»Erstlich bey dem Thurm. Wird gearbeitet an dem Berge zum Wasserfall, nach der Straße. An den fundamentern so zur Verstärkung des Thurmes und der Wasserkasten kommen, die gemauerten Eck-Pfeiler und was sonst zur Verstärkung dienen kann. Von Zimmer-Arbeit die Gerüstern, die Winden, die Strebe-Pfeiler, die Pfähle, das Gehäuse zur Uhr, der Glocken-Stuhl zum Glockenspiel, die Ancker und Eisenwerck, die Steine-Anfuhren, Steinmetzarbeiten, die Zeiger zur Uhr und das Uhr-Werck komt auch noch diesen Monath darauf zu stehen.

In dem zukünftigen Monath July, werden beim Thurm die Seulen gesetzet, die Mauer samt dem Gehäuse zum Glockenspiel gesetzet, die Glocken hinaufgebracht, die Steinmetzarbeit versetzet, und soviel wie möglich das Glockenspiel samt andern nothwendigen Dingen befordert. Und hoffe ich, im Monath Augusti durch Gottes Hilffe das Glockenspiel auf den Thurm zum wenigsten abstimmen zu hören.

Zu welcher Zeit aber die Sclaven, so an die lange Brücken kommen, erst angefangen werden. Diese obgedachte Arbeit vom Thurm sammt den Sclaven auf der langen Brücke continuiren durch die übrigen Monathe nun so lange, bis das alles nach Ew. König. Mayst. allergnädigstem Gefallen vollendet wird...«

Diese für den rastlosen Künstler charakteristische Urkunde, bewußt oder unbewußt die wahre Sachlage verschweigend, wurde später zur schweren Belastung für ihn.

Wenige Tage nach diesem von starrem Optimismus durchdrungenen Bericht erfolgte die Katastrophe.

*

Der Freiherr Eosander von Göthe hatte es in letzter Zeit wieder verstanden, sich beim Berliner Schloßbau nach vorn zu spielen. Immerhin war er bereits vor Schlüter zum ersten Baudirektor ernannt worden und hatte nur während der Beschäftigung mit der Residenz der Königin Schlüter in Berlin die Hauptarbeit überlassen.

Das heißt: gerade die *Arbeit* hatte Eosander fast immer anderen überlassen. In dieser Zeit, da ein glänzendes Auftreten, geschickte Konversation, Ausnutzen und Beherrschen jeder Intrige alles war, wo das »Wie« jeder Festlichkeit bei weitem vor Wert und Inhalt ging, mußte der Hofmann schon aus diesem Grund den Sieg davontragen über den Nur-Künstler in seiner begrenzten Verbissenheit – mochte das Wohlwollen des Souveräns zehnmal dem Künstler erhalten geblieben sein. Schlüters schlichte Art und sein Genie scheinen es zu bedingen, Eosanders Hofschranzentum über Gebühr dagegen zu belasten.

Dennoch verdient dieser hochgebildete und durchaus nicht unbedeutende Mann andere Beurteilung. Sophie Charlotte umgab sich nicht mit Hohlköpfen. Wie sie, liebte Eosander die leichte Kunst, die kunstvollen Festlichkeiten. Nicht umsonst beruhte sein erster Ruhm auf den Luftgebilden seiner Triumphtor-Architekturen bei der Krönung. Der Schein wog viel zu dieser Zeit – doch Eosander beherrschte nicht nur den Schein, wie der hochragende Kuppelbau des Charlottenburger Schlosses oder die elegante Pavillon-Anlage von Monbijou zeigten.

Der Oberhofmeister Augusts des Starken bemerkte einmal nach einer Begegnung mit Eosander zu seinem Herrn: Er habe kaum je einen Menschen gesprochen, der tiefer in die Dinge eindringe, von denen er spräche:

– Ich habe ihn als einen anderen Charakter erkannt, als man ihn mir schilderte. Ich würde entzückt sein, ihn in unseren Diensten zu sehen ...

Während des ganzen Sommers dieses Jahres befand sich König Friedrich I. auf Reisen.

Jetzt mußte ihm der als Statthalter in Berlin eingesetzte Stiefbruder, Markgraf Philipp Wilhelm, berichten: Er habe geheime Mitteilung von neuen gefährlichen Schäden am Schloßturm erhalten.

Wie weit Eosander hier Zwischenträger war, steht dahin. Schlüter, vom Statthalter zur Rede gestellt, wich aus: Es habe »weiter keine Not«.

Eine neue Befragung der Handwerker ergab, daß neben den neuen Rissen drei der starken Eisenverankerungen gerissen seien, daß Schlüter die weitere Senkung der Fundamente längst bemerkt habe ... Natürlich erregte das unvermeidliches Aufsehen bei Eosander und bei dessen Getreuen Eifer und Schaden-freude.

Jetzt aber packte Schlüter jähe Angst. Unvermittelt ließ er in der Nacht zum 25. Juni mit dem Abbruch der oberen Turmteile beginnen. Er hatte eindeutig erkannt: der Turm senkte sich un-aufhaltsam nach einer Seite.

Schon am nächsten Tage ging neuer Bericht des Statthalters an den im Haag weilenden König ab – Eosanders Nachrichten-dienst arbeitete vorzüglich. Zudem war Schlüters Stellung durch die Eile und Heimlichtuerei gefährlich untergraben. Erst jetzt brachte er es fertig, dem Könige selbst reinen Wein einzu-schenken: es wurde eine furchtbare, peinliche Selbstbeschuldi-gung.

Schlüter berief sich auf seinen Fleiß, seine Erfahrungen, sein Können. In der Eile hatte er einen letzten, ganz neuen Entwurf für den Turm skizziert, der schon als Zeichnung Genie genug verriet (obgleich er interessanterweise sehr nahe an den ersten Plan Nehrings erinnerte), und sandte ihn mit.

Es war der Kampf seines Lebens. Doch er hatte ihn bereits verloren. Wodurch? Durch Unachtsamkeit, Unüberlegtheit, sträflichen Leichtsinn? Einem Baumeister seines Formats *durfte* eben nichts einstürzen!

Schlüter war krank; fiebernd erwartete er die Antwort des Kö-nigs, das Urteil, ob ihn der allerhöchste Bannstrahl traf oder nicht. »Ungnade« – was für ein Wort für einen schöpferischen, sich selbst verantwortlichen Menschen! Für einen Mann, der nichts kannte als sein Werk, seine Riesenarbeit, während die an-deren feierten, kritisierten, intrigierten... Schlüter hatte Eo-sander immer gehaßt, erst jetzt wußte er es. Wie sehr mußte er ihn nun hassen, da der andere recht hatte!

Endlich kam Antwort aus Holland: Seine Majestät ordnete an, daß ein Ausschuß zur Prüfung des Baues und der weiteren Pläne eingesetzt werden solle.

Schlüters Name wurde nicht genannt; aber der König hatte ge-nau die feindliche Partei in den Ausschuß berufen: Eosander sowie Grüneberg und Sturm, einen Mathematiker.

Schlüter mußte wissen, daß es nur eine Lösung gab: den Turm vollständig abzutragen, um Schlimmeres zu verhüten. Doch er

Schlüters
dritter Entwurf

schien noch immer nicht begreifen zu *wollen*, wie die Dinge standen. Noch immer spielte er mit neuen Entwürfen. Noch einmal schrieb er einen flehentlichen Brief an den Schloßhauptmann von Printzen, in dem er ungeschickterweise darauf hinwies, daß die Abtragung der riesigen Materialien nicht nur beträchtliche Zeit, sondern auch nicht minder bedeutende Summen kosten würde. Er schlug dagegen vor, lediglich den oberen Turmteil bis zur Höhe von 35 Metern abzutragen und auf dem Rest, der noch immer die vorgesehenen Wasserbehälter aufnehmen könne, eine Art Belvedere zu errichten. Außen könne man zum Schmuck reiche Kaskaden und Wasserspiele anbringen ... Die Lieblingsidee des Königs aber, der beherrschende Turm, sei noch immer ausführbar: man brauche nur den alten Kapellenturm an der Spree entsprechend aufzustocken. Er, Schlüter, würde noch in diesem Jahr damit beginnen und ihn zu Ende führen. Auch würde sich das Glockenspiel nach der Wasserseite hin günstiger ausnehmen ...

Ganz abgesehen davon, daß der neue Turm niemals im laufenden Jahr auch nur annähernd Gestalt werden konnte, wollte Schlüter hier den Wahnsinn wiederholen, auf alten, unbekannten Fundamenten und auf einem Baugrund, der fast *in* der Spree lag, also noch um ein Vielfaches gefährlicher war, einen neuen, himmelhohen Bau zu errichten!

Schlüter hatte sich selbst das Urteil gesprochen.

Die Besichtigung durch die Vertreter des Ausschusses zeigte die bebende Unsicherheit des Oberbaudirektors und den überheblichen Hohn der Herren vom Fach. Ohne den Geschlagenen eines Wortes zu würdigen, sprach man nur noch ironisch vom »Turmbau zu Babel« ...

Später kam es zu einem Verhör. Schlüter stürzte, nicht mehr Herr seiner selbst, davon. Er fürchtete noch lange danach für seinen Verstand. Er sollte die Katastrophe nie überwinden.

Die Berichte der Kommission waren sachlich in der Form, ihrem Inhalt nach vernichtend: Man stellte ein Überneigen des Turmes nach Westen um etwa 80 cm, nach Norden um etwa 50 cm fest. Es war nur noch von sofortigem Abbruch die Rede –

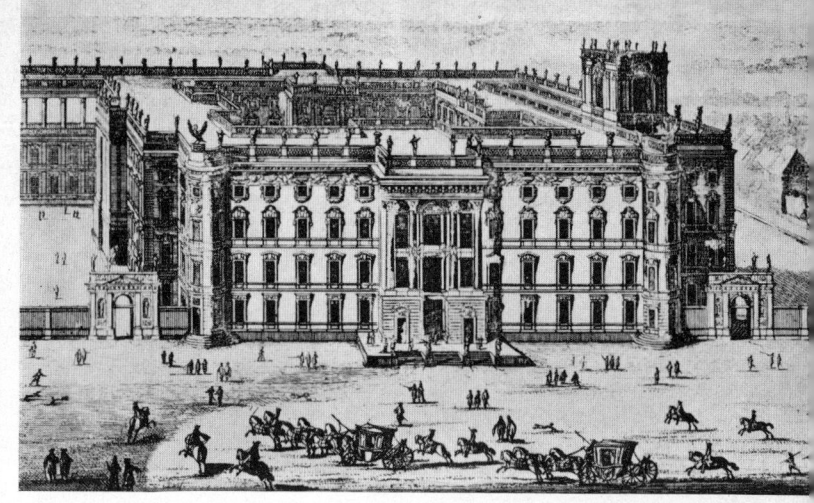

Oben: Entwurf Andreas Schlüters
für den Umbau des Schlosses
Mitte: Entwurf Schlüters für die
Lustgartenseite des Schlüterhofes
Unten: Das Eosander-Portal

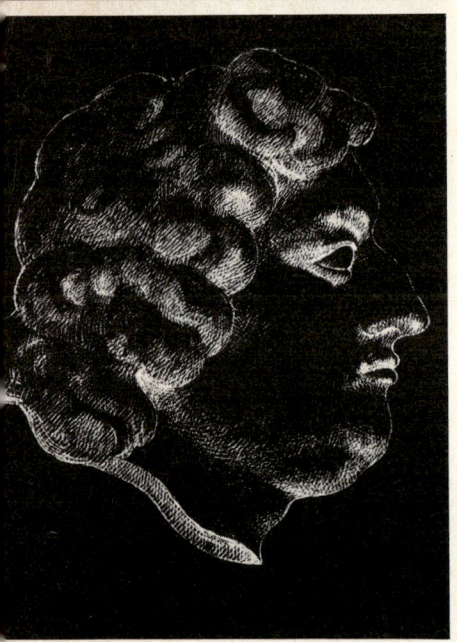

Oben links: Decke in der 2. Vorkammer
der Paradekammern von Schlüter
Oben rechts: Türaufsatz »Afrika«
von Schlüter im Rittersaal
Unten: Andreas Schlüter

nichts mehr von Schlüters Vorschlägen, Versuchen, Hoffnungen. Um so mehr kam sein unbegreifliches Gebaren zum Vorschein, seine mangelnde Verantwortung an diesem Riesenwerk, die auf ihm allein ruhte.

Jetzt sah Schlüter nur noch eine Möglichkeit: sich durch einen Brief, wieder an den Hofmarschall, zu befreien.

»Ich kann Ew. Hochgeb. Exzell. versichern, daß ich übermenschlich wegen dieser Werke leiden muß; ich habe über die dreißig Jahre mit großen Arbeiten Tag und Nacht zugebracht, und ist unter all denen Werken kein Fehl begangen, auch habe ich Berlin schon erwiesen, daß man ja wohl sehen kann, ob ich ein Meister gewesen, da ich hierher gekommen bin, und muß mich von solchen so höhnisch und recht wie ein unvernünftiger Junge tractiren lassen, alls wenn sie nur die Weisheit alleine bey sich hetten, da es sich doch (wenn S. K. Mayst. einmahl einen jeden in einer aparte Kammer einsperren ließen, und ein jeder vor sich selbst ohne Bücher und andere Hülffe einige Abrisse verfertigen müßten) anders finden wird. Ich muß nicht allein leiden, daß ich mein so lang mit großer Mühe zusammengebrachtes Werk abbrechen, und davon in der Welt Schande haben muß, sondern ich muß auch Hertzeleid von dem gemeinen Manne auf der Straße, und Nachrede in allen Häusern und Zechen leiden. Ich kann vor Traurigkeit nicht schaffen, vor Angst meiner Seelen, indem ich nicht weiß, wie es vor mir bei Hofe steht, ob ich Gnade oder Ungnade erlangen werde, und muß doch täglich sinnen, erfinden und arbeiten . . .«

Bald danach traf neue königliche Entscheidung ein, die deutlich zeigte, daß Friedrich dem Künstler auch jetzt noch vertraute: Man solle nach Möglichkeit den Turm nur so weit abtragen, daß man noch die Wasserbehälter einbauen könne.

Schlüter atmete auf. Er sah noch immer nicht die Schuld seines Versäumnisses; er kannte nur sein Werk. Im tiefen Innern war er bereits zerstört. Einen anderen Auftrag, den neuen Turmentwurf für die Petrikirche, lehnte er ab: Es sei ihm in dieser Verfassung nicht möglich, einen Gedanken zu fassen.

Sein Denken kreiste nur um den Münzturm, das Herzstück seines Lebens als Künstler. Doch weiter senkte sich das Fundament. Auf den letzten Bericht aus Berlin ließ der König kurz erwidern: Man möge sich mit dem Abriß gefälligst beeilen. Seine Majestät wünschten von dem »übel geratenen« Bauwerk bei seiner Rückkehr nichts mehr vorzufinden...

*

Von Schlüters »Sturz« zu sprechen, ist unberechtigt. Daß ihm die oberste Bauleitung abgenommen wurde, war verständlich. Die Tatsache blieb unleugbar: er hatte als *Baumeister* im begrenzten Sinn versagt, mochte der *Künstler* noch so hohe Anerkennung verdienen.

Schlüter wurde nicht – was in absolutistischer Zeit andernorts unbedingt fällig war – bestraft. Der König zog ihn auch nicht zur Rechenschaft wegen der Verschleierung, wegen der Unsummen, die seine Nachlässigkeit gekostet hatte. Gerade aus der Haltung Schlüter gegenüber geht hervor, daß Friedrich bei aller Eitelkeit – und hier mußte seine dynastische Eitelkeit getroffen sein – im Grunde ein nobler Mensch war.

Es blieb Schlüter nach wie vor der Titel des Hofbildhauers und seine Stellung als Mitglied der Akademie. Wahrscheinlich arbeitete er noch weiterhin am plastischen Schmuck des Schlosses, so an der Decke der neuen Eosanderschen Galerie, in der jedoch kaum mehr etwas vom großartigen Schwung früherer Tage zu finden war.

Um diese Zeit erschien im Almanach THEATRUM EUROPAEUM ein anonymer Artikel, der – offenkundig aus der Feder Eosanders – einen deutlichen Angriff auf Schlüter enthielt:

»Da räsonnierte er als ein Bildhauer, und nicht einmal so vernünftig als ein erfahrener Stallknecht, der da weiß, daß, wenn ein Pferd oder Maulesel überladen wird, selbiges in die Knie sinkt. Sr. Königlichen Majestät sonderbare Clemence und Gütigkeit ließ nicht zu, den Baumeister nach seinem Verdienst strafen zu lassen, er ward nur schlechterdings seines Dienstes entsetzt, ohngeachtet er nicht allein aus Ignoranz, sondern auch aus Muthwillen und Arroganz gesündigt, daher er verdient hätte, andern zum Exempel nach Verdienst bestraft zu werden, damit sich niemand unterstehen möge, etwas zu unternehmen, was er nicht versteht. Auch kann man hieraus entnehmen, daß mehr dazu gehöre, als zeichnen zu können, um einen Bau zu führen...«

Herr Eosander hatte recht: Während er selbst mit seinen Kräften immer maßzuhalten gewußt hatte, lud sich Schlüter die unendliche Arbeit auf, die seine Kräfte und statischen Kenntnisse überstieg – ganz wie der Maulesel des bösen Artikels, der unter seiner allzu großen Last »in die Knie sinkt«...

Erst nach Monaten scheint sich Schlüter zum endgültigen Rücktritt entschlossen zu haben, sofern man ihn nicht dazu veranlaßte. Eosander übernahm noch im gleichen Jahr als Schloßbaumeister die Fertigstellung des Königlichen Palastes.

Der Nachfolger erkannte gut, daß ihm nach Überwindung seines größten Gegners etwas Neues, womöglich sogar *Besseres* einfallen müßte. Überdies stand er jetzt allein: seine stärkste Stütze, die Königin, war nicht mehr.

Eosander schaffte es.

Er entwickelte den Plan, die künftige Haupt- und Schauseite des Schlosses nach der noch nicht existierenden Westseite, zur Schloßfreiheit hin, zu gestalten und durch ein großartiges Triumphtor – diesmal aus Stein, dem Konstantinsbogen in Rom nachgeschaffen – mit hohem Kuppelturm zu krönen. Der Entwurf fand die königliche Billigung. Der Abbruch der Turmreste, die Weiterführung der Lustgartenfassade bis dorthin, wo der Münzturm gestanden hatte, sowie die Fundamentierung der Westseite gingen rasch vonstatten.

Die Flucht der Königlichen Prunkgemächer wurde nach Osten, zur Spree hin, durch das neue Königszimmer, nach Westen durch Eosanders *siebzig* Meter lange Bildergalerie, die spätere Gobelingalerie, mit anschließendem Empfangssaal der Königin verlängert. Der Weiße Saal auf der nördlichen Seite des Westflügels, links vom Eosanderportal, wurde erst unter Friedrich Wilhelm I. als Abschluß vollendet.

An Stelle des alten Lynarschen Zwischengebäudes gedachte Eosander eine zweigeschossige Säulenhalle als Trennung zwischen den beiden düsteren Höfen zu setzen. Auch dies kam durch den Tod des Bauherrn nicht mehr zustande...

War Schlüter in der Nachfolge des großen Michelangelo gewachsen, so zeigte sich Eosander als Anhänger der französischen Schule – und Schlüter überlegen in allen geschäftlichen und technischen Dingen.

Von der späteren Gesamtlösung des Berliner Residenzpalastes aus gesehen, darf gesagt werden, daß Eosander mit seiner Vollendung gleichsam über sich selbst hinausgewachsen ist, und zwar durch die Idee einer völligen Neuorientierung nach Westen *und* seinen dieser Idee gemäßen Entwurf.

Von Schlüterfreunden ist der allzu mächtige Triumphbogen als »Kopie« getadelt worden; auch kritisierte man die in den Lichtverhältnissen unglückliche Treppenanlage mit ihren Eckfenstern hinter den Säulen des Portalbaues. Ebenso schien der Übergang vom Mittelteil zu den Fensterfluchten wenig glücklich gelöst, zumal jener seine eigentliche Aufgabe, nämlich nur Sockel zu sein für den gewaltigen Kuppelturm, zunächst nicht erfüllte.

Nach einer ursprünglich zu flach und unbedeutend entworfenen Kuppel plante Eosander zuletzt ein zweigeschossiges Säulengebäude, bei dem er auch Anleihen bei dem Schlüterschen Münzturm-Entwurf nicht verschmähte. Die überhohe Kuppel hätte bis zu hundert Meter über dem Schloßkomplex in den Himmel geragt – eine großartige, pompöse Lösung, ganz dem Geschmack des Königs entsprechend, als Ersatz für den verunglückten »Turm zu Babel«. Sie wäre die Krönung des größten Palastbaues im nördlichen Europa geworden.

Es sollten fast anderthalb Jahrhunderte vergehen, bis ein Nachfolger des ersten Königs endlich eine Kuppel, wenn auch weit bescheidener und gedrungener, über dem Triumphportal errichten ließ.

*

Keiner von all den Künstlern, die je in Berlin gewirkt haben, übte einen solchen Einfluß auf die Veredelung des allgemeinen Geschmacks und aller Bauformen aus wie Andreas Schlüter. Keiner der nach ihm kommenden Baumeister des »preußischen Stils« wie Knobelsdorff, Boumann d. Ä., Gontard, Langhans, Schinkel, der nicht etwas von seiner Linie aufgenommen, weitergeführt hat. Selbst der geschickte, höfische Eosander, der

»Sieger«, ordnete sich dem Werk des Nebenbuhlers künstlerisch unter und diente zuletzt als Vollender des anderen.

Mit Andreas Schlüter erlebte der norddeutsche Barock seinen Beginn und Höhepunkt zugleich. In ihm schwang der grenzenlose Reichtum des Genius. Die prunkenden Fluchten seiner Räume im Schloß an der Spree waren Musik, dienend der damals allein gültigen Idee des Herrschertums von Gottes Gnaden. Harmonie und Heiterkeit lebten darin ebenso wie alle Dunkelheiten und Wirrnisse der ringenden Seele – entsprechend dem großen Vorbild Buonarroti.

Schlüters himmelstürmender Münzturm, von zaubervoller Anmut der Formen, aber auf zu schwachem Grunde erbaut, wurde zum Symbol. Der Abriß des für die karge Mark übergewaltig geplanten Werkes brachte seinen Sturz in Einsamkeit und Verzweiflung. Kein Künstler kann gegen den Glauben an sich selbst schaffen; jeder braucht die Gemeinschaft, für die er letztlich – und mehr als jeder »Bürger« – lebt und arbeitet. Immer war Kunst »Auftrag« – erst unserer Zeit blieb es vorbehalten, den Auftrag zu mindern oder den Künstler in hoffnungslose »Freiheit« zu treiben, die nur Isolation ist, in der er zum Bindungslosen, zum Snob werden oder aber verkümmern muß . . .

An der Vernichtung der künstlerischen Persönlichkeit Andreas Schlüters änderte auch der Tod des Königs nichts, der bald danach aller Pracht des Bauens ein Ende setzte.

Wobei noch zu vermerken wäre, daß außer ein paar Bauzeichnungen von den Schlüterschen Rissen nicht ein Blatt auf die Nachwelt überkommen ist. Es finden sich Hinweise, die darauf deuten, daß Eosander daran nicht ganz unschuldig ist... Jedenfalls ist der Verlust ungeheuer und nicht zu ersetzen, um so schmerzlicher, da heute weder die unzähligen Bildhauerwerke noch der Riesenbau selbst zu uns zu sprechen vermögen. Wir ahnen das Genie nur noch aus den Resten.

Schlüter schuf der Königin, dann Friedrich I. selbst die letzte Ruhestätte: jene wunderbaren, vergoldeten Zinnsärge, die in der Domgruft zu Berlin die Zeit überdauerten. Es blieben die Köpfe am Zeughaus, und es blieb – leider in Charlottenburg an ungünstigen Ort versetzt – des Meisters größte Bildhauerleistung: das Reiterstandbild des Großen Kurfürsten.

Was wurde aus Schlüter selbst?

Er verließ Berlin und folgte einem Rufe Peters des Großen nach dessen neuer Residenz St. Petersburg. Nur einer seiner Söhne begleitete den Künstler, die Familie blieb in ärmlichen Verhältnissen an der Spree zurück.

In Petersburg hieß es, daß der Zar den Meister oft besucht und an dessen Entwürfen für mancherlei Palastbauten der aus dem Sumpf entstehenden Stadt Anteil gezeigt habe. Wahrscheinlich war Schlüter am Sommerpalast beteiligt; auch das berühmte Winterpalais zeigte Anklänge an den Berliner Schloßbau.

Während Schlüters Frau in Berlin ihre letzten Habseligkeiten verkaufen mußte, um die Kinder zu ernähren, hauste ihr Mann, nun bald fünfzig Jahre alt, in einer Hütte an den Ufern der Newa, heimatlos, gebrochen, versponnen spielend: Er wollte jetzt dem Geheimnis des Perpetuum mobile auf die Spur kommen!

Wortkarg, verbittert, ein nordischer Leonardo, vergrub er sich in die Hoffnungslosigkeit dieses seines letzten Werkes. Schon ein Jahr nach seinem Weggang von Berlin starb Andreas Schlüter. Niemand kennt sein Grab. Auch die Familie ist verschollen.

Seltsame Schicksalsverkettung:

Zur selben Zeit schloß sich der einst so elegante, erfolgverwöhnte Baron Eosander von Göthe, Freund der geistvollsten Königin seiner Zeit – verarmt, vergessen, vereinsamt zu Frankfurt am Main in die »Sudelküche« ein, um sich in alchimistische Experimente der Goldmacherei zu verlieren...

18. KAPITEL

Der Conte Ruggiero

D urch den Schloßbau Schlüters und Eosanders stand Berlin mit einem Schlage in der vordersten Reihe der großen Kunststätten Europas. Fast jedes Regierungsjahr des ersten Königs ließ ein neues Bauwerk in der Residenzstadt entstehen: die Jerusalemerkirche, die alte Garnisonkirche, die Französische und die Neue Kirche am Gendarmenmarkt (ohne die späteren Kuppeltürme), die Sophienkirche, die Parochialkirche und das Große Waisenhaus, die neue sogenannte »Stechbahn« vor dem Schloß mit ihren Bogenlauben und Boulevardläden, das Marstallgebäude Unter den Linden (wo sich heute die Staatsbibliothek befindet), das nicht nur die Akademien der Künste und Wissenschaften beherbergte, sondern auch eine Opernbühne für den Hof – sowie unzählige Paläste und Bürgerbauten...

Wenn abends in den langen Straßenzügen der neuen Friedrich- und Dorotheenstadt die Lichterketten der Laternen aufflammten, die auch die Charlottenburger Chaussee durch den Tiergarten flankierten, gab es für die fremden Besucher einen unauslöschlichen Eindruck, so daß selbst ein Gast aus Paris schrieb: »Solch eine vue von brennenden Lichtern wird in der Welt nicht mehr anzutreffen sein.«

Die Schlösser von Charlottenburg, Oranienburg, Friedrichsfelde, Schönhausen, Monbijou, Köpenick ergänzten das neue, vom Palastbau an der Spree großartig überragte Bild der Hauptstadt. Auf holländischen »Treckschuyten« oder kostbaren, gold- und kanonengeschmückten Lustjachten begab sich der Hof zur Sommerszeit auf den Wassern der Spree, an Monbijou vorbei, an »des Oberkammerherrn Garten«, begleitet von den Salven der Kanonen und der Musik von vierundzwanzig Trompeten und Pauken, nach Charlottenburg und Potsdam.

Jedes der Feste am Königshofe wurde mit unerhörter, immer

neuer Prachtentfaltung gefeiert. So auch die Vermählung des Kronprinzen Friedrich Wilhelm mit seiner Base, der braunschweig-hannöverschen Prinzessin Sophie Dorothea. Nach allerhöchster Anweisung mußten die Feierlichkeiten einundzwanzig Tage dauern. Monatelang vorher hatte man in Paris die Brautausstattung und die Galagewänder in Auftrag gegeben, und der Sonnenkönig Ludwig XIV. geruhte selbst, sie vor Absendung nach Berlin zu besichtigen und zu bemerken: Er wünsche, recht viele deutsche Fürsten möchten diesem großzügigen Beispiel doch künftig folgen, das täte seiner Industrie wohl! Nun, der ganz anders geartete Kronprinz dachte nicht so. Schon die meterlange weiße Seidenschleppe des Hochzeitsmantels bedeutete für den robusten Soldatenjüngling eine Qual. Dafür genoß die junge Sophie Dorothea um so mehr die später sehr vermißten Tafeln und Feste, Belustigungen und Illuminationen dieser wahrhaft königlichen Märchenpracht. Allein der Schmuck der Braut, den sie am Vermählungstage trug, soll vier Millionen Taler an Wert, ihr Kleid durch die Last der Goldstickerei, der Perlen und Edelsteine ein Gewicht von einem Zentner gehabt haben. Die Schleppe wurde von sechs Edelfräuleins und sechs Pagen getragen. Der Mantel darüber bestand aus einem goldenen Netz von drei Meter Länge.

Bei einem der Feste dieser drei festlichen Wochen, die durch Konzerte, Ausfahrten, Ballette, Maskeraden, Hetzjagden und Feuerwerke ausgefüllt wurden, führte man die Gäste zum Nachtmahl in einen Saal, aus dessen Decke sich plötzlich eine reichgedeckte Tafel herabsenkte. Waren die darauf befindlichen Speisen vertilgt – und man verstand sich darauf –, so öffnete sich der Fußboden, der Tisch versank, während von oben ein neuer Tisch, wie der erste aufs herrlichste besetzt, herabschwebte. Viermal wechselten so die Speisenfolgen, während aus silbergetriebenen Brunnenfiguren roter und weißer Wein in marmorne Becken sprudelte ...

Als Gast bei den Hochzeitsfeierlichkeiten war auch der Herr von Leibniz nach Berlin gekommen – zum erstenmal wieder seit dem Tode Sophie Charlottes; jetzt erschien er vor allem als diskreter Beobachter des ebenso eifersüchtigen wie stolzen welfischen Hofes zu Hannover.

Die Prachtentfaltung, wie sie bislang in keiner deutschen Residenz je stattgefunden hatte, erforderte es, daß man neben den ohnedies Land und Volk mehr und mehr aussaugenden Belastungen immer neue Steuern erfinden mußte, das ewig leere königliche Säckel aufzufüllen.

Da gab es neben der Generalsteuer, die grundsätzlich die Existenz jedes Landeskindes belastete, und der Krönungssteuer: die Kopfsteuer, die Pflastersteuer, die Karossensteuer, die Fenstersteuer, die Kaffee-, Tee- und Schokoladensteuer, die »Fontangen«-Steuer und dementsprechend die Perückensteuer. Die Perücken, aus Frankreich für die besseren Herrschaften eingeführt, kosteten zwischen 200 und 300 Talern, das entsprach etwa dem Jahreseinkommen eines Beamten oder Handwerkers. Obendrein wurde dieser jetzt unentbehrliche Schmuck noch mit einer Stempelsteuer bedacht: zum Zeichen dafür, daß er versteuert sei! Wobei sich die Höhe individuell nach dem Rang der Besitzer und der Lockenfülle richtete... Doch damit nicht genug: es folgten weiterhin die Spielkarten-, die Schuh-, Stiefel- und Pantoffelsteuer, die man großzügigerweise Kindern unter drei Jahren erließ. Die Erlaubnis, mit Gold, Schnallen oder Flittern verzierte Schuhe tragen zu dürfen, wurde ebenso mit Steuern belegt wie der Luxus, seine Beine mit Strümpfen zu schmücken. Erregt es angesichts solcher Steuer-Phantasie noch Staunen, wenn berichtet wird, daß sogar die Jungfrauen besteuert wurden? Sie sollten gefälligst dem Staat neue Steuerzahler schenken – für deren Kopfsteuer brauchte dann nur der Vater aufzukommen. War er dazu ein Handwerker, so mußte er auch sein Handwerksmaterial und Werkzeug, sei es ein Malerpinsel oder seinen etwaigen Vorrat an Schweineborsten, versteuern...

Wobei hinzugefügt werden muß, daß derlei obrigkeitliche Gepflogenheiten zu dieser Zeit mehr oder weniger überall, in Frankreich und Sachsen sogar noch weit mehr, in Blüte standen.

*

Wie man in Laboratorien und Studierstuben Wesen und Gesetze der Sterne nach uralten Gesetzen zu erforschen bemüht war, strebte man wie je nach dem glückverheißenden »Stein der

Weisen«, dem magischen Rezept der Goldmacherei – soweit man sich nicht durch Wucherer und Geldverleiher das erforderliche Edelmetall zu beschaffen gezwungen war.

Während sich der König von seinem Hofbankier Liebmann Kredite herbeizaubern ließ und sich – wie einst sein Ahne Joachim II. – immer tiefer in die Schuld des geriebenen Geschäftsmannes verstrickte, gab es im Volk mancherlei Unruhen und Haßausbrüche, weniger gegen den verschwenderischen Fürsten als gegen die jüdischen Geldmänner. Doch waren zum Glück die mittelalterlichen Zeiten vorbei, und es blieb bei dem theologischen Kanzeldonner gegen die »Gotteslästerer«, die man mangels handgreiflicherer Beweise anklagte, ihr gottesdienstliches Ritual erfordere es, täglich dem Heiland zu fluchen und auf die den Christen heiligen Orte zu spucken. Worauf der König »offiziell« das Lästern und Spucken, gleich wohin, verbot und sich im übrigen der Segnungen israelitischer Kredite weiterhin erfreute.

Doch leider waren gerade diese Quellen auf die Dauer kostspielig. So beschloß Friedrich I. auf Vorschlag seines Günstlings Wartenberg, einen berühmten Goldmacher-Meister einzuladen und mit höchsten Ehren aufzunehmen – einen Mann, dessen wundervoller Name allein schon von höchster Kreditfähigkeit Zeugnis ablegte: den hochedlen Don Domenico Caëtano Conte di Ruggiero.

Der Kavalier, der sich mit diesem klingenden Namen und Titel schmückte, war zweifellos der interessanteste Fall seiner Art, sowohl was sein Auftreten wie sein »preußisches« Ende angeht. Zuvor vom Kaiser in Wien in höchsten Gnaden aufgenommen und nicht ganz so gnädig wieder entlassen, erschien Caëtano nun an der Spree. Er reiste mit großem Gefolge, einschließlich »Begleiterin«, und gab sich als Gelehrter von Weltruf aus, der das Herz des preußischen Königs sofort eroberte mit der zarten Andeutung: er sei im Besitze jenes unschätzbaren »Arcanums«, mit dessen Hilfe er jederzeit unedles Metall in reines Gold verwandeln könne!

Das war ein Wort, das zunächst einmal zwölf Tage lang fürstliche Bewirtung im Schloß rechtfertigte. Dann aber konnte der König nicht umhin, seinem Gast nahezulegen, daß er allmäh-

lich etwas anderes zu sehen wünsche ... Caëtano erklärte sich
einverstanden; für den nächsten Tag sollte in einem besonders
dafür hergerichteten Gemach im Apothekenflügel der große
Versuch vor sich gehen.

Der König, der Kronprinz und die Herren des Hofes hatten
sich erwartungsvoll eingefunden. Alle waren sie von dem Meister überzeugt – bis auf den Kronprinzen Friedrich Wilhelm.
Der nüchterne, jeder Romantik bare Soldatenjüngling mißtrau-
te derlei Gaukelei höchlichst. Er bestand darauf, jedes einzelne
Gerät selbst zu untersuchen, und sorgte persönlich für die Aufstellung des Schmelzofens, die Herbeischaffung der Kohlen und
des sonstigen Zubehörs. Caëtano zeigte bewundernswürdige
Ruhe und Sicherheit – auch, als der Kronprinz darauf bestand,
die etwa einen halben Meter lange und zolldicke Kupferstange,
die in Gold verwandelt werden sollte, selbst in den bereits auf
einem Kohlenbecken siedenden Schmelztiegel zu tauchen. Die
Stange hatte der Meister vorher bis zur Hälfte mit Töpferton
umhüllt und feierlich »besprochen« ...

Der wunderbare Prozeß, der dem König Millionen einbringen
und ihn aller seiner Sorgen mit einem Schlage entheben sollte,
gelang tatsächlich: Die mit Segenssprüchen und einer geheimnisvollen Tinktur behandelte Kupferstange erwies sich zum
Schluß dort, wo der Tonmantel gewesen war, als lauteres Gold!
(Die andere, sichtbare Hälfte blieb nach wie vor Kupfer.)
Friedrich überhäufte Caëtano mit Auszeichnungen und Ehren –
von Geld sah der Kavalier keinen Pfennig. War er nicht selbst
ein Goldmacher?

So verständlich uns diese Ideenverbindung erscheinen will –
dem Geschmack des anspruchsvollen Conte entsprach sie leider
nicht.

Caëtano ließ sich noch einige Tage aufs glänzendste bewirten
und umschwärmen – um danach stillschweigend samt Begleitung zu verschwinden ...

Friedrich war bestürzt. Doch nicht lange. Kurzerhand wurde
ein Offizier beauftragt, dem Goldmacher nachzueilen und ihn
höflich zu ersuchen, nach Berlin zurückzukehren. Man erwisch-
te ihn in Coswig. Was blieb Caëtano anderes übrig?
Der König nahm den Ausflug als Mißverständnis und schenkte

ihm sein brillantenbesetztes Bildnis; außerdem erhob er den Conte zum Generalmajor.

Der Kavalier hielt sich zwei Galakutschen zu je sechs Pferden und trieb auch ansonsten einen Aufwand in jeder Richtung, den der sparsame Kronprinz als »wahre Scharlatanparade« zu tadeln nicht unterließ. Nachdem der neue Generalmajor im Apothekenflügel seine Alchimistenwerkstatt umständlich mit allen Raffinessen eingerichtet und ausgestattet hatte, wurde dem König endlich die Fabrikation der ersten Tonne Goldes in greifbare Aussicht gestellt. Er versäumte aus naheliegenden Gründen keine Gelegenheit, seinen Schützling persönlich aufzusuchen und sich vom Fortgang der Dinge zu überzeugen.

Dabei führte der Conte dem hohen Gast ein großes Gemälde vor, das soeben in seinem Auftrag entstanden war: Das Bild stellte Friedrich I. höchstselbst dar, angetan mit prächtigem Herrscherschmuck. Zu Füßen des goldenen Thrones prangte ein üppiger Berg von Dukaten und Goldstücken; zur Linken aber stand der Graf selbst in Rüstung und Helm, während schreckliche Drachen und Schlangen (die bösen Widersacher Caëtanos) Ungläubige und Geizhälse verkörperten. Über allem schwebte ein blitzeschleudernder Aar, das ekle Gewürm in seine Schranken weisend: fürwahr ein würdiges Jahrmarktsbild für einen Schaubudenbesitzer.

Leider war Friedrich gekommen, andere Künste zu bewundern. Aber gerade das war es: Wieder, noch bevor vom Gold nur ein Körnchen, geschweige denn eine Tonne das Licht des Laboratoriums erblickte, mußte der Meister plötzlich verreisen. Diesmal nach Hamburg. In Berlin bekäme ihm das Klima nicht. Und diese preußische Pedanterie –!

Jetzt ging auch Friedrichs vornehme Geduld zur Neige. Er ließ den Generalmajor – samt Mätresse – in Hamburg kurzerhand festnehmen, ausliefern und bei Nacht und Nebel in die Festung Cüstrin überführen: dort gab es Stille und Sammlung für ungestörte Experimente. Auf die bewegten Klagen ob solcher Rücksichtslosigkeit ließ der König dem Edelmann ausrichten: Er möge tun, was er versprochen: Gold machen. Dann käme er schnellstens wieder frei und könne beliebig reisen!

Das klang einfach für einen Goldmacher. Der Conte war in der

168

eigenen Falle gefangen. Was blieb ihm übrig, als tatsächlich neue Ergebnisse zu zeigen? Es kam schließlich darauf an, und sie gerieten – wie beim erstenmal. Nur daß die Menge des Gewonnenen wesentlich bescheidener war. Wieder vertraute ihm der beglückte Monarch. Er holte Caëtano zurück in sein Schloß an der Spree, wo der Unentbehrliche aufs neue bewirtet und umhegt wurde. Die Versuche kosteten Unsummen, und was herauskam, war, mit Verlaub, ein Dreck – aber der König *wollte* nun einmal an ihn glauben. Jedoch, sosehr der König das Wunder bejahte, es wurde leider nichts damit. Der Conte entschuldigte sich, daß er nicht die rechte Konzentration aufbringe, es fehle ihm an frischer Luft. Er müsse wieder einen richtigen Spaziergang machen... Nun, das war ein billiges Verlangen. Der gute Graf, General und Don aber benutzte den Spaziergang, nach der frischen Luft von Frankfurt am Main überzuwechseln, wobei er wieder vergaß, sich zu verabschieden...

Durch Zufall spürte man ihn in der Stadt am Main auf, wo man auch damals schon etwas für solides Metall übrig hatte. Caëtano trug ausgezeichnete Verkleidung; es reiste sich inkognito so angenehm...

Dennoch, die preußischen Herren arbeiteten unangenehm zuverlässig: unter sicherer Bedeckung trat Caëtano von Frankfurt die Rückreise nach der Spree an.

Wieder und immer noch vertraute ihm Friedrich – und *das* war wirklich ein Wunder! Ungeheure Summen und Geschenke gingen perdu wie bisher, die frische Luft hatte auch nicht geholfen. Die kupfernen Stäbchen, unter der Tonhülle golden glänzend, wurden immer dünner. Dafür schwor der Meister bei allen Goldmachern aller Zeiten, daß er eines Tages ganz, ganz bestimmt alle Erwartungen bei weitem übertreffen werde!

– Gut, sagte der König. Wann das sein würde? In einer Woche, einem Monat? Der Conte forderte sicherheitshalber ein Jahr. Bei solch grundsätzlichem Strukturwechsel der Atome wäre ein Jahr der Forschung wahrhaftig nichts.

Der langmütige König war einverstanden: ein Jahr – aber keinen Tag länger!

Caëtano zog die Versuche nach Kräften in die Länge. Doch ein Künstler unter Zwang –? Unmöglich. Warum sollte man zu gegebener Zeit nicht wieder einmal die frische Luft anderswo genießen? An Plänen fehlte es nicht, an Erfahrung ebensowenig ...

Nur an einem fehlte es jetzt leider: an der so lange und bewunderungswürdig gewährten königlichen Geduld. Spürte es mittlerweile auch der tüchtige Conte?

Eines Tages ließ er sich bei Seiner Majestät melden: Als greifbare Frucht seiner Bemühungen brachte er tatsächlich – diesmal keine Stange, sondern einen wunderschönen, ansehnlichen Goldklumpen mit! Der König, begeistert, versöhnt, zeigte den kostbaren Klumpen schleunigst seinem mißtrauischen Sohn. Der Kronprinz jedoch entsann sich unglücklicherweise einer Geschichte, nach der vor einiger Zeit bei einem Einbruch im Hause des alten Kammerherrn von Knyphausen just ein Goldklumpen abhanden gekommen sei. Der Zar Peter hatte ihn damals bei seinem Berliner Besuch dem Baron zum Dank für seine lustigen Geschichten und als Andenken geschenkt ... Zu allem Überfluß trug der Goldklumpen, was der edle Alchimist in der Eile übersehen hatte, der Kronprinz mit seinen guten Augen aber bald entdeckte, einen sehr feinen Prägestempel samt Gravierung:

Grubenfund von Veresow bei Jekaterinburg. PETER I. 30. VI. 1697.
Das schlug dem Goldklumpen sozusagen den Boden aus. Dennoch hielt sich Friedrich korrekt an die Abmachung: Genau auf den Tag nach Ablauf der Frist gab er Befehl, daß dem Betrüger der Prozeß gemacht werde. Nicht er, der Richter solle klipp und klar entscheiden, Fachleute müßten urteilen ...
Und so geschah es.

Im Städtchen Cüstrin wurde ein sorgsam mit Goldflittern geschmückter Galgen errichtet. Man hatte ein unüberwindliches Schönheitsgefühl zu jener Zeit. Auch der Kittel des Delinquenten war aus (natürlich nicht ganz echtem) Goldgewebe überaus kleidsam geschneidert.

Darin wurde der hochmütige Don Domenico Caëtano Conte di Ruggiero, Generalmajor Seiner Majestät a. D., an einem trüben Herbstmorgen unter Einhaltung des strengen Zeremoniells am goldverzierten Galgen aufgehängt.

Er starb gleichsam in der von ihm selbst gesponnenen Schlinge.

Der Chronist, der die Historie überliefert, endet mit den klugen Worten:

»Ich weiß aber nicht, ob nicht die Frage aufzuwerfen sei: Kann man Jemandem das Leben rauben, den man selbst, durch eigenes Interesse bewogen, dahin bringt, daß er sich schuldig machen muß?«

19. KAPITEL

Die Weiße Dame

Im gleichen Jahr, da der Conte Caëtano seine beharrliche Alchimistenseele aushauchte, hatte man beim Umbau des Spreeflügels am Schlüterhof einen grausig-bedeutsamen Fund gemacht, der sich schnell in der Residenz herumsprach und eine alte Geschichte wieder aufleben ließ:

Aus dem Schutt der abgerissenen Feldstein- und Ziegelmauern der früheren Burg kam ein schneeweißes, gut erhaltenes weibliches Skelett zum Vorschein!

Sofort wußte man, wem es gehörte: endlich hatte man die berühmte Weiße Frau! Und die war natürlich niemand anderes als die arme, einstens angeblich im Grunewald-Jagdschloß so unfreundlich eingemauerte »Schöne Gießerin«! Wie die Dame aus ihrem Grunewalder Treppengefängnis hierher gewandert sein sollte, wußte man freilich nicht. Immerhin erhielt sie nun auf dem Domfriedhof am Schloß ein original-christliches Begräbnis – in der Hoffnung, daß sie hiermit wie die Schloßbewohnerschaft ihre Ruhe finde.

Der neue Kanzler und Günstling Burgsdorf war nicht weniger abergläubisch als sein Herr und äußerte gelegentlich den mutigen Wunsch, das schleierumwogte Hausgespenst einmal mit eigenen Augen zu erleben und es nach Möglichkeit zur Rede zu stellen.

Der Wunsch ward ihm erfüllt. Als er eines Tages den König zu Bett gebracht hatte und die kleine Treppe hinunterging, stand plötzlich die Ersehnte vor ihm: weiß, bleich, unirdisch. Zunächst blieb dem mächtigen Herrn die Luft weg; dann aber faßte er sich und rief dem Gespenst die von kerndeutschem Charme eingegebenen Worte zu:

– Du alte sakramentische Hure du, hast du noch nicht genug Fürstenblut gesoffen? Willst du noch mehr haben?

König Friedrich Wilhelm I. Gemälde von Antoine Pesne

Oben: Das Tabakskollegium Friedrich Wilhelms I.
Gemälde von Dismar Degen
Unten: Entwurf für den Ausbau des Weißen Saales. 1728

Damit stürmte er auf die zarte Erscheinung zu, doch die packte ihn erstaunlich unzart am eigenen Kragen und warf ihn die Treppe hinunter, daß ihm, wie er danach versicherte, sämtliche Rippen krachten. Der König hörte es poltern, aber er getraute sich doch nicht selbst hinaus, sondern zog es vor, nur seinen Kammerpagen der Gefahr auszusetzen, der dem verstörten Kanzler auf die unsicheren Beine half.

*

Die Umgebung des Königs lag ihm immer wieder mit der Bitte in den Ohren, der Vereinsamte möge sich neu vermählen. Nicht zuletzt hoffte man, dadurch den eigenen Einfluß erhalten zu können. Verschiedene Möglichkeiten wurden erwogen, Verbindungen eingeleitet. Die Ehe mit einer nassauischen Prinzessin zerschlug sich an Friedrichs unbeugsamem Wunsch, die Brautmutter solle der neuen Königin beim Trauungszeremoniell die Schleppe tragen . . .

Endlich kam es zur Hochzeit mit der Prinzessin Sophie Luise von Mecklenburg, die an einem grauen Novembertage ihren Einzug im Schloß an der Spree hielt.

Farblos wie der Tag war auch die geistige Beschaffenheit der hohen Braut. Wieder hatte man die »via triumphalis«, die Königstraße, geschmückt, das Königstor mit üppigen Umbauten verkleidet, und riesige Transparente trugen die lateinische Inschrift:

»Sophien Luisen, der Mecklenburgischen Venus, als sie mit triumphierender Pracht zum Königlichen Beilager den Einzug hielt, darum daß sie durch eine höchst glückliche Verbindung mit dem großmächtigsten König Friedrich von Preußen das Altertum des Königlich Vandalischen Geblütes zu Seiner Majestät erhoben und die ewige Stadt Berlin durch ihre Ankunft mit unendlicher Freude erfüllt hat!«

Bei aller Pracht und allen Schmeicheleien blieb weder die Freude des Volkes noch des Königs besonders groß. Friedrichs Entschluß war hauptsächlich von der Sorge diktiert worden, die Kronprinzessin Sophie Dorothea könne ihm nach zwei toten Söhnen und der Tochter Wilhelmine keinen Thronerben mehr schenken – was sich bereits am Tage nach dem Einzug der neuen Braut als Irrtum erweisen sollte.

Nun also geleitete der alternde Monarch seine junge Gemahlin unter goldgewirkten Baldachinen, bei Trompeten- und Glokkenklang zur Kirche. Die Gewänder des hohen Paares strotzten von Diamanten, Gold und Perlen. Lustbarkeiten des gewohnten Stils, Opern, Ausfahrten, Feuerwerke folgten.

Zu den besonderen Vergnügungen gehörten Tierhetzen im Geschmack des alten Rom, für die Friedrich an der Stadtmauer, in der Nähe des Grauen Klosters, ein Amphitheater erbauen ließ. Dort wurden Bären, Wölfe, Füchse, Stiere, Auerochsen und exotische Tiere zum Vergnügen der Zuschauer aufeinander losgelassen, nachdem man sie zuvor hatte entsprechend hungern lassen. In Wien, wo dergleichen noch viel größeren Anklang fand, bedeutet der Ausdruck »a Hetz« noch heute höchste Volksbelustigung ...

Die junge Königin fühlte sich indessen trotz allem Prunk und Feiern wenig glücklich. Der grämliche, alternde Mann entsprach wohl auch nicht ihren Vorstellungen eines Ehegemahls. Sie fühlte sich gefangen, unverstanden, unausgefüllt.

Da geschah ihr eine Rettung: Ihre geistlichen Ratgeber vermochten die »Mecklenburgische Venus« dahin umzustimmen, daß sie die Vergnügungen, derer sie nicht im ersehnten Maße teilhaftig werden konnte, heldenmütig mit Askese und Weltflucht vertauschte. In deren Folge gewann ihr Hof bald den Charakter eines geistlichen Konventikels; man predigte und betete ohne Unterlaß.

Der auch seinerseits enttäuschte König geriet in Verzweiflung. An Stelle der Eleganz einer Sophie Charlotte hielten nun theologische Streitgespräche ihren Einzug. Als die lutherische Königin ihrem reformierten Gemahl erklärte: Kein Reformierter könne jemals hoffen, der ewigen Seligkeit für würdig befunden zu werden, bedauerte er dies; dann könne sie nach seinem Tode niemals von ihm sagen: »Der selige König.« Worauf die Gattin erwiderte: Nein, sie würde grundsätzlich nur von ihrem »lieben Verstorbenen« sprechen. Das sei sie ihrem Bekenntnis immerhin schuldig.

Die frommen Übertreibungen hatten böse Folgen – oder lag

hierin die Ursache? Jedenfalls dauerte es nicht lange, und die Königin verfiel offensichtlich in geistige Umnachtung.

Wieder war Friedrich allein an seinem kalten, überprächtigen Hofe. Wie der große Sonnenkönig, der Augustus Frankreichs, der in Versailles dahinlebte, einsam auch er, ein Schatten seiner selbst, gehaßt, von mysteriösen Todesfällen tragisch umdüstert. Allein drei Dauphins starben vor ihm innerhalb eines knappen Jahres.

Nun ging auch Friedrich I., dieser Fanatiker des Königspompes, dem Grabe entgegen. Zu allen Sorgen und Schulden erhob sich die Pest wieder im Lande. Doch blieb die Residenzstadt dank der erzwungenen Sauberkeit von deren furchtbarem Atem verschont. Die Tore wurden monatelang verschlossen gehalten und alle Besucher strengster Kontrolle unterworfen.

Friedrichs letzte Regierungsjahre waren eine Zeit ständig fortschreitender Verarmung. Der König selbst, von Lebensüberdruß geplagt, spürte: alle Flucht in Prunk und Aufwand konnte die Erkenntnis nicht verdrängen, daß das kleine Land die Last der Königskrone kaum zu tragen imstande war.

*

Die letzte Festlichkeit, bei der der alte Glanz noch einmal und wie in einem Unterbewußtsein der Berechtigung aufleuchtete, war die Geburt und Taufe von Friedrichs Enkel, dem späteren Friedrich II.

Des Königs erster Enkel war bereits bei der Taufe wieder ins himmlische Paradies zurückgekehrt, weil er den grausamen Donner der Kanonenschläge im Lustgarten, die zu seinen Ehren abgefeuert wurden, nicht vertrug; falsche Behandlung und Ernährung des Säuglings durch die Amme hatten die Voraussetzung dazu geschaffen. Der nächste Knabe hatte in der Folge des gleichen Festes sein fürstliches Ende gefunden, weil die überschwere Goldkrone dem Täufling das Köpfchen zerdrückte...

Es war ein Sonntag, der 24. Januar, und der bereits recht hinfällige, brustkranke König speiste mit dem Kronprinzen allein. Es war kurz vor zwölf Uhr mittags, und man war gerade bei der Suppe, als der Leibmedikus eintrat und die glückliche Geburt eines Prinzen meldete. Der König, vor Freude »alteriret« und in Tränen ausbrechend, ließ sich sogleich in seiner Sänfte ins Zimmer der Kronprinzessin tragen, wo er an dem gesunden, schönen, schwarzhaarigen Erben bewunderte, daß er so »brav schrie und recht fett und fröhlich sei«.

Bei der folgenden Gratulationscour erinnerte der Oberzeremonienmeister daran, daß dieser Prinz der dritte in der Reihenfolge nach zwei früh verstorbenen sei – gerade wie der König selbst. Friedrich entschloß sich, dies als gutes Omen anzusehen, und bestimmte, daß das Kind seinen Namen erhalten solle. Taufpaten wurden außer dem königlichen Großvater der Kaiser in Wien, die Generalstaaten der Niederlande und die Schweizer Kantone. Trotz der unvermeidlichen, mit Perlen und Diamanten besetzten Krone und endloser Taufzeremonien blieb der kleine Friedrich (wie auch Wilhelmine) auf ausdrücklichen Wunsch des Vaters diesmal in Obhut der Mutter – und am Leben. Das bisherige erbarmungslose französische Hofzeremoniell, das die Wegnahme des Kindes unmittelbar nach Geburt und Pflege durch Gouvernante und Leibgarde bestimmte, wurde hier zum erstenmal außer Kraft gesetzt.

Ein Genie war ins Leben getreten.

*

Nach einem nochmaligen Besuch des Zaren Peter im nunmehr fast vollendeten Schloß an der Spree wurde es still in den goldstrotzenden Zimmerfluchten. Wohl verkündeten die Pauken und Trompeten noch um die Mittagszeit, daß sich Seine Majestät zur Tafel begäben – doch es blieb frommer Trug. Die große Tafel gab es nicht mehr. Die ohnedies so enge Brust ließ den kranken König an Atemnot leiden; Depressionen kamen hinzu. Der Aufwand des riesigen Palastes mit seinem Heer von Lakaien und Hofschranzen war brüchiges Theater geworden, das sich nur noch in leeren Wiederholungen erschöpfte. Und der es mechanisch, gewaltsam vor einem mehr oder weniger teilnahmslosen Publikum agieren ließ, war selbst zur Charge herabgesunken.

Die Königin Sophie Luise dämmerte aus ihrer trüben und

muffigen Bigotterie immer mehr in den Zustand hoffnungslosen Wahnsinns hinüber. Der König sah sie nicht mehr, und sie haßte ihn ob seiner Teilnahmslosigkeit.

Eines Tages ruhte der Kranke schlummernd in seinem großen Sessel am Kamin, als er durch eine schreckliche Erscheinung aufgestört wurde:

Eine weiße, hohe Person stand vor ihm mit wirrem Haar, die nackten, blutüberströmten Arme hielt sie erhoben. Große, irre Augen starrten ihn an, während sich die Gestalt schreiend über ihn warf.

Die Schatten der Dämmerung tasteten sich bereits durch den Raum. Der König vermochte nicht sogleich, das grausige Bild zu erfassen; ohnmächtig sank er zusammen.

Als er erwachte, war die Gestalt verschwunden. Friedrich war überzeugt, die Weiße Frau habe ihn besucht. Und das hieß, daß er nur noch kurze Zeit zu leben habe. War die Erscheinung nicht immer bisher Künderin des Todes gewesen?

In seiner Umgebung wagte niemand, dem Kranken die Wahrheit zu sagen. Obgleich jeder wußte, daß es kein Geist gewesen war – sondern die umnachtete Königin, die, ihren Wärtern entronnen, den verhaßten Gatten aufgesucht, eine Glastür durchstoßen und sich dabei die Hände zerschnitten hatte. So erschien sie dem Ahnungslosen, ihn, der ihre Lebensblüte vernichtet habe, mit wilden Flüchen über seine Gottlosigkeit und Grausamkeit überschüttend.

Mit Mühe gelang es den herbeigeeilten Lakaien, die Tobende in ihre Gemächer zurückzubringen.

Von diesem Tage an war der König vom Tode gezeichnet. Wenige Wochen danach, ein Jahr nach der Taufe des kleinen Fritz, ließ er seinen Ältesten zu sich rufen.

Es war mitten in der Nacht. Der Kronprinz, der im Schloßplatzflügel wohnte, eilte über den Schlüterhof zur Prunktreppe. Da sah er aus den Fenstern eines der noch unfertigen und niemals benutzten Säle einen hellen, glutroten Schein dringen. Es schien, als sei der Saal von vielen hundert Kerzen lodernd erleuchtet. Der Kronprinz wandte sich staunend an den Adjutanten, der ihn geholt hatte. Auch der blickte sprachlos auf das sonderbare Spiel.

Plötzlich war alles wieder wie vorher. Die Fenster starrten in nächtlicher Schwärze. Eine Nachfrage beim Kastellan ergab, daß jener Saal verschlossen und ohne jede Beleuchtung sei. Das Gerücht von der seltsamen Erscheinung verbreitete sich in Berlin; jedermann glaubte an ein übernatürliches Ereignis.

Am nächsten Tage starb Friedrich I. in seinem sechsundfünfzigsten Lebensjahr. Er hatte fünfundzwanzig Jahre regiert und hinterließ seinem Sohn ein ausgeblutetes, verarmtes Land mit 1,7 Millionen Menschen.

Der erste König hatte für Berlin mehr getan als für den Staat. Sein Schloß, den Mittelpunkt des Landes, schuf er groß, und groß war er als Mäzen und Künstler der Form. Zum großen Regenten fehlten ihm Kraft, Wille und Format des Vaters.

Dennoch, aus der Ferne von zwei und einem halben Jahrhundert zurückschauend, will es scheinen, als habe er in der Nachfolge des Großen Kurfürsten mit seinem vermessenen Anspruch auf die Königswürde trotz aller Schwächen einem ihm selbst noch verborgenen Zukünftigen gedient – so, wie in diesem seltsamen Brandenburg seit den Tagen des grauen Mittelalters auch der unfähigste, farbloseste Regent unbewußt dem Kommenden gedient hatte, wie es auch Friedrichs I. Sohn, der Soldatenkönig, wieder tun sollte: Schritt um Schritt der Großmacht entgegen, die der Enkel ohne ihn und den Vater niemals hätte schaffen können – und damit der Nation, deren einmalige, staatsbildende Idee fast zum Mythos werden sollte, gleich welche Erhöhung, Verfälschung, Entartung oder Vernichtung ihr im Laufe der Zeit zu erleben und zu erleiden beschieden sein würde.

Der Schimmer von Schönheit und Glanz des ersten Königtums bildete einen fast absurden Kontrast zu der Härte und Armut, die diesem aus Kampf und Arbeit gewachsenen Staatswesen vorher und nachher für lange Zeit das Gepräge gaben. Es war ein Vorfrühling, dem noch viele Jahre strenger Beschränkungen folgten, bis Berlin zum wirklichen Mittelpunkt deutschen Geisteslebens und damit zur Stadt von Weltgeltung gewachsen war. Der Königstitel wurde das Zeichen der Einheit, der verbindenden Kraft, das die buntverstreuten Länder von Cleve-Mark und

Minden-Ravensburg über Magdeburg-Halberstadt zur Kur- und Neumark mit Pommern, dem ostelbischen Kern und Mittelpunkt des Staates bis nach Ostpreußen hin fest zusammenfügte. Der königliche Adler wurde zum Zeichen des Gesamtstaates; der bis dahin ländlich empfindende Beamte wurde königlich preußischer Beamter, die Armee eine »preußische« Armee. Die Menschen all der auseinanderliegenden Provinzen begannen, sich als »Preußen« zu fühlen.

Den Beginn dazu schuf jener kleine, krumme, grenzenlos schweifende Mann, der sich selbst mit unermüdlicher Zähigkeit zum König machte – der erste Romantiker auf dem preußischen Throne, von dem sein Enkel und Erfüller, der größere Friedrich, später sagen sollte:

»Er war groß im Kleinen und klein im Großen ...«

20. KAPITEL

Der königliche Sergeant

Zur Zeit der üppigsten Prachtentfaltung im Schloß an der Spree geboren, von der Mutter vergöttert und in grenzenloser Verwöhnung herangewachsen, hatte der neue Herrscher als Kind die Menschen sehr früh kennen-, sprich die Hofschranzen ringsum gründlich verachten gelernt. Eifersüchtig sorgte Sophie Charlotte dafür, daß der kleine Friedrich Wilhelm niemals gestraft wurde. Dafür strafte *er* seine Umgebung: er quälte seine Freunde, trat seine Diener, forderte seine »Rechte« mit einem Trotz, der ihn einmal fast das Leben kostete: Als er Hunger verspürte und warten sollte, kletterte er auf die Fensterbrüstung und erklärte, er würde sich sofort hier vom dritten Stock in den Hof stürzen, wenn er nicht augenblicklich seine Mahlzeit erhalte! Die Gouvernante, außer sich vor Angst, eilte, seinen Willen zu befriedigen.

Das Kind merkte es sich; von da an war es der Schrecken seiner Erzieher.

Mit fünf Jahren lernte er in Hannover einen Spielgefährten, den künftigen König Georg II. von England, kennen. Er verprügelte den Schwächeren mit solcher Hingabe, daß dieser seine Abneigung gegen ihn niemals überwand. Später nannte Georg den preußischen Cousin nur noch »mein Bruder, der Sergeant«, während ihn der andere mit »mein Bruder, der Komödiant« titulierte.

Niemand wagte den Knaben zu tadeln oder gar zu strafen. Friedrich Wilhelm lernte, was *er* wollte, und das war wenig genug. Er liebte das bunte Tuch der Soldaten ebenso, wie er Seide und Perücken haßte – als läge darin für ihn, der in der Tiefe eher weich veranlagt war, besondere Gefahr. Einmal verbrannte der junge Prinz seine Perücke und einen kostbaren Hausmantel im Kamin und zwang seine Bedienten, desgleichen zu tun. Sie gehorchten wutschnaubend, denn eine solche Haartour kostete ein Vermögen.

Neben der Grobheit und Unbeherrschtheit des Knaben, die sich nur zu gern an Wehrlosen Luft machten, kam früh ein ebenso bemerkenswerter Zug zur Sparsamkeit zum Vorschein, dazu eine Eigenart des Charakters, die selbst der Königin tiefe Sorgen bereitete. Ihrer vertrauten Freundin Pöllnitz schrieb einmal Sophie Charlotte:

»Ich habe Bekümmernisse, liebe Pöllnitz, und ich muß mein Herz durch Mitteilung erleichtern. Außer anderen Veranlassungen, die Ihnen wohlbekannt sind, ist eine, die Ihre Freundschaft längst für mich geahnt hat. Der junge Mann, den ich bisher nur für lebhaft und heftig hielt, hat Beweise von einer Härte gegeben, die ihren Ursprung nur in einem sehr bösen Herzen hat. Nein! sagt die Bülow, das kommt vom Geiz! Mein Gott, desto schlimmer! Andere Fehler legt man mit den Jahren ab, dieser nimmt zu, und was sind die Folgen? Können Mitgefühl und Mitleid in einem Herzen Raum finden, das nur vom Eigennutz beherrscht wird? Hierzu kommen die Klagen der Damen, daß er ihnen grobe Beleidigungen sagt. Zeigt diese Art Seelenadel?«

Friedrich Wilhelm reagierte bewußt derb auf die überfeinerten Formen ringsum, war dabei empfindlich und mit einem starken Gefühl für Sauberkeit begabt. Er verachtete es, wenn man ihn als rosigen Cupido malte, er ärgerte sich über seine Milch-und-Blut-Farben und rettete sich in bäuerliche Brutalität.

Früh geriet der Knabe in Konflikt mit seiner religiösen Erziehung. Er liebte, quälte, floh und vergötterte seine Lehrer. Er litt unter dem Einfluß der Lehre von der »Prädestination«, in der Überzeugung, daß er verflucht sein müsse, da er sein eigenes gefährliches Temperament erkannte und so wenig zu zügeln vermochte. Sein gesunder Verstand wehrte sich gegen das väterliche Zeremoniell und – mehr noch – gegen die Kabalen und Liebesspiele im Lietzenburger Schloß. Die Milde der Mutter erwiderte er nicht mit Dank. Später pflegte er von ihr zu sagen: – Sie war eine kluge Frau, aber eine böse Christin!

Der jähzornige, sensibel-fragende junge Mensch fand seltsamerweise besonderes Wohlgefallen an dem Wort des Caligula: Oderint, dum metuant! – Mögen sie mich hassen, wenn sie mich nur fürchten! Als ein Erzieher dem Prinzen dieses Zitat als abschreckend vorhielt, ereiferte sich der Jüngling anerkennend: – Das ist gut! Das muß ich mir merken!

Der König hatte ihm, der danach dürstete, kriegerische Tätigkeit zu entfalten, eine Kompanie Kadetten überlassen, die der Kronprinz nach Herzenslust exerzieren konnte. Dabei zeigte sich zum erstenmal seine Vorliebe, die später fast zur Manie auswachsen sollte: möglichst schöne und möglichst große junge Männer zu sammeln.

Seine Truppe kommandierte und dirigierte Friedrich Wilhelm wie ein Ballett. Sie blieb seine einzige Leidenschaft. Auch die Heirat änderte daran nichts. So großartig die achtzehnjährige hannöversche Sophie Dorothea in Berlin empfangen worden war – so schnell sprach es sich herum, daß der robuste Kronprinz alles andere als ein Frauenfreund war und seiner jungen Gemahlin mit einer Kälte begegnete, die tieferen Ursachen entsprang. Später, als ihm Sophie Dorothea das fünfte Töchterchen schenkte, schrieb der pflichtbewußte Ehemann aus diesem freudigen Anlaß seinem Freund, dem Fürsten von Anhalt-Dessau: »Man muß sie versaufen oder Nonnen daraus machen. Männer kriegen sie nit alle!«

*

Im Vorzimmer des sterbenden Königs Friedrich I. im Schloß an der Spree harrten die Höflinge des Augenblicks, da ihr Herr scheiden und der neue König sie begrüßen würde.

Endlich erschien der fünfundzwanzigjährige Friedrich Wilhelm I. Ohne den Schwarm der gebeugten Wartenden zu beachten, ging er in sein Zimmer und ließ sich vom Oberhofmarschall den Etat des väterlichen Hofes überbringen. Er würdigte die endlosen Listen kaum eines Blickes, nahm eine Feder und strich sämtliche Chargen kräftig durch – mit dem Zusatz, daß diese Verordnung am Tage nach der Beerdigung seines Vaters in Kraft treten solle...

Dem General-Lieutenant und Kammerherrn von Tettau fiel die dankbare Aufgabe zu, den draußen Versammelten den allerhöchsten Entschluß mitzuteilen. Er entledigte sich des Auftrages, indem er sich räusperte und mit schlicht-würdiger Stimme sagte:

– Meine Herren! Unser guter Herr ist tot. Seine Majestät, der neue König, schickt euch alle zum Teufel!

So war es.

Mit einer Rücksichtslosigkeit, die etwas Atemberaubendes an sich hatte, wurde die gesamte Pracht des väterlichen Besitzes verkauft, davongejagt, aufgelöst; gleich ob es Livreen oder Diener, Pferde oder Equipagen, Minister oder Küchenbuben waren. Der Federstrich galt allem und jedem.

Nur einem nicht, dem Prunkgeschirr. Der ungeheure Vorrat Friedrichs I. wurde nicht nur nicht verringert, sondern Jahr um Jahr vergrößert – als Kapitalanlage. Für alle Fälle. In den Paradezimmern glitzerten silberne Riesenleuchter; die Rahmen der Gemälde, mächtig und schwer, waren massives Silber, ebenso die Tafelaufsätze, Tablette, Spiegelumrahmungen, die Wand- und Tischleuchter – ja die gewaltigen Tische selbst, die Sessellehnen und -füße. Im Rittersaal wurde über der Tür ein aus massivem Silber gegossener Balkon angebracht, von dem bei festlichen Anlässen dröhnende Musik erschallte. Dieser silberne »Trompeterchor« kostete allein an Arbeitslohn 30000 Taler. Die Königin Sophie Dorothea erhielt ein eigenes »goldenes Kabinett«, in dem sämtliche Möbel bis zum Nachttisch und dem Kamingerät aus massivem Golde waren...

Dies galt nur, wie gesagt, im Sinne des hausväterlichen Hortens. Alle sonstige Pracht versank über Nacht.

Eines Morgens fand man am pompösen Eosanderportal einen Zettel angeheftet, der in sauberer Schönschrift den mehr oder weniger schmunzelnden Bürgern zur Kenntnis gab: »Dieses Schloß ist zu vermieten und diese Residenz Berlin zu verkaufen!« Es ist nicht überliefert, wie der resolute neue Monarch auf den Berliner Mutterwitz reagiert hat.

*

Einmal noch zeigte sich gespensterhaft der Aufwand vergangener Tage in makabrer Größe: beim Leichenbegängnis Friedrichs I.

In der Galerie neben dem königlichen Schlaf- und Sterbegemach wurde das kostbare Paradebett aufgestellt, auf dem der ebenso kostbar hergerichtete Körper des Toten ruhte. Purpurroter Samt, bestickt mit zahllosen Diamanten, Kleider von Goldbrokat, die Königskrone, Zepter und Reichsapfel, Orden und Edelsteine erdrückten den kleinen, krummen, leblosen Körper. Sechs hohe silberne Tische trugen je sieben Kerzenleuchter, die Tag und Nacht brannten. Die Generäle des Toten hielten die Ehrenwache.

Nach acht Tagen brachte man die Leiche nach der wie früher prachtvoll verkleideten Erasmuskapelle, wo das Trauerdefilee stattfand.

Währenddessen arbeitete man in der Königlichen Gießerei fieberhaft am Guß des vergoldeten Prunksarges, dessen Modell Schlüter bereits zuvor angefertigt hatte. Der Sarkophag zeigte das Medaillon des Königs und acht Reliefs mit Darstellungen seiner Taten, bewacht von trauernden Genien.

Wieder nach zwei Monaten erfolgte die Beisetzung in der Gruft des alten Domes auf dem Schloßplatz. Der endlose Zug bewegte sich auf Umwegen vom Schloß zum Dom, der als düsteres Mausoleum dekoriert war. Selbst den Fußboden hatte man mit schwarzem Tuch verkleidet. Tausende von Wachskerzen schimmerten aus dem schwarzen Raum, dazwischen die schneeweißen Marmorstatuen der zwölf Brandenburger Kurfürsten, die man aus dem Alabastersaal hierher geholt hatte.

Der Hofdrucker mußte wieder einen Folianten herstellen, der mit seinen 118 Kupferstichen jede Einzelheit des erhabenen Schauspiels einer staunenden Nachwelt bewahren sollte.

Es war zugleich das Begräbnis einer Epoche.

Kaum waren die Glocken und die Trompeten, die Chöre und die Kanonenschüsse verklungen, als sich der neue König der Trauerkleider entledigte, die Uniform anzog und zu der auf dem Schloßplatz harrenden Garde zurückkehrte, um selbst die letzte Gewehrsalve zu kommandieren. Sie beendete die alte und leitete die neue Zeit ein.

*

Der radikale Einbruch der neuen Zeit wirkte sich vor allem auch auf den Bau des Residenzschlosses aus, der ja noch längst nicht vollendet und eigentlich – ohne fertiggestellte Hauptfassade, ohne Kuppel und ohne die entsprechend dem Ganzen gestalteten Höfe – noch ein riesiger Torso war.

Als Nachfolger Eosanders – wenngleich diese Bezeichnung nicht ganz zutrifft – beim Berliner Schloßbau bestimmte der neue König den jungen, dem Meister Schlüter tief ergebenen und seiner würdigen Martin Heinrich Böhme. Der in Magdeburg Geborene hatte als Maler, als Schüler Terwestens, begonnen und in Schlüters großem Treppenhaus das Plafondgemälde mit den olympischen Göttern geschaffen.

Bei Eosanders Verabschiedung war der Westflügel zu den Linden hin lediglich am Portalbau abgeschlossen. Der zweite Teil der Südfront am Schloßplatz erhob sich kaum über Erdgeschoßhöhe. Der neue »Hofbauconducteur« Böhme gab die Eosanderschen Pläne sogleich wieder auf und führte seine Aufgabe nach den Schlüterschen Entwürfen zu Ende. Da der plastische Schmuck bei diesen teilweise kostspieliger war als bei den Eosanderschen, schien sich Böhme bei Friedrich Wilhelms I. sprichwörtlicher Sparsamkeit doch bewundernswert durchgesetzt zu haben.

Drei Jahre später war das Äußere des Schlosses nach achtzehnjähriger Bauzeit zunächst vollendet. Im Innern wurde noch laufend weitergearbeitet. Entsprechend der andersgearteten, bäuerlich-reinlichen Gesinnung des königlichen Herrn wurde auch der (von Eosander ursprünglich als neue Schloßkapelle vorgesehene) Riesenraum des »Weißen Saales« fertiggestellt, der sich etwa an der Stelle erhob, wo zuvor der verunglückte Münzturm gestanden hatte. Zu seinem einzigen Schmucke wurden jetzt die alten Statuen der Kurfürsten und Kaiser aus dem mittlerweile verkürzten und verfallenen Alabastersaal des Großen Kurfürsten bestimmt. Das Glockenspiel aber, das Friedrich I. für 20000 Taler in Holland gekauft und für den Münzturm bestimmt hatte, ließ nun vom Turm der Parochialkirche seine klimpernden Choräle über die wieder kleinbürgerlich stille Hauptstadt hinklingen.

Wie in Potsdam wurde auch in Berlin als erstes der gepflegte und so reich geschmückte Lustgarten zerstört und mit einer dicken Sandschicht bedeckt. Die frühere »Grotte« mit ihren Sälen und Salons wurde zu einer Tapeziererwerkstatt und das einst berühmte »Pomeranzenhaus« zum Packhof. In die Grotte zog später die erste Börse ein.

Auf dem Schloßplatz fielen zu dieser Zeit auch die Reste der früheren Klostergebäude neben dem gotischen Dom. Dieser selbst erhielt an Stelle der morschen Spitzhauben einfache Barockzwiebeln. Die ihn umgebenden Friedhöfe verschwanden wie der alte Glockenturm.

Eines verdient noch festgehalten zu werden: Friedrich Wilhelm war der erste Fürst, der seine offiziellen Ordres nicht mehr »Im Schlosse zu Coelln an der Spree« diktierte, sondern »Im Schlosse zu Berlin«.

Damit war die endgültige Verschmelzung der früher einmal rivalisierenden Schwesterstädte vollzogen.

*

Zwei Jahre nach dem ersten Friedrich starb in Versailles der nun schon sagenhafte Sonnenkönig. Sein Tod schien symptomatisch: Ludwig XIV., der pracht- und glanzumleuchtete Fürst des Abendlandes, endete mit Krätze bedeckt. Er verfaulte gleichsam in seinem goldenen Prunkbett bei lebendigem Leibe.

In Preußen folgte auf den Nachahmer des hohen Vorbildes in Frankreich der »Soldatenkönig«. Wie als Herrscher, zog Friedrich Wilhelm I. erst recht im privaten Dasein dem großen Pomp die getünchte Einfachheit vor. Charakteristischer Ausdruck dessen wurde die »Tabagie« – jetzt ein Stammtisch, der von des Herrn eigenster Natur Zeugnis ablegte.

Die noble Runde tagte in einem Raum, der mit seinen winzigen Fenstern und kahlen Wänden, harten Schemeln und plump gescheuertem Holztisch eher als Gefängnis Ehre eingelegt hätte. Hier versammelte der König seine Generäle und Minister zu feierabendlichem Beisammensein in entsprechender »Zwanglosigkeit«. Man rauchte dabei kurze Pfeifen, zu denen kleine Pfannen mit glimmendem Torf das Feuer lieferten. Jeder Anwesende mußte wenigstens eine Pfeife im Munde haben, wenn er schon nicht rauchte, was angesichts des Knasters Seiner Majestät nicht unverständlich erscheint. Zu den »Nichtrauchern« dieser Art gehörten der Alte Dessauer und der kaiserliche Gesandte Seckendorf, einer der gefährlichsten Intriganten am preußischen Hofe, den der König in seiner Vasallentreue mit besonderer Freundschaft auszeichnete.

Diener waren nicht zugelassen. Es gab Käsebrot oder vom König eigenhändig gefangene und zubereitete Fische.

Die Unterhaltung bewegte sich zwischen Witzen im Kutscherstil und ausgesprochenen Grausamkeiten auf Kosten der dazu Auserkorenen.

Trotz aller Freizügigkeit im Tabakskollegium »gähnte man sich an«, wie es heißt. Der Monarch kam daher auf die Idee, sich nach bewährten Vorbildern anderer Herrscher »Hofnarren« zu halten.

Als erster wurde für die neue Stellung bezeichnenderweise ein bis dahin verdienstvoller Gelehrter auserkoren: der Freiherr Jakob Paul von Gundling, seines Zeichens Professor an der Ritterakademie des verstorbenen Königs. Der Erste Minister Grumbkow hatte ihn für die Tabagie als »Zeitungsvorleser« empfohlen, nachdem der Gelehrte wie seine Berufskollegen brotlos geworden war. (Die Akademie der Wissenschaften entging nur dadurch ihrer Auflösung, daß man dem König versicherte, sie diene lediglich zur Ausbildung von Wundärzten für die Armee. Die Universitäten hielten sich nur, weil sie Theologen ausbildeten, wie die »Literatur« dieser Zeit hauptsächlich aus frommen Schriften bestand.)

Gundling zeichnete sich neben seiner Bildung durch zwei Eigenschaften aus, die ihn für das neue Amt ebenso geeignet machten, wie sie ihm den Hals brechen sollten: er war überaus eitel und überaus dem Weine zugetan. Beides gefiel dem Monarchen ausgezeichnet. So fühlte er sich veranlaßt, seinem Hofnarren als erstes spottweise alle von ihm sonst verachteten und abgeschafften Ämter zu »verleihen«, an der Spitze das des »Zeremonienmeisters«. Anläßlich dieser Erhebung wurde dem wehrlosen Gelehrten das Krönungskleid seines verewigten Vorgängers überreicht, bestehend aus einem roten, mit schwarzem Samt ausgeschlagenen Leibrock mit goldener Stickerei und großen

Aufschlägen, dazu einer reichgestickten Weste. Eine riesige Staatsperücke aus Ziegenhaar, ein roter Hut mit Straußenfedern, rotseidene Strümpfe und Schuhe mit roten Absätzen vollendeten den für diesen spartanischen Hof grotesken Aufzug. Zu dem Titel eines »Zeremonienmeisters« kamen weitere: Präsident der Königlichen Sozietät der Wissenschaften; Geheimer Ober-Appellationsrat; Kriegs- und Hofkammer-, Hof- und Kammergerichtsrat, Hofhistoriograph und so fort. Im übrigen wurde der also Geehrte verhöhnt, geschlagen, betrunken gemacht, mit eindeutigsten »Orden« in Form von Ochsen-, Esel-, Affenbildern beschenkt, die er zu tragen gezwungen wurde. Man mauerte dem Bezechten sein Schlafzimmer zu, daß er die Nacht auf der regennassen Straße verbringen mußte, oder man legte ihm junge Bären mit verstümmelten Vordertatzen ins Bett, die ihn so hernahmen, daß er tagelang Blut hustete. In seinem Schlafzimmer mußte Gundling als künftigen Sarg ein schwarzgestrichenes Weinfaß aufstellen, das mit einem weißen Kreuz versehen war ...

Einmal, in nüchternem Zustande seiner Schande eingedenk, versuchte der unglückliche »Narr« zu fliehen; man holte ihn zurück, hielt ihn unter Drohungen und Alkohol. Eines Tages wurde Gundling öffentlich ein wie er selbst verkleideter Affe als »Jugendsünde« vorgeführt. Gundling mußte den »Sohn« umarmen und als solchen schriftlich anerkennen. Dafür setzte ihm der gereizte »Sohn« entsprechend zu, während der anwesende Hof vor Lachen barst.

Um den Spaß noch zu verdoppeln, holte der König einen zweiten Gelehrten namens Faßmann heran, der eine bösartig-beleidigende Fachschrift gegen Gundling verfassen und drucken lassen mußte, die man Gundling feierlich vorlas. Gundling, aufs tiefste gekränkt, warf dem Kollegen die nächststehende Pfanne mit glühenden Kohlen ins Gesicht. Der seinerseits riß Gundling die Hosen herunter und bearbeitete dessen bloßes Hinterteil derart mit der heißen Pfanne, daß der Arme wochenlang nicht sitzen noch liegen konnte ...

Und dennoch arbeitete Gundling weiter als Gelehrter! Er schrieb unter anderem ein großes Werk über die Regierung Friedrichs I. und für die Zarin eine Abhandlung über den Bestand des russischen Kaisertitels, die für die ehemalige Lager-dirne Katharina I. zweifellos von Wichtigkeit war. Auch vom König von Polen wurde Gundling hoch geehrt.

Bis er sich zu Tode trank. Und dies war seine einzige Rettung. Der humorige Landesvater ließ ihn in jenem schwarz angestrichenen Weinfaß öffentlich aufbahren und dann im selben Behältnis unter Beteiligung der ganzen Stadt, selbst der Schulkinder, feierlich beisetzen. Wenn sich auch der Pfarrer weigerte, dem sonderbaren Begräbnis seinen Segen zu geben, so amüsierten sich das Tabakskollegium und Seine Majestät doch köstlich über diesen originellen »letzten Spaß«.

Gundlings Nachfolger wurde der Professor Faßmann. Ihm jedoch gelang es, rechtzeitig zu fliehen. Die Reihe fand muntere Fortsetzung mit weiteren nicht minder grausam Geehrten – und das Beschämendste ist, daß es immer Männer mit ausgesuchter, überlegener Bildung traf, die solches Los auf sich nehmen mußten. Das war die wahrhaft »königliche« Rache an den Gefilden, die dem »Sergeanten« auf dem Thron für immer verschlossen bleiben mußten – eine Gepflogenheit, die sich indessen nicht auf diese Ära allein beschränken sollte, was einen bestimmten Teil des Militärs gegenüber den »Zivilisten« anlangte.

*

Friedrich Wilhelm I. führte sein Regiment im Staate wie ein gestrenger Schulmeister. Pünktlich und frühzeitig stand er auf, betrat er sein Büro, hielt die Wachtparade ab und nahm Bittschriften entgegen, die er kurz und kauzig kommentierte, ablehnte oder weitergab – wie etwa das Gesuch einer Offizierswitwe, das er in markigen Reimen beschied:

> Eure Bitte kann ich nicht gewähren,
> ich habe hunderttausend Mann zu ernähren.
> Gold kann ich nicht . . .
> Friedrich Wilhelm, König von Preußen

Er revidierte Ställe und Bedientenwohnungen, Straßen und Plätze und Häuser der Bürger. Während er mit seiner Familie in

Randverfügung Friedrich Wilhelms I. auf einen Bericht des General-direktoriums wegen des Baues eines Dammes im Amt Stepenitz in Pommern: »Narren Possen Narren Possen Narren Possen Narren Possen«

ländlicher Einfachheit lebte, ließ er sich um so lieber von seinen Generälen und Ministern zu opulenten Mählern einladen, denn im Grunde war er durchaus kein Kostverächter, wie auch seine Leibesfülle verriet. Wenn es ihm an der Zeit schien, erging an die Auserkorenen eine diesbezügliche »Anregung«. Dann schwelgte der König in Austern und Hummer und teuren Weinen. War er wieder im Schloß, gab es Biersuppe und Polenta.
Daß die Berliner ihren Landesvater geliebt hätten, kann nicht berichtet werden. Anläßlich seiner Spaziergänge – vor allem in der neuen Friedrichstadt – begann man, seine Erscheinung schon von fern zu fliehen, was ebenso verständlich wie ihm unangenehm war. Oft hetzte er den Flüchtigen seine Reitknechte oder Pagen nach.
Einmal stob ein Tanzmeister in eleganten Sprüngen davon und rettete sich, als er gefaßt zu werden drohte, in ein Haus. Der König ließ ihn herausholen und fragte nach seinem Beruf und Namen. Als der Arme zitternd verriet, daß er ein Jünger Terpsichores sei (und er wußte, wie der König derlei »Firlefanzereien« verachtete), mußte er sogleich auf offener Straße eine Sarabande zum besten geben, von der Seine Majestät behaupteten, daß seine Grenadiere so etwas weit besser könnten!
Die Sache sprach sich herum. Als der König wieder einmal ein

Opfer nach beschwerlicher Hetze durch viele Straßen von einem Dachboden herunterholen ließ, gab der Schlotternde, nach dem Beruf gefragt, zur Antwort: er sei Handlungsdiener.
– Wirklich? fragte der König drohend. – Lügt Er auch nicht? Am Ende ist er gar ein – Tanzmeister??
Das Unglück wollte es, daß der König recht geraten hatte: das Opfer war wirklich ein Tanzmeister! Der Arme mußte volle vier Wochen lang beim Bau der neuen Petrikirche Schutt karren, um zu lernen, was »anständige Arbeit« sei …
Als ein Kandidat der Theologie auf die Frage, was er sei, zur Antwort gab: Berliner! rümpfte der König die Nase: Die Berliner taugten alle nichts! Darauf der Kandidat: Oh, er kenne zwei Ausnahmen!
– Und die sind? fragte der König.
– Eure Majestät und ich!
Der König war zufrieden. Immerhin handelte es sich um einen Theologen. Weniger zufrieden war er mit dem armen Juden, der vor ihm in panischem Schrecken die Flucht ergriff und dem Seine Majestät eigenbeinig nachstöhnten, bis er ihn am Schlafittchen hatte.
– Warum ist Er weggelaufen? schnaufte der wütende Landesvater.
– Weil ich mich fercht! erfolgte die bebende Antwort.
Worauf der König den Guten mit den klassischen Worten durchprügelte:
– Lieben sollt ihr mich, ihr Canaillen, hört Er?
Und, so seltsam es klingen mag, dies war dem ungeschlachten, in seinem Innern empfindsamen Manne, der sich so gern als Barbar gab, heiliger Ernst. Er sehnte sich nach Liebe in seinem Hause und bei seinem Volk. Er wollte das Unmögliche: Vertrauen *erzwingen.*

*

Die einzige Großzügigkeit, die sich Friedrich Wilhelm I. leistete, zeigte er bei seiner Riesengarde. Ein Bursche von sieben bis zehn Fuß kostete 700 bis 1000 Taler; einer, der auch noch schön war und etwa zum Flügelmann taugte, war als ausgesprochene

Mangelware um ein Vielfaches teurer. Was nicht hinderte, daß die jungen Leute außerdem mit allen Mitteln der List, Erpressung oder Betrug »erworben« wurden. Der kaiserliche Gesandte, Graf Seckendorf, schrieb an den Prinzen Eugen nach Wien, er möge doch »etliche große unnütze Raitzen nach Berlin schikken, denn bei dem Könige kann man durch lange Kerle mehr ausrichten, als mit allen Räsonnements und Rechtsgründen«. Peter der Große und Katharina I. verschacherten dem König jährlich hundert Riesen gegen Kunstschätze aus Friedrichs I. Besitz.

Eine besondere Liebhaberei des Königs lag wieder darin, seinen Riesen entsprechend »schöne«, das heißt ebenso lange Mädchen zur Heirat zu beschaffen. Einmal traf er eine solche Hünenjungfrau, die er sofort einem seiner Lieblinge zu vermählen gedachte. Er rief das Mädchen zu sich heran, schrieb auf ein Blatt aus seinem Notizbuch ein paar Worte, klebte es zusammen, gab dem Mädchen einen Gulden und befahl ihr, den Brief sofort an den Obersten von Einsiedel zu besorgen, dessen Anschrift er darauf vermerkte. Das Mädchen, über die sonderbare Jovialität des Königs verwundert, von dessen sprichwörtlichem Geiz sie wußte, fürchtete nicht zu Unrecht, daß es mit dem Briefe eigene Bewandtnis haben müsse. Um sich vor jeder Gefahr zu sichern, übergab sie den Brief mit der Hälfte der Belohnung einem alten, buckligen Weibe zu weiterer Beförderung.

Die Alte, glücklich über das Geschäft, eilte sofort zu dem Obersten und übergab ihm das Papier.

Der las zu seinem Erstaunen:

»Laßt auf der Stelle die Überbringerin dieses mit dem Flügelmann Mac Doll copulieren.   Friedrich Wilhelm«

Die Offiziere waren an wunderliche Launen ihres Souveräns gewöhnt. Also wurde die Alte festgehalten, der schöne junge Mac Doll (ein Irländer) sowie der Garnisonprediger herbeibefohlen und die sofortige Trauung vorgenommen.

Vergebens protestierte der unglückliche Grenadier, die Alte wackelte nur sprachlos mit ihren Kinnbacken. Als Mann und Frau wurden sie von dem Obersten mit tiefempfundenem Bedauern beglückwünscht und entlassen.

Anderntags rief der König seinen Lieblingsflügelmann zu sich und fragte schmunzelnd, ob er mit der Wahl, die man für ihn getroffen habe, zufrieden sei.

Der Irländer schwieg zornbebend; sodann stieß er mutig seinen Abscheu hervor. Der König, fassungslos vor Enttäuschung, befahl dem Grenadier, sich nach der Tafel mit seiner jungen Frau auf dem Schlosse einzufinden, um sein Hochzeitsgeschenk in Empfang zu nehmen.

Der Soldat mußte gehorchen. Als der König das Paar erblickte, erschrak er nicht weniger als der Bräutigam bei der Trauung. – So eine verfluchte Vogelscheuche! schrie er entrüstet. – Wie ist man dazu gekommen, sie dem armen Kerl anzuhängen? Die Alte erklärte zitternd, wie sich alles ergeben habe. Der König tobte; dann ließ er den Prediger noch einmal kommen, um die seltsame Ehe schleunigst wieder aufzulösen...

*

Der Religionsstreit zwischen Lutheranern und Reformierten verstummte auch unter dem Soldatenkönig nicht. Dazu taten sich immer neue Sekten auf wie die »Inspirierten« oder die des hinkenden Hofschusters Schramm, die sich »Gichtelianer« nannte. Friedrich Wilhelm sah von besonderer Verfolgung solcher Sekten ab, sie rangierten für ihn neben den Katholiken oder den Juden, die er großmütig duldete, wenn sie auch keine eigenen Häuser besitzen durften und niemals ein Staatsamt erlangten.

Seinen gesunden Menschenverstand bewies der König, als er kurzerhand die noch immer florierenden Hexenprozesse verbot. Der letzte fand im siebenten Jahr seiner Regierung in Nauen statt, wo man eine »vom Teufel besessene« Dirne vor Gericht zerrte, sie aber nur lebenslänglich ins Spinnhaus steckte – was nach bisheriger theologischer Auffassung eine beängstigende Nachlässigkeit darstellte. Noch Luther selbst hatte einer Mutter geraten, ihr »besessenes« Kind in der Spree zu ersäufen; was dann auch vermittels eines Sackes geschehen war...

Während sich nun statt Pomp, Eitelkeit und Verschwendung, die unter dem ersten König geherrscht hatten, Geiz, Grobheit, Puritanismus, Kasernenenge ausbreiteten, wuchs derselbe »Soldatenkönig« aber auch – und das wiegt mindestens so schwer wie die andere Seite – zum unübertroffenen Neuordner der Staatsverwaltung. Kein Ding, das ihm zu gering erschien, als daß es nicht lohnte, darum besorgt zu sein. Er kannte nur eine Aufgabe: die einheimischen Kräfte zu stärken, sie vom Ausland unabhängig zu machen und selbst *Fertig*waren auszuführen. Friedrich I. hatte die Zukunft seines Landes verkauft, um mit Subsidien die eigene Pracht bezahlen zu können. Der Sohn haßte diese Abhängigkeit.

»Menschen achte vor den größten Reichtum!« lautete Friedrich Wilhelms I. – leider nicht immer in der Praxis geübte – Devise: Menschen nämlich für die Armee und Menschen für die Wirtschaft des kaum übersehbaren Flickwerkes von Ländern und Provinzen. Eine noch nicht dagewesene »innere Kolonisation« zog von überall, aus Frankreich wie aus Salzburg, aus Schwaben und aus den Ostgebieten arbeitsame Menschen, Siedler und Handwerker, ins langsam erblühende Land. Zum erstenmal regte sich das, was bis zum heutigen Tage die »Preußen« in aller Welt so unheimlich machte. Dabei gab es im Grunde damals so wenig »Preußen« wie heute, es gab nur die Idee. Und die Idee wurde ebensooft mißbraucht, verbogen, verkannt, wie sie selbst zum Begriffe wuchs. Auch der Soldatenkönig diente dieser Idee – er vielleicht am rücksichtslosesten von allen, die jemals unter ihrem Gesetz lebten und arbeiteten.

21. KAPITEL

Staatsbesuche und Intrigen

Der Landesvater, der seinen Bedarf an königlicher Pracht und Geselligkeit im Tabakskollegium vollauf befriedigte, gedachte sich auch nicht bei den unvermeidlichen Empfängen ausländischer Potentaten zu überanstrengen. So ließ er bei einem neuerlichen Besuch des Zaren Peter, mit dem ihn eine vage Freundschaft verband, das Finanzdirektorium anweisen:

»Ich will 6000 Thaler destiniren, dafür soll das Finanzdirektorium die Menagen so machen, daß ich den Czaren freihalten kann von Memel bis Wesel. In Berlin aber wird der Czar aparte tractiret; nit einen Pfennig gebe mehr dazu. Aber vor der Welt sollen sie ein Geschrei machen von 30 bis 40000 Thalern, das es mir koste!«

Über den hohen östlichen Gast und seine Gemahlin, die ehemalige lettische Stallmagd und spätere Alleinherrscherin Katharina I., hat die Prinzessin Wilhelmine in ihren Memoiren recht offen berichtet. Danach wurde der Zar mit seiner Gattin im Lustschlößchen Monbijou untergebracht. Da man seine Freunde bereits kannte, beeilte sich die ahnungsvolle Königin, der das Schlößchen nach dem Sturze der Wartenbergs gehörte, zuvor alle Prunkmöbel, Statuen und Kostbarkeiten nach Möglichkeit zu entfernen und durch solideren Hausrat zu ersetzen.

Bei der Begrüßung machte der riesige Zar Anstalten, die Königin zu umarmen, doch gelang es Sophie Dorothea, sich ihm zu entwinden. Dafür begann die Zarin, entsprechend ihrer früheren Gewohnheit, der Königin ununterbrochen die Hände zu küssen. Katharina hatte ihre Karriere als Frau eines Dragoners begonnen, dem sie der Fürst Menschikow entführte, um sie für eigene Zwecke zu gebrauchen. Bei dem Fürsten lernte sie der Zar kennen, den sie derart begeisterte, daß Peter sie zu seiner Geliebten und dann zur allerhöchsten Gemahlin machte. Dies-

mal reiste die Dame mit ihrem »Hofstaat«, einer Herde vollbu-
siger Dienstmägde, von denen jede ein in grellbunte Flitter ge-
kleidetes Kindchen auf dem Arm trug. Wenn man sie fragte, ob
es die ihren wären, knicksten die Damen und hauchten: Der Zar
hätte ihnen die Ehre erwiesen, ihnen dieses Kind zu schenken!
Die stolze Welfin Sophie Dorothea ignorierte das seltsame Gefolge, worüber die Zarin sehr empört war. Nur mit Mühe wurde
die allgemeine Stimmung aufrechterhalten. Von Katharina
schreibt Wilhelmine weiterhin:
»Die Czarin war klein und untersetzt, sehr braun und ohne Anmut und Hoheit. Man hätte sie nach ihrem Aufputz für eine
deutsche Komödiantin angesehen. Ihr Kleid war auf dem Trö-
del gekauft worden, es war ganz altmodisch und mit Silber und
Metallschaum überladen. Der Vorderteil ihres Leibchens war
mit Edelsteinen besetzt. Die Anordnung dieser Juwelen war
sehr sonderbar. Sie stellten einen Doppeladler dar, dessen Flügel mit den kleinsten, sehr schlecht gefaßten Diamanten gar-
niert war. Sie trug ein Dutzend Orden und ebenso viele Heili-
genbilder und Reliquien am Aufschlag ihres Kleides herunter-
geheftet, so daß, wenn sie ging, man einen Maulesel zu hören
glaubte . . .«
Den Zaren, einen herkulisch gewachsenen Mann von roher
Schönheit, beschrieb Wilhelmine nicht weniger individuell:
»Es ist bekannt, daß dieser Fürst vergiftet worden war. In seiner Jugend war ihm das feinste Gift auf die Nerven gefallen,
weshalb er oft eine Art von Krämpfen bekam. Dieser Zufall ergriff ihn auch bei Tische, und da er eben das Messer in der Hand
hielt und damit gestikulierte, so geriet die Königin in Angst und
wollte einige Male aufstehen . . . Am folgenden Tage ließ man
ihn alle Sehenswürdigkeiten Berlins, unter anderem das Münzkabinett und die alten Statuen, sehen. Unter diesen befand sich
eine, welche eine heidnische Gottheit in einer sehr unanständi-
gen Haltung zeigte. Dieses Stück wurde für sehr selten gehalten
und galt als eines der kostbarsten. Der Zar bewunderte sie sehr
und befahl der Zarin, sie zu küssen. Sie wollte sich wehren, aber
er wurde böse und sagte zu ihr in gebrochenem Deutsch: ›Kopp
ab‹, welches so viel heißen sollte als, wenn du nicht gehorchst,
wird dir der Kopf abgeschlagen! Die Zarin hatte große Furcht

und tat alles, was er von ihr verlangte. Er begehrte ohne Umstände diese Statue und mehrere andere vom König, der sie ihm nicht verweigern durfte. Dasselbe tat er mit einem Schränkchen, dessen Getäfel ganz von Ambra war. Dies war einzig in seiner Art und hatte Friedrich I. unermeßliche Summen gekostet. Es erlebte das traurige Schicksal zu allgemeinem Bedauern, nach Petersburg geschickt zu werden. Endlich, nach zwei Tagen, reiste dieser barbarische Hof wieder ab. Die Königin begab sich sogleich nach Monbijou. Dort herrschte die Zerstörung Jerusalems. Alles war ruiniert, so daß die Königin fast das ganze Haus neu bauen lassen mußte . . . «

*

Auch August der Starke, der sächsische Kurfürst und polnische König, erschien in Berlin zum Staatsbesuch. Im Jahr zuvor war Friedrich Wilhelm mit dem sechzehnjährigen Fritz in Dresden gewesen, den der Rausch des Reichtums und die Reize der schönen Tochter-Mätresse des leistungsfähigen Kurfürsten völlig verzaubert hatten. Auch bei dem Besuche in Berlin war die zierliche Gräfin Orszelska dabei. Auf dem Tempelhofer Feld fand eine Truppenrevue statt, bei der sie eine preußische Offiziersuniform trug. Wie der nunmehr Siebzehnjährige diesmal von ihr beeindruckt war, ist nicht überliefert. Es war die Zeit der schlimmsten Spannungen zwischen König und Kronprinz. Über August den Starken bemerkt Wilhelmine:
»Der König von Polen war damals fünfzig Jahre alt; er hatte eine majestätische Würde und Gesichtszüge, alle seine Handlungen drückten Güte und Höflichkeit aus. Seine ungeheuren Ausschweifungen hatten ihm ein Übel am Fuß zugezogen, weshalb er nicht gehen noch lange stehen konnte . . . «
Höhepunkt aller Festlichkeiten bildete nach der Parade eine glänzende Illumination der Residenz – die eine kostete den König so wenig wie die andere, denn die Bürger durften ihre Feuerwerkskörper selbst bezahlen.

*

Neben derlei »Lichtblicken« für das Volk bediente sich die neue Ordnung im Lande mit Vorliebe harter Strafen und grausamer Hinrichtungen und Folterungen, was nicht nur für die mit Gewalt unter die Fahne gepreßten Söldner des Heeres galt. So überführte man den Kastellan und den Hofschlossermeister eines Diebstahls im Königlichen Münzkabinett. Sie wurden öffentlich gerädert, mit glühenden Zangen gerissen und aufgehängt; ihre Frauen wanderten ins Spinnhaus, weil sie ihre Männer nicht rechtzeitig verraten hatten.

Erbitterte es den König tief, daß er »nicht einmal mehr im eigenen Hause sicher sein konnte«, so ließen wirklich gefährliche Intrigen, von denen er erfuhr – die meisten blieben ihm ohnedies verborgen –, das ihm von Natur innewohnende Mißtrauen gegen jedermann immer größer werden. So nur konnte es zu jener Episode kommen, die für die Gestalt des Soldatenkönigs charakteristisch ist – die andererseits aber auch ein bezeichnendes Licht auf das Verhältnis der Staaten zueinander und besonders auf das zwischen Wien und Berlin mit allen unterirdischen Aktionen, Verbindungen, Verrätereien wirft, gleich ob diese wie hier als Lügengespinst entlarvt wurden oder nicht.

So erschien in Berlin etwa zu der Zeit, da jene Exekution stattfand, am Hofe ein junger, eleganter Kavalier, der sich Clement, nach anderer Schreibart Kleement, nannte und angeblich Ungar und von geheimnisvoll fürstlichem Geblüt war. In Wien zum reichen Manne geworden, zog es ihn nach Dresden an den Hof Augusts des Starken, wo ihn wichtige diplomatische Geschäfte eine Zeitlang festhielten. Von dort richtete er seine Spekulationen auf die preußische Hauptstadt; seine Chancen standen insofern günstig, als zwischen Wien und Dresden einerseits und dem Berliner Hof andererseits Spannungen bestanden, die nicht ohne Bedeutung waren.

Auf Umwegen gelang es dem sehr geschickten Diplomaten, tatsächlich an den schwierigen Preußenkönig heranzukommen und ihm bei einer »zufälligen« persönlichen Begegnung unter dem Siegel größten Geheimnisses eine furchtbare Enthüllung zu machen:

Der österreichische und der sächsische Hof hätten die Absicht, den unbeliebten Monarchen auf einer Reise oder Jagd gefangennehmen, den Kronprinzen Fritz katholisch erziehen zu lassen und diesen unter kaiserlicher Vormundschaft auf den preußischen Thron zu setzen. Die besten Generäle und Minister des Königs seien in die Verschwörung verwickelt; man suche nur noch die Zustimmung der Seemächte zu dem Plane zu gewinnen. Er selbst, Clement, sei gerade auf dem Wege nach Den Haag, um dort Verhandlungen in diesem Sinne zu führen. Jedoch habe er die Unmoralität des Auftrages erkannt, auch komme sein protestantischer Widerwille gegen die Katholischen hinzu; und so fühle er sich, sein Gewissen zu entlasten, verpflichtet, der preußischen Majestät von dem Unheil Kenntnis zu geben. Er besäße Unterlagen und Briefe, aus denen die Wahrheit seiner Geständnisse und die Ruchlosigkeit der Verschwörer drinnen und draußen untrüglich hervorgehe. Natürlich gelte es, tiefstes Geheimnis zu bewahren...

Für jeden anderen wäre solch absurde Phantasie mit einer Handbewegung abgetan gewesen, nicht so für den sich polternd-tyrannisch gebärdenden »Sergeanten« auf dem preußischen Königsthron. Friedrich Wilhelm, der das Mißtrauen gegen den Kaiser ererbt, das gegen seinen Ältesten längst in sich gezüchtet hatte, dazu von seiner Isolierung im Volke wußte, verfiel in Schwermut. Wem konnte er sich noch anvertrauen? Gab es irgend jemanden, der wahrhaft zu ihm hielt?

Immer dichter umgarnte der hilfreiche Clement den unsicheren, einsamen Mann; jeden Dank und jedes Versprechen des Königs wies er großmütig zurück: Er sei der Bewunderer und Freund und ehrliche Glaubensgenosse; sein Lohn läge in der Aufdeckung des Ungeheuerlichen und in der bescheidenen Hilfe für seine illegal aus edlem Blute entsprossene Person...

Es ward eine lange, bange, tragikomische Geschichte. Der König, fast krank angesichts des durch immer neue »Original-Dokumente« bezeugten offensichtlichen Verrates des Kaisers, dem gegenüber er sich als treuester Vasall erwies, wußte nicht mehr aus noch ein. Clement, der es außerdem verstand, sich in Berlin wichtige Hintermänner zu sichern, verblüffte den König jeden Tag mit neuen Briefen und »echten« Unterlagen, die seine Warnungen und Beschuldigungen bestätigten, alle Zweifel an ihrer Glaubwürdigkeit besiegten. Sogar der Prinz Eugen mußte später, als er solche angeblich von seiner eigenen Hand stammenden Dokumente sah, das Genie des Ungarn zugeben.

Wobei für uns eine andere Frage nicht ausbleiben kann: Warum tat Clement all das? Glaubte er wahrhaftig, solcherweise in die Geschicke Europas und der gekrönten Herren eingreifen zu können?

Das Allerschlimmste aber war: Der Kronprinz, hätte er von solchen Umtrieben wirklich erfahren, wäre ohne Bedenken Teilhaber des Komplottes geworden! Es kam im Grunde also auf das gleiche heraus ...

Friedrich Wilhelm wagte sich nicht aus seinen Zimmern im Schloß an der Spree. Er verdreifachte die Wachen vor der Schlafzimmertür und auf den Treppen und ging nur noch mit zwei geladenen Pistolen zu Bett. Er mied seine Gattin, seine Familie, seine Minister, überzeugt, daß sie alle mehr oder weniger mit den Verschwörern gemeinsame Sache machten. Er verbrachte seine Nachtstunden damit, alle die raffiniert »echten« Dokumente zu studieren.

Bis eines Tages sein nächster Freund, der Fürst von Anhalt-Dessau, in des Löwen Höhle ging und sehr direkt nach der Ursache zu all dem sonderbaren Tun fragte. Der König, dem ausgerechnet der »Alte Dessauer« als einer der Gefährlichsten verdächtigt worden war, ließ sich nur mit Mühe und durch die Unerschrockenheit des getreuen Haudegens überzeugen.

Nun schlug Clements Stündlein. Der gerissene »Diplomat« wurde in die Falle gelockt und hingehalten, bis vertrauliche Nachricht vom Prinzen Eugen eingeholt und damit alles weitere aufgedeckt werden konnte. Auf der Folter gestand Clement.

Mittlerweile schlug die Empörung auch in Wien und Dresden hohe Wellen – im Grunde fürchtete man den militärischen Brandenburger nicht wenig. Es wurde ein aufsehenerregender Prozeß, der mit der öffentlichen Hinrichtung des seltsamen Schwindlers und seines Kumpanen Lehmann endete. Clement wurde in eisernen Ketten an den Galgen gehängt, Lehmann enthauptet. Beide hatte man zuvor mit glühenden Zangen gerissen, wie es üblich war.

Wieder geschah etwas Eigentümliches: Der sonst so unerbittliche, ja grausame König war von dem Wesen und den Talenten

Clements trotz allem so beeindruckt, daß er bei den Verhören immer wieder verzweifelt ausgerufen haben soll:
– Kerl, wenn ich dich vom Galgen retten könnte – ich machte dich zum Geheimen Rat! Aber ich muß dich hängen lassen!
Und der Chronist fügt hinzu:
»Vielleicht würde der König ihn gerettet haben, hätten der österreichische und der sächsische Hof nicht auf seine Bestrafung gedrungen...«
Was wiederum auch nicht unverständlich ist.
Das Mißtrauen gegen den Kaiser aber und mehr noch gegen den eigenen Sohn vergiftete weiter die Seele des mit sich so schwer ringenden Soldatenkönigs. Nur aus der Kenntnis dieser Vorgeschichte ist auch die Bedeutung der nicht lange danach alle Höfe Europas bewegenden Fluchtaffäre des Kronprinzen und die furchtbare Reaktion auf seiten des Vaters zu verstehen.

22. KAPITEL

Fritz und Wilhelmine

Die scheinbare Ruhe nach der Hinrichtung Clements am Hof zu Berlin sollte nicht lange anhalten. Während der König von seinen Günstlingen Grumbkow und Seckendorf stramm am Gängelband geführt wurde, fürchteten ihn das Volk sowie seine eigene Familie mehr denn je. Aus jeder Zeile der Aufzeichnungen der ältesten Tochter, der Prinzessin Wilhelmine – die trotz mancher Fragwürdigkeit im einzelnen zuletzt eben doch »echt« sind –, und jedem Wort gegenüber Vertrauten des späteren Königs Friedrich II. tritt uns diese Fremdheit, ja dieser Abscheu entgegen, mochte er später freilich im Sinne dynastischer Verherrlichung oder christlicher Familientheologie verschleiert oder geleugnet werden.

Friedrich Wilhelm kannte in seiner Simplizität bei seinen Kindern weder Rücksicht noch Respekt für deren Eigenpersönlichkeit – war es, weil er in seiner Jugend unter der eigenen »Freiheit« so sehr gelitten hatte? Besonders der Kronprinz mußte die väterliche Zuchtrute bis zum Zerbrechen spüren. Um so inniger schlossen sich die beiden Ältesten, Fritz und Wilhelmine, aneinander an – in einer Liebe, die sie wie selten ein Geschwisterpaar bis zur letzten Stunde und über den Tod hinaus verband. Wie Friedrich war die Schwester geistvoll, spöttisch, musisch. Wie bei ihm wurde auch ihre vom Vater aufgezwungene Ehe zur Farce.

Die Königin Sophie Dorothea, bekanntlich eine Tochter des hannöverschen Kurfürsten und nunmehrigen Königs Georg I. von England, hatte aus Vorliebe für ihr Haus den Entschluß gefaßt, ihre Tochter Wilhelmine mit dem britischen Thronerben, Fritz aber mit der Prinzessin Amalie von England zu vermählen. Von England aus standen die Dinge günstig – dafür setzte Wien alle Hebel in Bewegung, diese gefährliche Konstellation mit jedem Mittel zu verhindern. Die Hauptaufgabe in dem nun folgenden, ebenso hinterhältigen wie verlogenen Spiel fiel dem Herrn von Grumbkow – dem vom Kaiser gekauften Ersten Minister des Preußenkönigs – und dem kaiserlichen Gesandten, dem Grafen Seckendorf, zu. Und nur ein einziger Mensch ahnte von all dem Intrigengewirr ringsum nichts, obgleich es kaum eine Art der Kabale und des Verrats gab, deren man sich nicht bediente, den immerhin gewichtigen Militärstaat Preußen zu isolieren und auszuschalten – das war Seine Preußische Majestät, Friedrich Wilhelm I.

Hingegen intrigierte die Königin Sophie Dorothea um so fleißiger mit. Sie trieb es nicht nur mit den Engländern, sondern vor allem auch mit Frankreich. Jetzt wurde hinter dem Rücken ihres Gemahls ein »Geheimabkommen« mit Versailles erwogen – für den Fall, daß der preußische König stürbe oder seiner Geisteskräfte verlustig ginge. Was bei den sich mehrenden Tobsuchtsanfällen des cholerischen Mannes immerhin im Bereich des Möglichen lag ...

*

Eines Tages erschien der englische König selbst zu einem Staatsbesuch in Berlin. Friedrich Wilhelm stürzte sich, seiner Gewohnheit entsprechend, nicht in besondere Unkosten. So befahl er, daß sämtliche Häuser in Berlin und Potsdam neu abgeputzt und mit gelber Farbe angestrichen werden sollten. Wer bei Hofe erschien, hatte sich neue Galakleider anfertigen zu lassen. Beides auf eigene, das heißt der Betroffenen Kosten.

Im übrigen befand sich der preußische Monarch ganz im Einflußbereich der Herren Seckendorf und Grumbkow, und das blieb auch so, als Georg I. von England starb und der Bruder der Königin, Georg II., den britischen Thron bestieg – derselbe, den Friedrich Wilhelm als Knabe so hingebend verprügelt hatte. Was dem kaiserlichen Gesandten nur zu gelegen kam, um die Disharmonie zwischen London und Berlin weiter zu fördern. Und Grumbkow, reichlich bezahlt von Wien, tat das seine dazu.

Über den Minister-General des Vaters äußerte sich Wilhelmine: »Grumbkow hatte Beweise seines Mutes in der Schlacht bei

Malplaquet gegeben, wo er während der ganzen Action in einem Graben steckte. Auch zeichnete er sich bei Stralsund aus und vertrat sich zu Anfang des Feldzuges einen Fuß, welcher den Herrn General hinderte, die Trancheen zu besuchen. Er hatte dasselbe Unglück wie ein gewisser König von Frankreich (Ludwig XV.), der keinen bloßen Degen sehen konnte, ohne in Ohnmacht zu fallen. Aber dieses abgerechnet war er ein äußerst tapferer Soldat ...«

Der vollkommene Höfling Friedrich Wilhelm von Grumbkow war als Knabe Kammerpage des jungen Friedrich I. gewesen. Obgleich mehr Diplomat und Weltmann, stieg er dennoch militärisch ebenso rasch empor. Eine Begegnung mit dem so eitlen wie bedeutenden Herzog von Marlborough wurde für den begabten, aber mittellosen Berliner Höfling zum größten Erlebnis; er verschaffte sich die Anerkennung des großen Briten und dadurch seine Berliner Stellung, in der er sich vor allem durch Charakterlosigkeit auszeichnete. Zugleich glänzte Grumbkow als Verschwender und Prahler, was in Anbetracht des Wesens Friedrich Wilhelms I. und dessen Mißtrauen bemerkenswert ist. Der Despot ordnete sich dem glattzüngigen Salongeneral völlig unter und unterstützte so die verhängnisvolle Rolle, die Grumbkow in dem bald hoch auflodernden Familienkonflikt übernehmen sollte.

Während Grumbkow als »Erster Minister« seines Königs laufend Landesverrat übte, hoch bezahlt von allen Seiten, waren für den Reichsgrafen Seckendorf Staatsintrigen ohnedies Beruf. Von dem kaiserlichen Gesandten sagte Friedrich II. später: »Seckendorf besaß einen schmutzigen Ehrgeiz, kriechende und bäurische Manieren und solche Fertigkeit im Lügen, daß ihm die Wahrheit ein ungewohntes Ding geworden war ...«

In seiner auftragsgemäßen »Reichspolitik« war Seckendorf allerdings Meister. Es darf nicht vergessen werden, daß hier auch eine der tieferen Wurzeln lag zu jenem nicht mehr fernen »Verrat« des flügge gewordenen Friedrich II. am Hause Habsburg. Auf Anregung der Königin, die keineswegs gewillt war, sich den Unternehmungen der Seckendorf-Grumbkow zu beugen, begab sich nun ein Außerordentlicher Gesandter des englischen Hofes, Sir Charles Hotham, nach Berlin, um hier die Heiratspläne entscheidend zu regeln. Doch hatte die andere Seite beim König bereits gute Vorarbeit geleistet: Der König begrüßte den Sir mit der Feststellung, daß er seinem Kaiser treu zu bleiben und *dessen* Heiratsvorschlägen für seine Kinder den Vorzug zu geben gedächte.

Die Mission Hothams war beendet. Bei der Abschiedsaudienz überreichte der englische Diplomat dem König nebenbei eine Akte, aus der nicht nur die fürstliche Besoldung des preußischen Ministers Grumbkow durch den Wiener Hof hervorging, sondern der auch einige Briefe dieses Mannes beigefügt waren, die er – hinter dem Rücken seines Königs – an die Londoner Mittelsmänner geschrieben hatte. So hieß es in einem wörtlich: »Ich mache mit dem Dicken alles, was ich will ... Warum gibt man sich so viel Mühe, eine Prinzessin zu verheiraten, die häßlich ist wie der Teufel, kupfrig, ekelhaft und stumpfsinnig? Ich begreife nicht, wie der Prinz von Wales, der unter allem, was schön ist, die Wahl hat, sich mit einem solchen Mondkalb einlassen kann. Sein Schicksal tut mir in der Seele weh ...«

Das galt Wilhelmine. Der König überflog den für seine Familie und ihn so schmeichelhaften Text und schleuderte ihn mit einem Fluch zu Boden. Ohne den Sir eines Wortes zu würdigen, stürzte er aus dem Raum und warf hinter sich die Tür krachend zu. Zur Entschuldigung mag gelten, daß Friedrich Wilhelm noch von der Affäre Clement her von angeblich echten Briefen genug hatte; Intrigen solchen Ausmaßes blieb sein einfacher Charakter nicht gewachsen.

Die Tür war wirklich ins Schloß gefallen. Hotham reiste sofort ab. Die kaiserliche Gegenpartei hatte gesiegt.

*

Mittlerweile war – wieder dank der Mithilfe der Seckendorf-Grumbkow – das Verhältnis zwischen Vater und Sohn so unerträglich geworden, daß der König den Kronprinzen in eine Art Bann tat. Dem Jüngling wurde grundsätzlich alles verboten, was ihm gefiel, er selbst mit Schmähungen und Züchtigungen gequält; bis der König von ihm eines Tages forderte, er solle seinen Erbrechten zugunsten des jüngeren Bruders August Wilhelm entsagen. Friedrich erklärte mutig: Er sei dazu bereit – wenn der König ihn öffentlich als unehelich geboren erkläre.

Der Jüngling zeigte sich immer bewußter, immer fremder durch seine eigene Art, die der König so sehr verabscheute. Er schien wirklich mit seinen musischen Interessen, seiner Art, sich zu kleiden (wenn er für sich oder unter Freunden war), ganz »unpreußisch«. Der »Effeminierte« zog den Haß des Vaters auf sich, der ihn täglich verfolgte. Zugleich aber wollte der Prinz seinen anderen, sehr persönlichen Abenteuern nicht entsagen. Dies wieder brachte ihn mit Menschen in Verbindung, die solcher Gunst nicht unbedingt wert waren. Der königliche Page Keith war einer dieser allzu Vertrauten. Sobald es der König merkte, wurde Keith nach Wesel versetzt. Friedrich aber brauchte einen Intimus: an Keiths Stelle trat der Leutnant Katte. Er war klein und pockennarbig; unter starken Brauen brannten faszinierende, melancholische Augen. Mit dem französischen Gesandten, Graf Rothenburg, eng befreundet, galt der junge Offizier als ebenso gebildet wie leichtsinnig. Friedrich schloß sich dem um sechs Jahre Älteren nun um so leidenschaftlicher an.

Der König wiederum glaubte mit Prügel und Demütigungen vor aller Welt den Prinzen auf den Weg christlicher Tugenden zurückzubringen. Dies, unterstützt von Friedrichs wachsenden Schulden, den Verrat seines englischen Briefwechsels und die unkluge Haltung der Königin, ließ die langgehegten gefährlichen Absichten des Achtzehnjährigen zur Tat reifen.

Fluchtziel war England. Anläßlich einer Reise des Königs nach dem sächsischen Lager bei Mühlberg sollte der Plan ausgeführt werden.

Am 5. August, da man im Dorfe Steinfurth bei Heidelberg entsprechend der spartanischen Lebensweise des Königs in Scheunen übernachtete, hielt Friedrich den Augenblick für gekommen.

Es wurde alles verraten: zuerst durch die Unvorsichtigkeit Kattes, dann durch einen in der Aufregung falsch adressierten Brief. Die intrigante Wachsamkeit Grumbkows tat ein übriges. Als Gefangener in Ketten wurde der Prinz nach Wesel gebracht, wo sich der König auf den »Deserteur« stürzte; nur das Dazwischentreten eines Generals, der die erhobene Hand des Königs mit dem Säbel aufhielt, rettete den Sohn.

Für den König schienen die letzten Bande gerissen. Die Herren Grumbkow und Seckendorf verstanden es, ihm beizubringen: Die Rücksicht auf Kaiser und Reich, ja der Kaiser selbst und die Ehre des preußischen Hauses verlangten es, daß der Deserteur hingerichtet werden müsse...

In diesen Tagen erhielt Sophie Dorothea einen Brief ihres Gatten:

»Ich habe den Schurken Fritz verhaften lassen; ich werde ihn behandeln, wie seine Unthat und Schlechtigkeit es verdienen. Ich erkenne ihn nicht mehr als meinen Sohn an. Er hat mich und mein ganzes Haus entehrt. Ein solcher elender Mensch ist nicht mehr wert zu leben!«

Bald darauf traf der König in Berlin ein. Er begab sich sofort ins Zimmer der Königin. Die Kinder fielen dem Vater weinend zu Füßen; er stieß sie wild zurück. Mit verzerrten Zügen wandte er sich an die Königin:

– Dein Sohn ist tot!

– Wie? rief die Königin, vor Schrecken außer sich. – Ist es möglich, daß Sie der Mörder meines Sohnes sind?

– Er war nichts als ein Deserteur, sagte der König, – der den Tod verdient hat!

Die Königin verlor die Besinnung. Als Wilhelmine sich dem Vater von neuem zu Füßen warf, stieß er sie mit den Worten zur Seite:

– Infame Canaille! Wagst du es, dich vor mir zu zeigen? Geh und leiste deinem Bruder Gesellschaft!

Der Jähzornige hätte ihr am Kaminsims den Schädel zertrümmert, wenn sie nicht von einer Hofdame aufgefangen worden wäre. Die Szene spielte sich in den Parterrezimmern der Königin, die nach dem Schloßplatz hinaus gelegen waren, ab. Es war hoher Sommer; die Fenster standen weit offen.

In Berlin hatte sich das Gerücht von der Verhaftung des Kronprinzen blitzschnell verbreitet. Jedermann kannte das Verhältnis zwischen Vater und Sohn – und den Charakter des Königs. Die Teilnahme am Prinzen ließ Hunderte von Menschen herbeieilen, die die Portale des Schlosses belagerten und eifrig zu den Fenstern hineinspähten. Als Wilhelmine unter den Schlägen des Königs zu Boden sank und danach leblos davongetragen wurde, glaubten alle, der unberechenbare Mann habe seine Tochter getötet. Das Gerücht von der Hinrichtung des Kronprinzen kam hinzu, die Bürgerschaft in Angst und Entsetzen zu bringen.

Indessen ließ Friedrich Wilhelm seines Sohnes Freund und angeblichen Verführer herbeischaffen, den er mit Stock und Fäusten bearbeitete, bis seine Kräfte erschöpft waren. Katte, jetzt wie bei den folgenden brutalen Verhören, blieb von nobler Standhaftigkeit. Er entschuldigte sich weder mit einem Wort, noch verriet er, was den König am meisten beschäftigte: Wohin der Prinz habe fliehen wollen.

Im Verlauf der Dinge wurde der alte Lehrer des Kronprinzen, Duhan, nach Memel verbannt; Friedrichs Bediente wurden verhaftet, gepeitscht oder fortgejagt. Ein Kammerherr, der dem Prinzen Geld geliehen hatte, entzog sich der Verhaftung durch Flucht. Dafür wurde sein Bild öffentlich an den Galgen genagelt.

Das Verhör des Kronprinzen übernahm Grumbkow. Als er den Gefangenen mit der Folter bedrohte, erhob sich der Achtzehnjährige und wandte sich mit den Worten ab:

– Wenn Sie, Herr von Grumbkow, auch als Henkersknecht Vergnügen daran finden, von Ihrem Handwerk zu sprechen, so fürchte ich mich doch nicht. Ich bereue jetzt, alles gestanden zu haben, weil es sich nicht für mich schickt, mich herabzulassen, einem Schurken, wie Sie es sind, zu antworten!

Die Überlegenheit des Prinzen sollte nicht lange andauern. In Cüstrin wurden er und der Leutnant von Katte eingekerkert. Als der schwergebeugte Vater des Freundes, der General von Katte, kniefällig um Gnade flehte, antwortete Friedrich Wilhelm lakonisch:

– Sein Sohn ist ein Schurke. Meiner auch. Also was können wir Vaters davor?

Berlin, das Land, Europa sah dem Kommenden mit angstvoller Spannung entgegen. Vergeblich weinten, baten die Familienmitglieder, standen die Berliner wie eine Mauer um den Palast an der Spree, verwendeten sich fremde Gesandte der Reihe

Schreiben Friedrich Wilhelms I. an den Feldprediger Müller vom
22. II. 1730

nach beim König für den Kronprinzen, der in Cüstrin in dem Glauben gehalten wurde, die Vorbereitungen zur Hinrichtung gälten ihm.

Das Opfer war Katte. Ein Bußopfer für den jungen preußischen Staat –? Der Leichnam blieb auf Befehl des Königs vierundzwanzig Stunden auf dem Schafott vor Friedrichs Fenster zur Schau gestellt, dann wurde er zunächst in einer der Festungsbastionen verscharrt.

*

Jetzt konnte der Kaiser die Geste wagen, sich für das Leben des Kronprinzen zu verwenden: die gefürchtete englisch-preußische Allianz war endgültig hintertrieben, der Hof des Brandenburgers überall isoliert.

Herr von Grumbkow machte sich also nach Cüstrin auf, das Terrain für später zu sondieren und den Gefangenen »umzustimmen«.

Es bedurfte seiner Mission nicht mehr. Friedrich, von dem Bild des toten Freundes verfolgt, war zerbrochen. Von jetzt an verbarg er sich nur noch hinter Heuchelei und ließ sich sogar auf theologische Dispute ein. Das Spiel hatte Erfolg: Der König bestimmte, daß seine Haft gemildert und er in der Verwaltung arbeiten durfte. Der Prinz nutzte die Zeit; neben verbissener Arbeit gab er sich einem sinnlichen Rausch hin wie nie zuvor oder später im Leben. Es galt wieder nur eines: Flucht. Diesmal vor sich selbst.

Zweieinhalb Jahrzehnte später erzählte Friedrich II. seinem Gesellschafter de Catt im Kriege die Fortsetzung, wie er die Erlebnisse dieser furchtbaren Zeit immer mit sich tragen sollte:

– Nach Beendigung meines abscheulichen Cüstriner Aufenthaltes erfuhr ich, daß meine Mutter eines Tages zu meinen Geschwistern gesagt hatte, sie sollten vor dem König einen Fußfall tun und ihn um Gnade anflehen. Die Markgräfin von Bayreuth, als die Älteste, warf sich meinem Vater zu Füßen; sie wurde mit Ohrfeigen empfangen. Die übrigen krochen vor Angst unter einen Tisch. Mein Vater, den Spazierstock in der Hand, wollte gerade die armen Kleinen verprügeln, als die Erzieherin, die Gräfin Kamecke, hereintrat und um Gnade für die Kinder bat. »Scheren Sie sich weg, Sie Rabenaas!« sagte der König. Sie antwortete, sie gerieten in Streit, und die erbitterte Gräfin sagte zum König: »Der Teufel wird Sie holen, wenn Sie meine Kinder nicht in Ruhe lassen!« Bei diesen Worten holte sie die Kinder unter dem Tisch hervor und ließ sie in ein Zimmer gehen, wobei sie den König mit einer Miene anblickte, die Eindruck auf ihn machte ...

Die tapfere Frau unternahm es noch einmal, den König zu stellen, indem sie unerschrocken zu ihm sagte:

– Bis jetzt haben Sie sich etwas darauf zugute getan, als gerechter und frommer König zu gelten. Nun wollen Sie ein Tyrann werden. Fürchten Sie den Zorn des Herrn! Opfern Sie Ihren Sohn Ihrer Wut und seien Sie Seiner Rache sicher! Gedenken Sie Peters des Großen und Philipps des Zweiten! Sie starben ohne Nachkommenschaft, und ihr Andenken ist den Menschen verhaßt!

Der König sah die tapfere Frau nur erstaunt an und erwiderte:

– Seien Sie ruhig und trösten Sie meine Frau!

*

Nicht lange danach erschien der vom König bestimmte Gatte Wilhelmines, der Erbprinz von Bayreuth. Die Königin empfing den Kandidaten ihres Gatten mit Eiseskälte, die Tochter mit absolutem Stillschweigen. Nur der König glänzte in bester Laune ob seines Sieges. Doch gab es bei der Verlobungsfeier im Schloß an der Spree noch einen Zwischenfall. Im letzten Augenblick traf eine Depesche aus Windsor ein: der englische Hof willigte nun doch noch in die Vermählung Wilhelmines mit dem Prince of Wales! Wieder war Grumbkow zur Stelle; er fing das Dokument ab und hielt es so lange zurück, bis die Verlobung mit dem Erbprinzen von Bayreuth vollzogen war ...

Trotz unablässiger Ausbruchsversuche und Intrigen der Königin und Wilhelmines folgte ein halbes Jahr später die Vermählung. Dem Festbericht fügte die Prinzessin hinzu:

»Man muß gestehen, daß meine Hochzeit eine der ungewöhnlichsten der Welt war. Der König, mein Vater, bereute sie täglich. Er hatte sie gegen seine Neigung durchgesetzt. Ich brauche nicht von meinen und der Königin Empfindungen zu sprechen. Mir selbst war Berlin so verhaßt geworden, wie es mir früher teuer war.

Am 23. November war Ball im Großen Appartement des

Schlosses. Ehe man sich dahin begab, zog man das Los. Ich zog Nummer eins. Mit dem Prinzen zählte man siebenhundert Paare. Ich liebte den Tanz. Ich nutzte dies. Mitten in einem Menuett unterbrach mich Grumbkow: ›Ei, mein Gott, Hoheit!‹ sagte er zu mir. ›Sehen Sie die Fremden nicht, die angekommen sind?‹ Ich blieb stehen, sah mich nach allen Seiten um und erblickte einen jungen, grau gekleideten, mir unbekannten Mann. ›So umarmen Sie doch den Kronprinzen!‹ fuhr er fort. Mein ganzes Blut kam vor Freude in Aufruhr. ›Mein Bruder?‹ rief ich aus. ›Aber ich sehe ihn nicht. Wo ist er denn? Lassen Sie ihn mich doch um Himmels willen sehen!‹

Grumbkow führte mich zu ihm. Als ich näher kam, erkannte ich ihn, aber mit Mühe. Er war stark geworden, hatte einen kurzen Hals bekommen und war nicht mehr so hübsch wie früher. Ich sprang ihm an den Hals. Ich war so ergriffen, daß ich nur unzusammenhängende Worte hervorbringen konnte. Ich weinte und lachte, wie eine Person, die den Verstand verloren hat. Nie in meinem Leben habe ich eine solche Freude empfunden ... «

Doch Friedrich war von seiner Schwester – ohne Kenntnis von ihrem Opfer, das sie vor allem seinetwegen auf sich genommen – enttäuscht. Er zeigte ihr gegenüber eine Kälte, die sie um so mehr schmerzte, als es ihr Stolz verbot, ihm die Wahrheit zu sagen.

Als der Kronprinz darauf selbst an die Reihe kam und Grumbkow wieder als Vermittler ihm die für ihn vorgesehene Braut ans Herz legen wollte, erwiderte Friedrich kühl:

– Man will mich mit Stockschlägen verliebt machen? Da ich unglücklicherweise nicht das Naturell eines Esels habe, so fürchte ich, daß man damit bei mir nichts ausrichten wird. Ich bin nicht aus dem Holze, aus dem man Ehemänner schnitzt. Doch ich mache aus der Not eine Tugend und werde Wort halten. Ich werde mich verheiraten – aber sehen Sie zu, was danach kommt!

Die Verlobung folgte im Schloß an der Spree, bald danach in Salzdahlum bei Wolfenbüttel die Vermählung, ein Vierteljahr später der feierliche Einzug des kronprinzlichen Paares in Berlin. Was nichts daran änderte, daß von wirklicher Freude oder Herzenswärme niemand etwas verspürte. Die Königin haßte die ihr aufgezwungene, bescheidene Schwiegertochter; dem

König war sie gleichgültig, dem Kronprinzen unangenehm. Aber: Friedrich Wilhelm – und das hieß das von Wien gekaufte Paar Seckendorf-Grumbkow – hatte seinen Willen durchgesetzt.

Bald danach siedelte das junge Paar, fürs erste versöhnt, mit seinem eigenen Hof nach Rheinsberg über, in ungewohnte, wunderbare Freiheit und Ferne vom Vater.

*

Nach wie vor sorgte der früh von Schmerzanfällen und Krankheit heimgesuchte König mit unerschrockener Gründlichkeit für sein ihm anvertrautes Land. Das war die andere, nicht weniger wahre Seite seines zwiespältigen Wesens. In dieser Hinsicht – nämlich was das Sorgen angeht wie auch das Zwiespältige – darf Friedrich Wilhelm I. wahrhaft als der Vater seines genialen Sohnes gelten. Wurde Friedrich später zum »Rebell gegen das Reich« (das längst nur noch leere Form war), so lebte der Vater zuerst als Rebell gegen die Selbstgenügsamkeit und Schlamperei und eigensüchtige Kleinwirtschaft in Stadt und Land. Nicht der »esprit« durfte hier herrschen (er herrschte auch wirklich nicht!), nicht die Kultur des Geistes – sondern die des kolonisierten und noch zu kolonisierenden Bodens. Noch war der Boden nicht bereitet, auf dem der Geist sichtbar erblühen durfte. In solcher Zeit mußte die Kunst verkümmern. Die meisten Künstler wanderten ab. Der einzige Maler von Rang, der seine Stellung noch aus den Tagen des ersten Königs behauptete, blieb der Hofmaler Antoine Pesne, der Schöpfer unzähliger Porträts und Wandbilder der Rokoko-Interieurs zu Charlottenburg, Potsdam, Sanssouci wie im Berliner Stadtschloß. Von den einzigen beiden Statuen, die zur Zeit des Soldatenkönigs errichtet wurden (die eine war die seines Vaters), kommt jener besondere – wenn auch nicht künstlerische – Bedeutung zu, die den Langen Jonas, den Flügelmann seines Leibregimentes, mit Montur und Gewehr in Stein verewigen sollte. Wahrlich ein einmaliges, je von einem Despoten errichtetes Monument! Wenn das Wetter schlecht war oder der König an Podagra litt, was immer öfter der Fall wurde, gewöhnte sich Seine Majestät daran, höchst eigenhändig mit Farbe und Pinsel zu werken. Dazu hielt er sich einen »Vor-Maler« namens Adelfing, den man bei Hofe in zarter Anspielung als »Albrecht Schmierers treuesten Jünger« bezeichnete. Eine Reihe von Gemälden aus diesen letzten Jahren des Königs haben sich erhalten; sie tragen die rührende Aufschrift:

FRIDERICUS WILHELMUS IN TORMENTIS PINXIT

In Schmerzen gemalt ... Mit Schmerzen saßen auch die armen Modelle ihre Stunden ab, und wenn das Vollbrachte dem Meister selbst nicht gefiel, so verprügelte er die Opfer oder strich ihnen wütend die Farbe ins Gesicht mit den Worten:

– So! Nun bist du gut getroffen!

Wobei sie noch besser davonkamen als die Diener, denen der Kranke seine mit Salz geladenen Pistolen in die Kehrseite feuerte, um ihnen einen kleinen Anteil seiner eigenen höllischen Schmerzen zu vermitteln ...

Inzwischen war in Wien der Graf von Seckendorf in Ungnade gefallen und wegen unwürdigen Verhaltens abberufen worden. Man machte ihm den Prozeß, der mit lebenslänglicher Gefangenschaft auf der Festung Spiegelberg in Böhmen endete. Der ihm einst so ergebene Preußenkönig wurde durch diese Wendung tief getroffen. Enttäuschungen und aufgedeckte Verrätereien, verbunden mit den wachsenden Qualen der Krankheit, zerstörten mehr und mehr den Lebenskern des cholerischen Mannes. Wassersucht, das Familienerbe, kam hinzu. Der Kranke kämpfte mit seiner Einsamkeit. Jeder floh ihn, sein Toben verhallte in den leeren Räumen. Schon früher hatte der kaiserliche Gesandte anläßlich einer Unpäßlichkeit des Königs einmal nach Wien berichtet:

»Seine Majestät prügeln wieder. Die Krisis ist vorüber!«

Jetzt wurde der Winter im kalten und düsteren Riesenschloß an der Spree für den Kranken zur Tortur. Er konnte und wollte nicht allein sein. Er ließ sich im Rollstuhl in den Zimmern herumfahren und arbeitete mit den Sekretären und Ministern mit einer Gründlichkeit, die für sie kein geringeres Martyrium darstellte. Seine Gattin lebte die längste Zeit in ihrem Schlößchen Monbijou, standesgemäß dem Spiel und dem Klatsch hingegeben.

Eines Abends, als der König sich wohler fühlte, ließ er sich ankleiden und bestellte seine Generäle und Herren des Hofes zu sich. Nach alter Art ließ er Pfeifen und Tabak reichen, obgleich er selbst nicht mehr rauchte.

Da trat unerwartet, von einer Musterung seines Regimentes in Ruppin kommend, der Kronprinz ein, dem Vater den schuldigen Höflichkeitsbesuch abzustatten. Die ganze Gesellschaft erhob sich.

Dieses Zeichen selbstverständlicher Ehrerbietung genügte dem Kranken. In maßloser Wut richtete er sich auf und fuchtelte stöhnend mit dem Stock in der Luft herum:

– Noch lebe ich! Noch will ich zeigen, daß ich der Herr im Hause bin! Man betet die aufgehende Sonne an, aber zu frühe! Worauf er seinem Diener ein herrisches Zeichen gab, ihn hinauszufahren.

Seinen Gästen ließ er mitteilen: Er wünsche keinen von ihnen jemals mehr zu sehen!

Hatte der König davon erfahren, daß just zu dieser Zeit der Hofmaler Antoine Pesne im neuen Rheinsberger Festsaal an einem Deckengemälde arbeitete, das als deutliches Symbol der Einstellung des Sohnes die aufgehende Sonne in barocker Verherrlichung zum Inhalt hatte –?

Jedenfalls verschlimmerte die Erregung dieser Szene die Leiden des Königs so sehr, daß er sich seiner geistlichen Berater entsann. Er bestellte den lutherischen Propst der Nikolaikirche, Roloff, zu sich und versicherte ihm, daß er zuversichtlich hoffe, selig zu werden, denn er habe die zehn Gebote niemals übertreten, sich niemals des Ehebruches schuldig gemacht und überhaupt keine Sünden begangen, die ihn vom Paradies ausschließen könnten. Der aufrechte Propst vermochte nicht, ihm in allen Punkten beizupflichten ...

In den ersten Frühlingstagen des jungen Jahres, da der Kranke spürte, daß seine Kräfte schwanden, ließ er sich nach Potsdam in das Havelschloß seiner Väter bringen. Als er vom Palast an der Spree Abschied nahm, sagte er:

– Lebe wohl, Berlin. In Potsdam will ich sterben!

So tat er dann auch.

Vorher umarmte er noch den aus Rheinsberg herbeigeeilten

Amen

Letzte Seite des Testaments Friedrich Wilhelms I.

Fritz, was er nie bisher getan. Er küßte den entarteten Sohn, den er einst hatte hinrichten lassen wollen, und versicherte ihn seiner väterlichen Liebe. Die feierliche »Versöhnung« wurde mit entsprechender Rührung allgemein vermerkt. Der Prinz beantwortete sie mit taktvoller Zurückhaltung und Ehrerbietung gegenüber dem Sterbenden.

Von all den ungeschlachten, cholerischen oder von ehrlichster Bemühung um seine Aufgabe zeugenden Ausbrüchen und Bemerkungen Friedrich Wilhelms I. ist eine seiner letzten überliefert, die uns merkwürdig ans Herz rührt, und nicht nur, weil in ihr die tiefe Bewährung einer sonst wenig harmonischen oder besser nicht bewältigten Ehe spürbar wird.

Der Tag des Abschieds war angebrochen. Am frühen Morgen jagte der Gequälte die Diener, daß sie ihn auf seinem Rollstuhl ins Zimmer der Königin Sophie Dorothea brachten. Dort weckte er die Schlafende mit den Worten:

– Fiekchen, steh auf, ich muß sterben . . .

Als es soweit war, ließ er sich den Spiegel reichen. Er verließ dieses seltsame Leben fragend: Wer war ich? Wer *bin* ich? Auch das ist Preußen.

*

Friedrich Wilhelm I. war kein Staatsmann, aber ein Charakter. Er vermochte auch nicht der »Vater« zu sein, als den man ihn später aus patriotisch-christlicher Sicht feiern zu müssen glaubte. Und doch trägt er zu Recht den Titel des größten *inneren* Gestalters seines Landes. Er ruhte nicht in sich selbst wie sein Großvater, der Große Kurfürst. Er kämpfte jeden Tag, und er besiegte niemals sein Mißtrauen gegen alle, seien es die glatten Vertreter der Staaten, seine Bürger, Beamten, seine eigene Familie. Am schmerzlichsten mußte er lernen, dem Kaiser zu mißtrauen. Dennoch erklärte sich Friedrich Wilhelm rückhaltlos bereit, sein Land dem Willen des Habsburgers unterzuordnen, der ihn niemals ernst nahm. Als man sich in Böhmen begegnete, geruhte die Apostolische Majestät nicht einmal, dem »Marquis von Brandenburg« die Hand zu reichen. Doch der Funke glühte, der noch im Todesjahr Friedrich Wilhelms I., das auch das Todesjahr Karls VI. war, jäh zum Brande auflodern sollte ...

Vor der Geschichte hatte der Soldatenkönig seine ihm zugeteilte Aufgabe erfüllt: Als Repräsentant eines kleinstaatlichen Despotentums leitete er sein Land aus mittelalterlichen Vorurteilen einen entscheidenden Schritt weiter zum souveränen Königtum, zum aufgeklärten Absolutismus eines Friedrich, der vom »effeminierten Kerl« nicht zuletzt durch die grausame Entbehrung und Liebesleere seiner Jugend, aber auch durch das rücksichtslose Vor-Bild des Vaters aus eigener Kraft und eigenem Verzicht DER GROSSE wurde.

DRITTER TEIL

DIE
GROSSE
ZEIT

1740 – 1888

Friedrich der Große. Gemälde von Antoine Pesne

Oben: Königin Christine von Preußen.
Gemälde von Antoine Pesne
Unten: Prinzessin Amalie von Preußen als Amazone.
Gemälde von Antoine Pesne

23. KAPITEL

Der Adler zeigt
seine Krallen

Hatte der Kronprinz Friedrich in Cüstrin nach der mißlungenen Flucht und darauffolgenden Gefangenschaft für kurze Zeit maßlos im anderen Extrem geschwelgt, hatte er danach, wieder zu sich findend, in Rheinsberg Geselligkeit, Musik und Studien gepflegt, so schien der junge König über Nacht ein anderer Mensch geworden zu sein.

Wie sein Vater liebte er Berlin nicht übermäßig; Erinnerungen an die Auftritte im Palast an der Spree kamen hinzu. Charlottenburg jedoch trug nicht den Stempel Friedrich Wilhelms I., der die mütterliche Residenz absichtsvoll vernachlässigt hatte. Jetzt sollte das wieder zum Dorf herabgesunkene Lietzow mit dem einsamen Schloß zum Hause des neuen Herrschers werden. Die Rheinsberger Freunde und frühere Günstlinge des Hofes drängten sich plötzlich in Charlottenburg. Ein Zeitgenosse schrieb in diesen Tagen:

»Ausschweifend ist die Freude aller Untertanen. Es ist hier ein solcher Andrang von Fremden, daß man fürchten muß, erdrückt zu werden, will man über den Schloßhof gehen. Darunter befindet sich eine Unzahl von Glücksrittern, die sich einbilden, der König habe bloß ihretwegen den Thron bestiegen. Vielleicht erregte nie ein Regierungswechsel so allgemeine Bewegung. Die Poeten umschwärmen Friedrichs Thron; sowie man den König erblickt, ist der Jubel endlos. Es zeigt sich aber, daß man sich allgemein über den neuen König irrte. Seine Widersacher zittern vor ihm: doch er ist zu edel und groß, sie zu bestrafen. Seine Anhänger hofften, mit Gold überschüttet zu werden: er ist zu weise, um törichten Erwartungen zu willfahren . . .«

Seine Absichten gab der König kurz und klar bekannt:
»Unsere größte Sorge wird dahin gerichtet sein, das Wohl des

Landes zu fördern und einen jeden unserer Untertanen glücklich zu machen. Des Landes Vorteil muß in allen Dingen den
Vorzug vor unserem eigenen haben!«

Bisher hatten, da der alte König von Fachressorts nichts verstand, die Günstlinge regiert. Friedrich nahm sofort alles in eigene Hand – gleichgültig, ob es Militär, Verwaltung oder Wirtschaft war. Seine Minister waren für ihn Befehlsempfänger, die
ihre Pflicht zu tun hatten, wie er die seine tat. Der dänische Gesandte berichtete über diese Neuerungen voller Bestürzung an
seinen Hof:

»Ich muß leider sagen, daß bis jetzt der König von Preußen alles
selbst tut . . . Ich habe viele Resolutionen und Antworten vom
König gesehen. Sie vereinigen lakonischen Ausdruck und be-
wunderungswürdigen Geschäftsblick. Unglücklicherweise ist
nicht einer um den König, der Se. Majestät ganzes Vertrauen
hätte und dessen man sich bedienen könnte, um mit Erfolg die
nötigen Einleitungen zu machen . . .«

Der junge Fritz war einst zusammengebrochen und hatte in Ge-
ständnissen und Heuchelei Zuflucht gesucht. Der Kronprinz
hatte sehr kühl seine Meinung über die Frauen im allgemeinen
und die Ehe im besonderen ausgesprochen: Der *König* ließ nie-
manden mehr in seine Seele blicken.

Trotz eines – möglicherweise von einer Lungeninfektion her-
rührenden – Fiebers, an dem er während seines ersten Regie-
rungsjahres litt, gab es für ihn keine Ruhe. Am 2. August fand
die Huldigung im Schloß zu Berlin statt. Kurz danach reiste der
junge König nach Westfalen, von dort – inkognito – nach Straß-
burg. Er wollte sein Land einmal von außen sehen, und nicht
als Regent. Auf dem Rückweg fand die ersehnte Zusammenkunft mit dem Abgott Voltaire in Wesel statt. Im Herbst siedelte
der Hof noch einmal nach Rheinsberg über, während Knobelsdorff in Charlottenburg mit dem Bau des Ostflügels, der den Mär-
chentraum der Goldenen Galerie enthalten sollte, begann.

Friedrich lag noch immer fieberkrank in Rheinsberg, als ihm
sein Vertrauter Fredersdorf die Nachricht überbrachte, daß am
20. Oktober der Kaiser Karl VI. ohne männlichen Erben gestorben sei. Der König, der sonst all und jedes mit seinem »Geheimen Cammerier« zu besprechen pflegte, verließ sofort das

Schreiben Friedrichs II. vom 16. 12. 1740 an den Minister Podewils

Bett und befahl nur den Kabinett-Sekretär Eichel, den Außenminister Podewils und den Marschall Schwerin zu sich.
Am 2. Dezember kehrte der Hof ins Schloß an der Spree zurück.
Konzerte, Festlichkeiten sollten die Vorbereitungen zu der großen Unternehmung verbergen, die der König plante.

Von dem alten König, seinem Vater, hatte es geheißen:
– Er spannt immer nur, drückt aber niemals los!
Friedrich hielt es anders. Die seit Jahrhunderten fällige Auseinandersetzung Habsburg-Hohenzollern – nun wurde sie wahr. Habsburg lebte vom Bestehenden für das Bestehende – Hohenzollern mußte, um sich zu behaupten, gegen das Bestehende kämpfen. Friedrich, jung, eitel, waghalsig, sah sich als Vollstrecker. Er sah die einmalige, nicht wiederkehrende Gelegenheit. Er glaubte an sein Recht. Und an seine Macht.
Er ließ eine Broschüre mit dem bedeutungsvollen Titel erscheinen: »Rechtsgegründetes Eigentum des Königlichen Kurhauses Preußen und Brandenburg auf die Herzogtümer und Fürstentümer Jägerndorf, Liegnitz, Brieg, Wohlau und zugehörige Herrschaften in Schlesien.«
Gerüchte über eine Mobilmachung der preußischen Armee geisterten durch Europa, während der Hof in Berlin tanzte. Der österreichische Gesandte stellte dem König eine direkte Frage. Der antwortete mit ironischem Lächeln, der Weg der Dinge läge nicht allein an ihm . . . Der Gesandte berichtete nach Wien und warnte vor ungeahnten Möglichkeiten. Der Staatsrat der jungen Maria Theresia tröstete die Erzherzogin: Der Brandenburger könne es niemals wagen, das mächtige Österreich zu attakkieren . . . Bald kam neue Nachricht aus Berlin: Friedrich gab seine Forderungen bekannt und bot Maria Theresia Hilfestellung bei der bevorstehenden Kaiserwahl des Erzherzogs Franz.
Die Antwort aus Wien war:
– Einem Fürsten, der als Reichskämmerer dem Kaiser das Waschbecken hinhalten muß, kommt es nicht zu, der Tochter des Kaisers Gesetze vorzuschreiben!
Friedrich nahm die Antwort lächelnd entgegen. Später sagte er:
– Wenn mein Hemd oder meine Haut von manchen meiner Pläne wüßten, so würde ich sie zerreißen!
Der Idealismus des Prinzen, der in seiner Rheinsberger Stille noch den »Antimachiavell« geschrieben und darin die Einheit von Politik und Charakter des Fürsten gefordert hatte, schien vergessen. Vergessen? Überwunden. Die Forderung des Tages war eine andere . . .
In Berlin herrschte keineswegs frohe Stimmung. Zu den bishe-

rigen Bedrückungen im Innern sollten jetzt noch außenpolitische Abenteuer hinzukommen.

Bevor er ins Feld zog, rief Friedrich seine Generäle im gold- und silberfunkelnden Rittersaal des Großvaters zusammen und sagte zu ihnen die stolzen Worte:

– Ich unternehme einen Krieg, meine Herren, in dem ich keine anderen Bundesgenossen habe als Ihre Tapferkeit und Ihren guten Willen. Meine Sache ist gerecht – und ich vertraue dem Glück. Wir werden Truppen angreifen, die unter dem Prinzen Eugen größten Ruhm erwarben. Dieser Prinz ist nicht mehr; dennoch wird der Sieg für uns nicht weniger ehrenvoll sein. Leben Sie wohl! Ohne Verzug folge ich Ihnen zum Sammelplatz des Ruhmes, der unser wartet!

Am 13. Dezember feierte man im Schloß an der Spree einen glänzenden Maskenball. Friedrich tanzte, plauderte, philosophierte wie in den unbeschwerten Rheinsberger Tagen. Während in den schimmernden, lichterfunkelnden Sälen und Galerien die bunten Masken durcheinandertrieben und zärtliche Musik ertönte, verließ der junge König heimlich das Fest, warf sich aus dem Domino in die Uniform und eilte nach Schlesien, zum »Sammelplatz des Ruhmes«. Aus dem Felde schrieb er an seinen Freund Jordan:

»Wer hätte noch vor einem Jahr gedacht, daß Dein Schüler in der Philosophie, der des Cicero in der Rhetorik und des Bayle in der Verstandeslehre dereinst die Rolle eines Soldaten spielen würde? Wer hätte gesagt, daß das Schicksal einen Dichter auswählen würde, das System Europas umzukehren und die politischen Kombinationen der Könige, die da herrschen, gänzlich zu verändern? ... Ich denke oft an Remusberg. Damals schiffte ich nur auf dem sanften Strom. Jetzt woge ich auf hohem Meer, eine Woge erhebt mich zu den Wolken, die andere reißt mich in den Abgrund, und die dritte läßt mich noch schneller die steile Höhe erklimmen. Alles, was ich wünsche, ist, daß meine Erfolge mich nicht der Humanität und der Tugenden entwöhnen, die ich immer geliebt habe...«

*

Im Januar des neuen Jahres hatte im Schloß an der Spree die Vermählung des jetzigen Thronfolgers Prinz August Wilhelm mit einer braunschweigischen Prinzessin, einer Schwester der Königin Elisabeth Christine, stattgefunden. Im lichterfunkelnden Schlüterpalast jagten sich die Feste wie zur Zeit des ersten Königs. Von Krieg durfte niemand sprechen. Nach der Trauung und dem Diner an sechzig Tafeln folgte der traditionelle Fackeltanz. Dieses durch Jahrhunderte im Schloß an der Spree bei allen hier stattfindenden Vermählungsfeiern zelebrierte Ritual wurde in seiner strapaziösen Endlosigkeit nur von dem Pauken- und Trompetengeschmetter überboten, unter dessen Getöse es vor sich ging. Hinzu kam die Hitze der vielen hundert Wachskerzen und Fackeln, von denen jeder eine in der Hand trug.

Nach Beendigung in tiefer Nacht führte der König seinen jüngeren Bruder – von dem es einstmals heißen sollte, daß ihn die Härte des Königs ins Grab gebracht habe – und die Königin die Prinzessin in die von den späteren Sanssouci-Meistern Nahl und Hoppenhaupt in kostbarem Rokoko gestaltete Königswohnung im Spree- und Schloßplatzflügel. Feuerwerk, große Oper und Konzerte, Festlichkeiten und Ballett füllten die darauffolgenden Tage. Mitten aus ihrem Glanz verließ der König wieder Berlin und eilte nach Prag.

In Breslau wurde der Friede geschlossen. Was der Krieg bei aller Kürze gekostet hatte, war vergessen. Ein großer Teil der väterlichen Schätze war schon jetzt dahingeschmolzen. Friedrich sah nur die Zukunft. Er ahnte, daß die Eroberung nicht beendet, die Gegnerin in Wien trotz seines Sieges nicht besiegt war. Während man in Berlin feierte, rüstete er zu neuem Kampf.

Im gleichen Winter wurde der neue Knobelsdorff-Operntempel Unter den Linden mit Grauns Oper »Cleopatra und Caesar« eröffnet. Der Bau war mit höchster Pracht eingerichtet; allein die Kostüme für die Premiere kosteten 60000 Taler. Für die Kerzenbeleuchtung rechnete man pro Abend 3000 Taler.

Wie der Hof des ehrgeizigen jungen Königs zu einem Mittelpunkt der Künste und des Geistes geworden war, galt die neue Oper als eine der ersten Europas. Auch Berlin hatte sich gewandelt: es regierte das Pariser Modejournal. Vor allem hielten die überdimensionalen Reifröcke, die der alte König niemals geduldet hatte, Einzug. Eifrigste Verfechterin ausgesuchter Eleganz bei Hofe wurde nun die bis dahin zu kurz gekommene Königinmutter Sophie Dorothea; leider war sie mittlerweile so unmäßig dick geworden, daß man besondere Stühle für sie konstruieren mußte...

Für die Herren gab der König das Vorbild. Wie er trugen sie jetzt lockeres, leicht gepudertes Haar und statt des steifen »preußischen« Zopfes einen schwarzseidenen Haarbeutel im Nacken. Friedrich zeigte sich in Galakleidern aus Gold- und Silberbrokat. Die Knöpfe, die Hut- und Schuhschnallen waren mit Brillanten besetzt, Manschetten und Jabots mit kostbaren Spitzen, für die sich eigene Manufakturen in Berlin entwickelten. Schnitt, Länge, Stickereien der Röcke und Westen wechselten eifrig nach der jeweiligen Anregung des Königs, von dem die Berichterstatter der fremden Höfe beruhigend ihren Souveränen meldeten, daß er vom Kriegspielen offensichtlich genug habe...

Indessen arbeitete Maria Theresia fieberhaft, in Frankreich und England Bundesgenossen zu finden. Georg II., der die Demütigungen von seiten Friedrich Wilhelms I. nicht vergessen hatte, schrieb an die Unversöhnliche:

»Madame – was genommen werden konnte, kann zurückgenommen werden!«

Friedrichs Nachrichtendienst arbeitete vorzüglich. Nach dem väterlichen Staatsschatz wurde jetzt das überreiche Silbergerät des Schlosses an der Spree eingeschmolzen. Nachts ließ der König die schweren Lüster, den unschätzbaren silbernen Trompeterchor aus dem Rittersaal, die Bilderrahmen und Tische, die der alte König in merkwürdiger Sammelleidenschaft aufgehäuft hatte, auf Kähne verladen, zur Münze schaffen und dort zu barem Gelde umprägen.

Wieder war das Glück günstig gesinnt. Wieder hielt der König mit seiner Garde feierlichen Einzug in der Residenz. Die eroberten Kanonen, die österreichischen Fahnen und Feldzeichen, die Trophäen von Hohenfriedberg und Soor zeigten dem Volk den Ruhm seines jungen Herrschers. Die Fenster des Schlosses leuchteten von Tausenden von Lichtern. In Dresden wurde der Zweite Schlesische Krieg abgeschlossen, der Friede besiegelt:

er sicherte dem König den Besitz der neuen Provinz, der schönsten und größten seines Reiches. Man erfuhr, Friedrich habe nunmehr den Gatten Maria Theresias, den charmanten Franzl, als Kaiser anerkannt.

Die Demütigungen seiner Knabenzeit schienen vergessen. Sein Königtum überstrahlte schon jetzt das des Vaters und Großvaters. Zum erstenmal erklang in diesen Tagen seines Triumphes der Ruf, obgleich keiner der Menschen, die ihn dem König zuriefen, ahnte, wie hoch er bezahlt sein wollte:

– Es lebe Friedrich *der Große!*

Am selben Abend des Einzuges in Berlin mahnte ihn der Tod. Sein geliebter Lehrer Duhan lag im Sterben. Durch das feiernde Volk fuhr Friedrich nach dem Werder hinüber, um von dem Zeugen seiner schweren Kindertage Abschied zu nehmen.

24. KAPITEL

Das Geschenk
der zehn Jahre

In diesen Tagen, nach dem Friedensschluß zu Dresden, fühlte sich der junge König auf dem Gipfel menschlichen Glücks: Er war gesund, schön, ruhmvoll, geliebt. In fünf Jahren gelang es ihm, seine kühnen Träume zu verwirklichen. Er galt schon jetzt als einer der ersten Feldherren seiner Zeit; Preußen war neben Österreich gerückt. Der Schwerpunkt des Reiches begann sich von Wien nach Berlin zu verlagern. Von dem dreiunddreißigjährigen König stellte der französische Gesandte fest:
– Die Anmut seines Blickes ist imstande, die ganze Welt zu verführen!
Trotz aller Faszination, der sich niemand entziehen konnte, zeigte sich bei Friedrich bald ein Hang zur Einsamkeit. Das abgelegene Potsdam wurde seine Zuflucht. Die Residenz an der Spree sah ihn nur noch zur Winterszeit. In Berlin war er König – in Potsdam fühlte er sich zu Hause. In dem gigantisch-kalten Prunkbau des Großvaters zu Berlin fror er, im doppelten Sinne des Wortes. Innerhalb des Hofes gab es kein Privatleben, keine Stille und Konzentration.

Das schloß nicht aus, daß Friedrich in den nun folgenden zehn Jahren höfische Feste von vollendeter Kultur pflegte, wie sie in Rheinsberg üblich gewesen waren. Dort hatte es noch zeitweiligen Übermut gegeben: Jetzt war der König Mitte der Repräsentation, strahlender Soireen und Empfänge, zu denen Diplomaten und geistvolle Gäste aus aller Welt herbeiströmten. Besonders der Karneval zeigte sich als eine alljährliche Kette von Vergnügungen, an denen die ganze Stadt Anteil hatte. Höhepunkt dieser gesegneten Friedensjahre wurde ein Fest, das Friedrich seiner Lieblingsschwester Wilhelmine, der Markgräfin von Bayreuth, gab.

Der geschmückte Lustgarten erhielt große Tribünen für Hof,

Adel und Bürgerschaft, die am Abend von 30 000 Lampen überstrahlt wurden. Die Sieger eines klassischen Ritterspiels, bei dem die Mitwirkenden als Römer, Perser, Griechen und Karthager auftraten, durften aus der Hand der liebreizenden Prinzessin Amalie, Friedrichs jüngster Schwester, den Preis entgegennehmen. Ein berühmter französischer Zuschauer, seit einem Monat Gast des Königs und – zu dessen Mißvergnügen – in die Prinzessin deutlich verliebt, der Herr von Voltaire, dichtete auf diesen Tag ein Epigramm:

> Niemals, weder in Griechenland noch Rom,
> sah ich solch herrliche Spiele und kostbare Preise.
> Ich sah die Söhne des Mars unter den Waffen des Paris
> und Venus, die den Apfel überreichte.

Das Rokoko hatte mit seiner Anmut und Grazie, Beschwingtheit und Lebenskultur von der preußischen Hauptstadt Besitz ergriffen. Mochte hinter aller schwebenden Eleganz und Heiterkeit auch heute der Abgrund des Krieges und seiner Not warten, so wie das Leben der größten Meister dieser Zeit, Mozarts und Watteaus, vom Sterben umschattet war – blieb es doch kein Zufall, daß das deutsche Rokoko hier in diesem kargen Lande seinen ganzen Reichtum entfaltete, geführt von dem König, der, obwohl er seine Macht mit Waffen zu vergrößern trachtete, das Ideal des Künstlers zu keiner Stunde vergaß.

Und mit ihm feierte das Volk, wie es nie wieder in dieser Stadt feiern sollte – auch später nicht in der Siegeszeit nach Überwindung des korsischen Eroberers oder des jungen Reiches, dessen Mitte hier über Nacht entstehen sollte. Nie wieder strahlte das Schloß an der Spree in solcher Verzauberung wie an jenem Tage, da Friedrich II. der Schwester und Gefährtin seiner Jugendtage die Herrlichkeit seines Königreiches dartat...

Das Volk von Berlin stand, flanierte, staunte inmitten der in Licht und Farben glitzernden Stadt, der Wagenauffahrten, dem in unwirklicher Schönheit schimmernden Bezirk um Schloß, Zeughaus, Oper. Wochenlang waren die liebenswürdige Hoheit der Bayreuther Markgräfin, der reizenden Amalie und die Erscheinung des Königs einziger Gesprächsstoff.

Der spöttische Voltaire berichtete von dieser goldenen Zeit: »Es war für eitle Leute – das heißt also, für fast alle – ein erhebendes Schauspiel, den König mit zwanzig europäischen Fürstlichkeiten an der Tafel zu sehen: im schönsten Goldgeschirr der Welt (es hatte die Kleinigkeit von einer Million und 300 000 Taler gekostet) wurden die Speisen aufgetragen, dreißig schöne Pagen und ebenso viele prächtig galonierte, junge Heiducken trugen große Platten aus gediegenem Golde ... Nach dem Essen besuchte man die Oper. Die schönsten Stimmen, die besten Tänzer standen in Friedrichs Diensten. Damals tanzte die Barberina; sie hat später den Sohn seines Kanzlers geheiratet. Der König hatte diese Tänzerin aus Venedig von Soldaten rauben lassen. Unverständlich war nur, daß er ihr 32 000 Taler Gehalt zahlte. Sein italienischer Hausdichter, der die vom König selbst entworfenen Opern in Verse bringen mußte, bekam nur 1200 Taler; man muß aber berücksichtigen, daß er sehr häßlich war und nicht tanzte ...«

Friedrichs Lieblingsbeschäftigung war und blieb die Oper, die anfangs im alten Alabastersaal des Schlosses etabliert wurde. Der König komponierte nicht nur Arien, die in die Opernaufführungen eingefügt wurden; er dichtete auch selbst den Text zu der Graunschen Oper »Montezuma«. Bis zum Siebenjährigen Krieg mußte Graun für ihn allein achtundzwanzig Opern komponieren. Es gab keine Stellung im Personal, keine Rollenbesetzung, keine Ausstattung der Aufführungen, an denen Friedrich nicht bestimmend mitwirkte.

Nach der Oper richtete der König im Alabastersaal auch eine Bühne für das französische Schauspiel ein. Es wurde ein kleines, intimes Theater, das ein französisches Ensemble in festem Vertrag betreute. Jeden Mittwoch war Vorstellung, danach Konzert. Es war die Glanzzeit des französischen Theaters überhaupt, die bis Berlin ihre Strahlen sandte.

*

Das Land und die Künste blühten; mehr und mehr entwickelte sich Berlin zur wirklichen Hauptstadt. Der unter dem Soldatenkönig verwahrloste Tiergarten wurde von Knobelsdorff zu einem weiten, eleganten Park im Stil der Zeit umgestaltet. Berühmter Hauptplatz wurde der »Große Stern«, auf dem heute die Siegessäule steht. Damals umgaben ihn sechzehn sandsteinerne Statuen, im Volksmund die »Puppen« genannt. Wenn der Berliner eine endlose Wegstrecke bezeichnen wollte, so galt die Redewendung: »Bis in die Puppen . . .«

Der Platz an der Stelle etwa, wo sich heute die Kongreßhalle erhebt, wurde an Sommernachmittagen Treffpunkt von Tausenden von Spaziergängern, die, festlich gekleidet, zur Militärmusik durcheinanderwogten. Später erhielten zwei Franzosen die Konzession zum Kaffee-Ausschank, die hier, nahe der Spree, ihre bewimpelten Zelte errichteten, deren Name sich bis in unsere Tage erhielt. In dieser glücklichen Zeit des achtzehnten Jahrhunderts war hier eine liebenswürdige Mitte entstanden; die Bürger spazierten eifrig um die Flora aus Sandstein, die den »Zirkel« überragte, während ein Korso vornehmer Kutschen und Equipagen durch die Alleen flutete. In vergoldeten Karossen oder in kleinen Phaetons, mit kostbar gekleideten Pagen auf dem Trittbrett, fuhren die Prinzessinnen heran, gefolgt von den Wagen der Hofdamen und des Adels. Wenn sie an den »Zelten« hielten, um aus zierlichen Schalen Mokka zu nippen, spielte die Musik einen Tusch nach dem andern. In den Gazetten aber stand zu lesen, daß auch die Königin Elisabeth Christine im grünen Amazonengewand mit Prinzessin Amalie und Gräfin Hake in einem prächtigen Phaeton aus rotem Samt, der von acht Schimmeln gezogen wurde, hier erschienen sei, begleitet von ihrem Oberhofmarschall, ihrem Oberhofmeister und vielen Kavalieren. Über dem Wagen hielt ein goldener Chinese einen Sonnenschirm aus rotem Samt, reich mit Gold bestickt und mit goldenen Fransen drapiert. In entsprechendem Aufzug folgten die Prinzessin von Preußen, die Gattin August Wilhelms, und die Bürger Berlins jubelten ihnen begeistert zu, wie sie immer bereit sind, dem schönen Schein des Glückes zuzujubeln.

Im gleichen Sommer, als das Potsdamer Weinbergschlößchen eingeweiht wurde, befahl der König, den uralten Berliner Dom auf dem Schloßplatz in Berlin, der dreihundert Jahre lang den

Dominikanern und dann noch über zweihundert Jahre als Hofkirche gedient hatte, abzureißen. Die Baufälligkeit der morschen Mauern ließ keine andere Wahl, außerdem waren sie dem Barockpalast zu einer unschönen Nachbarschaft geworden. Zugleich mit dem Abbruch des alten ordnete der König den Neubau eines anderen Domes auf »Unserem Lustgarten« an.

Dieser neue Dom entstand nach Knobelsdorffschen Plänen, die der ältere Boumann ausführte, an der Spreeseite nördlich des Schlosses: eine hohe Kuppel über einem quergelagerten, im Innern von korinthischen Säulen getragenen Unterbau, von schlanken Bogenfenstern durchbrochen, ein Werk ganz im Sinne der knobelsdorff-friderizianischen Klassik. In der Krypta wurde die neue Königsgruft angelegt, die auch die Ahnen aufnehmen sollte. Merkwürdigerweise fand man bei dieser Gelegenheit die Särge der alten Kurfürsten Johann Cicero, Joachim I. und Joachim II. nicht mehr. Waren sie während des Krieges schon im 17. Jahrhundert wegen ihres wertvollen Materials gestohlen oder eingeschmolzen worden?

Den Sarg des Großen Kurfürsten ließ jetzt der Urenkel noch einmal öffnen. Der Tote lag wohlerhalten, umhüllt vom purpurnen Kurmantel mit der großen Staatsperücke und gewaltiger Halskrause, gelben Stiefeln und Handschuhen mit Stulpen darin. Das Gesicht zeigte noch die von Bildern bekannten energisch-festen Züge. Lange, nachdenklich blickte Friedrich in das Antlitz des Mannes, der durch seine Kämpfe und seine Arbeit die Voraussetzung für das Königtum der Nachkommen geschaffen hatte, dann sagte er in Modergeruch und Stille hinein:
– Meine Herren, der hat viel getan!

Ein halbes Jahrhundert später sollte der Kaiser der Franzosen in gleicher Weise vor einem anderen Sarge stehen und in die verfallenen Züge des großen Königs blicken. Auch er kannte noch Ehrfurcht vor fremdem Genius . . .

Friedrich kehrte in seinen Alltag zurück. Noch waren die Schatten fern, die sein glänzendes Bild umdüstern sollten. Noch feierte die französische Aufklärung Triumphe in seinem Lande, in seiner Hauptstadt. Noch waren Friedrichs unerbittliches Streben, seine rücksichtslose Strenge gegen sich und die Umwelt gemildert durch Leutseligkeit und der Welt zugewandte Heiterkeit. Später sollte nur der böse Spott bleiben, dessentwegen ihn seine Feinde haßten und seine Mitarbeiter fürchteten.

Jetzt wuchs Preußen nicht nur zu politischer, sondern auch zu kultureller Bedeutung innerhalb der deutschen Völkerfamilie unter königlicher Macht im Glanz jenes »SUUM CUIQUE« und scheinbar immerwährenden Friedensglückes.

25. KAPITEL

Die böse Sieben

Und dann brach plötzlich über Nacht wieder der Krieg aus. Die Große Koalition hatte sich nicht umsonst zusammengefunden. Es ging längst nicht mehr um Schlesien. Es ging um alles.

Zu Anfang feierte Berlin noch die Erfolge des Heeres und des Königs. Um so schwerer trafen die kommenden Schläge. Die Welt hielt den Atem an.

Über das zweite Kriegsjahr berichtete Goethe später:

»Das Jahr 1757, das wir noch in völliger bürgerlicher Ruhe verbrachten, wurde dessen ungeachtet in großer Gemütsbewegung verlebt. Reicher an Begebenheiten als dieses eine war vielleicht kein anderes. Die Siege, die Großtaten, die Unglücksfälle, die Wiederherstellungen folgten aufeinander, verschlangen sich und schienen sich aufzuheben; immer aber schwebte die Gestalt Friedrichs, sein Name, sein Ruhm in kurzem wieder oben. Der Enthusiasmus seiner Verehrer ward immer größer und belebter, der Haß seiner Feinde bitterer und die Verschiedenheit der Ansichten, welche selbst Familien zerspaltete, trug nicht wenig dazu bei, die ohnehin schon auf mancherlei Weise voneinander getrennten Bürger noch mehr zu isolieren . . . «

Jede der schonungslosen Schlachten dieser Jahre bewies von neuem Friedrichs Gesetz: Er, der die Gefahr heraufbeschworen hatte, der ihr ständig Ausgelieferte, war auf sich allein gestellt. Mit ihm stand, mit ihm fiel Preußen. Er zahlte mit allem, was er war. Der Mensch verdorrte. Das Werk zwang ihn, zu überleben. Er allein machte das Unmögliche möglich: sieben Jahre lang einer Welt von Feinden zu trotzen.

Während der Thronfolger August Wilhelm versagte und, vom Königsbruder tief gekränkt, in Oranienburg starb, wurde Prinz Heinrich, selbst hervorragender Feldherr und Friedrich in vielem so ähnlich, zu seinem größten Feinde innerhalb der Armee, der eigenen Familie, des Landes. So schrieb Heinrich einmal an den jüngsten Bruder Ferdinand, ohne einen Namen zu nennen: »Ich muß dir gestehen, daß ich niemals eine sehr hohe Meinung von den Meriten dieses gewissen Menschen gehabt habe, aber nach sechs Jahren, während derer ich ihn immer besser kennengelernt habe, hat er in mir nur die größte Verachtung und Entrüstung erregt. Ich habe jeden Grund, ihn als das boshafteste und erbärmlichste Geschöpf zu betrachten. Ich habe aus meiner Meinung kein Geheimnis gemacht, und die Person weiß wohl, daß ich sie kenne. Aus diesem Grunde kann ich auch häufig recht kühn sprechen. Nichtsdestoweniger muß ich nach diesem Kriege damit rechnen, daß ich von der Person verfolgt werde, denn sie ist zu eitel, zu neidisch und zu boshaft, als daß sie sich nicht für Dienste, die ich ihr erwiesen habe, rächen würde. Dies unter uns . . . «

Der König wußte, was hinter seinem Rücken gespielt wurde. Er kannte Heinrichs beispiellose Eifersucht, er kannte seine überragende Begabung, gerade als sein bester Feldherr, den er mit oft unmöglich scheinenden Aufgaben betrauen mußte – nicht aus Schikane, sondern weil er nicht anders konnte. Mit seiner kühlen Überlegenheit schrieb er dem Bruder:

»Meine beschränkte Erfahrung, die ich von der Welt habe, hat mich gelehrt, daß Aufrichtigkeit sich häufig nicht bezahlt macht und das Schweigen vorzuziehen ist. Aus diesem Grunde werde ich Ihnen also nur das schreiben, was zwingende Rücksicht auf die Geschäfte mich unbedingt verpflichten Ihnen mitzuteilen. Sie werden das nicht übel vermerken; im Gegenteil, Ihre Lebhaftigkeit wird meiner Geduld, die Sie auf seltsame Proben stellen, Dank wissen.«

Der Bruch zeichnete auch die preußischen Armeen. Im Hauptquartier des Prinzen bildete sich der Sammelpunkt aller Kritik und Haßausbrüche gegen den Selbstherrlichen, Ungerechten – Einsamen. Nach der Schlacht von Kolin fand Heinrich den Bruder weinend in seinem Zelt. Er tröstete nicht, er genoß seinen Triumph. Ein gehässiger Brief an Amalie darüber wurde vom Feinde abgefangen. Friedrich mußte ihn aus österreichischen Gazetten kennenlernen . . .

Oben: Markgräfin
Wilhelmine von Bayreuth,
Lieblingsschwester
Friedrichs des Großen.
Gemälde von Antoine Pesne
Unten: Prinz Heinrich
von Preußen.
Kupferstich von Schmidt

Oben: Die Barberina.
Gemälde von Antoine Pesne
Links: Bildnis Knobelsdorffs
von Adam Mányoki

Zu dieser Zeit drang der österreichische General Hadik mit einem Streifkorps bis nach Berlin vor. Die Residenz war ungeschützt. Eine »Lärmkanone« im Lustgarten am Schloß und ein paar Wachen am Schlesischen, Halleschen und Kottbusser Tor waren alles, was dem Kommandeur Rochow blieb. Nur dem mutigen Bluff eines Majors von Tesmar, der sich mit seiner Schar opferte, war es zu danken, daß sich Hadik mit einer Kontribution von 200 000 Talern und einem »Souvenir« für seine Kaiserin begnügte. Und zwar forderte er vierundzwanzig Paar feinster Damenhandschuhe, die in Berlin in einer Spezialmanufaktur angefertigt wurden. Leider stellte sich später heraus, daß die Spree-Athener ihm und seiner Souveränin ein Schnippchen geschlagen hatten: die elegante Verpackung gab in Wien wohl achtundvierzig Handschuhe von der gewünschten Schönheit her – nur waren es zufällig lauter linke ...

Kaum hatte der Sieger seinen Tribut eingestrichen, als ihn die Husaren des Fürsten von Anhalt zum schleunigen Rückzug veranlaßten. Berlin war für diesmal davongekommen: nur im Osten hatten die Österreicher erbarmungslos geplündert. Nach dem Siege bei Leuthen im Dezember gab es wieder Glockenläuten und Illumination.

Das Volk feierte.

Es sollte das letztemal sein, für viele Jahre. Es sollte überhaupt niemals mehr so werden wie zuvor ...

*

Die bislang ständig gestiegene Einwohnerzahl der Hauptstadt schrumpfte jetzt ebenso rapide wieder zusammen. Not senkte sich auf die Bürger und besonders auf die Soldatenfamilien. Der riesige Komplex des Schlosses an der Spree lag dunkel und leer. Nur die Königin hielt hier zur Winterszeit ihren bescheidenen, geistlosen Hof.

Als im Oktober des fünften Kriegsjahres ein russisches Heer unter dem General Totleben nahte, war Berlin dem Feinde schutzlos preisgegeben. Der König, ruhelos von einer Provinz in die andere eilend, hatte genugsam damit zu tun, seine letzten Heeresgruppen an den notwendigsten Stellen einsatzbereit zu halten. Eine Schlacht durfte er nicht mehr wagen; der Untergang des Staates schien unabwendbar.

Als die Russen das Bombardement auf Berlin eröffneten, brach eine Panik aus. Die winzige Besatzung wehrte sich nach Kräften – und mit solchem Erfolg, daß der Russe seine Truppen auf die Tempelhofer Berge zurückzog. Dafür brandschatzten wenige Tage später Kosakenschwärme Friedrichsfelde und Lichtenberg. Zugleich kam Kunde: Ein neues Heer unter dem General Tschernitscheff nahe von Frankfurt her.

Wieder kämpfte die kleine Garnison, so gut es ging, gegen die russische Vorhut, wieder glaubte man, eine Ruhepause errungen zu haben, als der Prinz von Liechtenstein mit einem Herold erschien und zur Kenntnis gab: Am Halleschen Tor stehe ein österreichisches Heer. Er erwarte die bedingungslose Übergabe der Hauptstadt.

Zugleich traf der Prinz von Württemberg mit einem Entsatzheer ein; Berlin drohte zum großen Kriegsschauplatz zu werden.

Da schaltete sich ein Mann ein, der die Verhandlungen mit dem Feinde aus eigenem Entschluß übernahm: der Bankier und Handelsherr Johann Ernst Gotzkowsky. Dieser mutige Patriot beschloß, ohne Rücksicht auf die Österreicher die Stadt dem russischen General Totleben, einem Bewunderer Friedrichs und geborenen Thüringer, der früher einmal in dessen Diensten gestanden, zu übergeben.

Gotzkowsky hatte richtig gerechnet: die Österreicher waren außer sich, denn Totleben setzte sich ebenso ritterlich wie rücksichtslos für Berlin ein. Nur Schloß Monbijou, die Residenz der soeben verstorbenen Königinmutter Sophie Dorothea, wurde zum zweitenmal geplündert. Einst war es die Folge des *Freundschafts*besuchs des großen Peter gewesen ...

Auch das Zeughaus wurde ausgeraubt, jedes Pulvermagazin gesprengt. In Friedrichsfelde und Schönhausen tobten sich die Österreicher aus. Im Schloß der regierenden Königin vermutete man besondere Schätze; der Kastellan wurde gefoltert und mit glühenden Eisen gebrannt. Als Rache benutzte man die Schubladen, Kommoden, Betten als Kloaken ...

In Charlottenburg ließen es sich die Sachsen nicht nehmen, Vergeltung für die Verwüstung der Schlösser ihres Premiers, des Grafen Brühl, zu üben. Das Porzellan des berühmten Kabinetts Sophie Charlottes im Erdgeschoß, die Spiegel und Lüster, die Marmorbildwerke und Gemälde, die goldenen Möbel wie die berühmte Antikensammlung des Königs im Park wurden verwüstet. Nebenher mußte die Bevölkerung die üblichen Tributforderungen der Sieger in jeglicher Richtung zahlen ...

Dafür bewachte der russische General Bachmann im Auftrage Totlebens das Schloß an der Spree und erreichte, daß kein Soldat in den riesigen Palast eindrang. Als ihm der Berliner Magistrat freiwillig ein Geldgeschenk anbot, wies er es mit den Worten zurück:

– Ich bin durch die Ehre, drei Tage lang Kommandant von Berlin gewesen zu sein, hinlänglich belohnt!

Vor allem aber war es in jenen Tagen ein Bürger, dem die Berliner mehr verdankten als irgendeinem sonst, ein *Herr* von Zivilcourage und unbezahlbarem persönlichem Auftreten: Wenn je ein Patriot, so hat Gotzkowsky in den Herzen der Berliner ein Denkmal verdient. Ihm allein war es gelungen, das schwerste Schicksal von der Hauptstadt fernzuhalten: nämlich von allen feindlichen Heeren zugleich überrannt zu werden. Nur sein Opfermut, sein diplomatisches Geschick, auch im Feinde den Mann und Kavalier anzusprechen, rettete Berlin vor vollkommener Vernichtung.

*

Ein verwüstetes Land, größtenteils in feindlicher Hand, ein verarmtes, unter Hunger und Epidemien leidendes Volk und ein dezimiertes, demoralisiertes Heer – das war Preußen in jenen Jahren, die fast an die Jahre des dreißigjährigen Grauens im vergangenen Jahrhundert erinnerten.

Die plötzliche Nachricht vom Tode der Zarin und dem Freundschaftsangebot des jungen Peter III. feierten die Berliner als ein Wunder der Vorsehung.

Bald danach kehrte die Königin aus Magdeburg zurück und hielt Einzug im Schloß an der Spree. Doch der Krieg war noch nicht zu Ende. Erst ein Jahr danach, am 5. März 1763, verkündeten Herolde unter Trompetengeschmetter die Friedensbotschaft. Der Monat verging in einem Freudentaumel. Der Jubel erreichte seinen Höhepunkt, als es am 30. März hieß, der König befinde sich auf dem Wege nach Berlin. Zum erstenmal seit sechs Jahren sollte er die Stadt wiedersehen.

Doch für das feiernde Volk kam nicht der zurück, den sie in Erinnerung hatten. Den strahlenden König von einst gab es nicht mehr.

Schon von unterwegs hatte Friedrich seiner mütterlichen Freundin, der Gräfin Camas, die oben im Schloß ein Appartement, genannt das »Paradies«, bewohnte, geschrieben:

»Ich kehre nun in eine Stadt zurück, von der ich nur die Mauern kenne, wo ich keinen Bekannten wiederfinde, wo eine Riesenarbeit meiner harrt und wo ich bald meine alten Knochen in einem Asyl lassen werde, das weder Krieg noch Unglück, noch die Armseligkeit der Menschen antasten kann. Wie fürchte ich mich vor Berlin und der Leere, die ich dort vorfinden werde! Mich selbst werden Sie als Greis und fast als alten Schwätzer wiedersehen. Ich bin grau wie ein Esel, verliere jeden Tag einen Zahn und bin von der Gicht halb gelähmt...«

Und nicht nur das. Der König war einsam geworden, krank, bitter, menschenscheu. Er hatte seine liebsten Freunde verloren, die Mutter, die Schwester Wilhelmine, den Bruder August Wilhelm, seine besten Generäle, Adjutanten, Offiziere. Sein Lieblingspage »Carel« hatte sich beim Hantieren mit einer Flinte erschossen. Sein Vorleser de Catt war im wesentlichen eine »Wand« für die Selbstgespräche des von Schmerzen und Schlaflosigkeit, von Gewissensbissen und Kindheitserinnerungen Gepeinigten. In Berlin lebte eine stille, bescheidene Frau, die vor den Menschen seine Gattin war. Ihre Brüder fielen im Dienst für den König, ihr Leben verrann in dessen Schatten, fern von ihm. Nur einmal sah sie sein Sanssouci – während des Krieges, als er weit weg war. Frömmigkeit blieb ihre einzige Zuflucht. Sie übersetzte ein Buch ins Französische: »Der Christ in der Einsamkeit.« Immer aber gedachte sie in verehrender Liebe des einen Einsamen, der kein Christ war...

Die Einsamkeit war das einzige, was sie beide verband. Wie er sich bisher vor dem unabsehbaren Ende des Krieges gefürchtet hatte, fürchtete er sich nun vor der Rückkehr in eine fremd gewordene, liebeleere Welt: denn auch er selbst kehrte von Leere erfüllt heim.

*

Berlin rüstete sich indessen zum triumphalen Empfang. Der Marquis d'Argens, Freund und Tischgenosse von Sanssouci, hatte sich mutig in eine enge, blaugoldene Preußenuniform gezwängt, um dem Sieger an der Spitze der festlich gekleideten Bürgerschaft entgegenzuziehen. Er hatte dem Könige von dem Glück und von der Sehnsucht des Volkes geschrieben und diesen Festzug eingehend angekündigt. Die beiden Freunde hatten sich vier Jahre nicht mehr gesehen, doch Friedrich antwortete nur lakonisch: Der gute Marquis möge sich selbst und ihm, dem Könige, dieses Entgegenkommen ersparen. Vor allem zu Pferde; allzu leicht könne d'Argens im Gedränge »etwas zustoßen«. Was sich auf die berühmte Ängstlichkeit des ebenso liebenswürdigen wie hypochondrischen Marquis bezog. Überdies würde ihm sicherlich die kühle Luft schädlich sein...
Es war nicht zu ersehen, was hinter diesen Zeilen stand: Abwehr, Ironie, ehrliche Sorge, Zweifel –? Der Marquis konnte es dennoch nicht lassen, das lang ausgearbeitete Fest durchzuführen.
Das Schloß schmückten Girlanden und Sprüche, Fahnen umsäumten den Weg. An der Spitze der feiertäglich gewandeten Menschenmengen, in deren Mitte ein goldener Staatswagen für Seine Majestät mitgeführt wurde, ritten der Marquis d'Argens und der Kaufmann Gotzkowsky. Ehrenpforten grüßten allenthalben, unter ihnen flutete das Volk hindurch, Kinder probten Chorlieder, Soldaten standen in peinlicher Ausrichtung längs der Triumphstraße – alles war fast wie damals, als der erste Friedrich nach seiner Krönung in Königsberg in der Stadt Einzug hielt...
Bereits am frühen Vormittag waren alle Vorbereitungen beendet. Als die Mittagsglocken läuteten, hieß es: In einer halben Stunde träfe der König ein. Schon sei er, von Frankfurt kommend, gesichtet worden!

Das Volk jubelte mit den läutenden Glocken um die Wette; doch es waren eben nur die Mittagsglocken. Der Nachmittag kam, der Abend. Der König war nicht erschienen.

Noch immer stand das Volk in den Straßen, es wankte und wich nicht. Gerüchte machten die Runde, dem König sei etwas zugestoßen. Die Dunkelheit brach herein, die Lichter der Stadt flammten auf. Da hieß es plötzlich: Der Erwartete sei schon längst im Schloß. Er soupiere bei der Königin...

Ja, Friedrich hatte der Form Genüge getan und als erstes seiner Frau einen Besuch abgestattet. War es ein neuer Beginn? Zitternd empfing Elisabeth Christine den dennoch stets Geliebten. Mit eingefallenem Gesicht, schmerzverkrümmt, trat er auf sie zu. Sie schwieg vor Erschütterung; etwas zu sagen hatte sie ohnedies nie verstanden. Friedrich las in ihren Zügen. Er, Meister der Selbstbeherrschung, musterte sie und sagte die später so bekannt gewordenen Worte:

– Madame sind korpulent geworden...

Damit wandte er sich ab.

Dies war die große Rückkehr.

*

Als die Berliner erfuhren, daß der König sie hintergangen hatte, zeigten sie in aller charakteristischen Deutlichkeit ihre Enttäuschung. Hatte man nicht genug gebangt und gezittert und Not gelitten? Warum brachte man sie jetzt um ihr mit so viel Liebe und Aufwand vorbereitetes Schauspiel? Auch der Marquis d'Argens, der sonst mindestens zwei Schlafröcke und zwei wollene Mützen übereinander zu tragen und sich nie der »ungesunden« Luft auszusetzen gewohnt war, stimmte öffentlich in die Klagen ob solcher Kränkung ein.

Die Berliner aber ließen nicht locker. Am nächsten Morgen versammelten sie sich – und nicht in allerbester Laune – vor dem Schloß. Rufe, Sprechchöre wurden laut. Man richtete unverblümt seine Fragen an die allerhöchste Adresse.

Da erschien der König auf dem Balkon über dem Schloßplatzportal. Er lüftete mit fast zitternder Hand den Hut und grüßte ernst und abwesend zu den nun wieder jubelnden Menschen hinab, die es sich nicht nehmen ließen, für den Abend große Illumination und Festlichkeiten vorzubereiten. Doch jeder, der den König gesehen hatte, wußte es: daß da ein anderer aus dem furchtbaren Kriege zurückgekehrt war.

Am ersten Pfingstfeiertag wurde vor dem neuen Dom im Lustgarten ein großer Dankgottesdienst mit Tedeum unter freiem Himmel abgehalten. Die Glocken dröhnten und mischten sich mit dem donnernden Salut der Kanonen. Noch einmal fielen sich die Menschen weinend um den Hals. Das Land, ihr Leben, ihre Zukunft waren gerettet. Eine neue Zeit begann.

Der König war auf den Balkon des Rittersaales hinausgetreten. Als ein Schülerchor des Grauen Klosters das Gellertsche Chorlied anstimmte: »Wie groß ist des Allmächtigen Güte«, ließ er das Fenster schließen und wandte sich mit den Worten zu seiner Umgebung zurück:

– Gottes Güte muß freilich grenzenlos sein. Wie würde er sonst dulden können, daß diese armen Jungen so jammervoll singen –?

Die Berliner aber hatten für den König, entsprechend ihrer respektlosen Vertraulichkeit, die von der früheren bewundernden Liebe kaum mehr etwas zeigte, einen neuen Namen:

Von nun an war er DER ALTE FRITZ.

26. KAPITEL

Mit königlicher Freiheit

Der Menschenscheue und verbissen Arbeitende hielt sich in den ihm verbleibenden dreiundzwanzig Jahren nur noch für kurze Zeit in Berlin auf. Dennoch sorgte er unermüdlich, daß sich die vom Vater und Großvater weit und planvoll angelegte Metropole, ihre Plätze und Straßenzüge mit Häusern und Palästen füllten – was nichts daran änderte, daß noch immer mitten in der Stadt von Bauern bestellte Ackerflächen und Baulücken die schlotternde Weite des Unfertigen erkennen ließen. Bezeichnend dafür war die Antwort des französischen Gesandten auf eine Frage des Königs, ob sich Berlin nicht mit Paris vergleichen ließe:

– Gewiß, Majestät! Nur mit dem Unterschied, daß wir in Paris weder säen noch ernten!

Abgesehen von dem Rückgang um 34000 Seelen im großen Kriege war Berlin ununterbrochen gewachsen. Im Todesjahr Friedrichs sollte es eine Einwohnerzahl von 147000 haben – gegenüber 90000 bei seinem Regierungsantritt.

Schon zu Zeiten des ersten Königs hatte Berlin durch seine »offiziellen« Prunkbauten geglänzt.

Jetzt wurde es, was heute kaum zu glauben ist, zu einer der schönsten Städte Europas – und blieb es bis in die zweite Hälfte des neunzehnten Jahrhunderts.

Der am meisten beschäftigte Baumeister des Königs war der ehemalige Potsdamer Schloßkastellan und jetzige Oberbaudirektor Boumann der Ältere, ein weder so eigenwilliger noch so bedeutender Künstler wie Knobelsdorff oder Gontard – weshalb er auch bis zuletzt seine Stellung behielt. Der Palast gegenüber der Oper, vor dem Kriege begonnen, wurde für den Prinzen Heinrich zu Ende geführt. Gegenüber, hinter der Oper, entstand nach einer Skizze des Königs und nach dem Entwurf des

Franzosen Legeay, wieder von Boumann ausgeführt, die katholische St.-Hedwigs-Kathedrale – ein aufsehenerregendes Zeichen für die Toleranz des Herrschers. Auf dem Gendarmenmarkt wurde das Königliche Schauspielhaus mit einem französischen Stück (von Corneille) eröffnet. Über dem Portal prangten die Worte Friedrichs:

RIDENTUR ET CORRIGUNTUR MORES
Hier werden die Sitten belacht und verbessert!

Über den Kirchen zu seiten des Schauspielhauses erbaute Gontard die beiden klassischen Kuppeltürme, auf der Königsbrücke nahe dem Alexanderplatz die »Königskolonnaden«, die später dem Wertheimbau weichen mußten und heute reichlich funktionslos den Kleistpark zieren.

Nach Boumann dem Älteren und seinem Sohn, die eine Fülle längst versunkener Bauten schufen wie die neue Münze, die Militärakademie, Kasernen und Palais, folgte der Oberbaurat Unger, der sein Können am neuen Monbijouschlößchen und am Kadettenhaus bewies. Die »Linden« wuchsen zur wirklichen Prachtstraße. Zu der Oper und dem Palais Heinrich gesellte sich die neue Akademie der Wissenschaften (auf dem Gelände der späteren Staatsbibliothek) – seltsamerweise auch jetzt wieder in Verbindung mit dem Königlichen Marstall, so daß der Berliner Witz diesem Gebäudekomplex sogleich eine angeblich königliche Widmung verlieh:

MUSIS ET MULIS
Den Musen und Mauleseln ...

Einen Abschluß bildete das vom jüngeren Boumann geschaffene Bibliotheksgebäude am Opernplatz, wegen seiner geschwungenen Fassade die »Kommode« genannt, zu der auf Befehl Friedrichs der Entwurf Fischer von Erlachs für die – damals noch nicht vollendete – Wiener Hofburg das Vorbild lieferte. Für die etwas matte und ungeniale Kopie bestimmte der König die fragwürdige Aufschrift:

NUTRIMENTUM SPIRITUS
Nahrung des Geistes ...

Was der Berliner Volksmund prompt auf seine Weise übersetzte: »Spiritus ist auch Nahrung!«

Früher waren die unzähligen Bücher aus königlichem Besitz in den verschiedenen Schlössern untergebracht; jetzt standen sie jedem Wissensdurstigen gesammelt zur Verfügung, wie es bald danach in Wien Kaiser Josef II. eiligst nachahmte.

*

Friedrich begnügte sich niemals mit Anregungen. Er glaubte seinem Beruf nur gerecht zu werden, wenn er überall und auf jedem Gebiete eingriff und entschied – gleich, ob es Bauten waren oder Industrien, Landverbesserungen oder Gemäldeankäufe, Seide oder Porzellan, Samt oder Viehfutter. So erhielt der Kaufmann Gotzkowsky nach dem Krieg den Auftrag, nach verschiedenen mißglückten Versuchen eine große Berliner Porzellanmanufaktur einzurichten, die es mit der berühmten Meißner aufnehmen konnte. Als sich der übereifrige Mann damit ruinierte, nahm der König die Sache in eigene Hand. Bald beschäftigte die neue Fabrik in der Leipziger Straße etwa hundertfünfzig hervorragende Fachkräfte und eine große Anzahl Maler und Bildhauer. Der König förderte seine Lieblingsmanufaktur mit charakteristischer Energie und Rücksichtslosigkeit: Nicht nur, daß er für den eigenen Hof und das Breslauer Stadtschloß kostbare Service, Vasen, Kunstwerke in Auftrag gab; er zwang auch alle Begüterten, Adel und Bürger, besonders aber die jüdischen Bankiers bei jeder Gelegenheit, sei es zur Verehelichung, zu Handel oder Verkauf, gleichsam als indirekte Steuer eine bestimmte Menge Berliner Porzellan zu erwerben, damit »die Sache unter die Leute käme«. Der Erfolg gab ihm recht – bis heute. Das von Friedrich bestimmte Kennzeichen seiner Manufaktur – das Zepter – wuchs zu Weltgeltung unter den berühmtesten Marken.

Einmal schrieb Friedrich an seinen Bruder: »Die Fürsten dieses Landes müssen ganz Nerv sein – oder sie sind verloren.«

Auch wo er irrte, war er den anderen Potentaten seiner Zeit weit voraus. Das Recht mußte der Idee dienen, auch wenn es in den Augen der Welt zum Unrecht wurde.

Der furchtbare Fall seines Adjutanten Trenck war eine Bestätigung, eine weitere der Prozeß des Müllers Arnold, in dem sich der König dem *schwächeren Bürger* zuliebe einer Rechtsbeugung schuldig machte.

Größtes Verdienst erwarb sich Friedrich, indem er sein Land aus dem Bann religiöser Enge und der ewigen Streitereien unter den geistlichen Vertretern erlöste. Schon das berühmte »Toleranzedikt« seines Ahnen Johann Sigismund war ein Schritt gewesen. Der weit vorausschauenden Haltung jenes Kurfürsten verdankte der brandenburgische Staat jetzt zum guten Teil den Segen des wachsenden Untertanenstammes, der ständig neue Siedler in die kaum erst kultivierten Ostländer strömen ließ. Mit seinem gefürchteten Sarkasmus sorgte der König für Durchführung jenes »Jeder nach seiner Façon«, und seine Sparsamkeit galt auch gegenüber den Vertretern der Kirche.

So bat der Hofprediger Cochius um bessere Besoldung. Der König schrieb auf sein Gesuch:

»Jesus saget, mein Reich ist nicht von dieser Welt. So müssen die prediger auch denken, dann Predigen Sie Nach Ihrem Thodt im Duhm von Neuen Jerusallem.«

Oder einem Landgeistlichen, der Furage für ein Pferd bezahlt haben wollte: »Es heißt nicht: reitet in alle Welt, sondern *gehet* in alle Welt und prediget allen Völkern!«

Nicht weniger deutlich wehrte sich der König dagegen, daß sich Zivilpersonen in Militärangelegenheiten mischten:

»die Herren Ministers bleiben beim Tintfaß und lassen die Naße aus allen Militaria worum ich Sie allerseits ersuche.«

Wenn ein alter Militär um Beförderung wegen seiner langen Dienstzeit bat, erging es ihm nicht besser:

»ich habe einen haufen alte Maulesels im Stal die lange den dienst machen aber nicht das Sie Stalmeisters werden.«

Ein adliger junger Herr wollte Landrat werden. Dazu schrieb prompt der König:

»Ich kenne ihn auch. Er ist ein Affe. Man muß einen anderen wählen und geschieht das nicht, so werde ich schon einen bessern finden.«

Noch zwei Tage vor seinem Tode lehnte er eine Beförderung schriftlich ab: »Er ist ein Wintbeutel.«

Der König begab sich sogar unter die Journalisten, wenn es ihm nötig erschien. Er, dessen dichterisches Werk das Maß und Können vieler »gelernter« Schriftsteller weit überstieg, der zum erstenmal (im achtzehnten Jahrhundert!) mit der grundsätzlichen Verherrlichung der regierenden Häuser aufräumte und in seiner »Geschichte des Hauses Brandenburg« den billigen Fürstenruhm souverän ironisierte, benutzte die Zeitungen nicht nur, um das Volk aufzuklären, sondern um es zeitweilig auch bewußt in die Irre zu führen.

Vier Jahre nach Friedensschluß munkelte man wieder von neuen Kriegsvorbereitungen. Der König, der seine ganze Diplomatie aufwandte, dieses Schreckgespenst zu vertreiben, strebte danach, derlei unwillkommene »Aktualität« auf seine Weise zu überbieten. Eines Tages erschien in der Berliner Zeitung eine aufsehenerregende Meldung von einem furchtbaren Orkan, der in Potsdam gewütet haben sollte. Von faustgroßen Hagelkörnern war darin die Rede, von Frauen mit zerfetzten Kleidern, von Kühen, die riesige Beulen davongetragen hätten, und dergleichen schlimmen Einzelheiten. Man sprach in der Hauptstadt von nichts anderem als von dieser Naturkatastrophe, über die sonderbarerweise sonst niemand etwas erfahren hatte. Die anderen Zeitungen enthielten sich auffallend jedes Kommentars. Als kurz danach ein gelehrter Leipziger Professor aus diesem »Naturwunder« eine wissenschaftliche Doktorarbeit entwickelte, lachte der König schallend – und bald das ganze Land. Es sickerte nämlich durch, daß Friedrich selbst der Verfasser des Artikels gewesen war: Er hatte die kleine Ablenkung aus anderen Gründen gebraucht...

Schon vor dem Kriege hatte er es verstanden, durch merkwürdige Manöverberichte, die natürlich kein wahres Wort enthielten, von den preußischen Vorbereitungen abzulenken, indem er zugleich die sächsischen Lagergepflogenheiten parodierte. Weiterhin ließ er Artikel erscheinen, in denen die außerordentliche Gesundheit des guten Roggenkaffees gepriesen und zugleich vor dem so gefährlichen Gift des um sich greifenden Bohnenkaffees eindringlich gewarnt wurde – obgleich er selbst ein geradezu süchtiger Kaffeetrinker war. Er wollte nur, daß das Geld im Lande blieb.

Was die ursprünglich vom König so betonte Pressefreiheit anging, so war es damit freilich nicht weit her. Auch und gerade die tägliche Berichterstattung für das Volk mußte sich seinem »Programm« unterordnen. Früher hatte die berühmte »Spenersche Zeitung« die Devise getragen: WAHRHEIT UND FREIHEIT!

Jetzt zeigte ihr Kopf den Adler und die zweideutige Hinzufügung: MIT KÖNIGLICHER FREIHEIT!

Seine persönliche Meinung über die Pressefreiheit aber faßte Friedrich II. in die Worte zusammen:

– Wenn die Kerls nicht schreiben, wie ich will, soll man sie verprügeln!

27. KAPITEL

Zwei Taler sind zu wenig

Der alte König kam nur noch einmal im Jahr, in der Karnevalszeit, für wenige Wochen nach Berlin und ins Schloß an der Spree. In diese Zeitspanne fielen sein Geburtstag und der Krönungstag – Anlässe, der notwendigsten Repräsentationspflicht zu genügen. Seine Gattin, die er nach Monbijou ausquartiert hatte, sofern sie nicht ganz in ihrer Residenz Schönhausen blieb, pflegte er einmal im Jahr, zu ihrem Geburtstag, für eine halbe Stunde zu besuchen. Sonst kannte den König seit dem großen Kriege niemand mehr anders als in seiner Uniform mit den zurückgehakten Schößen – zu den Festlichkeiten aber erschien er in Zivil, wobei seine faltigen schwarzen Seidenstrümpfe, die durch keine Strumpfbänder gehalten wurden (er haßte solche Beengung), oft ein beinahe peinliches Aufsehen erregten.

Ihn kümmerte dies so wenig wie die Meinung der Menschen, die Zu- oder Abneigung innerhalb der eigenen Familie. Mitte der »Gegenpartei« war und blieb der immer eifersüchtige Prinz Heinrich, der jetzt im Palais Unter den Linden in einem Flügel hofhielt; die Prinzessin residierte im anderen. Wie Friedrich verband den Prinzen mit seiner ihm (vom königlichen Bruder) aufgezwungenen Gattin nichts. Auch hierin waren die Brüder einander ähnlich, nur daß der um vierzehn Jahre jüngere Heinrich in seiner ganzen Art und Lebensführung, in seiner Kultur und Einstellung auf den platonischen Eros noch bewußter »Franzose« war. Sie fanden keinen Weg mehr zueinander. Als Heinrich von den Polen zum König gewählt wurde, ließ Friedrich die Gesandtschaft nicht einmal mit dem Bruder sprechen, sondern schickte sie sogleich aufs höflichste zurück. Politische Klugheit und persönliche Überlegungen veranlaßten ihn zu Recht, das Projekt gar nicht erst zu erwägen. Wieder war Heinrich, der unter anderem bei der Zarin Katharina II. als hervorragender Diplomat in höchstem Ansehen stand, tief gekränkt. Man sah sich nicht mehr; Friedrich ließ sich lediglich von Rheinsberg, wo sich der Prinz zumeist grollend in die eigene Welt zurückzog, durch den Baron Pöllnitz, die amüsante Klatschbase, von den frauenlosen »fêtes henriçoises« berichten. Der nunmehrige Thronfolger Friedrich Wilhelm, Sohn August Wilhelms, war vierzehn Jahre alt gewesen, als sein Vater – wie auch er es zu sehen gelehrt worden war, an gebrochenem Herzen über die Demütigungen durch den königlichen Bruder – starb. Jetzt trug der junge Mann, auf den Heinrich seine ganzen Hoffnungen setzte, der aber leider nur im unguten Sinn das Erbe des allzu frauenfreundlichen Vaters verkörperte, den verpflichtenden Titel »Prinz von Preußen«.

Mit seiner Schwester Amalie traf sich der König am Silvesterabend bei der berühmten »Konfidenztafel« im »Maschinenzimmer« des Schlosses an der Spree: Die Eigenart dieses Gemaches bestand aus dem versenkbaren Tisch, an dem man ohne Bediente speiste. Man ließ darauf einen Zettel mit der jeweils gewünschten Mahlzeit in der Tiefe verschwinden, worauf sich das fertig bereitete »Tischlein deck dich« wieder aus der Versenkung hob. Zu dieser »Konfidenztafel« waren außer Amalie noch einige andere ältere Damen geladen, darunter die von Friedrich verehrte Frau von Camas, von ihm »Mütterchen« genannt.

Auch an der einst so bezaubernden Prinzessin Amalie waren die Jahre nicht spurlos vorübergegangen. Die um elf Jahre Jüngere hatte der Bruder bei Beginn des Krieges zur Äbtissin von Quedlinburg gemacht, ohne daß sie jemals dort wohnte. Graf Lehndorff, Kammerherr der Königin, bemerkte anläßlich ihrer Amtsübernahme: Sie habe sich nunmehr entschlossen, ihren himmlischen Gemahl zu empfangen, den sie, wie er glaube, nur zu gern gegen einen Gemahl von dieser Welt vertauschen würde. Einst hatte Amalie sogar den reifen Voltaire dazu verführt, ihr Liebeserklärungen zu machen – wofür der Dichter vom König trotz ihrer Freundschaft unmißverständlich in seine Grenzen gewiesen wurde.

Viel schlimmer als dem Franzosen erging es dem schönen Adjutanten des Königs, dem Sekonde-Leutnant Friedrich Freiherrn von der Trenck, den Friedrich in unbegreiflicher Grausamkeit büßen ließ. Wobei es hier wohl nicht nur um Trencks Liebe zu der Prinzessin ging, die dem Helden bis zu ihrem Tode die Treue hielt. Über die Beziehung der beiden Menschen schrieb die Hofdame der Königin, die Gräfin Voß, in ihr Tagebuch: »Die arme Prinzessin, welche für die Befreiung des schönen tollkühnen Abenteurers so große Treue und Aufopferung bewies, schien ihre ganze Liebesfähigkeit in dieser einzigen Neigung erschöpft zu haben. Von Kummer und frühzeitiger Kränklichkeit verdüstert, war sie nach und nach so schroff und bitter geworden, daß sie nach einem Epigramm ihres Bruders Heinrich nur noch ›la fée malfaisante‹ hieß und durch ihre Torheiten und ihr argwöhnisches Mißtrauen bald der Schrecken des ganzen Berliner Hofes war ...«

Trotz all dessen, was ihr Friedrich in seiner seltsamen Eifersucht angetan hatte (obgleich auch da wieder politische Dinge mitspielten), stand er ihr am nächsten von den verbliebenen Familienangehörigen. In späteren Jahren verband sie beide übrigens auch eine geradezu bestürzende äußere Ähnlichkeit.

Amalie war ebenso begabt wie sprunghaft und bigott. Sie liebte es, heute in Rokokoboudoirs zu wohnen und morgen in gekalkten Dienerstuben mit Schemel und Kreuz; sie komponierte Orgelpräludien und schrieb Gesangbücher, von denen sie sogar eins dem königlichen Bruder widmete, der ihre ewigen Geldbitten mit von Ironie gespickten Briefen abzutun pflegte.

Je älter der König wurde, um so stärker verblich der einstige Glanz um ihn – um so mehr kam der versteinerte Geiz zum Vorschein, der schon seinen Vater ausgezeichnet hatte. So berichtete der (Friedrich allerdings wenig wohlwollende) englische Gesandte Lord Malmesbury als Gast anläßlich der in Berlin stattfindenden Hochzeit des jungen Fürsten von Dessau mit einer preußischen Prinzessin nach London: Der ganze Hof habe im Finstern warten müssen, da es sich der König nicht nehmen ließ, die Kerzen selbst einzeln anzuzünden. Dafür wurde jedes Gemach auch nur durch eine einzige Kerze notdürftig erhellt. Im übrigen seien die Desserts so mager wie die Weine schlecht

*Oben: Der Konzertsaal
von Gontard
Links: Der Thronsaal
von Gontard*

König Friedrich Wilhelm II. Gemälde von Edward Francis Cunningham

und knapp gewesen. Als der Lord nach einem Glas Wein Ausschau hielt, habe ihm ein Diener zur Antwort gegeben: Der Wein sei leider ausgegangen, Seine Lordschaft könne aber etwas Tee bekommen ...

*

Hatte der alte König an der beginnenden deutschen Geistesentwicklung auch keinen persönlichen Anteil, so wurde Berlin durch die von ihm geförderte Freiheit der Persönlichkeit, die bisher kein Monarch in so vorbildlicher Weise vorgelebt hatte, zum erstenmal zu einem wirklichen Mittelpunkt. Diese Freiheit war es auch, die den größten Philosophen dieses Zeitalters, Kant, veranlaßte, nur vom »Jahrhundert Friedrichs« zu sprechen.

Nun waren die Erfahrungen Friedrichs mit den deutschen Koryphäen – nicht zuletzt dank der königlichen Vorurteile – wenig ermutigend. Die Leipziger Begegnung mit Gellert während des Krieges, dessen Fabeln immerhin denen des großen Lafontaine nahekamen, hatte einen gewissen Eindruck auf den König hinterlassen.

Ein ausgesprochener Mißerfolg aber wurde die Unterhaltung mit dem Naturforscher Georg Forster, den der König zur Audienz ins Schloß an der Spree beorderte, weil er viel und Gutes von ihm gehört hatte.

Der puritanische Weltumsegler seinerseits war weder von Berlin noch von der Person des kleinen Großen Königs sehr angetan. Als ihn Friedrich in seiner ebenso kauzigen Art auf allerlei ungebetene Kritik hin anfuhr, verabschiedete sich der Gelehrte mit ebenso preußischem Charme:

– Sire, ich habe bereits fünf Könige gesprochen, drei wilde und zwei zahme. Aber so einer wie Eure Majestät ist mir noch nicht untergekommen!

Worauf Friedrich zu seinem Minister Heinitz, der die Bekanntschaft vermittelt hatte, kopfschüttelnd feststellte:

– Der Forster mag ein grundgelehrter Mann sein, aber er ist ein erzgrober Kerl!

Forster selbst äußerte sich über seine Berliner Eindrücke:

253

»Ich habe mich in meinen mitgebrachten Begriffen von dieser großen Stadt sehr geirrt. Ich fand sie außen viel schöner, das Innere viel schwärzer, als ich's mir gedacht hatte. Berlin ist gewiß eine der schönsten Städte Europas. Aber die Einwohner! Gastfreiheit und geschmackvoller Genuß des Lebens ausgeartet in Üppigkeit, Prasserei, ich möchte fast sagen Gefräßigkeit. Frei aufgeklärte Denkungsart – in freche Ausgelassenheit und zügellose Freigeisterei.

Und dann die Geistlichen, die aus der Fülle ihrer Tugend und moralischen Vollkommenheit Religion und Unverstand säubern und dem gemeinen Menschenverstand ganz begreiflich machen sollen – und siehe, ich fand Menschen wie andere, und, was das Ärgste ist, ich fand den Dünkel der Weisen und Schriftgelehrten ...

Endlich ist's mir ärgerlich gewesen, daß Alles, bis auf die gescheitesten, einsichtsvollsten Leute, den König vergöttert und so närrisch anbetet, daß selbst was schlecht, falsch, unbillig oder wunderlich an ihm ist, als vortrefflich und übermenschlich pronirt werden muß ... «

Nach dem groben Forster wagte es Friedrich einmal, auch ein weibliches deutsches Musenkind zu sich zu laden, und zwar die Dichterin Luise Karsch, die »Karschin« genannt, der damals ganz Berlin zu Füßen lag. Sie stammte aus dem Volk und stellte durch ihr von keiner schulmäßigen Bildung verdorbenes Naturtalent die erwachende deutsche Seele dar – freilich in bemerkenswertem Urzustand. Ihre empfindsam-naiven Dichtungen brachten der »deutschen Sappho« Ruhm und grenzenlose Verehrung.

Allmählich jedoch (vor allem durch Lessing, der sie in seinen »Literarischen Briefen« ehrlich kritisierte) begann ihr Stern zu sinken. Armut folgte den Triumphen.

Die »Karschin« wandte sich daraufhin an den König mit der Bitte um Unterstützung. Friedrich gab brummend; je häufiger dies aber geschah, um so geringer wurden die Spenden der Majestät.

Als die alte Dame einmal auf ihre bewegten Klagen hin zwei

ganze Taler erhielt, empörte sich ihr Stolz. Sie ließ das Almosen
mit einem Begleitgedicht an den Absender zurückgehen:

> Zwei Thaler sind zu wenig
> für einen großen König.
> Zwei Thaler sind kein Glück,
> drum schick' ich sie zurück!

Was die Dichterin nicht hinderte, bald darauf abermals anzu-
klopfen, mit der Begründung, sie wolle sich ein Haus bauen.
Friedrich ließ ihr diesmal genau *drei* Taler überreichen. Woraufhin er prompt wieder ein Poem erhielt:

> Seine Majestät befahlen,
> mir, statt eines Hauses Bau,
> doch drei Thaler auszuzahlen.
> Der Befehl ward ganz genau,
> prompt und willig ausgerichtet,
> und zum Dank bin ich verpflichtet.
> Aber für drei Thaler kann
> zu Berlin kein Hobelmann
> mir mein letztes Haus erbauen,
> sonst bestellt' ich ohne Grauen
> morgen mir ein solches Haus,
> wo einst Würmer Tafel halten
> und sich ärgern überm Schmaus
> von des abgehärmten alten
> magern Weibes Überrest,
> das der König – darben läßt!

*

Friedrichs Freunde waren tot oder in alle Winde zerstreut. Auch
der Marquis d'Argens hatte sich nach dem Kriege nicht ent-
schließen können, in Berlin zu bleiben. Um ihn zur Rückkehr
zu bewegen, verfaßte der König noch einmal in einem Anflug
des alten, überlegenen Humors einen »Hirtenbrief« des Heiligen Vaters in Rom, in dem d'Argens als Antichrist und Gefahr

für die Schäfchen des Glaubens bezeichnet wurde. Diesen Brief lancierte Friedrich in die französische Umgebung des Freundes – wodurch er zwar erreichte, daß dieser die Heimat verlassen mußte, doch schadete er ihm damit bei den bigotten Provenzalen so, daß der Marquis dem König bei seiner erzwungenen Rückkehr versicherte, der Scherz sei doch ein wenig »über den Spaß« gegangen...

Wieder hielt es d'Argens nicht lange in Berlin; der Wert der brieflichen Korrespondenz wurde durch die persönliche Nähe der Freunde nicht mehr erreicht. D'Argens starb bald darauf in Frankreich.

Von den berühmten Tischgenossen war nur noch der offenbar unsterbliche Pöllnitz anwesend. Als Überbleibsel aus des Soldatenkönigs Tabakskollegium brillierte der alte Baron wie je mit Witz und Klatschsucht. Nebenbei leitete er Ballett und Komödie; bei den seltenen Empfängen übernahm er zudem die Rolle des Oberhofmarschalls. Friedrich, der sich immer schwerer an neue Gesichter gewöhnte, ließ Pöllnitz als maître de plaisir gewähren, obgleich er sich schon als Kronprinz über den Baron geäußert hatte:

– Pöllnitz ist ein infamer Kerl, dem man nicht trauen darf. Er ist amüsant beim Essen – nachher aber muß man ihn einsperren!

Um seine ewigen Schulden zu beseitigen, hatte sich Pöllnitz um eine reiche Witwe in Süddeutschland beworben, die von ihm verlangte, daß er katholisch werde, was er schleunigst tat. Friedrich ließ ihn ungern ziehen. Die Sache zerschlug sich indes, die Dame erfuhr zu viel über ihren Bräutigam in spe, der daraufhin den König wieder anflehte, er möchte ihn doch von neuem als Kammerherr aufnehmen, er werde auch ganz schnell wieder zum Glauben seiner Väter zurückkehren!

Friedrich schrieb ihm todernst: »Ob Ihr reformiert, katholisch oder lutherisch seid, ist mir ganz einerlei. Wenn Ihr Euch aber wollt beschneiden lassen, so würde ich Euch wieder in meine Dienste nehmen.« Natürlich blieb Pöllnitz bis zu seinem Tode Erster Kammerherr des alten Königs.

*

Friedrichs Ruhm leuchtete nach wie vor weit über die Grenzen Europas. Seine eisblauen Augen sahen durch die Menschen hindurch, denen sein strenges Tagewerk galt. Erhaben über Spott und Haß, hielt er auch die bösesten Schmähschriften nicht eines Verbotes für wert. Der »Philosoph von Sanssouci« gab sich keinen Illusionen über die »zweibeinige, ungefiederte Rasse« seiner Untertanen hin. Weise und einsam geworden, kannte er nur seine Arbeit, seine Studien, die ihn auch, wäre er zufällig nicht König gewesen, zu den Großen hätten zählen lassen. Es war wie eine furchtbare Ahnung, ein Wissen von der Fragwürdigkeit jeder menschlichen, königlichen, völkischen Leistung, als er die Worte niederschrieb:

»Nur völlige Verheerung der Staaten und Wiederbevölkerung derselben durch fremde Kolonisten ist, so glaube ich, imstande, den Geist eines Volkes vollständig umzuschaffen. Allein, wohlbemerkt, es ist dann nicht mehr dieselbe Nation, und es bliebe noch zu wissen, ob nicht Luft und Nahrung mit der Zeit die neuen Einwohner den alten gleichmachen würden...«

Unermüdlich, mit beispielloser Härte gegen sich und die anderen, arbeitete er weiter, auch als er niemand mehr neben sich, niemand als wahren Nachfolger wußte.

Goethe, der sich während der Tage des Kriegsfiebers, da Friedrich noch ein letztes Mal gegen Österreich ins Feld zog (diesmal Bayerns wegen), mit dem jungen Herzog Karl August in Berlin aufhielt, schrieb an Frau von Stein:

»Ich dacht heut an des Prinzen Heinrichs Tafel dran, daß ich Ihnen schreiben müßte. Es ist ein wunderbarer Zustand, eine seltsame Fügung, daß wir hier sind. Durch die Stadt und mancherlei Menschen Gewerb und Wesen hab ich mich durchgetrieben. Es ist ein schön Gefühl, an der Quelle des Kriegs zu sitzen in dem Augenblick, da sie überzustrudeln droht. Und die Pracht der Königsstadt und Leben und Ordnung im Überfluß, das nichts wäre ohne die tausend und tausend Menschen, bereit, für sie geopfert zu werden. Menschen, Pferde, Wagen, Geschütz, Zurüstungen, es wimmelt von allem. Von der Bewegung der Puppen kann man auf die verborgnen Räder, besonders aber auf die große alte Walze, FR gezeichnet, mit tausend Stiften schließen, die diese Melodien eine nach der andern hervorbringt...« Und im Jahre vor dem Tod des Königs: »Auf seiner Kraft ruhend blieb Friedrich der Polarstern, um den sich Deutschland, Europa, ja die Welt zu drehen schien.«

Der General von der Marwitz hat eine der letzten Begegnungen des »Alten Fritz« mit dem Volk von Berlin aufgezeichnet. Noch heute sehen wir aus seinen Worten den Greis vor uns, der, von einer Truppenrevue zurückkehrend, von seiner Schwester Amalie in ihrem Palais in der Wilhelmstraße empfangen wurde; wie die Menschen noch lange schweigend und entblößten Hauptes verharrten, unbeweglich auf die Stelle schauend, wo er verschwunden war:

»Und doch war nichts geschehen... Keine Pracht, kein Feuerwerk, keine Kanonenschüsse, kein Trommeln und Pfeifen, keine Musik, kein vorangegangenes Ereignis! Nur ein dreiundsiebzigjähriger Mann, schlecht gekleidet, staubbedeckt, kehrte von seinem mühsamen Tagewerk zurück. Aber jedermann wußte, daß dieser Alte auch für ihn arbeitete, daß er sein ganzes Leben an diese Arbeit gesetzt und sie seit fünfundvierzig Jahren nicht einen einzigen Tag versäumt hatte. Jedermann sah auch die Früchte dieser Arbeit nah und fern, rund um sich her; und wenn man auf ihn blickte, so regten sich Ehrfurcht, Bewunderung, Stolz, Vertrauen, kurz alle edleren Gefühle des Menschen...«

Im letzten Winter hinderten den kranken König seine peinigenden Schmerzen zum erstenmal, den Karneval in Berlin zu verbringen. Die Fensterreihen seiner Wohnung, die sich von der Spree über den ganzen Schloßplatzflügel hinzogen und die früher in schimmerndem Kerzenlicht erstrahlten, blieben dunkel und leer. Friedrich sah die Hauptstadt und den Palast seiner Väter, dessen düsterer Prunk durch ihn einen Hauch des schwebenden Rokokos erhalten hatte, nicht mehr. Er starb allein auf seinem geliebten Weinberg, draußen zwischen den Wäldern und Wassern, den marmornen und goldenen Göttern seines »Gelobten Landes«.

Es bedurfte erst der Regierung des Nachfolgers und der kommenden Jahrzehnte, den Menschen bewußt werden zu lassen,

was sie mit diesem eigenwilligen Manne in Wahrheit verloren hatten. Etwas von der Bedeutung Friedrichs im gesamten deutschen Land spricht aus der berühmten, ratlosen Frage jenes schwäbischen Bäuerleins auf die Nachricht seines Todes:
– Und wer soll nun die Welt regieren?
Goethe aber berichtete im gleichen Jahr aus Sizilien:
»Wir mußten den Einwohnern von Friedrich II. erzählen, und die Teilnahme an diesem großen König war so lebhaft, daß wir seinen Tod verhehlten, um nicht durch eine so unselige Nachricht unseren Wirten verhaßt zu werden...«

28. KAPITEL

Das Wellental

Der neue Träger der Krone wußte, daß er das Frühere nicht fortsetzen konnte. Die neue Zeit verlangte neue Formen, neue Wege und Kräfte für neue Aufgaben, sollte das Alte im Urgrund gültig bleiben. Doch als hätte sich sein Stamm in den Vorgängern ausgegeben, besaß der Erbe nicht einmal die Kraft des Bewahrens. Ein Einzelner hatte die gewaltige Maschine in Gang gesetzt und sie im wahrsten Sinne »be-dient« – seine Nachfolge mußte so und so eine ungeheure Krise auslösen. Daß die Krise zur Katastrophe wurde, lag in der Person Friedrich Wilhelms II. begründet.

Jetzt, da der verhaßte eisblaue Blick nicht mehr auf dem Neffen ruhte, stürzte sich der Nachkömmling zuerst auf das, was *er* »Leben« nannte: auf Frauen, auf Genuß und jene persönlichen »Freiheiten«, die nicht nur für einen Fürsten das Ende bedeuten.

Friedrich Wilhelm II. lebte das Ende.

An der Leiche des Onkels umarmte er den intriganten Spießgesellen seiner Vergnügungen und offiziellen Ehemann seiner Geliebten, den Kämmerer Rietz, und ernannte ihn zum Schatzmeister.

Damit begann die Günstlings- und Weiberherrschaft am preußischen Hofe.

Das Volk begrüßte den neuen König mit großen Hoffnungen. Im einfachen blauen Rock spazierte er zu Fuß durch den Tiergarten und sprach die Bürger mit »Sie« an, was zu damaliger Zeit unerhört war. Friedrich hatte nur sein »Er« gekannt. Manche Steuern und Beschränkungen fielen. Überall gab es ein Aufatmen, eine als glücklich empfundene Lockerung. Bei der Hochzeit des Prinzen Louis hatte jetzt »jeder anständig gekleidete Bürger« Zutritt zu den Feierlichkeiten im Schloß an der Spree;

der König zeigte sich trotz des unvorstellbaren Gedränges als liebenswürdiger Hausherr.

Doch erwies sich die Freundlichkeit des neuen Herrn bald als größte Schwäche: wie er seinen unzähligen Damen und Günstlingen keine Bitte abschlagen konnte, wußte er auch nichts von Härte gegen sich selbst. Der ihm anfangs noch so gemäße Schmeichelname des »Vielgeliebten« erhielt bösen Doppelsinn; und das Volk merkte nur zu schnell, daß an Stelle der ersten Erleichterungen eine Fülle neuer Belastungen folgte, daß die Schulden des Hofes lawinenartig anstiegen und man auf jeden Gebrauchsartikel höhere Steuern zu zahlen hatte als zuvor.

Der König gewöhnte es sich ab, die Post zu lesen; sie »ärgerte« ihn. Ebenso ging es den »langweiligen« Berichten der Minister. Wozu hatte man seine Günstlinge und Kreaturen?

Auch die kühle Überlegenheit des alten Prinzen Heinrich, der sich soviel von dem ersehnten Umschwung erhofft hatte, wurde dem Lebemann auf dem Throne lästig; und der Prinz rächte sich durch unverblümte Ermahnungen und Hinweise, die den Stolz des Jüngeren verletzten. Als der König einmal mit seinem Adjutanten am Palais gegenüber der Oper vorüberritt, erkundigte er sich beiläufig:

– Spricht man wohl noch von meinem lieben Onkel?

Worauf der Offizier antwortete:

– Alle Welt spricht von dem Prinzen. Jedermann glaubt, daß Ihr ihn an die Spitze der Staatsgeschäfte stellen werdet, Sire!

Diese Antwort war nicht im Sinne des Königs, der sich auf die Lippen biß und murmelte:

– Er möchte gern ein Königreich verspeisen. Aber es soll ihm zwischen den Zähnen steckenbleiben!

Natürlich wurde die Bemerkung dem Prinzen hinterbracht, der dazu verächtlich bemerkte:

– Mein dicker Neffe ist ein Schwachkopf. Er verachtet Sitte und Anstand und läßt sich von seinen Günstlingen und Mätressen an der Nase herumführen. Er ist faul und wird die Reihe der königlichen Nichtstuer nur vergrößern!

*

Nach Verabschiedung des letzten Ministers aus der friderizianischen Ära, des hervorragenden Hertzberg, übernahm der Herr von Bischofswerder die Rolle des allmächtigen Premiers.

Die ungeheure Erschütterung der Französischen Revolution wirkte sich zunächst in Preußen kaum aus. Man verglich zwar die Weiberherrschaft mit der zu Versailles – auch Ludwig XV. war ja der »Vielgeliebte« gewesen –, aber es blieb vorläufig noch bei derlei freundlichen Feststellungen. Während man in Paris die Welt in Brand steckte, herrschte in der Residenz an der Spree nur das Vergnügen. Man schimpfte auf die Günstlings- und Mätressen-Tyrannei und drängte sich zugleich zu den Empfängen im Königspalast, wo man die üppig besetzten Buffets plünderte. Der König zahlte auch großzügig die gesamte Beköstigung während des Karnevals und der öffentlichen Feste. Man hatte es ja – noch.

Es war, als sei eine Fessel gefallen, seitdem der Eine tot war. Es gab nur: Genuß. Die Zahl der Freudenhäuser überstieg die sämtlicher anderen Residenzen, die Roben der großen Herrschaften überboten sich in verschwenderischem Aufwand, die Reifröcke und Frisuren der Damen stellten nach dem Vorbild Marie Antoinettes alles Bisherige in den Schatten. Zugleich wurden die Wespentaillen geschnürt, und die seelenvolle »Ohnmacht« bedeutete für die Dichter fortan unentbehrliches Requisit zarter Dramaturgie.

Der Festestaumel wurde auch durch die eisige Zugluft nicht gestört, die von dem blutigen Schafott über den Rhein wehte. Die Kriegserklärung des Reiches sollte dem versunkenen Regime noch einmal eine Tür öffnen. Preußen und Österreich marschierten getrennt: beide erlebten böse Schlappen. Zur gleichen Zeit brachte die zweite Teilung Polens einen Zuwachs von einer Million Einwohnern; auch versuchte Preußen, die alte Reichsstadt Nürnberg, die mit den Anfängen der Hohenzollern in so enger Verbindung stand, zu übernehmen. Doch war der verrottete Staat dazu nicht mehr in der Lage. Zehn Jahre später fiel Nürnberg endgültig unter bayrische Herrschaft ...

Dies etwa war die äußere Lage, in der sich das Erbe des großen Friedrich jetzt befand. Prestigeverluste, Korruption, Verkommenheit des Adels und des Heeres, sinnliches Romantisieren und bigotte Frömmigkeit zeichneten die Epoche des preußischen »Vielgeliebten« aus, während sich überall in der Tiefe bereits die Kräfte des neuen Jahrhunderts regten.

Der König hatte daran keinen Anteil. Je mehr seine entnervte Natur in Genuß und Schlaffheit versank, um so höher stieg das Gestirn Bischofswerders und der früheren Trompeterstochter Wilhelmine Encke. Madame Rietz, bereits zu Lebzeiten des alten Königs dem Thronfolger heimlich zur Linken angetraut und nun Mutter von fünf Kindern, überstand nicht nur zwei legitime Königinnen, den Haß des Adels, Bischofswerders und der Berliner, sondern vor allem die eisige Ablehnung des Kronprinzen – solange Friedrich Wilhelm II. lebte.

Der Herr von Bischofswerder, ihr Gegenspieler, einstiger friderizianischer Major, war nach Vermählung mit der Tochter eines kursächsischen Kammerherrn in Dresden bei dem berühmten Alchimisten und Wundermann Johann Georg Schrepfer in die Lehre gegangen. Als er später wieder nach Preußen übersiedelte, ruhte seltsamerweise das Wohlwollen des Alten Fritz auch noch auf ihm, als er sich immer stärker an den Thronfolger Friedrich Wilhelm band, der sich seinerseits des geschickten Kavaliers bediente, um überhaupt Verbindung mit dem Eremiten von Sanssouci zu halten.

Bischofswerder galt als »schöner Mann«, er war ritterlich, taktvoll und ganz Sohn seiner Zeit, die mystische Verinnerlichung und Schwärmerei mit sehr diesseitigen Freuden zu verschmelzen wußte. Menschenkenntnis, Lebensklugheit und geschickte Verhandlungsführung bei den politischen Unternehmungen vom Zug in der Champagne bis zum Polenkrieg machten ihn dem ihm ergebenen Monarchen immer unentbehrlicher.

Die Überkultur des achtzehnten Jahrhunderts hatte sich erschöpft. Dem Puritanismus des Soldatenkönigs war die voltairianisch-friderizianische Aufklärung und dieser die mystische Rosenkreuzerei gefolgt, deren Erfolg vor allem darin begründet lag, daß für ein Dezennium die Machthaber Preußens hinter ihr standen: der König, Bischofswerder, Wöllner, der als Justizminister und Chef des geistlichen Departements die Kirche auf seine Weise dirigierte. Das Volk hatte an allem nur geringen Anteil. Es walteten dahinter wohl tiefere Ahnungen: Weltuntergangsstimmung, Angst vor dem Kommenden ließ die Menschen wieder einmal wahrhaft »Geister sehen«...

Wo war die Grenze zwischen Schwindel und echter Glaubenssehnsucht? Benutzte Bischofswerder seine Experimente, mit denen er den König verzauberte, wirklich nur, um ihn zu »betrügen« –? Wir wissen es nicht. Der Schein jedenfalls mag dafür sprechen.

Nach dem Vorbild des genialen Schrepfer arbeitete Bischofswerder in besonderen Kabinetten mit doppelten Wänden (so im Charlottenburger Belvedere und in der »Grotte« seines Schlosses Marquardt), mit Hohlspiegeln und Projektionsapparaten, mit Glasharmonikas und überirdischen Musik- und Klangeffekten. Er projizierte die Bilder entsprechend kostümierter Modelle auf Rauch und Wasserdampf und ließ sie vermittels eines geschickten Bauchredners dem König all das erzählen, was er ihm beizubringen wünschte. Als infolgedessen ausgerechnet die Geister Marc Aurels und des Großen Kurfürsten das lasterhafte Leben der (Bischofswerder unbequemen) Rietz anprangerten, brach der arme König zitternd zusammen, schwor ewige Besserung und flehte Bischofswerder an, ihn von diesen furchtbaren Visionen zu »erlösen«...

Leider gelang es dem Minister nicht, sich der Rivalin zu entledigen: Die tüchtige Dame verfügte über stärkere Bindungen, zumal sie ihren Liebhaber zur Abwechslung auch noch mit den delikatesten Happen aus dem Ballett versorgte. Bischofswerder mußte umdisponieren.

Es war gerade zu der Zeit, als ihr und des Königs Liebling, der achtjährige Graf Alexander von der Mark, gestorben war. In ihrem Palais Unter den Linden fand im Sterbezimmer unter Bischofswerderschem Vorsitz eine neuerliche Geisterbeschwörung statt. Diesmal erschien im stimmungsvoll verdunkelten Gemach unter duftendem Räucherwerk und jenseitigen Klängen das Bild des toten Knaben. Mit leiser, ferner Stimme sprach er zu dem Vater, ihn anflehend, er möge niemals seine geliebte Mutter, Madame Rietz, verlassen!

Der zur Beschwörung dienende Apparat bestand aus zwei Hohlspiegeln, die aus dem Nebenraum das Bild eines entsprechend kostümierten Kindes auf einen mit Milchflor bespannten Rahmen warfen. Die Täuschung gelang so vollkommen, daß die Rietz fast ebenso erschüttert war wie der König. Von nun an hielt sie, des Wertes der Technik und des Ministers eingedenk, treu zu ihm – bis er sie in den letzten Stunden des Königs doch noch überspielen sollte . . .

Noch aber war es nicht soweit. Noch war das Haus der Mätresse das glänzendste in Berlin. Die regierende Königin blieb neben ihr ein Aschenputtel. Im Salon der Dame empfangen zu werden, galt mehr als jede Einladung ins Schloß an der Spree oder ins Potsdamer Marmorpalais.

Kurz nach der feierlichen Vermählung des Kronprinzen mit der mecklenburgischen Prinzessin Luise – die als wahres Volksfest im Schloß an der Spree begangen wurde – avancierte die Madame Rietz zur Gräfin Lichtenau. Höhepunkt ihrer Karriere – und für den Hof einen Tiefpunkt – stellte eine Soiree anläßlich der Einweihung eines neuen Opernsaales in ihrem Palais dar, zu dessen Empfang nicht nur alle Damen des königlichen Balletts, sondern auch die königliche Familie vollzählig »befohlen« waren. Sogar die Königin und Prinz Heinrich mußten sich nach allerhöchstem Willen einfinden. Am wenigsten verstand es der Kronprinz, seinen Abscheu zu überwinden. Doch zugleich mit diesem Abend war der Höhepunkt der glanzvollen Karriere schon überschritten.

Die eisige Stimmung, die Gräfin Lichtenau von nun an umgab, wo sie sich auch sehen ließ, und das wachsende Schonungsbedürfnis des aus seinen Ekstasen und künstlichen Stimulantia in immer tiefere Depressionen sinkenden Monarchen veranlaßten die Dame zu weiten Reisen. Sie befand sich wieder einmal gerade in Italien, als sie von einem Schwächeanfall des Königs Nachricht erhielt. Mit Eilkurier kehrte sie nach Berlin zurück. Die Hohenzollernkrankheit, an der auch der »Vielgeliebte« litt, Wassersucht, Herzschwäche, Atemnot, verbot dem Kranken bald die letzten Genüsse. Die bösen Zaubertränke und Kraftmixturen hatten seinen Organismus zerrüttet. Da andere Mittel es nicht taten, verordneten ihm die Ärzte die seltsamsten »Kuren«. So sollte der König seine verlorengegangenen Möglichkeiten dadurch auffrischen, daß er mit einer jungen, prallen und kerngesunden Person zusammenlebte. Man fand eine geeignete Tänzerin namens Schulzki, die alle Anforderungen mit Diskretion erfüllte und ihrerseits die eigenen Forderungen nicht zu hoch schraubte. Leider erwies es sich bald, daß die Erwartungen der Diener Äskulaps enttäuscht wurden. Es entsprach nur zu sehr der Natur der Sache, daß gerade die geballten Reize der Tänzerin Schulzki erheblich zur weiteren Schwächung des·hohen Patienten beitrugen ...

In letzter Not beschwor Friedrich Wilhelm II. seine Mätresse, sich nach England in Sicherheit zu bringen, wo der reiche Lord Bristol ihr seine Hand und sein Vermögen angeboten hatte. Die Lichtenau blieb. Vertraute sie auf ihre Kreaturen, die ihr allerdings genug zu danken hatten? Unterschätzte sie den Haß des tugendhaften Kronprinzen?

Bald schlug ihr die Stunde.

Friedrich Wilhelms II. mit so viel Hoffnung begrüßte Ära verwehte wie ein schlechter Spuk.

Ein Charlottenburger Pfarrer berichtete über die allgemeine Stimmung:

»Ganz Berlin ist im Jubel über den Tod des Königs; man klatschte in die Hände und sagte laut: Gottlob, daß die ... Regierung ein Ende gefunden hat! Vorigen Sommer noch nannte man ihn den Vielgeliebten, und nun, kaum entseelt, freut man sich, daß er nicht mehr ist.«

Mit dem Lebenslicht ihres Gönners erlosch auch der Stern der Lichtenau. Was von ihrem Leben blieb, war ein würdeloser Rest in Gefangenschaft und eigener Selbstaufgabe. Jetzt auf einmal sah jeder, ob hoch, ob niedrig, in ihr die Blutsaugerin, die Hure. Keiner half ihr, keiner, der sich für sie verwandte.

Wo lag ihre Schuld? Hatte sie nicht getan, was auch andere Damen vor ihr und um sie herum getan hatten? Am Hofe zu Versailles, zu Dresden, Stuttgart, Berlin oder sonstwo waren groß und klein doch nur darauf bedacht, die Schwäche ihres Monarchen zum eigenen Besten zu nutzen. Und hatte die »Preußische Pompadour« ihrem Liebhaber nicht näher gestanden als irgendein Mensch seines Reiches?

Die strenge, vom neuen Herrscher verfügte Haft wurde ihr zur

Rettung: die Volkswut schlug wie eine Woge empor, wo ihr Name oder ihr Bild im Spiele war.

Später verbrachte die Verfemte Jahre in Glogau, Breslau, Wien und wieder Breslau. Bis Napoleon – ausgerechnet Napoleon! – sie offiziell rehabilitierte. Verstand es die geschickte Dame, auch den Korsen zu umgarnen? Geschah es, weil er den preußischen König haßte wie sie? Gleichviel, er sorgte für ihre Freiheit und die Rückgabe eines Teiles ihrer Güter.

Noch ein paar Jahre waren ihr in Berlin geschenkt – doch ihr Stern wollte nicht mehr leuchten. Vom Volke verabscheut, lebte die »Gräfin« einsam und scheu in der Breiten Straße, ganz nahe dem Schloß, im »Ermelerhaus«, dem Rokokobesitz eines friderizianischen Heereslieferanten. Hier war sie frei – und doch gefangen. Hinter geschlossenen Gardinen und den festen Mauern verbarg sie sich vor den Berlinern, aus deren Mitte sie stammte und die einst ihrer Galakutsche, ihrem königlichen Aufzug zugewinkt hatten. Jetzt entfloh sie nur ab und zu in der Dämmerung, hinüber zur Dorotheenstädtischen Kirche, um das Grab ihres Lieblingssohnes zu besuchen und zu schmücken – mit gelben Rosen, den Blumen ihres toten Freundes.

Bis auch sie Ruhe fand; späte Einkehr öffnete ihr die Gruft der Hedwigskirche. Von dort brachte man ihren schlichten Holzsarg zu Beginn des letzten Krieges, als die Gruft zum Luftschutzkeller wurde, auf den Friedhof in der Luisenstraße. Heute ist ihr Grab verschollen, verweht wie die Liebe eines Königs, der kein König war.

*

Der Minister Hans Rudolf von Bischofswerder hatte es in den letzten Stunden seines Herrn noch erreicht, die Lichtenau und die königliche Familie zu überlisten. Er ließ die Stadttore Potsdams schließen, hielt das Vorzimmer besetzt, stellte jeden Eingang zum Marmorpalais und den Neuen Garten unter Bewachung und verhinderte, daß die nächsten Angehörigen des Königs auch nur Berlin verließen. Die Lichtenau, in ihren Gemächern festgehalten, sah den Sterbenden nicht mehr.

Dann, als alles vorüber war, warf sich Bischofswerder aufs

Pferd, den neuen König als erster zu begrüßen und der jungen Königin seine Aufwartung zu machen.

Doch mußte der bisher Allmächtige bald erfahren, was die Uhr geschlagen hatte. Ein letztes Mal noch gelang es ihm, sich in alter Meisterschaft in Szene zu setzen:

Bei der feierlichen Aufbahrung des verstorbenen Monarchen im Knobelsdorff-Dom zu Berlin trat Bischofswerder, als das Zeichen gegeben wurde und der Sarg zur Gruft hinabfahren sollte, aus der Trauerversammlung, ergriff eine brennende Fakkel und versank mit seinem toten Souverän in die Tiefe ...

Mit dieser eindrucksvollen und symbolträchtigen Pose erkannte und erfüllte der Gestürzte sein Schicksal: Von nun an verschwand er wirklich in der Versenkung. Und wenn der neue König auf dem Wege nach seinem Gutshaus Paretz an Schloß Marquardt, dem Besitz Bischofswerders, vorbeifuhr, so machte der königliche Wagen eher einen Umweg, als daß er jemals dort gehalten hätte.

*

Für die Stadt Berlin waren die elf Jahre der Regierung Friedrich Wilhelms II. dennoch eine Zeit von großer Bedeutung. Obgleich er trotz seiner Musikalität durchaus keine künstlerische Begabung hatte, sondern wesentlich Triebmensch war, zog er die bewährten Baumeister seines Vorgängers, Boumann d. J., Gontard, Unger zu neuen Aufgaben heran, dazu aber auch neue Künstler, wie den Schlesier Langhans d. Ä., vordem Oberbaurat in Breslau. Als Erbe Schlüters und Knobelsdorffs sollte Langhans, die Kette der großen Gestalter Berlins fortführend, als Vorläufer Schinkels der Hauptstadt das »klassische« Gesicht geben.

Im Palast an der Spree schuf Langhans aus einem der Räume Friedrichs II. am Schloßplatz den berühmten »Pfeilersaal«, einen ovalen frühklassizistischen Festraum mit marmornen Säulen und Büsten und einem in duftigen Wolkenmalereien sich scheinbar zum Himmel öffnenden Plafond – eine Fortsetzung friderizianischer Interieurs, bei der nur zu bedauern war, daß er dabei die Schöpfungen Nahls und der Brüder Hoppenhaupt

Oben: Entwurf
der kurzen Seite des
Pfeilersaales
von C. G. Langhans
Links: Carl Gotthard
Langhans

Oben: Blick auf das Schloß mit der Langen Brücke im Jahre 1834
Unten: Der Säulensaal von Erdmannsdorf

verderben mußte, wie es auch mit den nach Westen sich anschließenden Räumen des Großen Königs geschah.

Die eigentliche neue Wohnung Friedrich Wilhelms II., eingerichtet mit Gold- und Silbermöbeln aus dem Neuen Palais Friedrichs, entstand nach Entwürfen der Architekten Gontard und Erdmannsdorf auf der Lustgartenseite.

Neben seinen versunkenen Schöpfungen im Schloß an der Spree dankt Berlin dem Baumeister Langhans das wertvollste Zeugnis des Frühklassizismus, das Wahrzeichen der Hauptstadt, dem in unseren Tagen nach sorgsamer Wiedererstehung aus aller Zerstörung doppelt schmerzliche Symbolkraft erwachsen sollte: das Brandenburger Tor.

Dieser für damalige Zeit gewaltige und überall Aufsehen erregende Bau mit seiner kupfergetriebenen Quadriga des Meisters Schadow, nach recht geringen Triumphen im Frankreich-Feldzug Friedrich Wilhelms II. errichtet, stellte das erste Werk der klassizistischen Richtung auf deutschem Boden dar – eine bewußte Abwendung von dem späten Barock des Alten Fritz und dem seitdem aufgekommenen »Zopfstil«, etwa von Gontards Potsdamer Marmorpalais am Heiligen See.

Wie Langhans als Chef des gesamten Bauwesens der Stadt die neue Stilrichtung wies, so bestimmte sie Schadow als Bildhauer.

Johann Gottfried Schadow, der Schneiderssohn aus der Mark, war in der Werkstatt des friderizianischen Bildhauers Tassaert aufgewachsen und wurde nach dessen Tod sein Nachfolger. Aus seiner Studienzeit in Rom wurde Schadow von der in künstlerischen Dingen begabten Madame Rietz nach Berlin zurückgerufen, wo er seine Marmorbilder Zietens und des Alten Dessauers auf dem Wilhelmplatz schuf. Vollendete Anmut strahlt noch heute das Doppelbildnis der Prinzessinnen Luise und Friderike aus, an dem er jahrelang »mit stiller Begeisterung« arbeitete. Auch das berühmte Wandgrabmal des kleinen Grafen von der Mark, einst in der Dorotheenstädtischen Kirche, galt als eines der schönsten Werke des Jahrhunderts.

Die Akademie der Bildenden Künste wurde durch bedeutende Männer bereichert, so durch den Lehrer Schinkels, den pommerschen Friedrich Gilly d. Ä.

Die Gründung der Singakademie durch Fasch, einen Schüler

Grauns, rückte das Berliner Musikleben wieder in Volksnähe. Zu Fasch fand sich der junge Zelter, der spätere Freund Goethes. Mit seiner Vertonung der Gedichte des Dichters schlug Zelter eine erste kulturelle Brücke zwischen Weimar und Berlin.

Aus Mannheim kam der Theatermann Iffland in die preußische Metropole. Ihm verdankte die deutsche Klassik ihren Einzug auf die Berliner Bühne, wo er zum erstenmal die Schillerschen Dramen aufführte.

In dieser fruchtbaren, gärenden Zeit vor der Jahrhundertwende wurde auch die Oper, von Langhans umgestaltet, zum erstenmal für das Volk geöffnet. Das Bürgertum meldete seine Ansprüche an. Mit dem acht Jahre nach dem Tode Friedrichs II. erlassenen »Allgemeinen Landrecht für die Preußischen Staaten« fand die von dem großen König eingeleitete Justizreform in der Arbeit des Geheimen Oberjustizrates Carl Gottlieb Suarez ihren bedeutsamen Abschluß. Dieses Corpus juris, das noch bis in unser Jahrhundert in Kraft geblieben ist, basierte auf der ursprünglich lutherischen Idee: daß Macht kein Besitztitel, sondern ein Amt, eine *Aufgabe* sei. Im Amt aber gehören Rechte und Pflichten unlösbar zusammen. Der absolutistische Staat wurde in Preußen zum erstenmal zum modernen Rechtsstaat. Gewissensfreiheit wurde Gesetz.

So ergibt sich das Fazit, daß der Ära Friedrich Wilhelms II. trotz ihrer Zügellosigkeit und allen Verfalls nicht nur künstlerische, sondern auch staatspolitisch-kulturelle Bedeutung zukommt. Abgesehen davon vergrößerte sich das Gebiet Preußens unter dem »Vielgeliebten« gegenüber dem vorherigen Umfang fast um das Doppelte. Allerdings gingen die fragwürdigen polnischen Neuerwerbungen größtenteils wieder verloren – auf der anderen Seite geschah es aber auch, daß der gleichsam abhanden gekommene Gedanke einer Zusammengehörigkeit Preußens mit Deutschland von jetzt an entscheidend in den Vordergrund rückte.

Wieder richtete das Volk seine erwartungs- und hoffnungsvollen Blicke auf den neuen Träger der Krone. Würde der Sohn den Vater überragen, neuen Anschluß finden an das vertane Erbe des großen Friedrich?

29. KAPITEL

Der andere
Soldatenkönig

Der junge Friedrich Wilhelm III. hatte seine Kronprinzenzeit – wie es hierzulande schon fast zur Tradition geworden war – im Haß gegenüber dem Vater und dessen Clique verbracht und sich vor der verweichlichenden Hofluft ins andere Extrem gerettet: ins phantasielose, strenge Soldatenhandwerk, das seiner Natur am ehesten entsprach.

Ähnlich wie beim Leichenbegängnis des ersten Königs zeigte sich auch jetzt anläßlich der Beisetzung des Vaters der Geist des Nachfolgers in einer endlosen Militärparade.

Den Kronprinzen Friedrich Wilhelm hatte das Volk im Hinblick auf seinen Vater als Halbgott verehrt – nun, selbst König, wurde er bald wieder zum Menschen. Schon Mirabeau hatte sich im Todesjahr Friedrichs II., als er in Berlin weilte, geäußert:

»Der Kronprinz wird bald soweit sein, daß er beobachtet werden muß. Er ist hart, störrisch bis zur Wildheit, dabei aber Gemütsstimmungen wohl zugänglich. Er versteht es bereits, zu achten und zu verachten. Seine Verachtung des Vaters aber grenzt an Haß, und er macht kein Geheimnis daraus. Seine Verehrung für den verstorbenen König dagegen hat etwas wie Götzendienst; er zeigt sie gern. Vielleicht stehen dem jungen Herrn große Dinge bevor. Wenn er eines Tages zum Mittelpunkt irgendeiner Umwälzung werden sollte, dürften diejenigen, welche in die Ferne sehen können, nicht erstaunen . . .«

Der idealistische Franzose täuschte sich ebenso, wie das Volk in seinen Hoffnungen betrogen wurde. Friedrich Wilhelm III. besaß nicht die Laster des Vaters, aber auch nicht das Genie des Großonkels. Der alte Schadow, der kein Blatt vor den Mund nahm, charakterisierte den alten und den neuen Herrn folgendermaßen:

»Zur Zeit Friedrich Wilhelms II. herrschte die größte Liederlichkeit, alles besoff sich mit Champagner, fraß die größten Lekkereien, frönte allen Lüsten. Ganz Potsdam war ein Bordell; alle Familien dort suchten nur mit dem Könige, mit dem Hof zu thun zu haben, Frauen und Töchter bot man um die Wette an, die größten Adlichten waren am eifrigsten... Man kann sich jetzt gar nicht mehr vorstellen, wie wohlthätig auf jene Üppigkeit das Beispiel Friedrich Wilhelms III. kam, die stille Häuslichkeit, die Schönheit und Bravheit der Königin. Aber Friedrich Wilhelm III. war im Grunde kein angenehmer Herr, die Königin hat viel mit ihm ausgestanden und gerade hierin ihre größte Lieblichkeit bewiesen. Er war immer trocken, nüchtern, schüchtern, langweilig zum Entsetzen, und besonders unschlüssig – ach Herr Jemine, was war der Herr unschlüssig, nicht die kleinste Sache war, die er nicht aufgeschoben hätte, so lange es nur möglich war... Nein, das war kein angenehmer Herr. Auch die Königin liebte er eigentlich ohne Zärtlichkeit, und das große Wesen, das man später von ihr machte, war ihm oft ärgerlich und genant...«

Man erwartete allgemein, daß der neue König mit seiner Familie ins Schloß an der Spree mit seinen kostbaren Sälen und Zimmerfluchten hinüberziehen würde, wo er die Hofgesellschaft wenigstens unter Kontrolle hatte. Man täuschte sich: er bürdete weiterhin die Kosten des riesigen Hofstaates dem Lande auf – aber er blieb in seinem kleinen Kronprinzenpalais gegenüber dem Zeughaus. Der junge Mann hatte einmal, nach seinem künftigen Regentennamen gefragt, in seiner abrupten Art geantwortet:

– Will Friedrich Wilhelm heißen. Friedrich ist mir unerreichbar!

Diese schöne Erkenntnis ehrte den König, der mit seiner Familie in bürgerlicher Bescheidenheit lebte und selbst die Weihnachtsgeschenke einkaufte, während der Adel und das protzige Großbürgertum weiter verschwendete und lebte, als gäbe es keine Wetterwolken ringsum, die die Verständigen seit langem sorgenvoll beobachteten.

Die junge, schöne Königin, als zierliches, entzückendes Landprinzeßchen aus Schwerin in politischen Dingen ebenso ahnungs- und teilnahmslos wie ihr Gatte, überragte ihn doch weit an Phantasie, Schwung und Bildungsfähigkeit. Durch ihre Freundin, Frau von Berg – eine Enkelin des friderizianischen Ministers Podewils, die im Weimarer Kreis mit Goethe und Herder freundschaftlich verkehrte –, war Luise in die Welt der deutschen Dichtung eingeführt worden, die dem König wie seinen Vorgängern verschlossen blieb. Bei Friedrich II. war es sein französisch orientiertes Europäertum, bei Friedrich Wilhelm II. Faulheit, bei seinem »soldatischen« Sohn schlichte Beschränktheit. Schiller, Lieblingsdichter der aufgeschlossenen Königin, wurde ihm im Schloß an der Spree vorgestellt. Beinahe wäre der Dichter ständig nach Berlin übergesiedelt, um hier für das neue Nationaltheater und die Akademie zu arbeiten. Der Plan scheiterte an Schillers Konstitution, seiner letztlich doch stärkeren Bindung an Weimar und an der gärenden Zeit. Daß Friedrich Wilhelm III. nicht *nur* Soldatisches, sondern im Grunde auch etwas vom musischen Hohenzollernerbe besaß, erwies sich in seiner Komposition des später so berühmten Preußischen Präsentiermarsches – und darin, daß ihm, wie ebenfalls nicht allgemein bekannt, Ludwig van Beethoven seine letzte, erhabenste, die Neunte Symphonie mit dem Schillerschen Schlußchor »An die Freude« widmete ...

Für Schiller wie für Beethoven, beide durch dieses Werk verbunden, bedeuteten in Berlin die wesentlichen Beziehungen die zu Luise und zu dem Prinzen Louis Ferdinand, dem Sohne des Bruders Friedrichs des Großen. Der junge Beethoven musizierte auch im Hause von Louis Ferdinands geistvoller Freundin Rahel Varnhagen, deren Salon ein Mittelpunkt der Geisteswelt Berlins war.

Während der preußische Staat dem Abgrund entgegenging, blühte zugleich, in Berlin gewachsen, die blaue Blume der deutschen Romantik. Ihre Ahnherren waren zwei Berliner, Ludwig Tieck und Wilhelm Wackenroder, zu denen sich später die Fichte und Schelling, Arnim und Brentano, Kleist und Chamisso, E. T. A. Hoffmann und Fouqué wie die Brüder Grimm gesellten. Ihre Versenkung in die Abgründe der Seele, ihr Hinabtauchen in die deutsche Vergangenheit, die Liebe zum Volkstum, zu seinen Bräuchen, Weisheiten und Sagen veränderten das Weltbild dieser Zeit. Es galt nicht mehr »Sturm und Drang«, wie es längst keine »Aufklärung« im Sinne des vorigen Jahrhunderts mehr gab. Von nun an regierte das Bürgertum in neuer Bewußtheit – das »Biedermeier«, und nicht in begrenzter, selbstgefälliger Enge, sondern als neues Ideal des *Menschen*, nicht des Standes, verwandt mit der Idee des jungen Friedrich. Adel wurde nicht mehr vom Blut her, sondern vom Geist bestimmt.

Zugleich wuchs ein neuer, dem großen König völlig ferner Vaterland- und Friedrich-Kult. Ein phantastischer Griechentempel sollte dem Heros als Denkmal auf dem Leipziger Platz errichtet werden, dann war es eine »gotische« Kathedrale ...

Es blieb bei einem späten, braven Reiterstandbild von Rauch Unter den Linden, das heute, vom Sturm der Zeit beiseite gespült, am Hippodrom zu Sanssouci in grüner Stille verborgen auf seine Auferstehung wartet.

Das äußere Gesicht Berlins verlor in diesen Jahren viel vom Glanz vergangener Zeit. Ragten auch die Bauten nach wie vor in ihrer klassischen Schönheit, so verfielen die Gärten und Anlagen.

Der Tiergarten, einst Schauplatz fröhlicher Geselligkeit und eleganter Wagenkorsos, war wieder in Stille und Verwilderung gesunken. Er wurde zu einer Steppe mit Himbeergesträuch und stürzenden Statuen, endloser, öder Flächen, nur von kleinen Sumpfteichen unterbrochen – nicht viel anders als der neu aufgeforstete Park nach dem Grauen unserer Tage ...

Der Lustgarten am Schloß, früher einmal ein blühender Teppich voller barocker Kunstwerke, war zu einem schmucklosen, von Pappeln und Kastanien umstandenen Rasenplatz geworden. Hinter dem Schloß aber befand sich jetzt eine Haupt-Attraktion: das Badehaus mitten in der Spree, wo man sich warm in Wannen wie auch kalt in Körben, direkt im Wasser des Flusses erquicken konnte, streng geschützt vor lüsternen Blicken und unwillkommener, schönheitsschädigender Sonnenbestrahlung ...

Den zwiespältigen Eindruck, den die Hauptstadt in dieser Zeit hervorrief, gibt der Bericht eines auswärtigen Besuchers wieder, der Berlin mit der österreichischen Kaiserstadt verglich:

»Wien liegt in einem fruchtbaren Garten – Berlin hingegen in den Sandwüsten Arabiens. Man mag nun hereinkommen, von

welcher Seite man will, so wird man von den keuchenden Post-
pferden in einem Sandmeer fortgeschleppt. Im Sommer brennt
die Sonne auf diesem Sande doppelt stark, und einige von Rau-
pen abgefressene Kiefernstämme geben den einzigen dürftigen
Schatten, der zu finden ist...

Wien hat keinen Palast und kein öffentliches Gebäude aufzu-
weisen, welches man mit dem Schloß, oder mit dem Opern- und
Zeughause, mit dem Heinrichschen Palais u.A. in Berlin zu-
sammenstellen könnte. Mit einem Wort: Wien ist in Rücksicht
der Bauart, der Regularität und Breite der Straßen mit Berlin
gar nicht zu vergleichen und wird dadurch weit übertroffen.
Während man aber in Berlin im Kothe watet, hat Wien durchaus unterirdische Kanäle, die sich in die Donau ergießen. In
Berlin kannst Du unaufhörlich Deine Nase im Schnupftuch tragen, denn gegen Morgen duften noch die Ausbeuten der erst in
die Rinnsteine ausgelehrten Nachtstühle Dir entgegen. Wenig
sieht man darauf, todte Hunde oder Katzen zu entfernen, und
ich habe oft den halben Tag todte Pferde in sehr lebhaften Straßen liegen sehen...«

Es sollte nicht lange dauern, und die Straßen füllten sich mit
Bettlern und Kriegskrüppeln, und die Armut starrte aus unzähligen Fenstern.

Dann kam der Tag, da Napoleon vor den Toren der preußischen Hauptstadt stand.

30. KAPITEL

Der König hat eine
Bataille verloren

L and um Land sank unter den Fahnen des Korsen zu Boden. An einem grauen Oktobertag nahm der Zar Alexander I. im Lustgarten den Vorbeimarsch von Truppen der Berliner Garnison ab. Zweck des Staatsbesuches war, den schwankenden Preußenkönig zum Anschluß an Rußland und Österreich zu bewegen; bisher hatte sich Friedrich Wilhelm trotz der schwärmerischen Freundschaft zwischen dem schönen Zaren und der romantischen Königin Luise immer jeder festen Bindung entzogen. Als er sich dann endlich zum Mobilmachungsbefehl durchrang, waren die Würfel längst gefallen.

Bei Saalfeld wurde die preußische Vorhut geschlagen; Louis Ferdinand blieb auf dem Schlachtfeld. Vier Tage später folgte die doppelte Katastrophe von Jena und Auerstedt. In der Nacht nach der Schreckensbotschaft verließen der Hof und die Minister Berlin. Am Morgen darauf erschienen an allen Straßenecken Zettel mit der berühmten lakonischen Mitteilung:

»Der König hat eine Bataille verloren. Jetzt ist Ruhe die erste Bürgerpflicht. Ich bitte darum.«

Der Anschlag hing auch am Triumphportal des Schlosses an der Spree. Er verkündete nicht nur eine verlorene Bataille: es war auch der Untergang des Staates Preußen.

Eine Woche später hielt der »Empereur« glänzenden Einzug in die Hauptstadt. Zuvor, als ihm in Charlottenburg vom Magistrat feierlich die Schlüssel Berlins überreicht wurden, sagte er mit kaltem Lächeln:

– Sie haben doch so laut den Krieg verlangt? Jetzt haben Sie ihn!

Es war der 27. Oktober. Von vier Uhr nachmittags an verkündeten die Glocken und die Kanonen, daß der Sieger nahe. Von dem – noch – mit der Viktoria geschmückten Brandenburger

Tor standen die Linden entlang französische Soldaten Spalier. Der Kaiser ritt hinter einer Schar von Mamelucken, die Turbane und türkische Gewänder trugen. Dann kamen bärtige Sappeurs mit Beilen und Schurzfellen, Grenadiere mit gewaltigen Bärenmützen und Jäger zu Pferde.

Hinter dem Kaiser wurden unter dröhnenden Trommelwirbeln die erbeuteten preußischen Fahnen des großen Königs getragen. Danach folgte, wie eine Viehherde getrieben, das ehedem so glänzende Eliteregiment der Gendarmen, abgerissen, entwaffnet, verwahrlost.

Vor dem Säulenbau blickte der Kaiser für einen Augenblick empor zu der bronzenen Quadriga. Gedachte er der vier preußischen Siege über seine Nation, bei Pirmasens und dreimal bei Kaiserslautern, die die vier Rosse dort oben symbolisierten? In seinem Bulletin vom 28. Oktober faßte Napoleon seinen Eindruck in die Worte zusammen:

»Die Charlottenburger Chaussee ist sehr schön, der Eintritt durch dieses Tor ist großartig . . .«

Am »Quarré«, wie der Pariser Platz damals hieß, empfingen den Kaiser seine Marschälle Duroc und Hulin sowie die Honoratioren Berlins. Ein Augenzeuge schilderte den Imperator:

»Seine Figur ist klein, sein Teint olivfarbig. Die Muskeln seines Gesichts sind trocken; beides gibt ihm ein finsteres Aussehen. Sein Auge ist in ewiger Bewegung und spricht die immer rege, glühende Tätigkeit seines eigenen Ichs aus. Nur selten wird der Ernst seines Gesichts von einem Lächeln verwischt; aber es ist ein eigentümliches, höchst seltsames, wunderbares Lächeln, das dem Nächststehenden untersagt, ein Gleiches zu tun . . .«

Schmetternd erklang die Marseillaise, als der Eroberer über die Prachtstraße der wichtigsten Stadt seines Siegeszuges ritt. Er wußte, was diese Stunde für ihn, für die Menschen dieses Landes bedeutete. Er stand auf der Höhe seines Daseins, seiner Erfolge. Nie mehr, weder vorher noch danach, glaubte er so an sich und sein Fatum.

Die zur Seite aufgestellten Soldaten rissen ihre Mützen und Helme herab, und mit ihnen schrien viele Berliner den magischen, sie so erniedrigenden Schlachtruf, von dem ein Erdteil widerhallte:

– Vive l'Empereur!

Der Kaiser ritt langsam, mit verächtlicher Miene durch das jubelnde Spalier; er grüßte nicht ein einziges Mal.

Vor dem Königlichen Palast, am Schlüterportal auf dem Schloßplatz, empfing ihn der Magistrat, angeführt vom Fürsten Hatzfeld.

Als sich dem Aristokraten in einer demütigen Ansprache die Worte versagten, winkte der kaiserliche Korporal barsch ab:

– Lassen Sie sich nicht mehr vor mir sehen. Ich bedarf Ihrer Dienste nicht!

Darauf wandte sich Napoleon um und eilte die Treppe hinauf, die zu den »Königskammern« und zum Pfeilersaal führte.

Von diesem Tage an nannte man die Treppe »Napoleontreppe«.

Kein Hohenzoller hat sie seitdem mehr betreten.

*

Für den Abend des Einzugstages ordnete der General Hulin allgemeine Illumination zu Ehren des »Wohltäters der Menschheit, des Freundes des Friedens« an.

Die Polizei hatte die Ausführung des Befehls zu überwachen. Dennoch waren, wie berichtet wird, »nur die Fenster der nächsten Straßen um das Schloß mit sparsamen Lichtern, in den entfernteren Straßen aber nur hin und wieder einige einzelne Fenster, größtenteils aber ganze Straßen gar nicht beleuchtet«.

Zugleich hielt der Kaiser im Lustgarten eine Truppenparade ab; Tausende von Soldatenstiefeln, fremde Kommandos, lodernde Wachfeuer bestimmten die Umgebung des Schlosses, hinter dessen erleuchteten Fenstern jetzt der Korse residierte und seine Depeschen in alle Welt hinausjagte, während die dunkel-stolzen Erscheinungen der Franzosen und ihre Biwakfeuer, die den Himmel mit schwarz schwelenden Rauchsäulen verfinsterten, die schweigend staunenden Berliner bannten. Fast täglich sah man den Kaiser in der Nähe des Schlosses an der Spree, streng blickend zu Pferde oder mit scharfem Auge die Reihen seiner Garde abschreitend. Es war das Bild Napoleons, wie er in diesen Tagen das Gesicht Europas prägte. Vor ihm öffnete sich –

vorläufig noch nicht erkennbar – das dunkle Tal tiefster Enttäuschung, tiefsten Sturzes. Die treuesten Anhänger und Waffengefährten – einen Freund besaß er nie – sollten bald danach zum Feinde übergehen, seine Minister mit aller List an seinem Sturze arbeiten, seine Frauen ihn betrügen, sein Sohn sollte ihm genommen werden. Sein von ihm mit unendlicher Geduld in erstaunliche Höhen gehobener Familienclan sollte ihn ausbeuten, seine Gegner sollten ihn hassen und verachten, seine Eroberungen in alle Winde verweht werden. Er selbst, krank, müde, zermürbt auch von den eigenen Maßlosigkeiten, sollte nichts zurücklassen als ein verarmtes, ausgeblutetes Land – nur der Name des »Empereurs« sollte wie ein irrlichterndes Feuer noch weit ins neue Jahrhundert hineinleuchten...

Napoleon wußte in diesen Stunden, als er in den Räumen Friedrichs des Großen im Schlosse zu Berlin residierte, davon so wenig wie die Kreaturen der besiegten Stadt, die ihn umschmeichelten. Man konnte noch von Glück sagen: Der Kaiser nutzte die üble Devotion und Kriecherei nicht so aus, wie es ihm ein leichtes gewesen wäre, obwohl das Heer der kleinen Denunzianten, das wie ein Überfall von Ungeziefer seinem Einzug folgte, sich in edlem Wettstreit um seine Gunst mühte. Wie der Kaiser von Anzeigen gegen die eigenen Genossen überschwemmt wurde, erging sich der neu gegründete »Telegraph«, herausgegeben von einem »freiheitlichen« Herrn Lange, in perfiden »Tatsachenberichten« über das geflohene Königspaar und besonders über das »Privatleben« der Königin Luise. Jetzt konnte man ja »mutig« sein...

Napoleon aber wurde offiziell umjubelt; die Hüte flogen, wo er sich sehen ließ. Er selbst schüttelte dazu den Kopf und bemerkte:

– Ich weiß nicht, ob ich mich über das, was ich hier in Berlin sehe, freuen oder schämen muß!

Und doch litt das Volk nicht nur unter der fremden Herrschaft, sondern auch unter der eigenen Erniedrigung. Vor allem, als es zusehen mußte, wie auf höchsten Befehl die Viktoria ·vom Brandenburger Tor herabgenommen wurde, um in Paris aufgestellt zu werden. Ein alter Mann sagte bei dieser Gelegenheit laut:

– Da hat der Schinder wieder ein Pferd geholt!

Für einen Monat hielt Napoleon im Palast an der Spree, in den Prunkräumen Friedrichs I. und II., großen Hof. Seine Lakaien eilten durch die endlosen Zimmerfluchten, über Treppen und Gänge. Köche, Leibdiener, Garden, Mamelucken, kaiserliche Trompeter ließen den schlafenden Riesenbau zu unheimlich fremdem Leben erwachen.

Drei Wochen nach seinem Einzug verkündete der Kaiser von hier aus die »Kontinentalsperre« gegen seinen Hauptfeind: jene Maßnahme, die den englischen Handel ersticken und damit die Briten an ihrem empfindlichsten Punkt treffen sollte.

Bevor er aus Berlin abrückte, stattete Napoleon noch dem hochbetagten Prinzenpaar Ferdinand und der Witwe des Prinzen Heinrich im Schloß Bellevue und im Palais Unter den Linden einen demonstrativen Höflichkeitsbesuch ab. Er wollte dadurch zum Ausdruck bringen, daß er sie, die noch lebenden nächsten Angehörigen des größten deutschen Monarchen, als erhaben über jede Kriegsschuld ansehe.

Der Fürsprache des Prinzen Ferdinand war es auch zu verdanken, daß der bereits erteilte Befehl zur Zerstörung des Reiterstandbildes des Großen Kurfürsten auf der Schloßbrücke wieder rückgängig gemacht wurde. Um so weniger schonte Napoleon in seinen Äußerungen und Absichten das derzeitige ferne Königspaar.

*

Drei Monate später wurde zu Tilsit in Ostpreußen ein napoleonischer »Friede« geschlossen.

Er kostete den preußischen Staat die Hälfte seines früheren Gebietes.

Anläßlich dieses »Freudentages« wurden die Berliner vom französischen Stadtkommandanten aufgefordert, ihren Dank durch Illumination und festliche Veranstaltungen zu dokumentieren.

Am Abend brannten in den Fenstern die befohlenen Kerzen – in völliger Stille. Es war das erstemal, daß in Berlin als schweigendes Zeichen der Verbundenheit von Haus zu Haus die Lichter grüßten...

Ein Gewürzkrämer in der Friedrichstraße hatte dazu ein Schild ins Fenster gestellt:

> Ich kenne zwar den Frieden nicht,
> doch aus Gehorsam und befohlener Pflicht
> verbrenne ich mein letztes Licht!

Und ein Tischler in der Zimmerstraße stellte einen Sarg mit der Bemerkung aus:

> Hier findet ihr den einz'gen wahren Frieden,
> der so dem Kaiser wie dem Bettler ist beschieden!

31. KAPITEL

Ein guter Engel
für die gute Sache

Zwei Jahre später kehrte der Hof – auf ausdrücklichen Befehl Napoleons – nach Berlin zurück. Die Peinlichkeit dieses Zwanges versank im allgemeinen Leid – und in der Liebe zur Königin, die, durch Krankheit und Wissen gereift, kurz vorher in ihr Tagebuch geschrieben hatte:

»So werde ich denn bald wieder in Berlin sein und zurückgegeben so vielen treuen Herzen, welche mich lieben und achten. Mir wird bei dem Gedanken ganz beklommen, und ich vergieße so viele Thränen hier, wenn ich daran denke, daß ich Alles auf dem nämlichen Platze finde, und doch Alles so ganz anders ist, daß ich nicht begreife, wie es dort werden wird. Schwarze Ahnungen ängstigen mich; immer möchte ich allein hinter meinem Schirmleuchter sitzen, mich meinen sorgenden Gedanken überlassen...«

Am 23. Dezember traf das Königspaar in der Hauptstadt ein. Von den Türmen wehten weiße Fahnen – die der Nation durften nicht gezeigt werden. Nach dem Empfang im Palast an der Spree, der noch überall die Spuren der Hofhaltung Napoleons trug, begab sich das Paar ins Schloß Bellevue, um dort bei dem Prinzen Ferdinand zu speisen.

Es war eine seltsame Atmosphäre um diesen alten Herrn, der sich niemals durch besondere Eigenschaften hervorgetan hatte, außer der, Bruder des großen Königs zu sein, dem er jedoch kaum brüderlich zugetan war; und dennoch umgeisterte ihn noch jetzt der Glanz längst versunkener Zeit...

Für das Königspaar, das wieder im Kronprinzen- und Prinzessinnenpalais gegenüber vom Zeughaus Wohnung nahm, folgten Staatsempfänge im Schloß an der Spree, Soireen, Ausfahrten, Basare, wo sich das Volk einfand, um seiner Königin zuzuwinken, die seit ihrer Rückkehr – seit dem Friedensschluß – an

Körper und Seele krank, welkte. Sie hatte an der Seite ihres schwunglosen Gatten alle Tiefen durchlitten und für ihre Person getan, was sie konnte, das Böseste abzuwenden. Sie war selbst vor dem Korsen in die Knie gesunken und hatte sich von ihm mit Komplimenten verabschieden lassen. Ihre Kraft, ihr Mut, ihre Hoffnung waren erschöpft.

Was für ein ahnungsloses, kindliches Wesen war sie noch damals, vor sechzehn Jahren gewesen, als sie in den Weihnachtstagen in Berlin als junge Braut Einzug gehalten hatte! Der Glanz und Reichtum der Königsstadt, des ungeheuren Schlosses, der Edelsteine und Roben, der Jubel der Berliner, der ihr, der zierlichen Mecklenburgerin, von Anfang an die Liebe des Volkes zeigte, der damalige König, der sie kühl und müde gemustert hatte (sie gehörte nicht zu dem Typ, der ihn zu fesseln pflegte) – alles dies hatte ihr damals den Atem verschlagen. Am Opernplatz, unter einer dort errichteten Ehrenpforte, hatte ihr eine Schar junger Mädchen eine blühende Myrtenkrone überreicht, und Luise hatte die ihr am nächsten Stehende in die Arme geschlossen, was ihr die erste strenge Rüge der Hofdame Gräfin Voß eingebracht hatte. Und dann der Fackeltanz im von Kerzenglut heißen Rittersaal unter dem Geschmetter der Pauken und Trompeten vom neu erstandenen silbernen Balkon... Damals war noch erster Ehrengast die greise Königin Elisabeth Christine, die Witwe des Alten Fritz, die das vor Glück und Jugend strahlende Prinzeßchen zitternd umarmte und ihm unter Tränen Glück wünschte...

Nun war Luise selbst Landesmutter, und nicht nur das, sie war auch Mutter von neun Kindern. Doch regieren durften weder sie noch ihr Mann, der König war. Sie beide blieben Marionetten in der Hand Napoleons, dem die Könige gehorchen mußten.

Luise empfand Sehnsucht nach einem Wiedersehen mit der mecklenburgischen Heimat. Bei einem Ausflug durch die sommerlichen Felder nach dem Schlosse Hohenzieritz wurde sie plötzlich so schwach, daß man sie nicht einmal mehr nach Rheinsberg zurückzubringen wagte. Der König eilte aus Berlin herbei. Als er sie gesehen hatte, wandte er sich ab mit den Worten:

– Sie würde am Leben bleiben, wenn sie nicht mein wäre. Aber da sie meine Frau ist, stirbt sie gewiß . . .
Keine Äußerung Friedrich Wilhelms III. trifft mehr den Kern seines Wesens. Es gelang ihm niemals, an sich selbst zu glauben; immer war die Last der Aufgabe, das, was jedermann von ihm erwartete, über seine Kräfte gegangen.
Luise starb. Wieder fluteten Tausende von Menschen durch die Straßen der Stadt, sie zu sehen – diesmal in den Dom am Lustgarten, wo sie in der Sakristei aufgebahrt lag.

War der König bisher scheu, verschlossen, gehemmt, so wurde er jetzt abweisend, grämlich, starr. Sein guter Geist war von ihm gewichen.
Wie in einer Manie sammelte er alle Bilder seiner verstorbenen Frau, derer er habhaft werden konnte. Doch keines fand er ähnlich genug.
Eines Tages gab er dem französischen Maler Ternite den Auftrag, die Königin noch einmal, unter seiner Aufsicht, zu porträtieren. Zur Vollendung des Werkes stellte er dem Maler einen besonderen Raum neben dem Speisesaal in seinem Palais zur Verfügung, wo er ihn zu jeder Tageszeit besuchen und sich vom Fortschritt des Bildes überzeugen konnte. Oft kam der König noch am späten Abend, wenn der Maler längst gegangen war, und hielt in der Stille des leeren Raumes Zwiesprache mit dem Bild der Toten. Am anderen Morgen fand der Maler dann einen Zettel mit Bemerkungen oder Kritiken vor.
Bis Ternite dem König mitteilte: So könne er nicht arbeiten; er bäte darum, das Werk allein vollenden oder, wenn der König auf der unablässigen Kontrolle bestehe, es aufgeben zu dürfen! Der König fügte sich. Er betrat den Raum, in dem Ternite arbeitete, nicht mehr. Dafür ließ er sämtliche vorhandenen Bilder der Toten verbessern oder neu malen. Wie vordem fand keines seinen Beifall.
Bis er wieder Ternite zu sich beorderte und, ohne nach dem Porträt zu fragen, den Wunsch äußerte: Ob Ternite wohl die weißklassische Büste des Bildhauers Rauch, die so leblos sei, naturgetreu bemalen könne? Der Maler gehorchte. Das Dia-

König Friedrich Wilhelm III. und Königin Luise von Preußen.
Gemälde von Friedrich Georg Weitsch

Oben: Die Granitschale im Lustgarten vor dem Alten Museum
Unten: Der äußere Hof des Schlosses

dem, mit dem der gipserne Kopf gekrönt war, wurde zum natürlichen Haarschmuck der Königin umgemeißelt. Friedrich Wilhelm bestrich die Büste selbst mit Öl aus der königlichen Küche, dann mußte sie der Maler kolorieren. Das Ergebnis befriedigte nicht einmal den König. Im Potsdamer Stadtschloß wurden für lange Zeit beide Abgüsse, der originale und der bemalte, aufbewahrt.

Sein Bild aber hatte Ternite dem König noch immer nicht gezeigt: die gestrenge Oberhofmeisterin Gräfin Voß hatte es dem Maler verboten. Der König ahnte die Gründe. Nach einiger Zeit wandte er sich an den Künstler:

– Kann mir wohl denken, warum Sie mir das Bild nicht zeigen. Bin aber jetzt darauf vorbereitet. Habe heute die Maske aus Strelitz bekommen. Will es jetzt sehen!

Der Maler fügte sich. Kaum hatte der König einen Blick auf das Bild geworfen, als er laut aufschluchzend die Hände vors Gesicht schlug und rief:

– Schrecklich wahr! Nie wiedersehen!

Mit diesen Worten stürzte er aus dem Zimmer.

*

Als der Bildhauer Christian Daniel Rauch nach längerer Studienfahrt aus Italien nach Berlin zurückkehrte, legte ihm der König mehrere Entwürfe für ein Luisendenkmal vor. Friedrich Wilhelm hätte es am liebsten in der Form eines mittelalterlich-düsteren Kapellenbaues gesehen; zum Glück gelang es dem Bildhauer, den König zu überzeugen, daß es für das Monument nur eine Art der Darstellung geben könne: die griechisch-klassische Ruhe, schwebend zwischen Schlaf und Tod . . .

Zwölf Monate nach ihrem Tode wurde Luise im neuen Mausoleum im Charlottenburger Schloßpark beigesetzt. Rauch mußte selbst nach Italien fahren, um in den Brüchen von Carrara den schneeweißen Marmorblock auszusuchen, aus dem er in Rom den Sarkophag meißelte.

Die Arbeit fand unmittelbar nach dem Frieden ihren Abschluß, doch der Weg des Kunstwerkes nach Berlin wurde zu einem Abenteuer für sich: Nur einem glücklichen Zufall war es zu danken, daß das unter englischer Flagge segelnde Schiff, das den Sarkophag an Bord trug, nicht im gerade tobenden Seekrieg in Grund geschossen wurde. Ein Amerikaner kaperte das Schiff; ein englischer Kreuzer befreite es wieder und geleitete es nach London, von wo man es endlich nach vielerlei Verhandlungen dem preußischen König zugehen ließ.

Der Freiheitsdichter Theodor Körner hatte diesem schönen Porträt-Sarkophag in seiner wahrhaft klassischen Vollendung die Verse gewidmet:

> Du schläfst so sanft! Die stillen Züge hauchen
> noch Deines Lebens schöne Träume wieder;
> der Schlummer nur senkt seine Flügel nieder,
> und heilger Friede schließt die klaren Augen.
> So schlummre fort, bis Deines Volkes Brüder,
> wenn Flammenzeichen von den Bergen rauchen,
> mit Gott versöhnt, die rost'gen Schwerter brauchen,
> das Leben opfernd für die höchsten Güter!
> Tief führt der Herr durch Nacht und durch Verderben;
> so sollen wir im Kampf das Heil erwerben,
> daß unsre Enkel einst als freie Männer sterben!
> Kommt dann der Tag der Freiheit und der Rache:
> dann ruft Dein Volk; dann, deutsche Frau, erwache,
> ein guter Engel für die gute Sache!

Die Tage der Wiedergeburt wurden auf dem Platze vor dem Schlosse Friedrichs II. in der alten Stadt Breslau eingeleitet. Der »Aufruf an mein Volk« war das Signal. Das Bild der toten Königin blieb eines der Symbole des großen Erneuerungskampfes, in dem ein Volk sich selbst wiederfand.

32. KAPITEL

Preußischer Friede

Keine politische Übergewalt, keine Fremdherrschaft und Unterdrückung ist von Dauer. Auch Napoleons Tage waren gezählt.

Die Abwehrkräfte hatten sich zu gefährlicher Drohung zusammengeballt. Trotz der eher hemmenden Person Friedrich Wilhelms III. mußte Preußen die Führungsrolle zufallen: Keine Nation hatte so viel verloren, keine so viel wieder gutzumachen, keine so viel zurückzugewinnen.

Napoleon wollte die Gefahr nicht sehen. Als er von dem beispiellosen Echo des Breslauer Aufrufes erfuhr, fand er nur die verächtliche Bemerkung:

– Die Preußen sind keine Nation. Sie haben keinen nationalen Stolz. Sie sind die Gaskogner Deutschlands!

Er wurde eines Besseren belehrt.

»Der König rief, und alle, alle kamen«, hieß es in einem berühmten Gedicht. Im Volke jedoch sprach sich bald eine erheblich zutreffendere Umkehrung herum: »Als alle, alle riefen, kam der König endlich auch . . .«

Am 25. März des gleichen Jahres empfing Friedrich Wilhelm den wegen seiner eigenmächtigen »Tauroggener Konvention« zuvor in heftige Ungnade gefallenen General Yorck im Rittersaal des Schlosses zum Diner. Kurz vorher hatten die Franzosen Berlin fluchtartig geräumt, ein paar Tage darauf hatten die Truppenabteilungen Yorcks und des Fürsten Wittgenstein in der Hauptstadt Einzug gehalten. Die letzte Entscheidung stand bevor.

Nach jenem diplomatischen Empfang im Schlosse seiner Ahnen, zu dem der König die beiden sehr entgegengesetzten Heerführer gebeten hatte, vereinigte er die Hände Yorcks mit denen des reaktionären Wittgenstein, der Yorck haßte, und bat, die seinen darüber legen zu dürfen – nach dem Bericht von Alexis: »Als Heiligung des schönen Bundes und als symbolische Handlung zur brüderlichen Einigung beider Heere. Es soll so rührend und erhebend gewesen sein, daß alles, selbst Herr von Hühnerbein, weinte, dessen Herz nicht für das weichste gilt ...«

Damals durften Souveräne und Generäle noch miteinander weinen; ein sympathischer Zug, wenn dadurch die Menschlichkeit auch noch lange nicht ihren Weg bis ins letzte Glied der Truppe fand ...

Die preußischen Heere kehrten siegreich aus dem Befreiungskampf zurück. Der König führte sie durch das Brandenburger Tor, auf dem kurz zuvor unter Fahnen und Laubgewinden die aus Paris zurückgeholte Viktoria – jetzt mit dem Schinkelschen Eisernen Kreuz in ihrem Siegeskranz – aufgestellt worden war.

*

Vierzehn Jahre nach Luises Tod erfuhren die Berliner, daß sich der König ein zweites Mal verheiratet hatte, und zwar mit einer Gräfin Harrach, die obendrein katholisch war. Die Entrüstung schlug hohe Wellen; die Tat des Landesvaters sah man fast als Leichenschändung an. Als dann die Verhaßte selbst erschien, beruhigten sich die Gemüter. Man erkannte bald, daß die »Fürstin Liegnitz«, zu der die Dame notwendigerweise erhoben werden mußte, keinerlei Ehrgeiz besaß, Königin spielen zu wollen.

Das Schloß an der Spree ruhte bis auf die kurze Unterbrechung des Napoleonbesuches und einige Staatsempfänge während der Kriegsjahre in Düsterkeit und Stille. Nach wie vor mied der König den Prunkpalast seiner Ahnen und begnügte sich mit seinem Haus Unter den Linden oder der von Schinkel neu erbauten Villa im Charlottenburger Park – nahe dem Mausoleum, in dem die unvergessene Königin schlummerte.

Das große Schloß erstrahlte erst wieder im Lichterglanz, als sich der Kronprinz, der spätere König Friedrich Wilhelm IV., mit der bayerischen Prinzessin Elisabeth vermählte.

Es war an einem 29. November, und der Einzug der (wieder katholischen) Braut vollzog sich ähnlich wie einst der der mecklenburgischen Prinzessin Luise. Zur Trauung in der Erasmuskapelle befand sich unter den Gästen auch der Zar Nikolaus mit seiner Gattin und seinem Sohn, dem späteren Kaiser Alexander II. Mit der Erwerbung seines Palais Unter den Linden (das früher einmal der Prinzessin Amalie gehört hatte) war Nikolaus auch zum Ehrenbürger der Hauptstadt ernannt worden; er fühlte sich als »halber Berliner«, und nicht nur, weil seine Gattin die Tochter Friedrich Wilhelms III. war.

Diese seit vielen Jahren großartigste Festlichkeit im Schloß an der Spree bot auch den Bürgern zum erstenmal wieder Zutritt. Wieder war die Umgebung geschmückt und erfüllt von anteilnehmenden Menschen, die die Auffahrt der Karossen und die endlosen Reiterzüge gebührend umjubelten.

An Stelle der alten »Hundebrücke« schuf jetzt die neue Schinkelsche Schloßbrücke mit ihrem prächtigen Geländer (wenn auch noch ohne die weißen, klassischen Marmorjünglinge und -genien) würdigen Zugang zum Lustgarten. Zugleich mit der Kronprinzenhochzeit sollte ihre Einweihung stattfinden.

Unmittelbar davor, am Zeughaus, erhob sich eine Säulenhalle, in der dreihundert blau-weiß gekleidete Ehrenjungfrauen die bayerische Braut begrüßten. Die Brücke selbst wurde für den Wagenverkehr gesperrt. Bei der abendlichen Illumination kam jedoch plötzlich das Gerücht auf, es dürfe überhaupt niemand die neue Brücke passieren. Daraufhin begannen die Menschenmassen, in der Furcht, um das schöne Schauspiel am Schloß betrogen zu werden, panikartig zum Kupfergraben zu drängen – auf eine schmale Notbrücke, die einzige sonstige Verbindung zum Lustgarten. So geschah es, daß das Geländer zum Spreearm am Zeughaus eingedrückt und eine Anzahl wehrloser Menschen von der nachschiebenden Menge ins eisige Wasser gestoßen wurde. Schreie gellten, doch die Menschen drängten immer weiter, zu sehen, was geschehen sei. Dreißig zertretene, ertrunkene, erfrorene Kinder und Frauen wurden Opfer dieser unfestlichen Anteilnahme.

Ein Vierteljahrhundert später sollte die Volksmenge das Schloß des Königs Friedrich Wilhelm IV. in Aufruhr und Revolution erstürmen ...

Es schien, als wäre sein öffentliches Auftreten von dem Tage seiner Vermählung an vom Unglück gezeichnet. Mochte Friedrich Wilhelm IV. noch so sehr in bestem Willen handeln – desto fremder wurde ihm das Volk, nach dessen Liebe er sich mehr sehnte als jeder andere Hohenzoller.

Bemerkenswert blieb an diesem Hochzeitszwischenfall das absolute Schweigen der Presse. Die allerhöchste Zensur bestimmte, daß die Zeitungen an Stelle der Unglücksnachricht schwärmerische Berichte über die engelgleichen, langbewimperten Augen der holden Braut, das Neigen ihres Kopfes und das Wogen ihres zarten Busens veröffentlichten, die uns auch heute noch – obwohl zweifellos ein wenig anders als die Zeitgenossen – zu beeindrucken imstande sind. Da hieß es zum Beispiel in allem Wust der Gefühle:

»Wo der Goldene Wagen schwebte, wußte man, war SIE, die ersehnte Kgl. Braut, und langsam, wie sein Flug sich zu nahen schien, nahete unter entzückender Ahndung der Augenblick, wo ihres Angesichts holde Milde das ängstliche Pochen aller Herzen in den lautesten Freudenschlag verwandelte... Hörte man nicht Stimmen in der wogenden Menge, daß sogar das, was Allen jetzt das Theuerste war, der Gruß der Erhabenen Braut, wie gern! entbehrt worden wäre, weil auch das Neigen Ihres Hauptes dem Volke ein zu großer Lohn für seine Huldigung schien, da er der Angebeteten vielleicht einige Anstrengung kostete –?«

Dies der Stil der Zeit.

Die Ära der Deutschtümelei, des verlogenen Romantisierens hatte den friderizianischen Esprit und den unbeholfenen, aber klaren Ton des deutschen Neubeginns um die Jahrhundertwende abgelöst. Der »nationale Kitsch« des Wortes, der würdelose »Personenkult« jenseits dynastischer Zeremonie war erstanden. In der Kunst sollte er in nicht mehr fernen Tagen folgen.

*

Nach dem Friedensschluß blieben Friedrich Wilhelm III. noch fünfundzwanzig Regierungsjahre, in denen bei aller Starre und allem musischen Desinteresse des Alternden die Stadt Berlin immer mehr lebendiger Mittelpunkt der Künste und Wissenschaften wurde.

Im Rahmen der großen reformerischen Gesetze des neuen Jahrhunderts hatte auch der Gedanke einer Berliner Universität im Palais Heinrich Unter den Linden Gestalt angenommen. Die Berufung Wilhelm von Humboldts zu ihrem Ehrenprotektor stellte einen Höhe- und Wendepunkt dar. Als Staatsmann und zugleich überragender Wissenschaftler widmete er sich von nun an dem gesamten öffentlichen Erziehungswesen. Sein Schloß Tegel kündet noch heute von Humboldts universeller Persönlichkeit: In deutscher Sprache gebildet wie in humanistischer Philosophie, nicht nur Anhänger, sondern auch Mitarbeiter Kants und zugleich profunder Kenner und Liebhaber der Antike, Freund Goethes und Schillers, Diplomat und Sprachforscher von Rang – alles dies vereinigte er in einmaliger Kraft und Vollendung, während sein Bruder Alexander als Weltreisender und überlegener Freund des Kronprinzen auf seine Weise nicht weniger fruchtbar wirkte. Ohne die Ausstrahlung dieser beiden Männer ist das Berlin jener Tage nicht zu denken.

In der plastischen Kunst entfaltete sich neben dem alten Akademiedirektor Johann Gottfried Schadow das jüngere, kräftigere Talent des Bildhauers Rauch.

Als ehemaliger Lakai hatte der begabte Jüngling seine Ausbildung der Königin Luise zu verdanken – zuerst im Atelier Schadows, dann im Rom Thorwaldsens und Canovas. Schadow blieb immer der etwas biedere Meister – Rauch wuchs zu »einer Gestalt von unvergleichlicher Majestät und Würde, von hoher Gestalt, das edle Haupt mit den gebieterischen blauen Augen von silberweißem Haar umflossen«, wie ihn seine Jünger feierten. Obgleich es auch andere gab, die das angeblich vom alten Meister Schadow stammende Wort ernst nahmen, unter seinen Händen sei das Werk des Schöpfers der Quadriga »in Rauch aufgegangen«...

Nach dem in Italien unter dem Einfluß des Klassizisten Canova vollendeten Marmorbild der schlafenden Luise für das Charlottenburger Mausoleum arbeitete Rauch später noch einmal an einer anderen, vergeistigteren Darstellung des gleichen Werkes, das im Antikentempel von Sanssouci Aufstellung fand. Auch führte er das in entsprechender Form geschaffene Grabmal Friedrich Wilhelms III. aus.

Rauch wurde zugleich künstlerischer Interpret der Freiheits-
kriege. Seine Marmorstandbilder Bülows und Scharnhorsts, zu
beiden Seiten der Neuen Wache Unter den Linden komponiert,
fehlen heute, ebenso wie seine Blücherstatue von ihrem alten
Platz gegenüber der Neuen Wache an eine ungünstige Stelle in
den Opernanlagen gerückt wurde. Die Denkmäler Yorcks und
Gneisenaus gingen den gleichen Weg, obgleich sie den Sturm
des letzten Krieges überstanden. Dem alten Blücher glaubten
die vorwitzigen Berliner schon damals nicht die großartige Hel-
denpose mit seinem gezogenen Säbel, und bald hatte man auch
seine Devise gefunden:
»Komm keener mir uff meinen Ofen, ick hab alleene keenen
Platz!«

*

Der Mann, dem die Hauptstadt Berlin die Vollendung ihres
klassischen Profils verdanken sollte, dessen Wirken viele neue
Bauten in antiker Schönheit zum Bisherigen fügte und dem Bezirk um den Schlüterpalast eine Geschlossenheit gab, die – dem
heutigen Zustand nach kaum mehr vorstellbar – diesen wahrhaft königlichen Raum zu einem der eindrucksvollsten Zentren
aller Residenzen erhob, war Karl Friedrich Schinkel.
Mit genialem Feingefühl erkannte er seine Aufgabe darin, die
großen barocken Grundthemen von Schloß und Zeughaus mit
den streng klassischen Gedanken seiner Zeit in harmonischer
Verbindung zum Gesamtkunstwerk einer Stadt zu gestalten.
Schinkel, echtes Kind der Mark, Pfarrerssohn aus Neuruppin,
schien Liebling der Götter zu sein. Adel und Schönheit seiner
jugendlichen Erscheinung schienen sich bei ihm mit seinem Le-
bensideal, das griechischer Kunst nachstrebte, zu verbinden.
Auch ihn führte die große Sehnsucht aller Deutschen nach dem
Süden bis nach Italien; er wollte Berlin und Potsdam jenen un-
sterblichen Stätten der antiken Welt an die Seite stellen, zu einem Gesamtbild formen, wie es der Gartenkünstler Lenné auf
seine Weise mit dem Park von Sanssouci und der Potsdamer
Landschaft in die Tat umsetzte.
Schinkel verwirklichte seine Idee eines nordischen Griechen-

tums fast im friderizianischen Sinn in den Tempelbauten des Museums am Lustgarten und des Neuen Schauspielhauses am Gendarmenmarkt, wo noch im Einweihungsjahr – nicht in der Oper! – die Uraufführung des »Freischütz« stattfand, der sich von hier aus alle Bühnen der Welt erobern sollte.

Aus dem gleichen Geist der Romantik heraus erstrebte der strenge Klassizist Schinkel seltsamerweise eine Wiedergeburt mittelalterlicher Gotik. Auf dem Leipziger Platz, wo schon sein Lehrer Gilly den gigantischen Tempel geplant hatte, wollte er eine gotische Kathedrale, zugleich als Mahnmal an die Befreiung des Volkes, errichten. Wirklichkeit wurde indessen nur das gußeiserne Denkmal auf dem Kreuzberg, wie von nun an die höchste Erhebung der früheren Tempelhofer Berge hieß. Bei aller Fragwürdigkeit dieses eisernen Kirchturms ohne Kirche liegt seine Bedeutung darin, daß er das erste nicht einem Herrscher oder Feldherrn, sondern den unbekannten Helden des Volkes geweihte Monument war.

Unter den Linden schuf Schinkel neben den heute ebenso verschwundenen friderizianischen Palästen eine Reihe von noblen Fassaden, würdig der internationalen Prachtstraße. Das edle Palais des Prinzen und späteren Königs und Kaisers Wilhelm I. am Opernplatz vollendete der jüngere Langhans in enger Anlehnung an den Schinkelschen Klassizismus. Hier wollte der leidenschaftliche Schinkel zuvor die Bibliothek Friedrichs II. abreißen und an ihrer Stelle für den Prinzen Wilhelm ein Zauberschloß mit Terrassen und Wasserspielen errichten, ebenso wie er am Pariser Platz ein ebenbürtiges Pendant zum dortigen Palais Redern (dem späteren Adlon) plante.

Unendlich vieles entwarf, erträumte Schinkel; das meiste blieb ihm versagt. Das Land war arm. Neben dem Museumsbau am Lustgarten, der Schloßbrücke und der Neuen Wache Unter den Linden entstanden noch die erst jetzt abgerissene Bauakademie und die Werdersche Kirche – beide gedacht als Wiederbelebung norddeutschen, gotischen Backsteinbaues – und die antikischen Torhäuschen auf dem Leipziger Platz, dem Zentrum der hoffnungslosesten Zerstörung des letzten Krieges ...

Zwei Jahre nach der Vermählung des ihm in tiefer Freundschaft zugetanen Kronprinzen erhielt Schinkel den Auftrag, die frühere Wohnung des Alten Fritz im Schloß an der Spree »zeitgemäß« um- und auszubauen. Wie zuvor Erdmannsdorff in Sanssouci, zerstörte nun ausgerechnet Schinkel zum größten Teil das unersetzliche friderizianische Rokoko. Die Neuschöpfungen des klassizistischen Teesalons, des Sternensaales und vieler nobler Gemächer vermochten nicht im entferntesten die Kunstwerke Nahls und Hoppenhaupts zu ersetzen.

Vor der Westfassade des Schlosses hatte schon Schlüter die Spree zu einem weiten Becken aufstauen wollen, damit sich der barocke Palast darin spiegele. Jetzt griff auch Schinkel diesen Gedanken auf – wie damals aber gebot der Geldmangel Verzicht und Sichbescheiden.

Eins wurde dennoch wahr: die »heilige Insel«, von der der Kronprinz Friedrich Wilhelm träumte, die Gemeinschaft der Häuser des Königs, Gottes und der Musen: Schloß, Dom, Kunstsammlungen in einem Raum – die wahre Burg der Hauptstadt, allen zugänglich und doch streng abgeschieden vom hastenden Verkehr der wachsenden Metropole ...

Der alte Knobelsdorffsche Dom erhielt einen klassizistischen Säulenvorbau und zwei kleinere säulengetragene Nebenkuppeln; auch das Innere wurde im klassischen Sinne strenger, einfacher, weiträumiger.

Hinter der Säulenfassade des Museums lud der dem Pantheon zu Rom nachgebildete Kuppelsaal den Gast zu Andacht und Einkehr. Vom mächtigen Treppenhaus öffneten sich Hallen mit Götterstatuen, Reliefs und Bildern von Botticelli, Dürer, Rembrandt und all der Meister, deren Sammlung einst der große Friedrich begonnen hatte.

Nach Fertigstellung des Museums wurde der Lustgarten wieder als Park hergerichtet. Wenig später fand die Granitschale vor der Freitreppe Aufstellung. Sie war aus der Hälfte eines der beiden gewaltigen »Markgrafensteine« aus den Rauenschen Bergen hergestellt – zwei Findlingen, die in Urzeit auf ihrer gletschernen Eisrutschbahn in die Mark gewandert waren.

Fast zwei Jahre arbeiteten Steinmetzen an Ort und Stelle, die rohe Form der sieben Meter im Durchmesser messenden Schale herauszuhauen. Dann zog man sie auf Walzen von Fichtenstämmen, die trotz ihrer Stärke von der sechzehnhundert Zentner schweren Last zerquetscht wurden, und weiter auf einer Bohlenbahn durch den Wald auf einer eigens dafür angelegten Straße.

Sechs Wochen dauerte dieser Landtransport bis zur Spree; von dort wurde die Schale auf einem besonderen Flußkahn nach Berlin geführt. Doch mußte man beinahe am Ziel wieder umkehren: der Durchgang an der Grünstraßenbrücke erwies sich als zu schmal. Man mußte erst aus den Seitenwänden einige Zoll herausstemmen.

In Berlin fand der Gigant zunächst gegenüber dem Park von Monbijou in einem dafür errichteten Gebäude Unterkunft, wo er mittels einer Dampfmaschine geschliffen und poliert wurde, was wieder zweieinhalb Jahre in Anspruch nahm.

Bei der Einweihungsfeier stellte man fest, daß nicht weniger als zweiundvierzig Personen in der Schale stehen können. Zuerst sollte das Werk in der Rotunde des Museums Aufstellung finden, wo schon der Grund dafür bereitet war; doch ergab sich der Platz vor der Freitreppe als wirkungsvoller. Hier blieb die steinerne Riesin auch, brunnengeschmückt, bis sie zur wilhelminischen Zeit dem Denkmal Friedrich Wilhelms III. und dann, vor dem letzten Kriege, bei Herrichtung des Lustgartens zum »Aufmarschplatz«, an die östliche Spreeseite neben dem Dom weichen mußte. Dort durfte sie bis heute die Zerstörung des Stadtbildes, die Vernichtung fast sämtlicher Bauten, Denkmäler und Erinnerungen überdauern...

*

Das öffentliche Leben der Hauptstadt wurde damals nicht mehr von der Gesellschaft oder vom Hof bestimmt wie früher – sondern vom Theater. Namen wie Devrient, Iffland, Henriette Sontag besaßen magischen Klang. Niemals lebten die Berliner so begeistert *im*, mit dem Theater wie zu dieser Zeit. Webers »Freischütz« fand als »Schreifritz« erbitterte Gegner, so bei Goethes Freund Zelter, dessen Ablehnung Weber tief kränkte. Als der »Faust« zum erstenmal über die Berliner Bretter ging, nannte ihn die pietistische Partei eine »Beleidigung Gottes und Huldigung vor dem Teufel«. Die Aufführung müßte von Staats wegen verboten werden, da sie die Unmoral zur Nachahmung empfehle...

Ein Zeitgenosse schilderte diese Epoche der Literatur und des Theaters, die auch für Goethe erst die entscheidende Bestätigung erbrachte:

»In Berlin begann nun das Zeitalter Lutter und Wegener, halb Materialismus, halb Spiritualismus. Hoffmann und Devrient waren Repräsentanten derselben; um sie versammelten sich eine Societät des Champagners und der Phantasie in jenem berühmten Wirtshause am Gendarmenmarkt. Der Exerzierplatz der Hasenheide war vergessen, die Poesie spukte in Hoffmanns Schriften und auf dem Hoftheater...«

Die Poesie spukte auch im Kronprinzen, dem dicklichen, kurzsichtigen, musisch-verträumten, geistvollen und angesichts der neuen Freiheitsbestrebungen ebenso gutwilligen wie hilflosen Idealisten, der nun bald König sein sollte.

Es geschah nämlich zu Beginn dieses Jahres 1840, daß man sich von neuem der Weißen Frau erinnerte: Sie sei wieder im Schloß an der Spree umgegangen!

Das letzte Mal hatte sie der Soldatenkönig beim Hemdenzipfel erwischt und mit seinem Knotenstock windelweich geprügelt: Damals war es ein vorwitziger Grenadier gewesen, der die zarte Verkleidung gewählt hatte, um abends ungestört im Flügel der Hofdamen seiner Angebeteten Besuche abstatten zu können, was ihm auch geraume Zeit hindurch vorzüglich gelungen war. Aber diese Geschichte zählte ja nicht. Die Weiße Frau existierte *dennoch*, im neunzehnten Jahrhundert genauso wie im sechzehnten oder siebzehnten.

Jetzt erinnerte man sich auch, daß das vierziger Jahr fast immer bisher für das regierende Haus bedeutsam gewesen sei: 1440 war der Kurfürst Friedrich I., 1640 Georg Wilhelm, 1740 Friedrich Wilhelm I. gestorben. Nun geisterte also wieder das Todesgespenst...

Und wirklich erkrankte bald danach Friedrich Wilhelm III. Es war Frühsommer, und es sollte gerade der Grundstein für das Rauchsche Friedrichsdenkmal Unter den Linden gelegt werden.

Der König ließ sich den Tragsessel zum Fenster bringen, um wenigstens Zeuge zu sein, wie der Kronprinz in seinem Namen die Feier vollzog. Er sah sein Volk an diesem Tage zum letztenmal.

Trotz seiner farblosen Nüchtern- und Schüchternheit hingen die Menschen an diesem »zweiten Soldatenkönig«, der mit ihnen den Zusammenbruch, die anschließende Leidenszeit, den Krieg und das glückliche Ende erlebt hatte. Unter keinem seiner bisherigen Herrscher war das Land von solchem äußeren Aufschwung gesegnet worden – nicht einmal unter dem Alten Fritz, dessen unerbittliche Überlegenheit in Verbindung mit seinem eisigen Spott ihn dem Volk im Grunde doch immer fern gehalten hatten.

Friedrich Wilhelm III. war ein völlig bürgerlicher Mensch des Mittelmaßes, der so beliebten »Norm«, ein Familienvater ohne Fehl, der dank seiner langen Regierung und unauffälligen Redlichkeit fast zum wirklichen »Landesvater« geworden war. An der Seite Luises fand er nun im stillen Totentempel im Park der ersten Königin seines Landes die Ruhe.

Das Schloß Charlottenburg sank unter dem Feuersturm des letzten Krieges in Trümmer – das Mausoleum, im Park geborgen, überstand die Vernichtung. In der Gruft aber wurden die Särge von der fremden Soldateska erbrochen; nur der Zinksarg der Königin Luise wurde nicht geöffnet. Heute warten die Marmorsarkophage in ihrer dämmerigen Stille wieder wie früher der Menschen, die den Frieden dieser Stätte suchen.

33. KAPITEL

Der Traumkönig

Vor wenigen Jahren waren die Berliner noch frivole, genuß-
süchtige Residenzler gewesen – jetzt, nach dem Niedergang
und neuer Besinnung, hatte sich ein bürgerliches Bewußtsein gebildet. Man war schlichter, sparsamer, klarer geworden, trotz
des Zeitungs- und Traktätchenschwulstes, der munter florierte.
Den Kronprinzen Friedrich Wilhelm hatten die Berliner ins
Herz geschlossen, soweit er öffentlich in Erscheinung trat. Im
Gegensatz zu seinem Vater besaß er Witz, Leutseligkeit, künstlerische Interessen und hohe Bildung. Man wußte, daß er in seinem Potsdamer Schlößchen Charlottenhof und in Berlin mit
großen Geistern wie den Humboldts in Freundschaft verkehrte,
daß er als kultivierter Bürger lebte. Man erzählte sich von ihm
Anekdoten – vor allem über die »Überehre« der Militärkaste;
in der pedantischen Maschinerie des absoluten Militärstaates
Friedrich Wilhelms III. war für »Zivilisten« höchstens der zweite Platz frei. So hatte auch der »bürgerliche« Kronprinz keine
Gelegenheit gefunden, seine Regierungstalente auszuprobieren.
Gerade das aber erhöhte die allgemeinen Hoffnungen; man
glaubte ihn aufgeschlossen für die drängenden politischen und
sozialen Fragen der Zeit. Man erwartete eine Blüte der Wissenschaften und Künste und überdies Befreiung von der bisher so
strengen allerhöchsten Zensur.
Man erwartete auch diesmal zuviel.
Es sprach sich bald herum, daß der sonst so liebenswürdige und
humorige Monarch tief in pietistische Frömmelei versunken
sei; daß seine bayerische Gattin diese Haltung noch unterstütze,
die sich leider nicht nur auf religiösem, sondern vor allem auf
politischem Gebiet auswirkte und ihren Gemahl in lebensferne,
altertümliche Romantik flüchten ließ.
Hatte sich der König zu Beginn noch als der »erste Bürger« sei-

nes Landes gepriesen, so hörte man jetzt Friedrich Wilhelm IV. nur noch von seinen »Untertanen« reden – eine Vokabel, die im achtzehnten Jahrhundert noch gemäß, in der Mitte des neunzehnten aber fast anachronistisch erschien.

Der leutseligen Güte des Herrn konnte ebenso leidenschaftlicher Jähzorn entspringen, wenn jemand daran zu zweifeln wagte, daß Gott den Fürsten spezielle Erleuchtung zuteil werden ließe ...

Die von Jahr zu Jahr wachsende Kluft zwischen ihm und den Berlinern begann mit der Huldigung der Hauptstadt vor dem neuen Monarchen.

Als wahres Volksfest gedacht, mischten sich wieder so unüberhörbar falsche Töne in die bombastischen Feierlichkeiten, daß sie von den »Untertanen« niemals vergessen wurden. Während der König, zum Beispiel, die Abordnungen des hohen Adels persönlich im Weißen Saale empfing, durften die Deputationen des Volkes draußen im Lustgarten stundenlang im eisigen Oktoberregen harren und ihren Herrn nur hoch über sich auf einem prunkvoll verkleideten Altan begrüßen, der eigens für diesen Zweck vor dem ersten Stockwerk des Schlosses errichtet worden war.

Die Häuser Unter den Linden und am Schloßplatz verschwanden unter Flaggen, Bändern, Sprüchen, Blumengewinden. Auf den Postamenten der Schloßbrücke, damals noch ohne die Marmorstatuen, errichtete man Allegorien aus Gips, die vaterländischen Tugenden darstellend.

Im Lustgarten, zwischen Schloß und Dom, neben dem Museum und vor der Säulenhalle waren Tribünen für viele Tausende von Zuschauern aufgebaut – der Platz selbst wurde durch Schranken für die verschiedenen Schichten streng eingeteilt.

Der Huldigungstag, der 15. Oktober, war zugleich der fünfundvierzigste Geburtstag des Königs. Der kalte Herbstregen hinderte die Berliner nicht, in endlosen Scharen zum Lustgarten zu pilgern. Seit dem frühen Morgen kämpfte man um die Plätze, frierend, durchnäßt – aber man hielt stand.

Um acht Uhr war der Lustgarten bereits völlig überfüllt. Als die Domglocken zu läuten begannen, richteten sich die Augen aller auf den Thronbalkon am Schloß, wo der König erscheinen sollte. Man fror, ließ sich vom Regen aufweichen – der König kam nicht. Es hieß, er habe sich mit dem Hof zum Dom begeben, wo noch ein Dankgottesdienst abgehalten werde. Als die Predigten und Anrufungen des Allerhöchsten beendet waren, zeigte man sich noch immer nicht, sondern begab sich noch einmal zurück zum Rittersaal, wo die Bischöfe, die Fürsten und Adligen begrüßt wurden und ihre Huldigung darbrachten. Danach folgte ein Empfang der Ritterschaft im Weißen Saal. Umständlich ließ der König, inmitten der Prinzen und höchsten Staatsbeamten, vor seinem Throne ein byzantinisches Protokoll walten, während von fern die Rufe des im Regen harrenden Volkes hereinklangen.

Zusammen mit dem Gottesdienst hatten diese Zeremonien über zwei Stunden gedauert; noch immer warteten im Lustgarten die geduldigen Untertanen, obgleich allmählich ein Murren aufzukommen begann. Das Murren endete sofort, als sich – endlich – der joviale Monarch mit seinem Gefolge auf dem geschützten Altan zeigte, um den trotz der kalten Füße ausbrechenden Jubel entgegenzunehmen.

Der Jubel hörte auch nicht auf, als der König die Hand hob und seine feierliche Thronrede begann, die leider in Wind, Regen und in den Rufen der Tausende unterging. Es schien, als wollte sich das Volk durch diesen brausenden Begrüßungssturm gewaltsam seine Begeisterung und den letzten Rest Wärme erhalten. Man wollte ja keine Thronrede. Man wollte den König grüßen und von ihm begrüßt werden, nichts weiter!

Aber der Herr entledigte sich seiner von ihm so ernst gemeinten Schulaufgabe, gleich, ob sie jemand aufnahm oder nicht. Auch die weiterhin folgenden, wohlvorbereiteten Reden des Oberbürgermeisters, eines Ministers, eines Geistlichen voll von schönen Worten verwehten ungehört. Noch einmal ergriff der König von seinem geschützten Standort aus das Wort, entblößten Hauptes, mit feurigem Schwung und begeisternden Gedanken seinem Volke unverbrüchliche Treue und Gottes Segen zu versprechen – doch wieder vernahmen nur die Allernächsten etwas von der sich immer wieder überschlagenden Stimme des Souveräns.

In den Menschen erwachte Unruhe.

*Rechts: Johann Gottfried Schadow.
Selbstbildnis
Unten: Königin Luise als Prinzessin
Luise von Mecklenburg-Strelitz
mit ihrer Schwester Prinzessin Friederike.
Marmorplastik von J. G. Schadow*

Links:
Karl Friedrich Schinkel.
Farbige Kreidezeichnung
von Franz Krüger. 1836
Unten:
Vogelschaubild der Berliner
Innenstadt aus der Mitte
des vorigen Jahrhunderts

Die erste Rede hatten sie noch über sich ergehen lassen, wenn auch jubelnd und bewußt nicht hinhörend. Jetzt ging der Jubel in deutliches Schimpfen und abfälliges Gemurmel über. Die Berliner empfanden sehr deutlich, daß etwas nicht stimmte mit den schönen und zweifellos gut gemeinten Tiraden und Frömmeleien.

Es schwebte, wie schon damals bei der Vermählung des Kronprinzen, auch heute ein Unstern über dem so groß und großartig gedachten Tage. Die Rede des Königs, gelesen, war voller Klugheit, von vollendeter Form und auch Herzenswärme. Wäre sie vom Volke gehört worden, hätte sie ihre Wirkung gewiß nicht verfehlt.

Doch die Stunde war nicht danach. Als man sah, daß der König endlich fertig war mit seiner Rede, stimmte man den Choral »Nun danket alle Gott« aus ehrlichem Herzen an...

Naß bis auf die Haut, in triefenden Kleidern, kehrten die Teilnehmer vom Lustgarten in ihre Wohnungen zurück. Die feierliche Stimmung lebte nur noch schwach wieder auf, als am Abend in einem riesigen, auf dem Opernplatz eigens errichteten Saalbau der König einen Toast auf seine »geliebte Heimatstadt Berlin« ausbrachte. An dem Ball im Schloß an der Spree, zu dem außer Hof und Adel auch die Spitzen der Bürgerschaft geladen waren und sich zum erstenmal wieder die alten Prunkräume mit festlichem Treiben füllten, hatte das enttäuschte Volk ohnedies keinen Anteil.

*

Dafür ließ man allenthalben in treuherzigen oder versteckt ironischen Transparenten und Bildern dem Berliner Witz die Zügel schießen. Man wurde dabei allerdings niemals bösartig und bewahrte seinen Bürgerstolz. So etwa auf einem adlergeschmückten Bilde, das einen bügelnden Schneider und die Unterschrift zeigte:

> Unter Deinen Flügeln
> kann ich ruhig bügeln.

Oder die Devise eines Schankwirtes:

Ein preußisch Herz, ein gutes Bier –
was wollen sie noch mehr von mir?

Es erwies sich für den empfindsamen Monarchen sehr bald als
unzumutbar, daß bei Regierungsantritt die Zeitungszensur auf-
gehoben worden war. Er fühlte sich in seinen heiligsten Gefüh-
len beleidigt, zumal die Berliner nicht zögerten, seine Gestalt
zur Zielscheibe spöttischer Karikaturen und Witze zu machen,
die für sein so tief verwurzeltes Gottesgnadentum unverzeihlich
sein mußten.
Verweise folgten und darauf schärfere Zensur als je zuvor. Leider traf man dabei oft den Falschen; so auch den Dichter des
Deutschlandliedes, Hoffmann von Fallersleben, der wegen seiner »Unpolitischen Lieder« von seiner Breslauer Professur entfernt wurde. Andere mußten sogar das Land verlassen. Auch
die romantische Lyrik bekam jetzt ihren kritisch-satirischen Un-
terton. Neben Fallersleben und Freiligrath war es vor allem
Heinrich Heine, der mit spitzer Feder die »teutsche« Gestalt des
Königs aufs Korn nahm.
Als »Gegenbewegung« entstanden unter Friedrich Wilhelms
Einfluß und Vorbild eine Flut frommer Vereine, religiös-pieti-
stischer Weltverbesserer, die dem Berliner Witz immer neuen
Stoff lieferten. Je fremder der König dem Volke wurde, um so
tiefer flüchtete sich sein romantischer Sinn in die Welt mittelalterlicher oder südlicher Bauträume. Er ließ alte Burgen restau-
rieren (wie den Stammsitz der Hohenzollern in Württemberg),
zeichnete selbst nicht ohne Talent Schloßentwürfe oder gotische Riesendome. So ließ er auch den Kölner Dom mit riesigen
Summen vollenden – ohne es freilich noch zu erleben.

Im Volke aber begann es zu gären. Aus dem Witz wurde langsam Ernst. Man lebte nicht mehr im Mittelalter, sondern in der
Zeit aufkommender Demokratie. Als der erste Vereinigte Land-
tag eröffnet wurde, hielt der König wieder eine eindrucksvolle
Thronrede, in der er versicherte, »künftig alles zu tun, um zu

verhindern, daß sich zwischen Unseren Herrn Gott im Himmel und dieses Land ein beschriebenes Blatt gleichsam als eine zweite Vorsehung eindränge und durch einseitige Paragraphen die alte heilige Treue ersetze«.

Die Abgeordneten hörten aus all den hohen Worten nur heraus, daß man sie nicht mitregieren lassen wolle. Ihre Verstimmung verstimmte den König seinerseits: er ließ der Versammlung sein allerhöchstes Mißfallen aussprechen, was die Gegensätzlichkeit restlos bestätigte.

Im Jahre darauf sollte sich die allgemeine Spannung in der Explosion der Märzrevolte Luft machen.

34. KAPITEL

Cherubine tragen
die Kuppel

Noch glaubte der König an sich und seine heilige Mission. Zusammen mit seinen Baumeistern entwarf er in der Nachfolge Schinkels immer neue Paläste, Kirchen, Türme und Anlagen. Zuerst aber gedachte er das Schloß an der Spree großartig in seinem Sinn zu vollenden.

Nach dem Umbau der friderizianischen Königswohnung wurde auch die schon unter Friedrich II. in zwei Etagen zerschnittene Erasmuskapelle in ihren Resten völlig verändert. Im oberen, mit den alten gotischen Kreuzgewölben geschmückten Raum ließ Friedrich Wilhelm IV. jetzt sein Wohn- und Arbeitszimmer in altertümlich gotischem Stil einrichten. Aus der früheren Kapellenapsis wurde sein Schreibzimmer; hier sammelte der König antike Statuen. Auch das Modell zum Rauchschen Friedrichsdenkmal ließ er hier aufstellen. An den Wänden fanden sich Bilder der deutschen Romantik – so Caspar David Friedrichs »Mönch am Meer«, dazu Jugendbildnisse der Mutter, der Königin Luise.

Von hier führte eine schmale gotische Tür ins Schlafzimmer, ein kleines rundes Gemach des uralten »Grünen Hutes«, das fast ganz von einem Riesenbettgestell, gleichfalls in gotisierendem Stil, ausgefüllt wurde. Stühle und Schemel à la Windsor vervollständigten die »echte« Atmosphäre unter neugeschaffenen »gotischen« Gewölben.

Im pompejanischen Teesalon der Königin herrschten wieder weißmarmorne Statuen aus der antiken Welt: die weinende Elektra neben dem Aschekrug ihres Vaters, Achilles, Amor, Bacchus; weiterhin auf farbigen Rundbildern Europa mit dem Stier, Bacchanten, Nymphen, Genien. Darüber ein gemaltes Zeltdach, wie es Schinkel schon an der Decke des Schauspielhauses am Gendarmenmarkt angebracht hatte.

Schinkels berühmter Sternensaal, in Weiß, Rot und Gold gehalten, mit hohen, goldenen Türen und Säulen von weißem Stuckmarmor, wurde mit Szenen aus der griechischen Mythologie geschmückt. Alabasterkamine mit kostbaren Vasen, Wandspiegel, die eine unendliche Weite des Raumes vortäuschten, Samtportieren – und über allem der kreisende Sternenhimmel, in harmonischer Stilisierung zum kristallenen Mittellüster hin sich verengend.

Im darauffolgenden Pfeilersaal von Langhans, diesem schönsten der neueren Räume, fand jetzt das Schadowsche Marmorbild der Prinzessinnen Luise und Friederike Aufstellung – wohl eines der reinsten Kunstwerke der Epoche. Zur Zeit Friedrich Wilhelms III. galt die lebenslustige Schwester der Königin Luise nicht ganz als hoffähig.

Nach der Königswohnung folgte die Ausgestaltung des Weißen Saales, der zu Zeiten des Soldatenkönigs nur provisorisch fertiggestellt worden war. Nun erhoben sich hier die Marmorstatuen der zwölf Kurfürsten aus dem alten Alabastersaal auf Marmorsäulen an den beiden Querwänden des Saales. Die vier deutschen Kaiser kamen auf die Brüstung der Loge an der neuen großen Marmortreppe, die zum Weißen Saal emporführte. Auch die wiederhergestellte Eosandersche Galerie glänzte in neuer Vergoldung, ebenso der kostbare Rittersaal Schlüters.

Am äußeren Schloßbau entstanden Terrassen auf der Lustgartenseite mit Sandsteinbalustraden und zwei vom Zaren Nikolaus I. geschenkten Rossebändigern, die jetzt im Kleistpark stehen. Kopien von ihnen bewachen noch heute den Eingang des Königsschlosses zu Neapel.

Neben dem Ausbau der alten Paradekammern des ersten Königs entwarf Friedrich Wilhelm IV. selbst die Anlage von Säulengängen zwischen dem kleinen Gartenstück an der Spree und der Kurfürstenbrücke, ebenso eine Verbindung des Schlosses mit einem geplanten neuen Dom und mancherlei Änderungen im Innern des niemals ganz vollendeten Palastes.

Später, nach der Revolution, als er sich enttäuscht und den Berlinern gegenüber voller Hemmungen in seine Potsdamer Traumwelt zurückzog, erlahmte sein Interesse. Wie in Sanssouci kamen auch hier die letzten Pläne nicht mehr zur Ausführung.

Mittelpunkt des Schlosses an der Spree aber sollte die neue, riesige Palastkapelle mit der krönenden Kuppel über dem Eosanderportal werden – Weihe und Abschluß des jahrhundertealten Bauwerkes, dessen Vollendung weder Schlüter noch Eosander oder Schinkel erlebt hatten.

Nun sollte der Kuppelbau, von Stüler nach einer Skizze Schinkels entworfen, unter der technischen Leitung von Albert von Schadow, einem Sohn des großen Bildhauers, Gestalt werden. Die Maße dieses bis zu siebzig Meter Höhe emporsteigenden achteckigen Kuppelbaues waren bedeutend. Der Kapellenraum, allein fast fünfunddreißig Meter hoch, erhielt sein Licht durch vierundzwanzig Fenster und faßte mit seinen vier Halbkuppelnischen und der großen Empore an die fünfzehnhundert Menschen. Der Fußboden war mit Marmor und Mosaiken ausgelegt, die Wände und Kuppelwölbungen zierten auf Goldgrund gemalte Wandbilder. Zehn pompejanische Kandelaber trugen eine Fülle von Lampen, deren Licht sich am Abend tausendfältig in den goldenen Wölbungen und Mosaiken brach.

Über die Entstehung des Kuppelbaues wurde bei seiner Beendigung im Knopf des abschließenden Kreuzes ein Dokument für die Nachwelt eingelötet, das heute vernichtet ist wie jeder Stein des Riesenbaues.

In der Urkunde hieß es:

»Nachdem Se. Majestät, der König von Preußen

FRIEDRICH WILHELM IV.

unterm 24. Juli 1844 den Bau einer Kapelle auf dem großen Portale des Schloßflügels nach der Freiheit zu, ferner den Umbau des Weißen Saales und die Fortsetzung der diese beiden Baulichkeiten verbindenden massiven Treppe Allerhöchst befohlen hatten, wurde sofort mit dem Weißen Saal begonnen und dieses Bauwerk dergestalt gefördert, daß der neue Saal bereits am 19. Januar 1845 zum ersten Male zur Feier des Krönungs- und Ordensfestes benutzt werden konnte ...«

Das langatmige Schriftstück beschrieb das Werden der Schloßkapelle über dem Eosanderportal und der riesigen Kuppel bis ins kleinste. Zu Anfang mußte man die alten Wölbungen über dem Portalbau mühsam durchbrechen und die Pfeiler für den mächtigen Oberbau auf den neuen Bogenspannungen errichten. Die Fundamente waren bereits bei Anlage des Triumphportals für eine spätere Kuppelbelastung vorbereitet worden, so daß hier keine Verstärkungen notwendig waren. Zur Zeit des Soldatenkönigs war ein Verbindungsgang zwischen den beiden Flügeln rechts und links durch den Portalbogen in sehr störender Weise hindurchgeführt worden, der jetzt beseitigt wurde. Das Gerüst der Kuppel, auf eisernen Verstrebungen emporgeführt, erhielt eine Kupferbekleidung. Die aufgesetzte Laterne bestand aus einer bronzenen Galerie von Konsolen und Balustern, über denen acht geflügelte, vergoldete Cherubine eine kleinere Kuppel mit Kugel und Kreuz trugen.

Den Kapellenraum selbst, zu dem die neue, doppelte Marmortreppe im Portalbau emporführte, schmückte neben alttestamentlichen Prophetenbildern auf blauem Freskogrunde in goldener Schrift der Spruch aus der Apostelgeschichte:
»Es ist in keinem anderen Heil, es ist auch kein anderer Name den Menschen gegeben, darin er soll selig werden, denn in dem Namen Jesu, daß sich in dem Namen beugen sollen alle Knie, die im Himmel und auf Erden und unter der Erde sind . . .«

Der neue Sakralbau, der die Anforderungen als Schloßkapelle um ein vielfaches überstieg, ließ trotz seiner Großartigkeit und seines Reichtums den frommen König nicht ruhen. Immer wieder kam er auf den ersehnten gigantischen Mittelpunkt der Residenz zurück, der den Komplex der Schloßinsel zum »Campo Santo« erheben sollte: den neuen Riesendom, zu dem er selbst die Ansichtsskizzen entwarf und der im ersten Voranschlag nicht weniger als neun Millionen Taler kosten würde. Im Lustgarten, mit dem Schloß durch Säulengänge verbunden, sollte diese »Hauptkirche des Protestantismus« als Gegenstück zur römischen Peterskirche die nordischen Länder überragen. Vorher mußte der alte Knobelsdorff-Schinkelsche Dom in seinen bescheidenen Maßen natürlich beseitigt werden.
Schon zur Zeit seines Regierungsantrittes waren die Pietisten und die Nazarener durch Unterstützung des Königs zu Ehren

gekommen. Haupt der Nazarener war der Maler Peter Cornelius, den Friedrich Wilhelm nach Berlin berief und der nun die Riesenwände der neuen Kathedrale mit seinen Fresken gestalten sollte. Fast fünfundzwanzig Jahre arbeitete der Maler an den Kartons für diese Mammutbilder, die niemals ausgeführt wurden; doch gehören die »Apokalyptischen Reiter« aus jenem Zyklus zu den beachtlichsten Leistungen der Kunst des neunzehnten Jahrhunderts.

*

Es ergab sich wie von selbst, daß von nun an die Vertreter der Künste und des Geistes neben dem Hofe die »neue Macht« im Berlin dieser Tage waren. Als Maler arbeitete der strenge, verschlossene, sich quälende Menzel mit unvergleichlicher Energie. Außer seinen im Auftrage des Königs geschaffenen Studien und Illustrationen, Gemälden und Holzschnitten aus der Welt des »Philosophen von Sanssouci« schuf er mit der Darstellung des arbeitenden Berlins, mit seinen Bildern der industriellen Unternehmen einen neuen Stil des »Realismus«, der für seine Nachfolger richtungweisend blieb.

Der neue Hofmaler Franz Krüger schilderte in seinen Paradebildern Haltung und Kavalierstum der Gesellschaft, aber auch das Bürgertum seiner Zeit.

Die Salons der geistvollen, vielseitig interessierten Frauen von der Art Rahel Varnhagens, Henriette Herz', Bettina von Arnims gaben in der Hauptstadt den Ton an.

Am Enckeplatz wohnte zeitweise Emanuel Geibel, am Kupfergraben der Philosoph Hegel, Unter den Linden Schelling. Die Brüder Grimm und Humboldt, Chamisso, Schleiermacher, Alexis, Tieck, Ranke, Lepsius, der Geschichtsschreiber und Kunsthistoriker Franz Kugler, Biograph des großen Friedrich und Lehrer Jakob Burckhardts – sie alle lebten und wirkten hier, gaben Berlin den Hauch weltweiter Geistesfrische, der es schon jetzt zum Schwerpunkt des schlummernden Reiches bestimmte. Unter den Musikern ließ der Enkel des alten Moses Mendelssohn, Felix Mendelssohn-Bartholdy, seine schwelgerische Romantik blühen. Sein Rivale war der kleine, schwarze Jakob

Meyerbeer, den der König nach dem berühmten Spontini an die Oper berufen hatte.

In dieser Zeit ereignete sich der große Opernbrand. Es war in einer Augustnacht, und man gab gerade die weltbewegenden Stücke »Der gerade Weg ist der beste« und »Der Verschwiegene wider Willen«. Beim Ballett wurde um des Effektes willen mit Platzpatronen geschossen; wahrscheinlich war ein glimmender Pfropfen in den Schnürboden gefallen und ließ das Feuer erst bemerkbar werden, als es bereits zu spät war.

Die Flammen verbreiteten sich mit unglaublicher Geschwindigkeit und strahlten solche Glut, daß man für die Hedwigskathedrale, das Palais des verstorbenen Königs, das des Prinzen Wilhelm und die Hofbibliothek das Schlimmste befürchtete. Noch eine halbe Stunde vom Brand entfernt konnte man in jener Nacht in den Zimmern lesen, so hell leuchtete der brennende Tempel Knobelsdorffs.

Gegen ein Uhr morgens stürzte der berühmte Apollosaal ein, um acht Uhr bildete der herrliche Bau nur noch einen rauchenden Trümmerberg, umschlossen von den geschwärzten Umfassungsmauern. Der Aschenherd im Innern glühte noch wochenlang weiter.

Auf Befehl des Königs ging man bald daran, das Opernhaus »in gleicher Gestalt« wieder aufzubauen, was sich hauptsächlich aufs Äußere bezog. Das zarte, klassische Rokoko Knobelsdorffs war nicht mehr wiederherzustellen; die zeitbedingte Plüsch- und Golddekoration des erheblich massiveren »zweiten Rokokos« Friedrich Wilhelms IV. trug den Sieg davon.

Bereits zu Ende des darauffolgenden Jahres wurde der neue Bau feierlich eröffnet. Statt des milden Kerzenlichts strahlte der Tempel mit der alten Aufschrift Friedrichs: »Dem Apollo und den Musen gewidmet« nun in kreideweißer Helle eines Meeres von Gaslampen, die ihr Licht über das Rot und Gold des neuen Zuschauerraums warfen.

Die Berliner waren begeistert; ganz Europa bewunderte diesen ersten »modernen« Opernbau, dem die großen in Wien, Paris, Dresden erst in weitem Abstand folgen sollten.

Zur Eröffnung dieses »Feenraumes« schrieb Meyerbeer eigens eine Oper, natürlich eine vaterländische: »Das Feldlager in

Schlesien«, in der Jenny Lind, die »schwedische Nachtigall«
und Freundin des Märchendichters Andersen, in der Hauptrolle
gefeiert wurde.

Das heißt, die eigentliche Hauptrolle in diesem Stück brauchte
nicht besetzt zu werden, da sie gar nicht auftrat. Hauptfigur war
nämlich der Alte Fritz, in dessen Bunzelwitzer Lager während
des Siebenjährigen Krieges das patriotische Spektakel angesie-
delt war. So hörte man den großen König nur sehr stimmungsvoll hinter den Kulissen seine Flöte spielen, was die Berliner
nach der Premiere sogleich zu dem Witz veranlaßte:
– Was wollen Sie? Der Alte Fritz ist längst flöten gegangen!
Wobei sich das nette Wortspiel ebenso doppelbödig auf die zu-
weilen allzu friderizianische Pose des derzeitigen Königs bezog.
Der Hofkomponist Meyerbeer hatte von nun an die ganze Fa-
miliengeschichte des Herrscherhauses musikalisch zu interpre-
tieren, mochten es nun Fackeltänze und Tischmusiken sein oder
Hochzeits- und Krönungsmärsche (wie später für Wilhelm I.).
Trotz aller Vorliebe für Paris, wo Meyerbeer auch starb, wollte
der Musiker in seiner Geburtsstadt Berlin an der Seite seiner
Mutter begraben sein. Die pompöse Instrumentation und das
vorwagnerianische Pathos des Komponisten paßten vorzüglich
in das Gesamtbild des Königs Friedrich Wilhelm IV. und seines
von ihm gepflegten Hofstils.

Ein adliger Besucher von auswärts verzeichnete über eine Begegnung im Schloß an der Spree:
»Ich hätte es vorgezogen, dem gefeierten Herrn, auf den die
Blicke Europas damals mit einiger Gespanntheit gerichtet waren, nicht gerade zum ersten Male in einem mit tausend Personen vollgestopften Tanzsaale zu begegnen; doch ließ es sich
nicht anders machen. Ich band also meinen schwarzen Atlas-
mantel um – es war gerade Maskenfest und dazu französische
Komödie – und stieg die Stufen des prächtigen Berliner Palastes,
dessen Fassade ich vorher im Mondenschein mir noch betrachtet und alle die Geschichten mir noch ins Gedächtnis zurückgerufen hatte, die in diesen Mauern vorgefallen, in der gehörigen
Stimmung hinauf, um den Enkel dieser ›Burggrafen von Nürnberg‹, die so tapfer ihr Glück gemacht und es so tapfer zu erhalten gewußt hatten, von Angesicht zu Angesicht zu sehen.

Der Glanz des Hofes war wahrhaft blendend. Diese Feste, die kurz vor der dunklen Jahreszahl 1848 gefeiert wurden, erinnerten an die schönen Tage, wo der preußische Adler zum ersten Male ein königliches Zepter in seiner Kralle fühlte ...
Der Adel der Provinz war herbeigekommen, um sich ›im Glanze‹ zu zeigen. Der kürzlich erst berufene Cornelius hatte seinen frommen Pinsel etwas beiseite gelegt und war mit weltlichen ›Tableaux‹ in Szene gerückt, die aus dem ›Befreiten Jerusalem‹ entnommen waren und allen Pomp der szenischen Darstellung mit der affektierten Grazie eines modernen Heldenepos verbanden.
Da öffnete sich mit einem Male eine Straße in dem flutenden Gedränge, es wich der Menschenknäuel auseinander, und die Reihe der Säle entlang kam ein Mann in einem schwarzen, flatternden Mantel, die Lorgnette vor dem Auge und hier und da leicht, aber mit großer Freundlichkeit grüßend. Dieser in schwarze, flatternde Spitzen Gehüllte war Seine Majestät ...
Ich habe früher keinen Mann gekannt und später keinen gefunden, der in Miene und Wort eine so gewinnende Weise des Ausdrucks gezeigt, als es dieser Fürst in seiner Gewalt hat. Man konnte sagen: Man sah es ihm an, wie glücklich er war, ›König‹ zu sein ... Er wußte und sah es, daß die Fülle der Macht ihm zu all seinen Verschönerungs- und Verbesserungsplänen jetzt, nach langem Harren, zu Gebote stand ...«
Weder die Vorliebe für die sagenhafte Idealgestalt des großen Königs noch die Musik konnte Friedrich Wilhelm IV. und seine Berliner wieder zusammenführen. Seit jenem Huldigungsfiasko im eisigen Oktoberregen war die »Erkältung« geblieben und sollte sich nur noch verschlimmern.
Dafür ließen die Residenzler ihrer Liebe zu den Stars der Oper und des Konzertsaales weiter hemmungslos ihren Lauf. Die Begeisterung für die göttliche Henriette Sontag verblaßte neben dem ständig wachsenden »Liszt-Wahnsinn«, den das Erscheinen des genialen Abbés in Berlin jedesmal hervorrief. Die Damen der höchsten Gesellschaft sammelten die ausgekämmten Haare des Meisters, und das Volk trug ihn im wahrsten Sinn auf Händen. Er war nicht nur ein großer Komponist und hervorragender Interpret, sondern auch ein großer Schauspieler.

Liszts Abreise aus Berlin, von seinen Verehrern mit enthusiastischem Schmerz gefeiert, erregte bei Hofe böses Blut. Ein Zeitgenosse erzählt:

»Wie bei der Huldigung war der Schloßplatz, die Königstraße usw. mit Menschen gefüllt, welche Liszts Abreise sehen wollten. Bis nach Friedrichsfelde war alles voller Wagen und Fußgänger. Tausendstimmiger Lebewohlruf erschallte. Der König und die Königin waren in der Stadt spazierengefahren, um den Jubel zu sehen. Man sagte, der Hof sei außer sich, daß ein Musikant wie ein König geehrt werde, ja für den Augenblick diesen verdunkele . . . «

35. KAPITEL

Sturm

Die zahllosen pseudogotischen, neoromantischen Kirchenbauten, der Plan zu dem neuen Mammut-Dom, die Manie mittelalterlicher Burgenrestaurationen forderten im Volk eine Fülle boshafter Karikaturen heraus. Die neu erbaute Rampe am Schloß wurde – in Anspielung auf den pietistischen Oberpriester – der »Hengstenberg« genannt. Die beiden Rossebändiger erhielten die Namen »Der beförderte Rückschritt« und »Der gehemmte Fortschritt«.

Das unglückliche Schwanken des Königs, auf das sich die geniale Namensgebung der Rossebändiger bezog, sein Eingehen auf die liberalen Forderungen und andererseits das gleichzeitige Beharren auf mittelalterlich-ständischen Auffassungen, machten sich in kulturellen Dingen ebenso hemmend bemerkbar wie in der Politik.

Mehr und mehr wurde das Vertrauen des Volkes untergraben, und der weltfremde Herrscher tat im falschen Augenblick obendrein immer das Falscheste.

Wie sein Großvater durch Bischofswerder, war er jetzt von dem Geisterseher Hengstenberg beherrscht; mit den »Erweckten« schienen die Tage der mystischen Rosenkreuzer wiedergekehrt zu sein. Der König war der »Auserwählte Gottes« und für ihn demzufolge die Demokratie ein Werk des Teufels. Ebenso aber lehnte der stolze Hohenzoller die ihm von der Frankfurter Nationalversammlung angebotene deutsche Kaiserkrone mit einer fast verächtlichen Konsequenz ab, die sich nur aus dem empfindlichen, komplizierten Wesen des versponnenen Herrschers begreifen läßt.

*

In dieser bereits von unsichtbarer Spannung knisternden Zeit gedachte das Königspaar eine Reise nach Schlesien zu unternehmen. Die Not der Arbeiter wurde selbst unter der dortigen, von jeher treuesten und geduldigsten Bevölkerung zur Gefahr.

Wie immer bedeutete der Aufbruch des hohen Paares ein Ereignis, und trotz der frühen Stunde hatte sich eine große Menschenmenge auf dem Schloßhof eingefunden.

Als der König und die Königin ihre Kutsche bestiegen und abfahren wollten, drängte sich ein Mann heran, sprang auf das Trittbrett und gab zwei Pistolenschüsse ab, von denen einer den König nur geringfügig verletzte, der andere durch den Hut der Königin ging.

Im Nu wurde die Szene zum wilden Tumult. Nach einem Augenblick der Starre stürzte man sich auf den Verbrecher, zerrte ihn zu Boden und führte ihn ab. Der König erholte sich schnell von seinem Schrecken; er zeigte sich lächelnd dem Volke und grüßte dankend für die lauten Glückwünsche zu seiner Rettung. Um die Menge zu beruhigen, sagte er laut, daß die Pistole wahrscheinlich gar nicht scharf geladen und das Ganze nichts als ein dummer Scherz gewesen sei.

Nach dieser klugen Überwindung des Zwischenfalls trat das königliche Paar programmgemäß seine Reise an. Währenddessen aber ging in Berlin ein Gerücht um: Der König liege im Schlosse Schönhausen verwundet, vielleicht sogar schon tot! Öffentliche Anschläge mußten das Volk beruhigen; über Nacht war Friedrich Wilhelm IV. populärer als je zuvor...

Der Täter, ein abgesetzter Bürgermeister und Sonderling namens Tschech, war von den erbosten Berlinern fast gelyncht worden. Überschwengliche Traktätchen versicherten den König der Treue seiner Untertanen und »Der Preußen Rache«.

Es folgte ein langwieriger Prozeß, bei dem Tschech die Haltung besaß, unentwegt das Mißlingen seiner Befreiungstat zu verwünschen. Der König hatte das Todesurteil aufheben wollen, wenn Tschech Reue äußere. Gerade davon aber wollte der am wenigsten wissen. Andererseits hinderte der eigene Stolz den König, wahrhaft großmütig zu sein und den Kauz zu begnadigen. So kam es, daß die Hinrichtung – durchaus gegen Friedrich Wilhelms Art und Überzeugung – doch vollstreckt wurde.

Doch da geschah etwas Merkwürdiges. Jählings schlug die öffentliche Meinung um. Über Nacht war aus dem Attentäter der verhinderte Tyrannenmörder und unschuldig geopferte Märtyrer geworden. Nach den byzantinischen Traktätchen erschienen jetzt Spottgedichte mit dem charakteristischen Berliner Mutterwitz – auf Kosten des Königs, wie etwa jenes:

> Wer war jemals wohl so frech
> als der Bürgermeister Tschech,
> denn er traf bei einem Haar
> unser theures Königspaar.
> Der verruchte Hochverräther,
> Königsmörder, Attentäter,
> er schoß unsrer Landesmutter
> durch das gnädge Unterfutter...

Oder:

> Ravaillac bracht' Heinrich um,
> Ankarström war auch nicht dumm,
> und Fieschi, der Verräter,
> war ein großer Attentäter.
> Auch der König tritt heraus,
> sieht noch ganz verschlafen aus,
> an den Wagen tut er treten
> und sein Vaterunser beten;
> wie er Tschechen nun erblickt,
> von Gensdarmen rings umstrickt,
> kriegt der König gleich Courage,
> vorwärts rollt die Equipage...

Der Schluß lautete:

> Und die Moral von die Geschicht?
> Trau keinem Bürgermeister nicht!

Bald aber hörten die Witzeleien auf. Die angeblich allzu schnelle Hinrichtung des im Grunde doch nur Unzurechnungsfähigen, sein heldenhaftes Beharren und jeder Verzicht auf allerhöchste Gnade hatten das Bild gewendet. Auf einmal war der König der Tyrann, der keine Milde kannte, und neues Murren raunte durch die Zeitungen und Straßen der Hauptstadt...

Das Bürgertum, als geistige und wirtschaftliche Macht, drängte zur politischen Verantwortung. Die Arbeiterschaft der ständig wachsenden Industrie, für deren Lage außerhalb ihrer Reihen niemand Verständnis zeigte, fand zum erstenmal die Parole des Klassenkampfes. Sie verlangte auch für sich die Begriffe von Recht und Freiheit und damit Verbesserung ihrer Lage.

Der König verstand nicht, was sich da überall regte. Monat um Monat wuchs die Spannung. In Schlesien brach der Weberaufstand los. Jetzt war es nicht mehr möglich, die Not dieser Bevölkerungskreise, besonders der Heimarbeiter, totzuschweigen. Als in Berlin bekannt wurde, daß in Wien der elegante Spieler, der Held des berühmten »tanzenden« Kongresses um das Erbe Napoleons, der Fürst Metternich, gestürzt sei, zogen die ersten Demonstrationszüge singend und lärmend durch die Straßen.

Drei Tage später lösten zwei zufällig losgegangene Gewehre die Revolution aus. Es hieß, das überängstliche Militär habe am Schloß an der Spree in die friedliche, den König begrüßende Menge hineingeschossen. Im Nu waren Barrikaden errichtet. Das Volk stürzte durcheinander mit den Rufen:

– Wir sind verraten! Wir werden ermordet!

Man versuchte, den königlichen Schildwachen des Schlosses die Gewehre zu entreißen. Plötzlich löste sich ein Schuß...

Der Tod des Grenadiers Theißen, des ersten Opfers der Revolution, brachte den Durchbruch zum Chaos. Überall klang der gellende Ruf:

– Zu den Waffen!

Die Kirchentüren zersplitterten unter dem Ansturm der Massen, die Sturmglocken dröhnten und wimmerten wie in alten Tagen. Im Handumdrehen war die ganze Innenstadt verschanzt, jede Straße eine kleine Festung. Der Kampf der Zivilisten gegen das »reaktionäre« Militär begann.

Der König, hilflos und völlig überrascht, war ein Gefangener in seinem Palast unter der neuen, strahlenden Kuppel. Eilig wurden zu seiner Verteidigung vier Kanonen herbeigeschleppt und zu seiten der Portale aufgestellt. Johlend umlagerten die Massen den Riesenbau, der nun zum Hauptquartier eines Feldlagers wurde. Man brachte neue Geschütze in Stellung; alle Höfe waren gedrängt voll von Soldaten, die Gänge durchflutet von Offizieren, Meldern, Ordonnanzen. Auch die Prinzen und Minister hatten sich mittlerweile vollzählig eingefunden, rat- und fassungslos ob der Sinnlosigkeit all dieser wie von selbst zustande gekommenen Kampfesvorbereitungen. Niemand konnte mehr hinaus ...

Der König hatte sich erschöpft in seine Gemächer im Spreeflügel, in seine gotischen Gewölbe, zurückgezogen. Er überließ sich seinem treuen Heer, das die Ruhe in der Stadt wiederherstellen würde. Ein »Pöbelskandal«, heraufbeschworen von einer »Rotte fremder Bösewichter«, polnischer, französischer, jüdischer Anarchisten; Lumpengesindel und Zuchthäusler, »Abschaum« war es für ihn, was da hinter den Barrikaden lag und seine gottgewollte Ordnung anzutasten wagte. Hatte er nicht selbst die Gefangenen gesehen, blutend und in zerfetzten Kleidern, Angehörige des »Proletariats«, die in die schnell zu Kerkern hergerichteten Keller eingeliefert wurden?

Der König litt tief darunter, daß es in seiner schönen und von ihm so geliebten Residenz zu solch schauerlichen, unbegreiflichen Kämpfen kommen konnte. Allein in seinem düsteren Kabinett unter den uralten Gewölben der Erasmuskapelle seiner Ahnen, ergriff er um Mitternacht die Feder und schrieb jene merkwürdige, am Wesen der Dinge so tragisch vorbeigehende und doch aus ehrlichstem Herzen kommende Proklamation »An meine lieben Berliner«, in der es hieß:

»Durch Mein Einberufungspatent vom heutigen Tage habt Ihr das Pfand der treuen Gesinnung Eures Königs zu Euch und zum gesamten teutschen Vaterlande empfangen. Noch war der Jubel, mit dem unzählige teutsche Herzen Mich begrüßten, nicht verhallt, so mischte ein Haufen Ruhestörer aufrührerische und freche Forderungen ein und vergrößerte sich in dem Maße, als die Wohlgesinnten sich entfernten ...

An Euch, Einwohner Meiner geliebten Vaterstadt, ist es jetzt, größerem Unheil vorzubeugen. Erkennt, Euer König und treuester Freund beschwört Euch, bei allem, was Euch heilig ist, den unseligen Irrthum aufzugeben! Hört auf die Stimme Eures Königs, Bewohner Meines treuen und schönen Berlin, und vergesset das Geschehene, wie Ich es vergessen will und werde in meinem Herzen, um der großen Zukunft willen, die unter den Friedenssegnungen Gottes für Preußen und durch Preußen für Teutschland anbrechen wird.

Eure liebreiche Königin und wahrhaft treue Mutter und Freundin, die sehr leidend darniederliegt, vereinigt ihre innigen thränenreichen Bitten mit den Meinigen.

Geschrieben in der Nacht vom 18. zum 19. März 1848

Friedrich Wilhelm«

Dieser familiäre, beschwörend gütige Ton war wirklich nicht die Sprache eines »Tyrannen«. Es ging ja auch nicht um das Königtum oder um den hilflosen Träger der Krone. Es ging um das neue Erwachen eines Volkes, eines bisher grundsätzlich rechtlosen Standes, den der Landesherr nicht zu erkennen, anzuerkennen vermochte.

Während der »Revolutionsrat« brüsk den Abzug der Truppen verlangte, bestand der König – wer konnte es ihm verdenken? – auf dem militärischen Schutz seines Schlosses und seiner Hauptstadt. Und dieser Stolz war es nun gerade, der den blutigen Ernst herausforderte.

Der 19. März war ein warmer Vorfrühlingstag; lange hatte die Sonne nicht mehr so hell über der weiten Stadt gestrahlt. Doch in den Straßen sah es an diesem Morgen furchtbar aus: Überall lagen die blutigen Leichen der Bürger auf dem Pflaster; das Militär hatte seine Gefallenen in Sicherheit gebracht. Erst jetzt entschloß sich der König, dem Willen der Barrikadenkämpfer nachzugeben: Er ließ seine Truppen abrücken. Das Volk hatte gesiegt.

War es ein Sieg? Wies er wirklich »ein leuchtendes Fanal« in die Zukunft, wie es der Revolutionsrat überall verlautbarte –?

Zum erstenmal wehten an diesem Tag über der preußischen Hauptstadt die Fahnen mit den Farben Schwarz-Rot-Gold.

Noch aber gab es keine Ruhe. Vor dem Schlosse rottete sich immer wieder das Volk zusammen und verlangte vom König die Herausgabe der Gefangenen. Nach langen, stürmischen Kundgebungen erschien er endlich auf dem Balkon am Schloßplatz. Stimmen umbrausten ihn:
– Die Gefangenen frei!!
Solche Wut und solche Töne hatte der wohlmeinende Landesvater von seinen Untertanen noch niemals erlebt. Hatte er nicht in jeder Beziehung bisher nachgegeben? Was wollte man noch von ihm?
Achselzuckend beugte er sich zu der aufgeregten Menge hinab:
– Ich will sie euch schicken. Ihr mögt selbst sehen, ob ihr sie haben wollt!
Für ihn waren die Gefangenen noch immer anrüchiges Gesindel. Warum erklärte sich das Volk zu deren Beschützer?
Die auf dem Schloßplatz versammelte Menge vergrößerte sich unaufhörlich. Auch in den Höfen drängten sich die Menschen. Man erwartete die Transporte der Verwundeten und Toten. Die Verletzten trug man, ohne zu fragen, in die Säle des ersten Stockwerkes, wo man eine provisorische Erste Hilfe eingerichtet hatte. Die Prunkräume wirkten fast schauerlich in ihrer Kostbarkeit gegenüber den armseligen, leidenden Bürgern, die ihrerseits spürten, wie wenig dies Ende ihrem Streben und Trachten entsprochen hatte.
Als man die blutenden, zerfetzten Mitbürger an den anderen vorbeitrug, flackerten Wut und Erregung von neuem auf. Fäuste ballten sich, drohten nach oben. Vergeblich versuchten die Anführer, die Massen zum Abzug zu bewegen: Der König habe alle Forderungen erfüllt, man solle endlich Ruhe geben! Während man noch verhandelte und die ersten sich tatsächlich zum Nachhausegehen wandten, langte ein neuer Leichenzug vor dem Schlosse an. Er war noch trauriger als die bisherigen. Vier Tote, mit Zweigen und Blumen geschmückt, trug man auf Bahren ins Schloß, nachdem ihre Wunden absichtlich freigelegt worden waren. Vor dem Portal unter dem Balkon des Königs hielten die Träger an. Immer wieder, immer lauter, immer wilder ertönte es:
– Der König! Er soll kommen!

Die Aufregung schien gefährlich zu werden. Die Minister baten den König flehentlich, sich noch einmal zu zeigen, dem Willen des Volkes Genüge zu tun. Endlich erschien Friedrich Wilhelm auf dem Balkon, am Arm die zitternde Königin. Als er die entstellten Leichen sah, machte er eine erschrockene Bewegung. Was sollte das Schauspiel?? Die Königin an seiner Seite sank beinahe zusammen.

Das Volk tobte weiter.

– Den Flapps ab! Hut ab! klang es jetzt von unten herauf.

Der König biß die Zähne zusammen und folgte langsam, willenlos der Aufforderung. Den Hut in der Hand, wollte er zum Volke sprechen, doch die Aufregung war zu groß. Erschöpft, gebrochen, wankte er zurück. Die Königin, am Ende ihrer Kräfte, flüsterte:

– Nun fehlt nur noch die Guillotine!

Unten trug man die Leichen wieder fort, die Stimmen verstummten. Irgendwo stimmte man den Choral an: »Jesus, meine Zuversicht...«

Die Revolution war beendet.

Ein Augenzeuge, der freiheitliche Dichter Stein, bemerkte unmittelbar danach zu einem Freunde:

– Das war keine Revolution. Wir haben nur einen Volks-Skandal erlebt. Ein Volk, das wenige Stunden nach dem Kampfe »Jesus, meine Zuversicht« singt, macht keine Revolution!

*

Doch am anderen Tag flackerte die Volkswut noch einmal auf: Vor dem Palais des Prinzen Wilhelm am Opernplatz. Einige Schreier verlangten, das Haus des »Kartätschenprinzen«, wie Wilhelm genannt wurde, solle ein Opfer der Flammen werden. Man beschuldigte ihn als den eigentlichen Urheber der Straßenkämpfe. Tatsache war, daß Wilhelm das Militär zum Schutze des Schlosses eingesetzt hatte, als er befürchten mußte, daß man den Palast an der Spree beschießen würde.

Am gleichen Tage begab sich der Prinz auf Anraten seines königlichen Bruders nach Spandau in Sicherheit. Von da reiste er im Auftrage des Königs nach England, um in Windsor Bericht zu erstatten – in Wirklichkeit, weil er vor der Wut des Volkes in Berlin nicht mehr sicher war.

Wilhelm, später als König und Kaiser von der Verehrung und Liebe des Volkes getragen, war jetzt der bestgehaßte Mann im Volke...

Ein paar Tage später ritt der korpulente Friedrich Wilhelm IV. in seltsam feierlichem Aufzuge – in Uniform des ersten Garderegiments, die von ihm selbst entworfene Pickelhaube auf dem Kopf – vom Schloß die Linden hinunter, begleitet von den Prinzen, Ministern und Generälen. Vor ihm trug ein Mitglied der Schützengilde die schwarz-rot-goldene Fahne.

An der Wache Unter den Linden hielt der König sein Pferd an und rief der ans Gewehr getretenen Bürgerwehr zu:

– Ich sehe euch hier auf Wache. Ich kann es nicht genugsam in Worte kleiden, was ich euch danke. Glaubt's mir!

Der König hatte kaum ausgeredet, als sich unter den versammelten Bürgern der Ruf erhob:

– Es lebe der Kaiser von Deutschland!

Der König schüttelte freundlich abwehrend den Kopf:

– Nicht doch. Das will, das mag ich nicht!

*

Noch immer schwelte der Brand.

Im Mai hatte das Hofmarschallamt bekanntgegeben, daß die Schloßportale, um der Bürgerwehr die Bewachung zu erleichtern, mit eisernen Toren verschlossen werden sollten. Aber die Bürgerwehr protestierte. Das Schloß solle keine Festung sein. Es sei das uralte Recht des Volkes, zu jeder Zeit die Höfe des Palastes durchqueren zu können.

Der Protest blieb erfolglos; kurz danach wurden die neuen, schmiedeeisernen Tore angebracht.

Mit Windeseile verbreitete sich die Nachricht in der Stadt. Wieder versammelte sich das Volk, diesmal Unter den Linden und im Kastanienwäldchen an der Singakademie. Und plötzlich erhob sich wieder der Ruf:

– Nach dem Schloß! Die Gitter müssen fallen!

Von neuem gerieten die mittlerweile zu Tausenden angewachsenen Massen in Wut. Drohend wälzten sie sich aufs Schloß zu. Die dort stationierte Bürgerwehr wurde zur Seite gedrängt, und unter ungeheurem Jubel riß man die neuen Tore aus den Angeln und trug sie triumphierend zur Aula der Universität, wo man sie den Studenten zur Aufbewahrung übergab ...

Wieder griff das Heer ein. Wieder gab es Tote. Man tauchte die Taschentücher ins Blut der Gefallenen und stürmte mit den heiligen roten Fahnen durch die Straßen. Das Zeughaus wurde aufgebrochen, geplündert ...

Der König hatte sich mit seinem Hofe nach Potsdam begeben, in seine abgelegene Traumwelt von Sanssouci, die er von jetzt an niemals mehr verlassen sollte.

Nur einmal noch, an seinem Geburtstag, kam er demonstrativ nach Berlin. In voller Uniform, die ihm durchaus nicht stand, begleitet von seinen Generälen, fuhr er feierlich zum Dom. Danach nahm er im Schlosse die Glückwünsche der Behörden entgegen. Draußen, auf dem Schloßplatz und im Lustgarten, war eine riesige Menschenmenge zusammengeströmt. Und aus ihr tönte erst zaghaft, dann immer lauter, ein neuer Ruf:

– Es lebe die *Republik!*

Erst siebzig Jahre später sollte der Ruf, nach neuerlicher, härterer, schicksalsentscheidender Wende, geboren aus dem großen, verlorenen Kriege, Erfüllung finden.

36. KAPITEL

Übergang

Ähnlich wie auf den Sieg der Reformation im siebzehnten Jahrhundert folgte der mächtigen Freiheitsbewegung der königstreuen Revolutionäre für Berlin und Preußen merkwürdigerweise kein Fortschritt – sondern das Gegenteil: eine ausgesprochene Lähmung der Entwicklung auf fast allen Gebieten – auch in Kunst und Kultur.

Nachdem man die Nationalversammlung nach der alten kurfürstlichen Residenz Brandenburg an der Havel verlegt und der gekränkte Monarch sich nach Potsdam zurückgezogen hatte, verlor die vorher so dynamisch gewachsene Spree-Metropole bald wieder an Bedeutung; was nichts daran änderte, daß sie nach Wien die größte Stadt deutschen Gebietes blieb. Der Hof spielte im öffentlichen Leben keine Rolle mehr, und das weitläufige Schloß an der Spree versank, wie immer zwischen seinen großen Glanzepochen, in elegische Stille. Immer wieder hatte die Residenz in den letzten vier Jahrhunderten, und mehr als andere Fürstensitze, das Auf und Ab, die Extreme von rauschender Pracht und Dornröschenschlaf, von Trompetengeschmetter und Schweigen erlebt.

Die Stadt selbst machte, dank des stetigen Bürgerfleißes, die Schwankungen nicht in diesem Ausmaß mit. Eines aber wurde jetzt spürbar:

Die Sauberkeit und Pflege der Straßen und öffentlichen Plätze ließ infolge des allerhöchsten Desinteresses wieder zu wünschen übrig. Berlin galt damals wohl als die schmutzigste und schlechtestbeleuchtete Großstadt.

Eine Bereicherung am Rande bedeutete die Anlage des Zoologischen Gartens nach dem aufblühenden Westen hin. Der König hatte dem Magistrat dazu die Menagerie seiner Eltern auf der Pfaueninsel geschenkt, die, einst von der Königin Luise geliebt, allzu abgelegen verkam. Nun wurde diese Tiersammlung Beginn einer neuen Attraktion der Hauptstadt.

Friedrich Wilhelm IV. schien indessen nur noch für sein geliebtes Potsdam zu leben und zu sorgen. Aber auch seine dortigen Bauträume konnte er nicht vollenden. Nicht lange nach der mißglückten Kaiserwahl zeigten sich bei ihm die ersten Zeichen schwerer Leiden. Die Ärzte wußten, daß sein Geist bald für immer gelähmt sein würde ...

Sein jüngerer Bruder, Prinz Wilhelm, übernahm die oberste Leitung der Staatsgeschäfte.

Im Jahre darauf feierte man in London die glänzende Hochzeit des ältesten Sohnes des nunmehrigen Thronfolgers mit der Tochter der Queen, Prinzessin Victoria. Zwei Wochen später erfolgte der Einzug des jungen Paares in Berlin.

Der 8. Februar war ein grimmig kalter, von Sonne überstrahlter Wintertag; dennoch zeigte sich die Stadt als ein einziger Festsaal.

Alle Attacken gegen das Königtum und den »Kartätschenprinzen« von vor zehn Jahren waren vergessen. Durch die Linden und den Tiergarten standen die Menschen Spalier bis zum Schloß Bellevue. Tribünen, bewimpelt und girlandengeschmückt, erhoben sich zu seiten der Paradestraße.

Im Schloß Bellevue empfing der kranke Friedrich Wilhelm IV. seinen Neffen und die junge, stolze Engländerin, die später so wenig populäre Kaiserin Friedrich. Von hier aus folgte in goldenen Staatskarossen der eigentliche Einzug in die neue Heimat der kommenden Herrscherin. Der Bericht über die Feierlichkeiten anläßlich dieser »Hochzeit des Jahrhunderts« füllte allein einen Band, der unter dem Titel erschien:

PREUSSENS UND ENGLANDS NEUESTER FEST- UND FREUDENTAG

Die Zeitungen überschlugen sich in vaterländischen Lobgesängen. Der Weg von Bellevue bis zum Triumphportal des Schlosses an der Spree glich einem Theatertraum; doch der Traum war echt und echt das Glück des Volkes über die Verbrüderung mit dem mächtigen Inselreich, die seit den Tagen des jungen

Fritz als Sehnsucht allen Erben dieser preußischen Krone als Ziel vorgeschwebt hatte.

An der Galatafel im Weißen Saal trank der Prinz von Preußen, nachdem er zuerst seines Souveräns gedacht, »auf die glückliche Allianz zwischen Großbritannien und Preußen und auf das hohe neuvermählte Paar«.

Auf das Glück dieser politisch so gefährlich-bedeutsamen Ehe wurde nicht getrunken ...

*

Der Regent Prinz Wilhelm stand mit seinen einundsechzig Jahren noch in voller Kraft und Gesundheit. Als Erbe seines Vaters, Friedrich Wilhelms III., kannte er weder geistige Interessen, noch besaß er eine Bildung, die der seines Bruders auch nur von fern entsprochen hätte: dafür war er im Befehlen geübt, besonnen und ein hervorragender Menschenkenner. Ein Zeitgenosse nannte ihn »die edelste Gestalt am preußischen Hofe, dabei schlicht und ritterlich, munter und galant, doch immer mit Würde ...«

Für das Volk war Wilhelm dazu Mittelpunkt zarten Geflüsters, und das nicht nur wegen seiner »Galanterie«. Seine Hoffnung, die schöne Prinzeß Radziwill zur Frau zu nehmen, war an der Staatsräson gescheitert. Auch die vom Ministerium vorgeschlagene Adoption der Dame durch den Prinzen August wurde nicht als ausreichend erachtet, den Unterschied der Geburt wettzumachen. Da außerdem der Weimarer Hof im Falle, daß Wilhelm seiner Neigung folgen würde, für die Kinder des bereits mit einer weimarischen Prinzessin verlobten (in Glienicke residierenden) Prinzen Carl das Vorrecht in der Erbfolge beanspruchte, hatte Friedrich Wilhelm III. dem Lieblingssohn empfohlen, sein persönliches Glück auf dem Altar der Dynastie zu opfern und die andere weimarische Prinzessin, Augusta, zur Frau zu nehmen.

Auf dem Schreibtisch des alten Kaisers sollte bis zum Schluß das Bild der – wie es hieß, an Kummer gestorbenen – Jugendgeliebten seinen Platz behalten ...

Bei aller Popularität Wilhelms I. geisterten indessen noch immer revolutionäre Umtriebe durch die Hauptstadt. Im gleichen Jahre, da Friedrich Wilhelm IV. starb, wurde auf den neuen König ein Attentat verübt. Ein Leipziger Student gab auf den in Baden-Baden zur Kur weilenden Monarchen einen Schuß ab, doch versagte die Pistole.

Auch der junge Minister Otto von Bismarck fand weder beim Volke noch bei der Volksvertretung besondere Freunde. Wenige Wochen vor dem unvermeidlich gewordenen deutsch-österreichischen Kriege wäre auch er beinahe einem Anschlag zum Opfer gefallen. Ein junger Mensch namens Cohn, eigens zu diesem Zweck aus London herzugereist, feuerte auf den gerade vom Königlichen Palais nach Hause Spazierenden mehrere Schüsse ab. Auch dieses Vorhaben mißlang.

Der dänische und der österreichische Krieg ließen die vaterländischen Gefühle hoch aufblühen. Der Ruhm von Düppel und Königgrätz überglänzte Europa. Bismarcks Klugheit, der es verstand, vor allem Österreich jede Demütigung zu ersparen, hatte einen neuen Schwerpunkt geschaffen. Die Welt blickte nach Berlin.

*

Ehrwürdiges Wahrzeichen blieb das Schloß an der Spree, in dessen nächster Umgebung jetzt mancherlei Veränderungen geschehen sollten. An Stelle der um die Jahrhundertmitte abgerissenen barocken »Stechbahn« entstand nun das wenig passende, in Klinkern errichtete »Rote Schloß«. Hatten die eleganten Säulenkolonnaden der alten »Stechbahn« unter dem großen Friedrich die erste Börse beherbergt, so waren es jetzt die berühmten Kaffeehäuser von Volpi und Josty, wo man sich zu allerlei Verhandlungen und Aktionen traf.

Einmal im Jahr aber kam hier im heiligen Schloßbezirk auch das »niedere Volk« zu seinem Recht – und vor allem die Kinder fanden ein Märchenreich, das sich über Nacht mit Gewimmel, Musik und zauberischen Düften auf den Schloßplatz und den Lustgarten herabsenkte: den berühmten Weihnachtsmarkt.

Ein alter Berliner, Felix Philippi, schrieb darüber in seinen Erinnerungen:

»Ich habe auf weiten Reisen, die mich durch Deutschland und Italien, durch Frankreich und Griechenland führten, zahllose Volksfeste gesehen, Volksfeste von blendendem Charme, von glühenden Farben, von südlicher Tollheit, überflutet von goldigster Sonne: etwas Liebenswürdigeres, Heimlicheres, echt Volkstümlicheres als den Berliner Weihnachtsmarkt habe ich trotz der Unfreundlichkeit des nördlichen Klimas und trotz aller Grämlichkeit des Himmels nie wieder gefunden...

In dieser Budenstadt, obgleich ganz manierlich in Straßen aufgeteilt, konnte man sich schon leicht verirren! Hier reihte sich Bude an Bude, manche reell gezimmert, viele nur luftig mit einem Plan bespannt. Große Öllampen gossen ihr rötliches Licht über all die Herrlichkeiten: Leinwand aus Schlesien und lange Schäftestiefel aus Kalau, Puppen mit blödsinnigen Gesichtern und einhenkelige Porzellanvasen zu intimen Zwecken, klug karierte Bettbezüge und taubstumme Kanarienvögel, Nippesfiguren und echte Nerzpelzmützen aus Lampes edlem Fell, Bratpfannen und Rückerts ›Liebesfrühling‹, Seife, die nach Heringen roch, und Heringe, die nach Seife schmeckten, Hosenträger mit der in Wolle gestickten ernsten Mahnung: ›Bleibe mich treu‹ ...

Und die Damen, die alle diese Schätze feilboten! Alle Achtung! Das waren keine Ladies mit hohen Stehkragen, sondern Frauen, die ihre sehr rundlichen Formen durch zahllose Umschlagtücher noch vorteilhafter gehoben hatten, die, das glimmende Kohlenbecken rechts und die dampfende Kaffeekanne links, schwadronierten und schmeichelten, feilschten und schimpften. Die jungen Mädchen suchten sie durch ein ›Koofen Se, Madamken!‹ zu ködern, die alten Jungfern durch ein ›Na, scheenet Frollein, wat for'n Schatz –?‹ zu locken...

Und dann die Berge von Mehlweißchen und Pflastersteinen, von Pfeffernüssen und Zuckerherzen, von vergoldeten Äpfeln und versilberten Nüssen, von rosa gefärbten Honigkuchen, die in weißer Zuckerinschrift sinnige Lehrsprüche und innige Liebe in nicht ganz einwandfreier Orthographie kündeten. Und dieser Höllenlärm von Knarren und Mähschäfchen, von quietschenden Puppen, von Trompeten, Trommeln und Drehorgeln, und dieser Schmalzge ... na, sagen wir ... geruch aus all den Pfannkuchenbuden, und die ganze duftige, luftige und lustige Stadt durchdrängt und durchflutet von seligen Kindern und glücklichen Eltern, und von der Parochialkirche, der Gertrauden- und Nikolaikirche tönten feierlich und doch fröhlich die Glocken herüber in den kalten Winterabend . . . «

Das schweigende Schloß und der zu seinen Füßen brandende Trubel des Volksfestes waren zum Symbol geworden: immer mehr wurde das Gesicht der großen Stadt vom Bürger als vom Hofe geprägt. Der Niedergang um die Mitte des Jahrhunderts war überwunden.

Doch sollte es nicht lange dauern, bis sich neue Wolken am Horizont abzeichneten. Wirkliche »Friedensperioden« hatte es in diesem Lande bisher kaum gegeben. Immer waren sie nur scheinbar, äußerlich gewesen. Immer hatten Krieg, Einkreisung, Feindschaft die so unendlich langsam, so unendlich schwer sich formende Nation bedroht.

Wieder drängte Spannung und Unruhe unter den Völkern zur Entladung. Für die Deutschen aber war es der uralte Kaisertraum, der immer mehr Gestalt gewann und sich nicht mehr auslöschen noch durch Verzicht beiseite schieben ließ. Aus dem einen Reich das andere meisterhaft umzuformen und zu vollenden, sollte der Hand des »ostelbischen Junkers« und »Eisernen Kanzlers« vorbehalten bleiben, der in seinen überschäumenden Jugendjahren einmal geschrieben hatte: »Mein Umgang besteht in Hunden, Pferden und Landjunkern, und bei letzteren erfreue ich mich einigen Ansehens, weil ich Geschriebenes mit Leichtigkeit lesen kann, mich zu jeder Zeit wie ein Mensch kleide und dabei ein Stück Wild mit der Akkuratesse eines Metzgers zerwirke, ruhig und dreist reite, ganz schwere Zigarren rauche und meine Gäste mit freundlicher Kaltblütigkeit unter den Tisch trinke, denn leider Gottes kann ich nicht mehr betrunken werden, obschon ich mich dieses Zustandes als eines sehr glücklichen erinnere. So vegetiere ich fast wie ein Uhrwerk . . . «

Nun war er selbst die gespannte Feder geworden, die ein übergroßes Werk bis in die kleinsten Räder antrieb.

37. KAPITEL

Senex Imperator

Im fernen Spanien hatte man nach dem Sturz der Königin Isabella den Prinzen Leopold von Hohenzollern-Sigmaringen zum Thronanwärter erkoren. Worauf sich in Frankreich zorniges Geschrei erhob: Wie, jetzt auch noch ein Hunne im *Rücken* der grande nation?

Der französische Außenminister beeilte sich zu erklären, daß sein Land eine solche Provokation niemals dulden werde! Eine Aufforderung an den preußischen König, seinem Verwandten die Annahme der spanischen Krone kurzerhand zu verbieten, wies Wilhelm so höflich wie bestimmt zurück. Dafür verzichtete Leopold von sich aus auf die fragwürdige Anwartschaft.

Es hätte alles in Ordnung sein können; doch jetzt war die »nationale Ehre« jenseits des Rheins erwacht. Züchtigung der überheblichen, so arg ins Kraut schießenden »Hunnen« war die Forderung des Tages – sowie die »Rückerwerbung« des linken Rheinufers insgesamt, die ja seit den glorreichen Tagen des Sonnenkönigs noch immer ausstand. In Deutschland blieb das Echo naturgemäß nicht aus. Die »Wacht am Rhein« und »Sie sollen ihn nicht haben« erschallten als brausende Parole-Gesänge. War zuvor der österreichische »Bruderkrieg« noch schmerzliche Notwendigkeit gewesen, so rief man nun leidenschaftlich nach dem »Volkskrieg« gegen den »Erbfeind«.

Als erster deutscher Fürst zeigte Bayerns Ludwig II. dem preußischen König die Mobilmachung seiner Armee an. In kurzer Zeit glich Deutschland einem Heerlager.

Am 4. September meldete die »Vossische Zeitung«:

»Kurz vor 8 Uhr morgens war die Depesche des Königs von der Gefangennahme Napoleons III. und Mac Mahons samt seiner Armee hier bekannt geworden. Der Ruf: ›Er ist gefangen!‹ und: ›Sie haben ihn erwischt!‹, mit welchem die Jugend zu den

Schulen eilte, klärte uns bald über den Grund der allgemeinen Freude auf. Je mehr wir uns dem Schloß näherten, desto lauter und dichter wogte die frohbewegte Menge; aus den Fenstern und von den Dächern flatterten Fahnen. Vom altehrwürdigen Schlosse wehte wieder die große Kriegsflagge, und das ist jedesmal ein Signal ... Über den Schloßhof, an den noch immer von Hunderten von Schaulustigen belagerten französischen Geschützen vorüber strömte die Menge nach dem Lustgarten und über die Schloßbrücke dem Palais des Königs gegenüber der Universität zu. Den Mittelpunkt des Jubels aber bildete der Platz vor dem Standbild Friedrichs des Großen. Eine riesige Blumengirlande ward herbeigeschafft; sie umkränzte das Roß des Königs bis zu den Füßen niederhängend ...«

Den Siegestaumel der sonst untereinander so beharrlich eifersüchtigen deutschen Brüder nutzte der geniale Stratege Bismarck zur Erfüllung: In der Spiegelgalerie Ludwigs XIV. zu Versailles erscholl das erste offizielle Hurra auf den KAISER Wilhelm, wobei das Volk kaum erfuhr, wie verzweifelt sich der preußische König bis zuletzt gegen sein Schicksal gewehrt hatte. Unter Jubel und Ergriffenheit des patriotischen Bürgertums folgte der Einzug in die neue *Reichs*hauptstadt Berlin.

»Alles weinte, alles lachte«, sagte der Chronist. »Und dabei sah man trotz aller Feiern keinen Betrunkenen, hörte man kein rohes oder prahlerisches, kaum ein lautes Wort ...«

Als Dekoration säumten, zusammen mit den Fahnen und erbeuteten Geschützen, riesige vergoldete Gipsstatuen die Siegesstraße vom »Belle-Alliance«-Platz am Halleschen Tor bis zum Schloß. Unter den Linden erhoben sich kolossale vaterländische Moritatengemälde; vor dem Schlüterpalast aber preßte eine überdimensionale Germania ihre wiedergewonnenen Kinder an den gepanzerten Busen: Elsaß und Lothringen ...

Im Lustgarten wurde bei dieser Gelegenheit das Denkmal Friedrich Wilhelms III. enthüllt – als Zeichen, daß die so sehnsüchtig erstrebten Ziele der Befreiungskriege nun endlich erreicht seien. Dem Andenken des einst von Napoleon gedemütigten Vaters, mit dem er einst als Jüngling in den Kampf gezogen war, brachte der Kaiser nun die Ehren des Sieges dar ... Welche Gedanken in diesem Augenblick den nunmehrigen Kanzler des Reiches bewegten, dem dieser Höhepunkt deutscher Geschichte zu danken war, ist nicht berichtet.

Vier Tage später versammelte sich im Weißen Saale des Schlosses an der Spree der erste Deutsche Reichstag. Zu dieser Feierlichkeit hatte der Kronprinz (der spätere Kaiser Friedrich) heimlich den alten Kaisersitz aus dem Goslarer Dom kommen und unter dem Purpurbaldachin aufstellen lassen – eine historisierende Geste, die den vornehmen Wilhelm I. peinlich beeindruckte und den heftigen Protest der englischen Gemahlin Victoria heraufbeschwor . . .

*

Das berühmte und allgemein so ängstlich beobachtete Gleichgewicht der europäischen Mächte – bisher wohlberechnet auf die Schwäche einer uneinigen Mitte – war durch das Werk Bismarcks ins Wanken geraten. Das Zentrum im Sinne des Schwergewichts verlagerte sich von Paris und Wien nach Berlin. Von den in reichem Glanze folgenden Fürstenbesuchen in der jungen Reichshauptstadt war der bedeutendste das »Dreikaisertreffen«, bei dem die Herrscher von Rußland und Österreich-Ungarn, untereinander seit langem auf höchst gespanntem Fuße, in Berlin ihre Einigkeit darzutun bestrebt waren.

Im Jahre darauf begrüßten die Berliner den König des ebenfalls zu neuer Macht geeinten Italiens, dessen Standarte über dem Schloß an der Spree feierlich emporstieg.

Kurz zuvor war auch das neue Wahrzeichen der Stadt eingeweiht worden: die Siegessäule auf dem weiten Rund des Königsplatzes, von deren goldblitzender Viktoria der Volksmund alsbald feststellte, daß sie das »einzige Berliner Meechen ohne Verhältnis« sei . . .

Das Denkmal der neuen, noch ungewohnten deutschen Einigkeit erregte – besonders in Frankreich und England – viel böses Blut. Schon jetzt begann es zu schwelen . . .

Auf dem berühmten »Berliner Kongreß« gelang es, die derzeit gefährlichen Krisenherde im Orient auszubalancieren. Die Stellung des jungen Reiches und das Genie des »ehrlichen Maklers« Bismarck kam auf dem Treffen fast aller gekrönten Häupter und

Staatsmänner dieser Zeit, dessen Schauplatz das Schloß war, zu mächtigem Ausdruck – auch wenn wir heute wissen, daß trotz des überragenden Erfolges von Bismarcks Friedenspolitik, die weder Ressentiments noch Revanchen kannte, gerade der Berliner Kongreß der erste Schritt zur endgültigen Zerstörung Europas durch Rußland bedeutete. Schien es nicht schicksalhaft, daß diese erlauchte Zusammenkunft eine Versammlung von Greisen war? Englands Premier, der melancholische frühere Dandy und Romancier Disraeli war vierundsiebzig; der intrigante russische Kanzler Gortschakow zählte achtzig Jahre und konnte keinen Schritt mehr gehen; der Deutsche Kaiser war überhaupt nicht mehr imstande, seine Gäste zu empfangen und wurde vom Kronprinzen vertreten...

Unter Bismarck wurde Berlin zur Mitte Europas. Das vielschichtige Wesen dieses sensiblen Riesen mit der zarten Stimme hatte wirklich auf geniale Weise die Gegensätze aller gegen alle auszubalancieren gewußt. Der einst saufende »pommersche Krautjunker« war pietistisch und persönlich rachsüchtig zugleich, er konnte aufbrausen und sanft und liebevoll sein wie ein Jüngling; er zeigte sich cholerisch und hypochondrisch und als gütiger, fast zärtlicher Freund und geheimer Dichter. Seine politischen Kontrahenten wie Disraeli oder Gortschakow waren bezaubert von jedem Gespräch mit ihm. Der Sprachreichtum seiner Briefe und seiner Prosa, noch heute beglückend zu lesen, sichert ihm längst einen Platz in der Literaturgeschichte – auch hierin finden sich Parallelen mit dem großen Friedrich. Dostojewski nannte Bismarck einen »genial mißtrauischen« Menschen. Das galt vor allem Rußland gegenüber, das der Kanzler mit einer Lawine über seinem Hause verglich. In der Tat: Bismarck verlor niemals seine Sorge und Skepsis um das von ihm mit so mühevoller Kunst Geschaffene. Er wußte, daß es in der nur auf ihn zugeschnittenen Führungsrolle keinen Nachfolger für ihn gab. Auch die Zusammenarbeit zwischen ihm und dem alten Kaiser blieb ein ungewöhnlich glücklicher Einzelfall...

*

Neben dem Schloß als Wahrzeichen des Kaiserreiches wurde jetzt die »Wilhelmstraße« zum Begriff, wie die Downingstreet oder der Quai d'Orsay. Mittags strömte das Volk beim Aufzug der Wache Unter den Linden zusammen und begrüßte den Kaiser, der sich täglich auf die Minute am »historischen« Eckfenster seines Palais am Opernplatz sehen ließ.

Dennoch wurden innerhalb eines Jahres von neuem zwei Attentate auf den Herrscher verübt. Ging das erste wieder fehl, so trafen ihn beim zweiten keine acht Wochen später aus einem Fenster Unter den Linden achtzehn Schüsse aus einer Schrotflinte, die ihm nicht weniger als dreißig Wunden beibrachten. Während der alte Mann blutüberströmt in den Armen seines Leibjägers zum Palais zurückgefahren wurde, stürmte das Volk das Haus, aus dem die Schüsse gekommen waren. Bevor er noch ergriffen werden konnte, jagte sich der Täter selbst eine Kugel durch den Kopf.

Der Dichter Ernst von Wildenbruch, als Enkel des Prinzen Louis Ferdinand selbst illegaler Hohenzoller, feierte die erstaunliche Rettung im Stile der Zeit:

Millionen Herzen hat er Dir geschenkt
in neuer Liebe, dieser Augenblick!

Als der Kaiser Anfang Dezember von seiner Erholungsreise nach Berlin zurückkehrte, empfingen ihn Jubel wie nie zuvor, Musik, Fahnen, Blumen, Obelisken, Transparente. Mit farbigen Bändern versehene Tauben flatterten umher und gaben der grauen Stadt mit ihrem Schmuck zutraulich-bunten Jahrmarktszauber.

Die für den Abend angesetzte Illumination übertraf alles bisher Dagewesene. Zum erstenmal leuchtete das Schloß an der Spree elektrisch angestrahlt, wofür eine an den Werderschen Mühlen aufgestellte Batterie den Strom lieferte. Weißglühend spiegelte sich die Westfassade mit ihren tausend Lichtern und der gewaltigen Kuppel in den Wassern des Flusses, vom Dach der Börse und des Museums loderten rote Flammen aus Pechpfannen, und das Volk stand und staunte, immer wieder dem Kaiser zujubelnd, den es einst als »Kartätschenprinzen« so gehaßt hatte.

Wilhelm I. besaß wirklich wie selten ein Monarch die Liebe seiner »Untertanen«. Der greise Sieger von Königgrätz und Sedan, dessen »preußische Pflichterfüllung« zum guten Teil in der Fähigkeit begründet lag, den jeweils Besten den ihnen gemäßen Platz anzuweisen, verstand es auch meisterhaft, das runde Leben unter einen Hut zu bringen. Wie sein kaiserlicher Freund Franz Joseph in Wien, dem er als vollendeter Kavalier alter Schule auch äußerlich ähnelte, hatte er kaum je ein Buch gelesen. Auf der einen Seite der Inbegriff des streng christlichen Familienvaters, der bei den pompösen Hofbällen im lichterfunkelnden Weißen Saal des Schlosses an der Spree den Sekt nur in halben Flaschen trank und auf den Etiketten den verbleibenden Rest höchst eigenhändig anzuzeichnen pflegte – hatte er nebenbei (wovon man im Volke nicht wußte oder wissen wollte) im stillen für eine stattliche Reihe außertourlicher Hohenzollernsprößlinge gesorgt, die in ihm ihren ehrwürdigen Stammvater erblickten und ansonsten mit diskreten Adelsnamen ausgestattet wurden...

Als nächstes großes Fest feierte Berlin die Hochzeit des Kaiserenkels, des forschen Prinzen Wilhelm, derzeit Hauptmann der zweiten Kompanie des Ersten Garderegiments zu Fuß; womit der junge Herr und sein bisheriger Lebensstil einigermaßen erschöpfend umrissen wäre.

Beim Einzug der Prinzessin Auguste Viktoria war die Kompanie zur Ehrenwache bestimmt; aus ihrem militärischen Schutz nahm der Prinz die künftige Kaiserin im Hofe des Schlosses an der Spree in Empfang.

*

Zu dieser Zeit geschah in der Umgebung des Schlüterbaues wieder eine wesentliche Veränderung: Die alten Werderschen Mühlen wurden abgerissen. Auch faßte man den Plan, durch Abbruch der häßlichen Häuser an der Schloßfreiheit endlich die Kuppelfassade der kaiserlichen Residenz mit dem Eosanderportal freizulegen. Die Berliner beklagten sich, daß die baufälligen Hütten, die sich stolz »Klein-Venedig« nannten, wahrhaftig kein erhebendes Bild abgäben und daß die Bewohner ihre schmutzige Wäsche am Spreeufer aufhängten, gleichsam als passenden Hintergrund oder Protest gegen die nackten Jünglinge auf der Schloßbrücke.

Doch kam es erst zweiundzwanzig Jahre später zu der ersehnten Freilegung der Hauptfront des Schlosses – und zugleich auch zu dem Begasschen Nationaldenkmal des alten Kaisers, dessen Aufwand an Säulen, rotem Marmor und Bronze heute verschwunden ist wie der Palast selbst und jeder Stein dieses Herzstückes des alten Berlins.

Jetzt verkörperte Wilhelm I. die große Zeit, die Erfüllung der patriotischen Hoffnungen eines Jahrhunderts und darüber hinaus die Idee des »Reiches« seit uralten Tagen. »Kaisers Geburtstag« ward das Fest aller Feste, besonders, da es galt, seinen neunzigsten zu feiern. Es war zugleich der letzte des alten Herrschers.

*

Der Tod Wilhelms I. traf die unzähligen Menschen, die sein Palais Unter den Linden und das Friedrichsdenkmal umdrängten, wie ein persönlicher Verlust. Er war wirklich ein »Vater des Vaterlandes« gewesen, kein absolutistischer Monarch im herkömmlichen Sinn, der von ihnen gegangen war. Viele Tage lang wallfahrten Zehntausende zum Lustgarten, noch einmal den Verstorbenen zu grüßen. Die Totenfeier für den ersten Kaiser blieb zugleich auch der letzte Staatsakt im Knobelsdorff-Schinkelschen Dom.

Von hier bewegte sich an einem eisigen Märztage der Trauerzug durch die Linden und den Tiergarten, schneeumweht, begleitet von den mächtigsten Fürsten der Welt. Nur der todkranke Kronprinz fehlte.

Die Linden verbargen sich unter dunklen Schleiern der Trauerflore, umglänzt von düsterem Prunk. Das Brandenburger Tor hob seine schwarz umwundenen Säulen in den grauen Himmel, und die große Inschrift stand wie über dem Eingang zu einer anderen Welt:

VALE SENEX IMPERATOR
Lebe wohl, greiser Imperator!

Es war wieder einmal der Abschied eines Zeitalters.

335

Teerfeuer schwelten, und die Menschen standen frierend, stumm mit entblößten Häuptern. Der Trauermarsch aus der »Eroica« klang auf, dumpf dröhnten Trommeln, Choräle; Schluchzen kam aus den Menschenmauern, als ahnten sie, die Abschied nahmen, was für einen Abschied dieser Tag bedeutete.

*

Der Nachfolger bestieg den Thron, um zu sterben.
Die kurze Regierung Friedrichs III., die keine mehr sein konnte, ließ gleichsam eine ganze Generation ausfallen: ein ebenso bitteres persönliches wie politisches Schicksal.
Lag in diesem »Dreikaiserjahr« 1888 die Tragödie des jungen Reiches überhaupt beschlossen?

VIERTER TEIL

DIE STERBENDE ZEIT

1888 – 1950

38. KAPITEL

Wir, Wilhelm

Während der gerade neunundneunzig Tage dauernden Regierung Friedrichs III. kam die alte Queen zum Staatsbesuch zu ihrem Schwiegersohn.

Victoria zählte jetzt siebzig Jahre, doch ihre Haltung war unveränderlich steif und aufrecht, als sie am Arm ihres Sorgenenkels, des Prinzen Wilhelm, die große Treppe des Schlosses an der Spree emporstieg.

Neben der Deutschen Kaiserin, ihrer Tochter gleichen Namens, wirkte ihre bürgerliche Erscheinung klein und vertrocknet, doch das scharfe Adlerauge in dem sonst wenig eindrucksvollen Gesicht nahm an allem lebhaften, wenn auch niemals gütigen Anteil.

Es schien überhaupt in jenen Tagen des Überganges zwischen der Zeit des ganz alten und des ganz jungen Kaisers alles seltsam lieblos, in einer hektischen Hast abzurollen.

Der Fürst Eulenburg entwarf in seinen Erinnerungen von dieser unheimlichen Atmosphäre am kaiserlichen Hof ein großartig treffendes Bild:

»Ich erinnere mich nicht, jemals aufregendere Tage erlebt zu haben, denn ich kannte wie nur wenige den Untergrund jener grausamen drei Monate, den Hexenkessel, in dem alle menschlichen Begehrlichkeiten derer siedeten, die in engen und weiten Kreisen um das neue Kaiserpaar standen, die Hast, zu erreichen, was noch zu erreichen war, zum Ausdruck zu bringen, was die in Ehrgeiz und Verlangen zum Platzen geschwellten Busen erhofften – lechzende Staatsmänner und Offiziere, zitterndes Hofgeschmeiß, politische Träumer ... Alles, alles wollte schnell noch aus der Krippe fressen, die ihnen das Geschick so lange schon, bis zum Rande gefüllt, vorgegaukelt hatte. Sie alle kannte ich, die schon mit einer Hälfte ihrer breiten Menschlichkeit

auf dem weichen Kissen reicher Träume saßen, auf dem fett-
gepolsterten Kissen, das ihnen nun höhnisch lachend Meister
Hein mit hörbarem Ruck fortzog.

Und ich kannte auch alle, die sich nun mit kühnem Schwunge
aus der Agonie der siechenden Kaiserkrone Friedrich-Victoria
hinüberschwangen in den Kommandoton der Potsdamer Garde, über den sie bisher erhabene Bemerkungen gelispelt hatten.

Eine böse Zeit erschütternden Schicksals und jämmerlicher
Menschlichkeit. Eine böse politische Zeit schreiender Gegen-
sätze im Kaiserhause, wie auf kreischendes Geflügel, in das der
Falke Tod gestoßen war . . .«

Dies die Stimmung, aus der heraus Wilhelm II. den Thron bestieg.

Der junge Kaiser erschien in seiner Begabung, seinem glänzenden Auftreten, seiner gewinnenden Art allen als ein Glückskind.

Sämtliche Gaben, die gute Feen einem Fürstensproß dieser Erde
in die Wiege legen können, waren ihm beschieden: ein mächtig aufstrebendes, befriedetes Reich, Wohlstand und Ruhm seines Hauses, jugendlicher Schwung und idealistisches Denken.

Dennoch war Wilhelm ein Gezeichneter.

Und nicht nur von dem tragischen Leben seiner Eltern her, des
ewigen Kronprinzen und der ehrgeizigen Tochter der Queen,
die beide dem Kinde eigentliche Liebe niemals gaben.

Die Tragik begann bei der Geburt des Prinzen. Die Tür zum
Nebengemach war geöffnet, wo die Hofleute als Zeugen der königlichen Geburt zugegen sein mußten, damit nicht etwa eine
Kindesunterschiebung erfolge. Die junge Mutter aber litt in
ihrem Prunkbett, und die Ärzte durften sich – wieder um der
»Sitte« willen – nur unter der schützenden Decke an das Kind
herantasten, das nicht ganz richtig lag. Während die Herren
lautlos und unter dem Stöhnen der Kronprinzessin im Dunkel
unter den seidenen Decken hantierten, geschah es, daß dem winzigen Wesen etwas gebrochen wurde. Man achtete nicht weiter
darauf; während der schmerzvollen Geburt beanspruchte die
Wöchnerin die Hauptaufmerksamkeit. Unter gellenden Schreien
schien sie ihr Leben aufgeben zu wollen.

Das Kind lag indessen ohne Atmung, wie tot. Man schlug es mit Tüchern, rüttelte es, brachte es gewaltsam zum Schreien ... Doch man bemerkte erst vier Tage später, daß der linke Arm gebrochen und zum Verkrüppeln verurteilt war.

*

Der junge Prinz kämpfte einen heroischen Kampf, um seinen Arm wenigstens notdürftig bewegen zu können. Das zarte, eher weiche Kind wurde das Opfer »preußischer« Erzieher, die Härte und Prügel im Stile der entsetzlichen Kadettenausbildung als hinreichenden Ersatz für fehlende Nestwärme ansahen.

Der Knabe mußte turnen, exerzieren, unter unsäglichen Mühen reiten lernen, um das Bild des strahlenden deutschen Jünglings zu erfüllen, wie es überall verlangt wurde.

Er lernte vor allem: Immer und überall sein Gebrechen unauffällig zu verstecken. Er lernte schauspielern. Der alte Kaiser drängte auf baldige Heirat des Prinzen. Wilhelm wurde nicht gefragt, doch es ging gut: die Prinzessin Auguste Viktoria von Holstein-Glücksburg war ein schönes, anmutiges Mädchen. Ihre Mutter, eine Prinzeß Hohenlohe-Langenburg, war eine weltbekannte Beauté; die Tochter hatte von ihr Wesen und Auftreten der Dame mit mütterlicher Liebenswürdigkeit geerbt. Die Ehe des jungen Kaisers sollte bis zum Tode seiner Frau glücklich und harmonisch bleiben – so wenig sein Kaisertum von Glück oder Harmonie gekennzeichnet war.

Wie Wilhelm II. zeigte sich das deutsche Volk seiner Tage jung, begehrlich, freiheits-, siegestrunken – und ebenso seelisch unentwickelt wie politisch unreif. Das alte Preußen lebte nur noch in einer falschen Gloriole, während sich das deutsche Volk – nach einer geistvollen Definition des kaiserlichen Intimus, des Fürsten Eulenburg – »in Satisfaktionsfähige und Nichtsatisfaktionsfähige« teilte.

Korpsstudenten, Offiziere, Hofschranzen, Titel und Orden ohne Zahl repräsentierten die einen – die anderen waren die namenlosen und doch Tag um Tag stärker nach oben drängenden »Untertanen«. Sechsundzwanzig Jahre lang sah Kaiser Wilhelm II. um sich herum nur krumme Rücken, jubelndes Volk, flatternde

Fahnen. Selbst empfindlich, eitel, allen Schmeicheleien zugänglich, blieb er der unsichere, zur Bewältigung seiner »Rolle« gezwungene Knabe.

Bei einer großen Kaiserparade in Hannover geschah es, daß der oberste Kriegsherr vor den aufgestellten Truppen und den geschmückten Tribünen mit internationalen Ehrengästen schlicht vom Pferde fiel. Welche Wunden dieser Vorgang angesichts seiner Soldaten in der Seele dieses Mannes aufriß, können wir nur ahnen. Totenblaß ließ er sich wieder in den Sattel heben und galoppierte, dem Pferde die Sporen gebend, an der Division entlang; den ganzen Tag sprach er mit seiner Umgebung kein einziges Wort...

*

Ein Jahr nach der Thronbesteigung Wilhelms II. hatte seine Großmutter, die Queen Victoria, in ihr Tagebuch geschrieben: »Die Kaiserinwitwe (ihre Tochter, die Kaiserin Friedrich) ist besonders gekränkt, daß ihr Sohn jedem, der es hören will, erklärt: ›Ein englischer Doktor tötete meinen Vater, und ein ebensolcher verkrüppelte meinen Arm. Das verdanken wir meiner Mutter, die keine Deutschen um sich haben wollte!‹«

Dagegen schrieb Wilhelms Mutter nach Windsor:
»Du weißt, liebe Mama, wäre ich unter der Obsorge eines aufgeklärten englischen Arztes gewesen, wäre Wilhelms Arm bei der Geburt unbeschädigt geblieben, und ich hätte nicht solche Qualen erlitten. Du weißt auch, daß wir unseren lieben Fritz ein Jahr oder sechs Monate früher verloren hätten, wenn Sir Morell nicht gewesen wäre... Aber solche Lügen sollen nicht in die Geschichte eingehen, um daraus einen Fall zu machen, der anscheinend gegen mich spricht, denn jeder nicht Eingeweihte glaubt, was mein eigener Sohn sagt, weil er der Kaiser ist... Ich kann mir nichts Schlechteres vorstellen, als Kaiser geworden zu sein, eine solche Stellung so völlig unreif und weltfremd erlangt zu haben; seine guten Eigenschaften wurden nicht entwickelt, aber die schlechten förmlich wie in einem Treibhaus gezüchtet. Das einzige, was ich zu seiner Entschuldigung und Erklärung sagen kann, ist, daß er immer unter falschen Eindrük-

ken und unter dem Einfluß von schlauen, verwegenen, ehrgeizigen und skrupellosen Leuten gehandelt hat, unter deren Zauber er steht und sich die unglücklichsten, aber stärksten Vorurteile aneignet ...«

Wie immer waren Nichtverstehen und Nichtvertrauen auf *beiden* Seiten. Fehlte dem Knaben die Güte der Mutter, so dem Kaiser das wahre Selbstvertrauen – auch und gerade in der Politik. Früh geriet Wilhelm in die böse Spannungszone zwischen dem Ehrgeiz der Mutter und dem unbeugsamen Willen des Kanzlers – beiden ausgeliefert, beiden gegenüber ohnmächtig, unterlegen. Wie sehr der junge Kaiser die eigentliche Schuld am Fehlen jedes Glücks in seinem Elternhaus, am Hofe des »ewigen Kronprinzen« Friedrich, Bismarck zuschrieb, geht aus jenem erschütternden Geständnis hervor, das er dem Freunde Eulenburg im Charlottenburger Park anvertraute:

– Ich habe den Kanzler an alles erinnert, was ich ihm geopfert habe. Ich habe ihm mein Elternhaus geopfert! Ich habe in dem Gedanken, daß ich einmal König sein würde, in allem und jedem Ding seinen Rat gehört. Ich bin ihm blindlings gefolgt wie ein Rekrut, ohne meinen eigenen Gedanken eine Berechtigung zuzuerkennen, und habe um dieses Zutrauens willen bei dem Gegensatz zwischen meinen Eltern und dem Fürsten die schrecklichsten Zeiten in meinem Vaterhause durchleben müssen ...

Der Bruch kam unabwendbar.

Bismarcks Abschied im Schloß an der Spree war frostig und steif wie das Zeremoniell, hinter dem sich die Gefühle des Kaisers verbargen. Wilhelm hielt es für angebracht, dem scheidenden Kanzler zu versichern: Nur die Sorge um dessen Gesundheit habe ihn bewogen, das Abschiedsgesuch anzunehmen!

Worauf sich der Alte zu seiner ganzen Höhe aufrichtete, um ruhig und deutlich zu erwidern: Er habe sich selten so gesund gefühlt wie in letzter Zeit!

Die vom Kaiser angeordneten Ehrenbezeigungen des Militärs am Lehrter Bahnhof erschienen dem scheidenden Kanzler nach seinen eigenen Worten wie ein »Leichenbegängnis Erster Klasse« ...

✳

343

Nun, da der mächtige Staatsgründer grollend in die ersehnte freiwillige Verbannung gegangen, der Schatten der Mutter verblaßt war, konnte sich das Prachtbedürfnis des Kaisers entfalten. Er war der Sproß einer Militär-Dynastie, aufgewachsen und erzogen in Kasino-Atmosphäre und Leutnantsmilieu: Kultur mußte der Illustration eigener Macht dienen, gleich ob es Bauten waren oder Kostüme, Statuen oder Brücken. Nebenbei liebte es der junge Kaiser, selbst als Künstler aufzutreten. Er entwarf Bühnenbilder für Wagner-Opern und »Allegorien« mit Siegfriedsgestalten, Dämonen und Drachen aus der »teutschen« Sagenwelt, die ihm ein Professor Knackfuß ausführen mußte. Auch ein »romanischer« Entwurf für einen Kirchturm – in Jerusalem! – entstand aus solchen Bemühungen. Die Großbauten dieser Zeit, die zu Recht seinen Namen tragen, wurden Gebirge von »hehrem« Pathos, der Schrecken jeder deutschen Stadt von Posen bis zum Rhein, erwachsen aus falschem romantischem Stilgefühl, »Barock« in Jugendstil und gesichtsloser Leere.

Zu neuem, unerhörtem Glanz aber sollte sich die Spree-Metropole aufschwingen, Brennpunkt und Hochburg des jungen Reiches, und die Kinder lernten in der Schule – nach der Melodie von »Üb immer Treu und Redlichkeit«, die einst Mozart ahnungslos erdacht, einen neuen Text:

> Der Kaiser ist ein lieber Mann
> und wohnet in Berlin,
> und wär' es nicht so weit von hier,
> so ging ich heut noch hin!

Das Lied drang bis nach Friedrichsruh zu den Ohren des alten Kanzlers, der dort in der Stille seiner holsteinischen Landschaft den Tatenlosen spielen mußte.

Vier Jahre nach seiner Verabschiedung erschien er dann doch noch einmal als geehrter und beachtetster Gast Seiner Majestät im Schloß an der Spree, wo nach mancherlei diplomatischen Kulissenspielen die große »Aussöhnung« zwischen Kaiser und »Eisernem« stattfand. Markige Trinksprüche wurden zum Fenster hinaus gewechselt, und das Volk staute sich wieder einmal unter den Fenstern des Palastes, darauf wartend, daß der Kaiser mit seinem schon legendären Gast Arm in Arm erscheine, lächelnd, einträchtig, ohne Neid noch Erbitterung, wie es die Welt erwartete und im Grunde doch niemals glaubte ...

Am Abend geleitete der Kaiser den alten »Paladin des Reiches« demonstrativ selbst zum schönen Säulenbau des Lehrter Bahnhofs zurück. Die Menschen ringsum jubelten, als könne ihr Jubel die anderen, noch immer mächtigen Gedanken übertönen. Man *wollte* daran glauben, daß nun die große Last von allen Herzen genommen sei, und der Kaiser, der seine Rolle mit dem ihm gemäßen Aufwand gespielt hatte, fand, daß es ihm diesmal besonders gut gelungen sei.

*

Natürlich konnte sich der neue Herr nicht mit dem bescheidenen Bürgerleben seines Vaters, Großvaters und Urgroßvaters begnügen. Der Großonkel, Friedrich Wilhelm IV., hatte bei seinen großzügigen Plänen wenigstens zum Anfang noch den guten Geist eines Schinkel zur Seite und geistige Kultur ...

Für Wilhelm II. waren die Ausmaße des riesigen Prunkpalastes seiner Ahnen gerade richtig. Nun erst fand der Bau Schlüters und Eosanders eigentliche Erfüllung. Er besaß rund siebenhundert Säle, Gemächer, Kabinette, eines kostbarer ausgestattet als das andere: neuere, ältere, alte und uralte. Er hatte nicht weniger als zehn Treppenhäuser, fünf Hauptportale, davon eins im Stile römischer Triumphtore – und über allem die engelgetragene Kuppel, die höchste nicht nur in der Hauptstadt, sondern des Reiches.

Hier also gedachte der Kaiser von Gottes Gnaden zu residieren. In unerhörter Pracht sollte die alte Königsburg als neue Mitte des Deutschen Reiches Auferstehung feiern.

Der Hofbaumeister Ernst von Ihne wurde beauftragt, die Kaiserwohnung entsprechend einzurichten. Die Gemächer des großen Friedrich, soweit sie nicht bereits durch Friedrich Wilhelm IV. zerstört waren – hinweg mit ihnen! Was waren diese zaubervollen Rokokospielereien der Knobelsdorff und Hoppenhaupt und Nahl gegen die massive Größe der neuen Epoche?

Der Weiße Saal aber sollte jetzt in Marmor und Gold funkeln.

An der kassettierten Decke zeigten pompöse Gemälde den Triumph des Hauses Hohenzollern, umrahmt von den Wappenschildern der Burggrafen, Kurfürsten, Könige und Kaiser. Wo gab es in der Welt den Aufstieg eines Fürstengeschlechts gleich dem des Erben eines solchen Glanzes?

Die alten, kerzenschimmernden Kristallüster waren auch viel zu bescheiden. Zehn mußten es werden, dreimal so große wie die früheren, tausendfach funkelnd im blendenden Licht. Die Statuen aus der Zeit des Großen Kurfürsten wanderten wieder an andere Plätze: vier hielten von jetzt an bei der »Wendeltreppe« im östlichen Hof Wacht, andere auf der Marmortreppe, die zum Weißen Saal emporführte, die vier Kaiser in den Wohnräumen unter dem Weißen Saal.

Dafür fanden im neuen Riesenraum Statuen im Stile der von der Siegesallee in Nischen Aufstellung. Es war etwas wie eine Auferstehung des alten Alabastersaales – nur, daß jetzt der Überschwang in Marmor und Gold die ehemalige, fast sakrale Helle des siebzehnten Jahrhunderts ersetzte. Eine Nische blieb bis zuletzt leer. Sie wäre, hätte sich der Ring geschlossen, durch Wilhelm II. ausgefüllt worden.

Zunächst, ehe die Wanddekorationen und Plastiken in weißem und farbigem Marmor ausgeführt waren, wurde der Saal gleichsam »im Modell« wieder in Stuck eingerichtet. Nur die mit Goldkassetten sich wölbende Decke gestaltete man gleich in endgültiger Form. In diesem Weißen Saal fanden neben anderen offiziellen Festlichkeiten die berühmten Hofbälle statt. Im Walzerrausch der Jahrhundertwende wiegten sich hohe und höchste Paare. Abseits in einem Winkel, die unbesetzten Stühle als schützenden Wall um sich sammelnd, saß und zeichnete mit finsterer Miene der zwergenhafte Herr von Menzel. Unnahbar fixierte er das Publikum, das durch die zum Schloßhof hin sich öffnende Galerie wogte, die, mit dem Saal durch offene Bogengänge verbunden, eine neue Wandelhalle und Vorräume bildete. Zu diesem Zwecke hatte man die Außenwand mit dem halben rückwärtigen Eosanderportal um mehrere Meter hinausgerückt. Den ursprünglichen Plan, die Verbreiterung über die ganze Hoffront zu ziehen und so eine gute Verbindung zur kaiserlichen Wohnung am Schloßplatz zu schaffen, brachte man

nicht mehr zur Vollendung. Auch der Galerieflügel anschließend an den Weißen Saal wurde im Innern nicht einmal ver-
putzt und blieb, mit Stoff und Gobelins verkleidet, ein Provisorium.

Zugleich mit dem Ausbau des Saales wurde die Marmortreppe
im Eosanderportalbau noch einmal erweitert. Ebenso die andere, von Eosander im Zwischenbau eingefügte, die nun die »Napoleontreppe« ersetzen mußte und deren Ausgang zu beiden
Seiten auf den großen und den kleinen Schloßhof hinausführte.
Das düstere Gewölbe des ältesten Schloßteiles, des noch immer
vorhandenen »Grünen Hutes«, in dem einst in grauer Vorzeit
die sagenhafte Eiserne Jungfrau Verbrecher bedroht haben sollte,
wurde jetzt, zu Beginn des zwanzigsten Jahrhunderts, neuer,
freundlicherer Bestimmung übergeben: es wurde hier die
Schloßkonditorei eingerichtet, und der Duft nach Mandeln und
Zuckerwerk ersetzte den jahrhundertealten Modergeruch der
meterdicken, feuchtdunklen Gewölbe...

Zur Schloßplatz- und Schloßfreiheit-Seite hin ließ der Kaiser –
entsprechend dem »Hengstenberg« am Lustgarten – kleinere
Terrassen anlegen, die mit sandsteinernen Balustraden zwischen
Straße und Palast Distanz schufen. Zur Spree hinab folgten säu-
lengeschmückte Treppenanlagen mit eigener Dampferanlege-
stelle für »S. M.«.

Als auf der Lustgartenseite die neue Kaiser-Wilhelm-Brücke
entstand, wurde von dem dreihundert Jahre alten Apothekenflügel an der Spree die Hälfte abgetragen und dafür am Märkischen Museum ein Stück mit den alten Giebeln angefügt.

Auf der anderen Seite der neuen Prachtbrücke – auch sie ist
heute zerstört – ragte der gigantische neue Dom auf, in dessen
Gruft und Krypta die alten Hohenzollern von Johann Cicero
bis Friedrich Wilhelm II. lagen, während der große Friedrich
und sein Vater, Friedrich Wilhelm IV. und Friedrich III. in
Potsdam, Friedrich Wilhelm III. und Luise, zusammen mit Wilhelm I. und seiner Gattin, in Charlottenburg ruhen.

Entsprechend dem barocken Mammutbau des neuen Domes erhob sich auf der freigelegten Westseite des Schlosses, die jetzt
ihren Namen »Schloßfreiheit« zu Recht trug, das Denkmal des
ersten Kaisers: mit seinen Bronzeskulpturen, Trophäen, Ge-

347

nien und Löwen, Fahnen und Säulen eine neue Kulisse gegenüber dem Triumphportal des Freiherrn Eosander. Bei der Einweihung des Denkmals tauchten wieder Tausende elektrischer Lampen Palast und Denkmal in gleißendes Licht.

Noch am selben Abend hatten die Berliner für das Monument den passenden Namen gefunden: »Wilhelm in der Löwengrube«...

*

Die kaiserliche Wohnung auf der Schloßplatzseite war bereits im Jahre des Regierungsantritts Wilhelms II. umgebaut worden – in jenem geist- und wesenlosen Stil der Zeit, der keiner Erwähnung bedürfte, wenn er hier nicht ausgerechnet an die Stelle der kostbaren friderizianischen Interieurs getreten wäre, soweit sie nicht schon vorher verdorben worden waren.

Neben der seinerzeit vom Alten Fritz in zwei Geschosse aufgeteilten Erasmuskapelle befand sich das frühere Schlafzimmer des Königs. Von der ursprünglichen Ausstattung war nur noch die aus den Tagen des Großen Kurfürsten stammende Stuckdecke mit ihren vergoldeten schweren Ornamenten erhalten. Das Deckengemälde, eine blumenspendende Flora, stammte aus gleicher Zeit.

Später hatte dieser Raum der Gattin Friedrich Wilhelms IV. als Kabinett gedient, die auch einen Erker anfügen ließ. Die Wände waren mit alten Porträts geschmückt.

Darauf folgte das ehemalige Schreibzimmer des großen Königs – der einzige Rokokoraum, der sich in seiner ganzen Grazie und Schönheit mit den alten Dekorationen Nahls und Hoppenhaupts d. Ä. erhalten hatte. Wie die Bibliothek im unvergessenen Rheinsberg, im Potsdamer Stadtschloß und in Sanssouci war auch dieses ein kreisrundes Kabinett, kuppelüberwölbt, mit zarten, goldenen Palmenbäumen, Rankenwerk und strahlender Königssonne auf zartgrüner Holztäfelung. Reichgerahmte, mit Stilleben überkrönte Spiegel, japanische Porzellanvasen auf goldenen Konsolen und ein Kamin aus schlesischem Marmor gaben diesem Gemach wie allen Räumen des musischen Königs unverwechselbaren, intim-eleganten Charakter.

*Oben: Huldigung vor Friedrich Wilhelm IV. im Jahre 1840.
Gemälde von Franz Krüger
Unten: König Friedrich Wilhelm IV. Gemälde von W. Wach*

Prinz Wilhelm von Preußen, der spätere Kaiser Wilhelm I.
Gemälde von Steuben

Dem Fenster zur Spree gegenüber hing das große Bild der Tänzerin Barberina, von Pesne gemalt, das der bigotte Friedrich Wilhelm IV. entfernt hatte und das später wieder angebracht worden war; zur Zeit hat es im Museum zu Dahlem seinen Platz gefunden.

Die folgenden vier Räume, beginnend mit dem Eckkabinett an der Kurfürstenbrücke, gehörten ursprünglich ebenso zu Friedrichs Wohnung und waren schon von Schinkel völlig verändert worden. Das Eckkabinett barg noch immer Caspar David Friedrichs »Mönch am Meer« (auch er in Dahlem), das »Kreuz im Gebirge« und die »Klosterruine von Eldena«, berühmte Hauptwerke der deutschen Romantik. Der Kaiser machte diesen Eckraum mit seinem uralten Spree-Erker zum »Türkischen Kabinett«, wo er exotische Geschenke des Sultans und andere Reiseandenken sammelte.

Der anschließende Teesalon nahm die ganze Tiefe des Schloßplatzflügels ein. Ursprünglich Friedrichs II. Konzertzimmer im Stile von Sanssouci, war er von Schinkel in ein Stück griechischer Antike verwandelt worden. Ein Kranz von fünfzehn marmorweißen Plastiken und zehn Rundgemälden mit Szenen und Gestalten aus der klassischen Mythologie gaben dem Raum unter einer als Sonnensegel gemalten Decke das Gesicht.

Der nächste kleinere Salon war einmal intimes »Konfidenzzimmer« des Alten Fritz gewesen, mit geheimnisvollen Mechanismen und dem versenkbaren runden Tisch für die privatesten Soupers des jungen Königs. Die Wände waren damals aus blausilbernem Brokat mit versilbertem, geschnitztem Rankenwerk verziert. Friedrich Wilhelm IV. hatte hier ein kleines Speisezimmer in rotseidener Dekoration eingerichtet; nun, da Kaiser Wilhelm II. Einzug gehalten hatte, benutzten es die Adjutanten Seiner Majestät.

Der darauffolgende Sternensaal Schinkels war wieder ganz klassische Strenge. Zu Zeiten des großen Königs war der weißgoldene Rokokoraum mit großen Gobelins, Geschenken Ludwigs XV., dekoriert. Damals fühlte sich der französische König Friedrich Wilhelm I. gegenüber zu Dank verpflichtet, weil dieser dem flüchtenden Polenkönig Leszczyński, dem Schwiegervater Ludwigs, Hilfe gewährt hatte ...

Jenseits des Sternensaales folgte das Audienzzimmer des Kaisers, das noch einige Reste des friderizianischen Dekors enthielt: die Decke mit ihrem vergoldeten Rankenwerk der Brüder Hoppenhaupt, die Türen und Fensternischen, die Wandtäfelung und die goldenen Reliefs über den Türen. Das Deckengesims stammte von der Hand Schlüters. Später ließ der Kaiser noch einen Kamin in seinem eigenen »Rokoko« hinzufügen und die Wände mit braun-grüner Seide beziehen. Bilder und Porträts von Pesne, der Therbusch bewahrten einen Hauch der alten Zeit.

Auch das kaiserliche Arbeitszimmer behielt die Wandtäfelungen, die Türen und Türreliefs in Gold entsprechend denen im Potsdamer Neuen Palais; die Decke mit ihren Gemälden stammte wieder aus Schlüters Tagen. Das monumentale Fresko von Terwesten stellte eine Versammlung der Götter dar, die jetzt nicht eben glücklich auf das neue Inventar des Kaisers herabblickten: Ledertapeten, riesige Seeschlachtgemälde, Karten, Globen, formlose Bücherregale – in denen sich entsprechend den Interessen des Monarchen nur militärwissenschaftliche Werke und nicht ein einziges schöngeistiges Buch befanden.

Der Schreibtisch des Kaisers, ein englisches Geschenk, war wie das darauf befindliche Schreibzeug aus dem Holz des Nelsonschen Flaggschiffes »Victory« hergestellt, auf dem der englische Nationalheld bei Trafalgar gefallen war.

So trug auch das Schreibzeug in leichter Anzüglichkeit den Befehl des großen Admirals, der seitdem in die Geschichte eingegangen ist:

»England expects that every man will do his duty!«

Das Möbelstück sollte noch von einer anderen, für den Deutschen schmerzlichen historischen Bedeutung gezeichnet werden: Hier unterschrieb Wilhelm II. das Todesurteil der Monarchie: die Mobilmachungsorder vom ersten August 1914.

An das Vortragszimmer des Kaisers, früher einmal Friedrichs II. Marschall- und Adjutantenkabinett, schloß sich ein wundervoller Raum an: der alte friderizianische Vorsaal zur königlichen Wohnung von der Schloßplatztreppe aus.

Nach dem großen König wohnte hier sein Neffe als Thronfolger, bis Langhans aus diesem Raum für Friedrich Wilhelm II. den berühmten frühklassizistischen Pfeilersaal schuf.

Von hier führte ein Durchgang zur »Fürstentreppe« – jener marmornen Treppenanlage, die seit der Sperrung der »Napoleontreppe« als Zugang zu den königlichen und kaiserlichen Wohnräumen diente. Das kleine Zwischengemach stammte noch aus der Zeit des ersten Soldatenkönigs und hieß »Rote Marmorkammer« – ein bemerkenswerter Luxus des königlichen Feldwebels und der einzige bis zum Schluß erhaltene Raum aus seiner Zeit...

Das später kommende Schreibzimmer der Kaiserin war wieder eine Schöpfung von Langhans: ein Oval mit besonders schöner Deckenwölbung, über die in Rosenwolken Apollos Sonnenwagen dahinglitt. Durch einmaligen Zusammenklang von Architektur, Malerei und Plastik lebte hier ein Raumkunstwerk von seltener Schönheit und Harmonie. In sechs Marmornischen standen Statuen des friderizianischen Bildhauers Tassaert, des Lehrers des alten Schadow.

Zum Schloßhof hinaus lagen die Bibliothek und das kaiserliche Speisezimmer mit Gemälden von Menzel, Anton von Werner und anderen Repräsentanten der Zeit.

Räume, Säle, Gemächer, Kabinette, Salons aneinandergereiht wie Perlen verschiedener Größe, verschiedener Tage, verschiedenen Wertes; Anhäufungen von Stuck und Marmor, von Seidentapeten und Holzintarsien, kristallenen Spiegeln und Lüstern, goldenen Rokoko-, Empire-, »Renaissance«-Möbeln; Gemälde aller Zeiten und Inhalte; Brokate, Teppiche, Porzellane, Leuchter und Vasen versunkener Jahrhunderte und neuester Fragwürdigkeit – das war die Wohnung des Kaisers, dieses hektischsten, berauschten Mannes, der seiner Zeit »den Stempel aufdrücken« wollte und doch nur ihr Opfer war, von ihr verschluckt wurde wie sein von lauterem Wollen erfülltes, großartig sich gebendes, von Mittelmaß gezeichnetes Regime – dem auf der anderen Seite ein Bürgertum nicht mehr im Sinne hochgezüchteter Spätkultur wie im achtzehnten Jahrhundert entsprach, sondern in brüchiger Veräußerlichung, dessen einstiger Elan zum guten Teil unter biederem Pathos und byzantinisch-selbstgefälliger Subalternität erstickte.

*

So auch konnte sich der junge Kaiser nicht nur auf die »Neugestaltung« seiner Residenz, den Schreibtisch aus »Victory«-Holz und Seeschlachtgemälde beschränken. Er brachte vor allem neue Menschen mit, neue Chargen – und ein neues Zeremoniell. Dazu gehörte eine eigene Hofgarderobe, für die der Monarch auch sogleich das Vorbild zur Hand hatte: das von ihm als wesensgleich empfundene Zeitalter des großen Friedrich ...

Die Anwesenheit der Majestäten im Schloß an der Spree, die sich infolge der vehementen Reiselust des von den respektlosen Berlinern bald als »Gondelwilli« benannten Herrschers und seines Sommeraufenthaltes in Potsdam nur auf wenige Winterwochen beschränkte, wurde durch die auf der Lustgartenseite gehißte gelbe Kaiser- und die rote Königsstandarte mit Adler und Eisernem Kreuz dem Volke angezeigt.

Den für die Berliner altgewohnten Durchgang durch die Höfe versperrte man wieder durch neue, kunstvolle Eisentore, die im unteren Teil auch jeden Einblick in den geheiligten Bezirk verwehrten. War zuvor ein immerwährender Strom von Passanten durch die Portale geflutet, so atmete jetzt hier alles weihevolle Stille, die nur von den Schritten der Wachen, den huschenden Gestalten der Dienerschaft oder würdig schreitender Prominenz durchbrochen wurde.

Die Tore öffneten sich nur aus Anlaß großer Empfänge im Dienste der Repräsentation: so bei der ersten Sitzung des neuen Deutschen Reichstages im Weißen Saale, der von nun an auch zum Schluß jeder Session dort feierlich tagte. Zuvor leitete ein Gottesdienst in der Kuppelkapelle das glänzende Ereignis ein. Die Marmorwände und riesigen Spiegel gaben das würdige Bild wieder: den von der goldenen Kaiserkrone überragten purpurnen Thronhimmel, zu beiden Seiten flankiert von Pagen in rotsamtener, knapper Livree, mit Federbarett und Zierdegen. Um den Thron scharten sich in weitem Halbkreis die Generäle, Minister, Abgeordneten; zwischen ihnen gingen mit leisen Schritten die Zeremonienmeister umher und hielten Ausschau, ob sich »S. M.« nähere. Dann ertönte ein Kommando, ein vielstimmiges Hoch, und der Kaiser, von Pagen begleitet, in Uniform, mit dem germanischen Gralsritter-Flügelhelm, den Schnurrbart aufgezwirbelt, eilte forschen Schrittes zum Thron. Der Reichskanzler übergab ihm mit tiefer Verbeugung die Thronrede, die der Kaiser den Versammelten mit schneidender, metallischer Stimme entgegenschleuderte. Danach ein Rundblick der hellen, blauen Augen, wieder ein dreifaches Hoch. Die Zeremonie war beendet. Die Arbeit konnte beginnen.

Die Reihe der winterlichen Empfänge und Veranstaltungen begann mit dem Neujahrsempfang des Diplomatischen Korps am 1. Januar. Hatte der alte Kaiser noch bei der großen Cour im Weißen Saale nach Möglichkeit mit jedem seiner Gäste ein paar zwanglose Worte gewechselt, so wurde es nun ein steifer, streng abgezirkelter Vorbeimarsch vor den Majestäten, der sich durch die alten Paradekammern über den Weißen Saal und über die Marmortreppen im Eosanderportal ergoß.

Der traditionelle Fackeltanz bei Familienfeiern im Schloß wurde insofern modernisiert, als nicht mehr die hohen Herrschaften selbst, sondern zwölf junge Edelleute aus dem Kadettenkorps in scharlachfarbenem Pagenkostüm die Wachsfackeln umhertrugen. Alles war ernste Würde und streng geregeltes Zeremoniell; wie der Kaiser selbst glaubte sein Volk unerschütterlich an den ewigen Bestand der wiedergefundenen, uralten Werte. Der Traum eines Jahrtausends schien endgültig erfüllt; Ruhe und wachsender Wohlstand kennzeichneten das Deutsche Reich, und das gewaltige Heer schützte die Länder vom Elsaß bis zur Memel.

– Setzen wir Deutschland in den Sattel – reiten wird es schon können! hatte einst Bismarck in den hoffnungsvollen Tagen des jungen Reiches gesagt. Es konnte reiten – solange *sein* zielbewußter Wille das Staatsroß lenkte. Seine Sorge hatte indessen weniger dem Volke, als vielmehr dem »jungen Herrn« gegolten.

Wilhelm II. trat als Künstler und Kunstrichter auf, als Redner und Prediger, Techniker, Architekt, Kenner der Geschichte und Lenker der Diplomatie auf seine höchst persönliche Weise.

Das pompöse Marmordenkmal auf der Schloßfreiheit, die Einweihung des neuen Domes, des Reichstagsgebäudes, des Bismarckdenkmals vor dem Reichstag (heute, in vereinfachter Form, nahe der Siegessäule am Großen Stern), die Silberhochzeit des Kaiserpaares wie die Besuche auswärtiger Fürsten, die zahllosen Paraden, Eröffnungen, Geburtstagsfeierlichkeiten und die in Gruppen vorgenommenen Enthüllungen der marmornen Ahnengalerie der Siegesallee gaben immer wieder willkommene Gelegenheit, die Herrscherpracht und die begeisterte Treue des Volkes aufs großartigste darzutun.

Alles wurde jedoch überboten von der monarchischen Demonstration der Hochzeit der Kaisertochter Viktoria Luise mit dem jungen Braunschweiger Herzog. Nach dem englischen Königspaar traf der Zar aller Reußen mit militärischem Spektakel ohnegleichen in Berlin ein. Bei der Begrüßung seines hohen Cousins trug »S. M.« die Uniform des Ersten zaristischen Garderegiments, der Zar die preußische; und die Bevölkerung der Hauptstadt umjubelte die wunderbare Eintracht der gekrönten Schicksalswalter Europas.

Im Sommer des gleichen Jahres feierte Wilhelm II. in gewohntem Dekor das fünfundzwanzigjährige Regierungsjubiläum als »Friedenskaiser«, bewundert, beneidet, gefürchtet von der Welt als einer der mächtigsten Fürsten seiner so sehr vom Glauben an das Gute überstrahlten Epoche.

Es war die Zeit, bevor »in Europa die Lichter ausgingen«, wie es der englische Außenminister Sir Edward Grey prophetisch formuliert hatte...

Wenige Jahre zuvor hatte der kühne, böse und scharfzüngige Maximilian Harden in seiner Zeitschrift ZUKUNFT einen dritten Artikel »Gegen den Kaiser« veröffentlicht, der uns bemerkenswert erscheint insofern, als er zeigt, wieweit sich in jener absolutistisch »geknechteten« Zeit ein Journalist öffentlich hervorwagen durfte:

»Wilhelm II. hat der Nation nie Nützliches geleistet und für seinen Willen dennoch die höchste Geltung verlangt. Nun sieht er die Ernte. Wenn's ihn, nach allem Geschehen, möglich dünkt, wird er die Krone auf seinem Haupt behalten. Doch niemals wieder darf an seinem Willen das Schicksal des Deutschen Reiches, deutscher Menschheit hängen ... Das Reichsgeschäft fordert ein politisches Temperament, nicht ein dramatisches ... Für einen Jupiter, der aus der Wolke hervorblitzt, danken wir. Wir haben genug ... Wilhelm II. hat bewiesen, daß er zur Erledigung politischer Geschäfte ganz und gar ungeeignet ist ...« Die gelegentliche krampfhafte »Fröhlichkeit« des Kaisers, seine Empfindlichkeit und seine diplomatischen Husarenritte zeigten eine ambivalente Labilität dieses hochbegabten Mannes, die ihn zur Erfüllung der übermenschlichen Aufgaben, die ihn erwarteten und die er bewältigen mußte, nicht gewachsen erscheinen ließ. Sein großes Vorbild, der zweite Friedrich, war in seiner Jugend durch die Prügel des Vaters zerbrochen worden – es blieb das Genie. Wilhelm II. war gar nicht – oder völlig falsch – erzogen. Außerdem lebte man nicht mehr im achtzehnten, sondern mittlerweile im zwanzigsten Jahrhundert. Überdies ein Gefangener seiner Umgebung – wie sollte er, wonach er sich aus ehrlichstem Herzen sehnte, die »Wahrheit« erfahren, »gerecht« sein können? Eitelkeit, Trägheit, Furcht vor »Arbeit« kamen hinzu. Auch tadelten seine Feinde, vor allem die immer stärker werdenden Sozialdemokraten, im wesentlichen nicht, *daß* er Kaiser war, sondern daß er es *zu wenig* war, wie es einer ihrer klugen Köpfe und auch Maximilian Harden, dieser gefürchtete und auf seine Weise noch viel eitlere Patriot, immer wieder schriftlich und mündlich betonte.

Der bittere, harte Herbert von Bismarck, Sohn des Kanzlers, formulierte es mit den Worten:

– Der fährt noch mit Hurra den Abhang 'runter!

*

Noch aber sonnten sich das Reich und die neu erblühte Spree-Metropole im Glück des scheinbar unantastbaren Friedens, des Reichtums, der Macht. Vor nun zweihundert Jahren hatte der erste König begonnen, der Stadt das Gesicht zu geben. Achse waren die »Linden«, Hauptpunkt der Palast und das Friedrichforum mit der Oper. Königlich stand der »Alte Fritz« im klassischen Feldherrnmantel vor dem Palais des ersten Kaisers und der Universität, hinüberblickend zum Musentempel seiner Oper, die er »dem Apollo und den Musen« gewidmet hatte, zum Zeughaus und zu der hochragenden, jenseits der wunderbaren Marmorbrücke emporsteigenden Kuppel des Schlosses.

Wie das Opernforum ließen die Kuppeltürme und das Schauspielhaus am Gendarmenmarkt an Rom gedenken, gaben sie der emsigen Hauptstadt künstlerisches Profil.

Jenseits des Lustgartens wurde die klassische Linie in der ionischen Säulenfront des Museums fortgeführt, von ihm schritt man in den Säulenhof der Nationalgalerie, dieser Lieblingsschöpfung Friedrich Wilhelms IV., vor der sich das Denkmal des romantischen Königs zu Pferde – seltsamerweise als einziges noch heute erhalten – erhebt. Um den wiedererstandenen roten Tempel leuchtet ein müder Glanz der unwiederholbaren Antike, wie zwischen den Säulen Knobelsdorffs und Schinkels noch immer Griechenland zu leben scheint. Ernst Ihne, Erbauer des Weißen Saales zur Kaiserzeit, schuf nach alten Schlüter-Entwürfen den vornehmen Marstall gegenüber dem Schloßplatz, aus dessen Maßen wir noch heute auf die Gewalt des nicht mehr vorhandenen Hauptbaues schließen können. Auch dieser graue Nebenpalast steht verlassen in der grauenvollen Öde ringsum, wie verwundert, daß ausgerechnet er als Kopie den Untergang des unersetzbaren Echten überleben mußte . . .

Zwischen Schloß und Marstall rauschte der riesige Brunnen des Meisters Begas, dessen bronzene Gestalten noch das Erbe Schadows in sich trugen und der zum Schöpfer vieler Denkmäler dieser denkmalswütigen Epoche wurde. Keines aber hat der Volksmund so geliebt und bespöttelt wie dieses »Forckenbekken« (Forckenbeck war der damalige Oberbürgermeister), dessen ehrwürdiger Neptun »ewig berauscht« sei und unverkennbar »drei Zacken in der Krone« habe. Auf dem »Ausgußbecken« turnten »grüne Jungs«, und vor allem: die zu Füßen des Meergottes sitzenden Jungfrauen seien »die einzigen Berliner Meechen, die den Rand halten können« . . .

Wie die Stadt wuchs und sich weitete, bezog sie die Stätten der Erinnerung mehr und mehr in ihre Peripherie ein: Das von Wasser umrahmte, von alten Bäumen umrauschte Schloß aus den Tagen des Großen Kurfürsten an der Einmündung der Dahme in die Spree auf der Insel Köpenick, wo einst der Wendenfürst Jaczo residierte und viele Jahrhunderte später das Kriegsgericht gegen den »Deserteur« Fritz tagte – hier hatte sich auch Friedrich I. als Kurprinz vor den Nachstellungen der Stiefmutter verborgen, hier war Joachim II. in seinem liebsten Jagdgebiet gestorben, hier hatte sein Vater, der erste Joachim, die adligen Wegelagerer gefangen.

In Königswusterhausen hatte der Soldatenkönig seine ländliche Erholung gefunden, von Adlern mit gestutzten Flügeln und Bären mit verstümmelten Vordertatzen bewacht...

In Caputh am Schwielowsee weilte Sophie Charlotte, in der nach ihr benannten Residenz hielt sie für allzu kurze Tage geistvoll und kabalenreich hof.

In Friedrichsfelde, dem alten Barockschloß der Markgrafen von Schwedt, wurde Louis Ferdinand geboren, in Bellevue starb sein Vater, der jüngste Bruder des großen Friedrich. In Oranienburg starb August Wilhelm an gebrochenem Herzen, und in Schönhausen verbrachte eine Königin, die keine war, ihr bescheidenes, frommes Leben. In Freienwalde an der Oder, in Paretz und Tegel, zeugten die Schlösser von der »edlen Einfalt« des Klassizismus – und im nordwestlichen Rheinsberg leuchtete an seinem See Friedrichs »Generalprobe« zum späteren Sanssouci, das mehr »Preußen« war und ist als aller Militärglanz kämpferischer Triumphe, Niederlagen und Gesänge. Mit Potsdam, Babelsberg, Glienicke schloß sich der Kranz der Residenzen, in Monbijou und Bellevue verblieb der Hauch der höfischen Kultur des späten Rokokos. Die Gründer waren längst nicht mehr, doch ihre Bilder lächelten noch auf die Nachkommen in ihrem Glanz herab, spöttisch oder feierlich. Die Mauern standen noch wie für Jahrtausende gefügt, kränzten die Reichshauptstadt mit dem Lorbeer der Vergangenheit, blieben helle Blüten in der sich Jahr um Jahr in die märkische Landschaft von Birken, Kiefern, Wassern hineinfressenden Steinwüste.

Noch standen vor allem die Mauern des Schlüterpalastes, die

Kaiserwohnung in den fünfhundertjährigen Resten der alten Kurfürstenburg »Zwing-Coelln« mit dem »Grünen Hut« und mit dem Portal des Freiherrn Eosander von Göthe unter der alles überragenden Kuppel des romantischen Vertreters mittelalterlicher Königswürde.

Noch prunkten die Denkmäler als lebendige Zeichen, die Kuppeln und Türme alter und neuer Zeit scheinbar unerschütterlich ins junge Jahrhundert, da die wachsende Hauptstadt mit ihren Fabriken und Kontoren, ihren Ministerien, Kaufhäusern und Wohnungen von Millionen von Menschen wahrhaft Mitte war eines immer mächtiger, immer stolzer emporblühenden Reiches – glänzende Bestätigung des großen Wortes, das Kaiser Wilhelm II. von Gottes Gnaden seinem Volke in tiefster Überzeugung und ebenso fast schon schuldhafter Ahnungslosigkeit zugerufen hatte:

– Ich führe euch herrlichen Zeiten entgegen ...

*

Ein Jahr später schon regierte das Feldgrau rings um das in jähe Düsternis gesunkene Schloß an der Spree. Die Epoche des Glanzes, der Fahnen und der hohen Gefühle für Kaiser und Reich war vorüber. Der eiserne Engel mit dem Schwert stand an der Pforte des verlorenen, niemals wiederkehrenden Paradieses der »friedenskaiserlichen« Monarchie.

Von jetzt an sollte es für die kommenden Generationen keine Ruhe mehr geben.

39. KAPITEL

Die Lichter gehen aus

Noch im Sommer des Jahres 1914 versicherten sich englische und deutsche Staatsmänner: die gegenseitigen Beziehungen seien niemals herzlicher gewesen als gerade jetzt.

Und der russische Außenminister Sasanow bemerkte in einer Geheimsitzung der Duma in schöner Überzeugung:

– Die Friedensliebe des Deutschen Kaisers bürgt uns dafür, daß der Krieg dann kommt, wann *wir* ihn haben wollen!

Der Krieg, an den niemand glauben konnte, glauben wollte, kam. Und in dem Augenblick, in dem sie ihn brauchten.

Das österreichische Ultimatum an Serbien nahm Wilhelm II. als rein österreichische Angelegenheit; nicht im entferntesten sah er die Gefahr ernster internationaler Verwicklungen – und am wenigsten die Gefahr, daß sich der russische Cousin jemals offiziell auf die Seite der balkanischen Königsmörder stellen könnte. Dann, als die Würfel gefallen waren, zögerte der Kaiser – trotz des Drängens seiner militärischen Ratgeber – noch drei lange Tage, bis er die Urkunde seiner Nibelungentreue, die Mobilmachungsorder, im früheren Arbeitszimmer des großen Friedrich an dem aus englischem »Victory«-Holz geschnitzten Schreibtisch unterzeichnete ...

Anschließend schritt dieser seltsam hektisch-instinktlose »passive Held« des ersten Weltkrieges durch den endlosen Westflügel des Schlosses hinüber zum Rittersaal des ersten Königs. Dort sprach er vom Balkon aus zu den im Lustgarten sich um ihn scharenden Berlinern. Und so groß war der Glaube der Menschen an das Reich, an »Recht und Freiheit«, daß sie mit unbeschreiblicher Begeisterung und tiefster Überzeugung von der »guten Sache« in Einigkeit wie nie zuvor dem Rufe ihres Monarchen folgten. In dieser Stunde waren die Deutschen wirklich »ein einzig Volk von Brüdern«. Und das Standbild des Drachentöters St. Georg von Kiß im großen Hofe des Schlosses schien neues, heiliges Symbol zu sein: Der »Drache Zwietracht« war besiegt.

Nach der so gut eingefädelten russischen Brandstiftung loderten die heißen Augusttage des Schicksalsjahres zum furchtbaren Rausch empor.

Wieder wollte es die deutsche Tragödie, daß sich der Kaiser, krampfhaft und ehrlich bemüht, das Mögliche zu retten, durch die unheimliche Verkettung der Zusammenhänge gezwungen sah, selbst drei Kriegserklärungen zu unterschreiben, die nun gerade ihn vor der Welt eindeutig als *den* Angreifer erscheinen lassen mußten.

Bereits zu Ende des Jahres 1914 äußerte der Kaiser gegenüber dem Prinzen von Baden:

– Der Generalstab sagt mir gar nichts und fragt mich auch nicht. Wenn man sich in Deutschland einbildet, daß ich das Heer führe, so irrt man sich sehr. Ich trinke Tee und säge Holz und gehe spazieren, und dann erfahre ich von Zeit zu Zeit, das und das ist gemacht, ganz wie es den Herren beliebt. Der einzige, der ein bißchen netter zu mir ist, ist der Chef der Feldeisenbahnabteilung, der erzählt mir alles, was er macht und beabsichtigt. . .

Das war scherzhaft gesagt, aber es blieb tragische Wahrheit. Der einstmals so brillante Herrscher sank mehr und mehr nun auch in bewußte Isolation: »Einsamkeit« wäre nicht das richtige Wort. Seine vermeintliche Märchenherrlichkeit war längst zerronnen.

Nicht weniger folgerichtig ergab sich für ihn vier Jahre später das Ende. Im Zusammenbruch der unabwendlichen Revolution, nachdem der Reichskanzler Prinz Max von Baden bereits den Funkspruch über die Abdankung des Kaisers in die Welt hinausgeschickt hatte, äußerte Wilhelm II. zu seinem Flügeladjutanten:

– Ich habe keine Lust, mich von irgendwelchen hergelaufenen Kerls aufhängen zu lassen. Ich gehe nach Holland!

Dann, zwei Stunden später, verzweifelt:

– Ich schäme mich so. Ich kann nicht fortgehen, und wenn nur ein Bataillon treu bleibt, bleibe ich hier!

Er blieb nicht. Die große Welle ging über ihn, über das Werk seiner Ahnen hinweg – ebenso »logisch« für den Fernstehenden späterer Generation...

Matrosen der Flotte – des Lieblingsspielzeuges des ehemaligen Kaisers, der jetzt, verfemt, heimatlos, nach Holland ging –, Matrosen überwältigten die Schloßwache des alten Spreepalastes, stürmten durch die Höfe, über die marmornen Treppen, in die unzähligen Säle, Prunkgemächer, Gänge, Kabinette, durchsuchten jeden Schrank, erbrachen jedes Schloß, stahlen jedes Wertstück, das ihnen unter die Hände kam.

Es folgten die Horden des Spartakus. Gewehrfeuer peitschte, Maschinengewehre hämmerten durch die verlassene Residenz. Regierungstruppen gingen zum Angriff über – zum erstenmal wurde das alte Schloß an der Spree, das Herz Berlins, zum Kriegsschauplatz. Zerbrochene Möbel, gesprengte Türen und Fenster, zerfetzte Teppiche, durchlöcherte Bilder, herabgestürzte Kristallüster, Scherben und Trümmer überall... Der kostbare Pfeilersaal war kaum wiederzuerkennen, das Schlütersche Prunktreppenhaus, die Gemächer der Kurfürsten, Könige, Kaiser lagen leer, verwüstet, Gräber vergangener Zeit.

Am 9. November des Revolutionsjahres sprach Karl Liebknecht vom Balkon am Lustgarten, von dem vier Jahre zuvor der Kaiser »Ich kenne nur noch Deutsche!« seinem Volke zugerufen hatte.

Einen Monat später veröffentlichte das Preußische Finanzministerium eine Denkschrift, in der es hieß:

»Der tatsächliche Zustand ist, daß im Mittelpunkt der Stadt, unter den Augen der Sicherheitsbehörden, das Schloß, augenblicklich das wertvollste Nationalheiligtum, einer Bande von Plünderern schutzlos preisgegeben ist. Die Verhältnisse bei der Matrosenabteilung hat der Kommandant selbst charakterisiert: ›Meine Leute sind eine organisierte Räuberbande!‹

In fünfhundert Zimmern des Schlosses ist jedes Behältnis geöffnet oder erbrochen und seines Inhalts, wenn er wertvoll war, beraubt worden. Der Wert der geraubten Gegenstände dürfte bereits eine Million erreicht haben. Der Plünderungszug der gesamten Wache in der Nacht vom fünften zum sechsten Dezember 1918 beweist, daß das Schloß den Plünderern vollkommen ausgeliefert ist . . .«

Der Kaisertraum war verweht.

Noch aber stand das Schloß. Mit altersgrauen Mauern und blinden Fenstern, doch erhaben, barg es die Pracht vergangener Jahrhunderte.

Noch ragte seine grüne, engelbekrönte Kuppel über die Arme des Flusses, über den Schloßplatz mit seinem noch immer rauschenden Brunnen, den Lustgarten, die Museumsinsel, die Linden: noch immer Herz und Mitte der Hauptstadt des noch immer bestehenden Reiches.

Einmal gab es neue Unruhe, Durcheinander in den stillen, verwaisten Räumen und Gängen: das persönliche Eigentum des Kaisers wurde verpackt, um dem Verbannten nach Doorn nachgesandt zu werden. Volksabstimmung und Reichstagssitzung über die Fürstenenteignung bestätigten die Anerkennung des Rechtes auf persönlichen Besitz der früheren Aristokratie.

Die Republik nahm auch das Schloß in ihren pfleglichen Besitz: die Räume wurden instand gesetzt, der Stuck, der Marmor, das Gold ausgebessert. Die Erasmuskapelle, von der falschen Gotik Friedrich Wilhelms IV. verdorben, behielt zwar ihre von Friedrich II. eingezogene Zwischendecke, wurde aber von den Unterteilungen befreit. Das alte gotische Netzgewölbe leuchtete wieder klar über dem neuen Raum, die Wände schmückten wie einst die schlanken Bilder des Lukas Cranach. Andere Fluchten übernahmen ihre neue Bestimmung als Sitz wissenschaftlicher Institute und Museen. Rote Samtseile trennten jetzt die zu besichtigenden Räume des Schloßmuseums, über dessen Marmorböden und spiegelnde Parkettintarsien die Besucher andächtig in Filzpantoffeln glitten, den Lebensstil versunkener Zeiten zu bewundern.

Noch immer hielt St. Georg im großen Schloßhof Wache.

*

Jahre vergingen.

Einer war aufgestanden und versprach dem deutschen Volk auf *seine* Weise »herrliche Zeiten«. Das Volk brüllte: – Führer, befiehl, wir folgen dir!

Der Palast an der Spree hatte keinen Anteil an dieser »neuen Zeit«. Fast schwarz vor Alter, abgelegen vom großen Strom der Weltstadt und fern vom Geschehen des politischen Alltags träumten seine Mauern dahin. Hitler betrat sie niemals; er wußte wohl, warum er die Burg des Reiches mied. Hatte sich der letzte Hohenzoller auf Grund ehrwürdiger Tradition »von Gottes Gnaden« gefühlt, so pflegte sich der Usurpator auf die »Vorsehung« zu berufen ... Diesmal beschwor eigene Maßlosigkeit und Gewalttätigkeit alles Unheil herauf.

In den ersten Kriegsjahren kreischten die Sirenen oftmals noch als blinder Alarm durch die Stadt. Nur wenige Ruinen im Häusermeer ließen das Kommende vorausahnen.

Im Mai des zweiten Kriegsjahres soll sich die Weiße Frau noch einmal manifestiert haben. Es kam zu Demonstrationen, angeregt durch einen Augenzeugen, einen Sektenprediger, der vor der Polizei in die Spree sprang und ertrank. Einer von Himmlers Offizieren meldete sich freiwillig, das Gespenst zu stellen. In der Nacht vom Sonnabend zum Sonntag, dem 26. Mai (also unmittelbar nach Kriegsbeginn in Frankreich), soll eine Kugel durch die verlassenen Räume des Hohenzollernschlosses gewandert sein – und von solcher Helligkeit, daß den Zuschauern auf dem Schloßplatz die Augen schmerzten. Am anderen Morgen soll der Offizier mit gebrochenem Genick, die entsicherte Pistole in der Hand, neben einer Treppe aufgefunden worden sein ...

Bedeutete der wandernde Schein im Jahre 1940 nach altem Jahrhundertrhythmus noch eine letzte warnende Vision, Einbildung oder geheimnisvoll-okkulte »Tatsache«, wie es in einer in der Schweiz erschienenen Studie erklärt wird? Bedurfte es überhaupt noch der Zeichen? Bald danach geschah es, daß die Wellen der Vernichtung Nacht um Nacht, Tag um Tag über die wehrlosen Bewohner und ihre Heimstätten hereinbrachen. Die Metropole mit ihren Kirchen und Palästen, Straßen und Plätzen wurde zum Flammen- und Ruinenmeer.

Die gewaltige Burg inmitten ihres Bereichs zwischen den Spree-
armen blieb Mitte auch der sterbenden Stadt. Noch hob sich
die grüne Kuppel mit Kreuz und Krone über Untergang und
Hölle in den glühenden Brandhimmel.

*

In der Nacht zum 3. Februar im letzten Kriegsjahr gellten wieder die Sirenen, zum vielhundertsten Mal, durch die verwüstete
Reichshauptstadt.

In den Tagen zuvor hatte eine Sprengbombe in die Schlütersche Lustgartenfassade eine große Wunde gerissen; nun brach
es über den ältesten Teil an der Spree herein. Auch der Lynarsche Verbindungsbau zwischen den Höfen wurde zerstört.

Noch immer aber erhob sich fast unversehrt der übrige Teil des
Schlosses, öffnete sich das Triumphportal Eosanders unter der
Kuppel zur westlichen Stadt, der einstigen Prachtstraße der
»Linden« hin. Waren auch Tausende von Fensterscheiben zer-
sprungen, die Säle und Galerien offen dem Wintersturm ausgeliefert – die mächtigen Mauern umschlossen wie je das Herz der
alten Residenz.

Bis das vom Himmel stürzende Feuer auch das Letzte forderte:
ein Großangriff mit Phosphor verwandelte den ungeheuren
Torso in Minutenschnelle in ein Flammenmeer.

Das Feuer, unlöschbar wie der große Brand des Krieges, fraß
die unwiederbringliche Pracht vergangener Jahrhunderte.

Freiwillige Hände mühten sich fieberhaft, bereit zu jedem Opfer, dem Feuer Einhalt zu gebieten – es mußte ein rührendes
Zeichen guten Willens bleiben, hoffnungsloser Versuch mit
hoffnungslosen Mitteln.

Zwei Tage, zwei Nächte wütete der Brand. Bis auf die Westseite
mit der Kuppel, das erste Stockwerk am Schloßplatz und einige
Säle im restlichen Verbindungsbau sanken sämtliche der unzähligen Prunk- und Museumsräume in Asche. Es gab keine Gnade.
Mit dem Untergang des Schlosses war der Untergang der Hauptstadt, des Landes, des Reiches besiegelt. Ein Vierteljahr später
fand im Bunker der marmornen Reichskanzlei am Wilhelmplatz der Mann, der den wahnwitzigen Brand entfesselt hatte,

Oben: Kaiser Wilhelm II.
in der Uniform eines
Generalfeldmarschalls
Unten: Kaiserin Auguste
Viktoria

Das Eosander-Portal mit der Kuppel. Nach einer Radierung von Albrecht Bruck

sein Ende. Über der benzinübergossenen Leiche schwelte das Ruinenmeer.

Erst zwei Jahre danach entschloß man sich, das »Kontrollratsgesetz Nr. 46« zu erlassen – den Siegerbefehl zur »Liquidierung des Staates Preußen«.

Als neue Herren des Landes regierten die östlichen Eroberer – und die von ihnen bestimmten, von ihnen geschulten Vertreter deutscher Sprache, deren Lebensinhalt Haß gegen das Land ihrer Väter blieb, Haß gegen die eigene Vergangenheit, Haß gegen jedes Symbol versunkenen Glanzes.

40. KAPITEL

Es ist kein Name

Noch immer ragte das ausgebrannte Skelett der Kuppel des Schlosses an der Spree über die Trümmerwüsten der Riesenstadt. Noch immer war der Torso des Monumentalbaues geblieben, ragten die meterdicken Mauern, die Säulen und Statuen des Schlüterhofes in den dunstigen Himmel. Noch immer hielt der bronzene Ritter St. Georg Wache im vorderen Hof.

Bei den letzten Kämpfen in der Innenstadt hatten die restlichen Fassaden, besonders die Westseite und das Eosandersche Triumphportal, unzählige Granattreffer im direkten Beschuß erhalten – doch der Gesamtbau trotzte auch jetzt noch aller Vernichtungswut.

Im Jahre danach wurde im Westflügel ein Rest der früheren Kunstgewerbesammlungen neu zusammengestellt. Der große Marmortreppenaufgang diente wieder seinem Zweck; zwei zerstörte Säulen des Eosanderportals wurden aus Ziegeln aufgemauert.

Eine weitere Reihe von Ausstellungen schien einen neuen Beginn, neue Bestimmung zu verheißen. Zehntausende von Berlinern pilgerten aus allen Teilen der zerstörten Stadt zum Riesentorso »ihres« Schlosses an der Spree, stiegen über zerbrochene Marmorstufen in den früheren Prachtsaal der Könige und Kaiser, in diese schwermütige Höhle mit ihren rauchgeschwärzten Resten einstigen Gold- und Marmorschmuckes und nackten Wänden und erfreuten sich dennoch an den Kunstwerken der Nation, zu deren kostbarem Besitz dieser Palast längst geworden war ...

Die östlichen Sieger ließen es sich nicht entgehen, am Schloß und am ebenso verwüsteten Reichstag ihre »dokumentarischen« Szenen für den Film *Der Fall von Berlin* zu drehen. Noch einmal lebte der furchtbare Traum auf, war hier alles »Kriegsschau-

platz«: Granaten explodierten, Gewehrfeuer, Panzer umdröhnten die Ruinen. Herabgeschossene Köpfe der Statuen, Säulen bröckelten unter den Ketten der Tanks; über zweihundert Scheiben des Museums gingen bei diesen neuen »heldenhaften Angriffen« in Bruch ...
Gleichzeitig hörte man, der Schlüterhof solle »in jetziger Form« erhalten bleiben. Alles übrige, auch die Hauptfront nach Westen mit Eosanderportal und Kuppel, sollte abgerissen werden.
Ein Jahr später hieß es: Gerade der Westteil müsse unbedingt stehenbleiben. Der Rest aber solle »nach Sicherstellung der noch vorhandenen Kunstwerke« vernichtet werden. Woraus zu entnehmen war, daß demnach der *gesamte* Bau hätte erhalten werden können ...

*

Im Herbst 1949 wurden die Reste des einzigen – außer dem Schloß – noch vorhandenen Schlüterbaues, des Landhauses Kamecke in der früheren Dorotheenstraße, gesprengt. Im Sommer darauf fiel die andere Entscheidung.
Die »Neugestaltung« wurde durch eine offizielle Verfügung bekanntgegeben:
»Das Zentrum unserer Hauptstadt, der Lustgarten und das Gebiet der jetzigen Schloßruine, müssen zu dem großen Demonstrationsplatz werden, auf dem der Kampfwille und Aufbauwille unseres Volkes Ausdruck finden können.«
Dem Volk gegenüber versuchte man, die schlimmste Zerstörung, die je auf deutschem Kulturboden verübt wurde, mit den untragbaren Wiederaufbaukosten zu begründen.
Einer der nachdenklich gewordenen Männer schlug vor, wenigstens den westlichen Kuppelbau zu erhalten und an ihn die beiden Lustgartenportale anzufügen – ein künstlerisch fragwürdiger Gedanke, aber ein Rettungsversuch. Da folgte bereits andere Meldung von oben: Der neue »Marx-Engels-Platz«, die riesig-kahle Aufmarschfläche, müsse am 1. Mai des kommenden Jahres für die Kundgebungen fertig – das bedeutete, der gesamte Schloßbau völlig verschwunden sein.
Gegen diese Anordnung wagten noch einmal verantwortungs-

bewußte Männer vorzugehen. Man verfaßte eine Eingabe an die russische Kontrollkommission mit dem Hinweis, daß auch der Moskauer Kreml nicht zerstört, sondern gerade zum Mittelpunkt der neuen Volksregierung erhoben worden sei. Man berief sich auf einen Brief des großen Lenin, in dem dieser von der Bedeutung und Kostbarkeit des Berliner Königspalastes geschrieben hatte.

Man wandte sich an die Regierung; in einer sachkundigen Denkschrift wies man auf die Bedeutung Andreas Schlüters hin, nicht nur für Berlin, sondern für den ganzen nordeuropäischen Raum. Man erinnerte daran, daß Schlüter im Dienste des Zaren in St. Petersburg, dem jetzigen Leningrad, gestorben sei. Die Vernichtung seines größten Werkes träfe nicht weniger die dem deutschen Kulturraum seit Jahrhunderten verbundenen Nachbarn und darüber hinaus das Kulturerbe der ganzen Welt . . .

Schweigen war die Antwort.

*

Mit dem ältesten Spreeteil, dem Apothekenflügel, wurde begonnen. Es folgte der rechte Westflügel neben dem Eosanderportal. Zur »Sicherstellung« nahmen »Fachleute« einige Proben des plastischen Schmuckes ab: ein paar Widderköpfe und Adler, eine Fensterumrahmung und eine Bekrönung aus dem ersten und zweiten Stockwerk, ein Schlüterrelief vom Portal I am Schloßplatz, ein paar Kapitelle und Bildhauerarbeiten, von denen einige Ersatz aus wilhelminischer Zeit waren . . .

Vom Lustgartenportal am Rittersaal – dem gleichen, bei dem sich damals beim Bau die Sprünge zeigten – wollte man die Permoserschen Plastiken »Frühling« und »Herbst« dadurch retten, daß man Stroh auf den Boden legte, dorthin, wohin sie bei der Sprengung vermutlich fallen würden . . .

Am 24. November 1950 um 14 Uhr 20 sank die Mittelfront mit dem Säuleneingang des Schlüterhofes in Staub. Zugleich stürzte der alte Turm der Erasmuskapelle in die Spree, mit ihm der obere Teil des »Grünen Hutes«. Hier hatte einst Kaspar Theyß eine luftige Säulenloggia aufgesetzt – nun, längst unter alten Anbauten verborgen, kam sie noch einmal zum Vorschein.

Man brauchte 13 000 Kilogramm Sprengstoff, um das Schloß an der Spree zu zerstören.

Am 30. Dezember sank das Triumphportal des Freiherrn Eosander – und mit ihm die einst siebzig Meter hohe Schloßkuppel mit den Cherubinen Friedrich Wilhelms IV. in sich zusammen. Als sich die Rauch- und Staubwolken verzogen, ragte noch ein Mauerfetzen von der Kuppelkapelle in den grauen Winterhimmel. Über zwei Apostelfiguren leuchteten die goldenen Buchstaben vom blauen Grunde – Worte des Psalmes:
ES IST KEIN ... NAME ...

*

Vier Monate keuchten Lastwagen, Schlepper, Traktoren, die ungeheuren Trümmermassen und Mauerreste fortzuschaffen. Überall lagen Bruchstücke von Marmorwerken, sandsteinernem Zierat, Adlern, Statuen. Dort ragte der Arm eines Schlüterschen Atlas vom Großen Treppenhaus aus dem Chaos, da ein Akanthus-Kapitell, ein Puttenkopf, ein Jünglingstorso zwischen Feldsteinen, die man vor fünfhundert Jahren aus der ganzen Mark zusammengeschleppt hatte. Fensterumrahmungen aus Pirnaer Sandstein, uraltes Ziegelmauerwerk, vergoldetes Holz und Marmorstuck, Fetzen kostbarer Samt- und Brokattapeten, die der Brand nicht erreicht hatte, Stücke alter Holz- und Marmorintarsien – armselige Flitter des einstigen Krönungskleides der Residenz, die für eine Spanne Zeit Mitte des Reiches gewesen war.

Ein halbes Jahrtausend deutscher Kulturgeschichte, menschlichen Schaffens war ausgelöscht.

Im äußersten Osten Berlins, hinter dem alten Schloßpark von Friedrichsfelde, erhebt sich längs der Stadtbahn ein unkrautüberwucherter Trümmerberg: Dort ruhen die Reste des Riesenbaues Schlüters, des Michelangelo des Nordens, dessen persönlichem Schicksal beschieden war, das seines Werkes und des Landes gleichsam vorweg zu erleiden, als gelte es die Bestätigung der Weisheit des Predigers und Königs Salomo:
»Jedes Ding unter dem Himmel hat seine Stunde: Steine sammeln und Steine zerstreuen, herzen und ferne sein vom Herzen.

Denn der Mensch kann doch nicht treffen das Werk, das Gott tut, weder Anfang noch Ende...«

Immer wartet neben dem Blühen der Tod, türmt sich ins Licht der eine Tag, stürzt ins Dunkel der andere.

Immer wird unser Dasein, unser Schaffen und unsere Erniedrigung, unsere Sehnsucht und unsere Schuld, auf dem Spannungsfeld liegen zwischen Oben und Unten, wie wir selbst Teil sind von beidem: dem Staub und den Sternen.

So auch lebt jener gewaltige Bau, der über Jahrhunderte wuchs und mehr war als sein Mauerwerk, in der Erinnerung als Spiegel des Werdens und Vergehens menschlichen Strebens nach Selbstbestätigung und möglicher Vollendung – zugleich aber auch als das unzerstörbare Herz einer zerstörten Hauptstadt, eines untergegangenen Staates. Was bleibt, ist nicht nur die Chronik einer Residenz oder einer Dynastie, sondern das Gesetz, nach dem dieser Staat einst seine Aufgabe übernahm und erkannte und dessen leuchtende Mitte war

DAS SCHLOSS AN DER SPREE

Verzeichnisse

Zeittafel

1861	Friedrich Wilhelm IV. gestorben
	Wilhelm I., RA.
1862	Berufung Bismarcks
1863–1864	Umbau der Marmortreppe im Schloß
1864	Deutsch-Dänischer Krieg
1866	Deutscher Krieg, Österreich gegen Preußen
1867–1875	Nationalgalerie
1869–1873	Siegessäule
1870–1871	Deutsch-Französischer Krieg
1871	(18. Januar) Kaiserkrönung in Versailles. König Wilhelm I. von Preußen wird zum Deutschen Kaiser proklamiert
	(16. Juni) Einzug in Berlin
1872	Dreikaisertreffen in Berlin
1873	Fassaden-Umbau des Quergebäudes im Schlüterhof
1878	Berliner Kongreß
	(11. Mai und 3. Juni) Attentate auf Wilhelm I.
1880	Einweihung des Kölner Domes
1884–1894	Reichstagsgebäude
1888	(9. März) Wilhelm I. gestorben
	(15. Juni) Friedrich III. gestorben
	Wilhelm II., RA.
	Wohnung des Kaisers im Schloß von Kyllmann und Heyden
1891	Schloßbrunnen
1891–1892	Weißer Saal und Galeriebau
1892–1893	Spreeterrassen
1897	Nationaldenkmal Wilhelms I.
1901	Terrassen Schloßfreiheit und Schloßplatz
1902	Marmortreppe zweiter Umbau
1905	Der Neue Dom im Lustgarten
	Oranier-Standbilder am Lustgarten
1914	(1. August) Beginn des Ersten Weltkrieges
1918	(9. November) Revolution
1939	(1. September) Beginn des Zweiten Weltkrieges
1945	(3. Februar) Brand des Schlosses
1950	(23. August) Beschluß des Abrisses
	(15. September) Beginn der Sprengungen
	(4. November) Sprengung des Schlüterhofes
	(30. Dezember) Sprengung des Eosanderportals und der Kuppel

Register

Abbildungen

Die Vorsatzblätter zeigen einen Plan der Städte Berlin-Coelln von Johann Gregor Memhardt aus dem Jahre 1652 und einen Grundriß des Schlosses, aus dem die geschichtliche Entwicklung bis zu seinem letzten Zustand hervorgeht.

Die Bildvorlagen wurden von der Verwaltung der Staatlichen Schlösser und Gärten Berlin, dem Ullstein Bilderdienst Berlin und der Deutschen Staatsbibliothek zu Berlin (Kartensammlung) zur Verfügung gestellt.

Inhalt

Dritter Teil
DIE GROSSE ZEIT
1740–1888

Vierter Teil
DIE STERBENDE ZEIT
1888–1950

EBERHARD CYRAN

wurde in Breslau geboren. Auf der dortigen Kunstgewerbeschule und der Berliner Kunstakademie zum Grafiker (Buchausstatter) ausgebildet und im Rußland-Krieg schwer verwundet (Lähmung der rechten Hand), besuchte er während der Lazarettzeit die Film-Akademie Babelsberg und war danach u. a. Erster Regie-Assistent bei dem Film »Münchhausen«. Nach dem Kriege begann er in Wien und München zu schreiben: Novellen, Romane, Kinder- und Jugendbücher, Hörspiele. Ab 1961 Schulfunk-Redakteur im Sender Freies Berlin, ab 1964 Fernseh-Kultur-Redakteur, ab 1968 Projektleiter Fernsehen in Uganda, ab 1971 Dozent an der Ausbildungsstätte für Fernsehfachkräfte aus den Entwicklungsländern beim SFB.

Als Schriftsteller erhielt Eberhard Cyran 1970 den Preis der Sudermann-Stiftung. Seine Bücher standen mehrfach auf der Bestliste des Deutschen Jugendbuchpreises. 1981 erhielt er den Eichendorff-Literaturpreis und war Sachverständiger in der ZDF-Sendereihe »Preußen – Ein Prozeß in fünf Verhandlungen«. Nach längeren Auslandsaufenthalten lebt Eberhard Cyran jetzt in Heidelberg.

Als geborener Schlesier der preußischen Geschichte verbunden, wurde er vor allem durch seine Arbeiten zum Thema Preußen bekannt. Seine wichtigsten Bücher sind: »*Sanssouci* – Traum aus dem Sand«, »*Das Schloß an der Spree* – Geschichte eines Bauwerkes und einer Dynastie«, »*Preußisches Rokoko* – Ein König und seine Zeit«, *Der König* – Die Schlesische Reise des Henri de Catt«, »*Des Friedrich Freiherrn von der Trenck merkwürdige Lebensgeschichte* – Memoiren und Historie«.

Eberhard Cyran

Sanssouci – Traum aus dem Sand

352 Seiten, mit 34 zeitgenössischen Stichen

Die Geschichte eines der bezauberndsten Schlösser vor den Toren Berlins,
seiner Parkanlagen, Tempel, Brunnen und Gärten und seiner Bauherren und
Künstler, Gäste und Bewunderer.
Der Roman einer königlichen Idee, der Idee Sanssouci.
Dort, wo Friedrich II. als junger Prinz von einem
„Schlößchen über einem Weinberg" träumte,
verwirklichte er seinen „Traum aus dem Sand".

arani-Verlag GmbH

Postfach 31 0829 · 1000 Berlin 31
Tel. 030/8 91 10 08

Adolf Glaßbrenner

. . . ne scheene Jejend is det hier!

Humoresken, Satiren und komische Szenen.

Herausgegeben von Kurt und Gerda Böttcher.
344 Seiten, mit 16 Farbtafeln und 120 einfarbigen Illustrationen
von Theodor Hosemann und anderen zeitgenössischen Zeichnern.
Das große Glaßbrenner-Volksbuch. Es enthält einen umfassenden Ausschnitt
aus seinem Werk und die besten zeittypischen heute noch lebendigen Schriften:
humoristische Geschichten, Dialogszenen zwischen Berliner Gestalten, politische Satiren in Prosa und Versen.

arani-Verlag GmbH

Postfach 31 0829 · 1000 Berlin 31
Tel. 030/8 91 10 08

Berlinisches

von jebornen, jewordnen und anjelernten Berlinern

Ehrhardt Bödecker: **Die grüne Stadt am Beispiel Berlin**
100 vierfarbige Photographien, 25 einfarbige Abbildungen im Duplexdruck,
Großformat. Ein einmaliges, ganz und gar subjektives Buch in Bild und Text
über die grüne Stadt Berlin

Jonny Liesegang: **Det fiel mir uff!**
Schnafte Geschichten und dufte Bilder

Jonny Liesegang: **Det fiel mir ooch noch uff!**
Noch einmal: Schnafte Geschichten und dufte Bilder

Jonny Liesegang: **Da liegt Musike drin!**
Neue Geschichten und Bilder

Jonny Liesegang: **Det fiel mir trotzdem uff!**
Neue Geschichten und Bilder

Adolf Glaßbrenner: **Altes gemütliches Berlin**
Illustriert von Marga Karlson
Eine Auswahl an Vergnüglichem

Adolf Glaßbrenner: **Wie war Berlin vergnügt**
Illustriert von Marga Karlson
Noch eine Auswahl an Vergnüglichem

Hanz Kossatz: **Na bitte! – Auf die Schippe genommen**
Berliner Witz in Karikaturen

Doktor Karl Matzdorff: **Berlin-Wedding mit viel Herz**
Heiteres aus dem Tagebuch eines Weddinger Kassenarztes

Doktor Karl Matzdorff: **Berlin-Wedding nicht kleinzukriegen**
Noch mehr Anekdoten vom Berliner Wedding

Pem: **Heimweh nach dem Kurfürstendamm –**
Aus Berlins glanzvollsten Tagen und Nächten

arani-Verlag GmbH

Postfach 31 08 29 · 1000 Berlin 31
Tel. 030/8 91 10 08

Berlinisches

von jebornen, jewordnen und anjelernten Berlinern

Luise Lemke: **Lieber'n bißken mehr, aber dafür wat Jutet**
Berliner Sprüche, uffjeschnappt und hinjeschrieben von
Luise Lemke. Illustriert von Frauke Trojahn

Luise Lemke: **Laß dir nich verblüffen!**
Berliner Witze, jesammelt und jesiebt von Luise Lemke.
Illustriert von Frauke Trojahn

Luise Lemke: **Berlin, den Datum weiß ich nicht . . .**
Aus meinem berlinischen Poesiealbum. Illustriert von Frauke Trojahn

Wilhelm Franke: **So red't der Berliner**
Mit vielen Zeichnungen
Ein lustiger Sprachführer des Berlinischen

Robert Gilbert: **Meckern ist wichtig, nett sein kann jeder**
Der erste Band seiner schönsten Gedichte
Treffsicher illustriert von Frauke Trojahn

Erhard Ingwersen: **Imma uff Draht**
Köpfe und Käuze an der Spree
Mit 32 Fotos

Ilse Kleberger: **Berlin unterm Hörrohr**
Mit Zeichnungen von Hans Kossatz
Eine Berliner Ärztin hat ihren Patienten „aufs Maul geschaut"

Ilse Kleberger: **Damals mit Kulicke**
Mit Zeichnungen von Hans Kossatz
Vom Luftschutzkeller bis zum schwarzen Markt

Franz Lederer: **Ick lach' ma'n Ast**
Sprache, Wesen und Humor des Berliners
Neu herausgegeben von Heino Lederer

Rolf Opprower, Peter Cürlis: **Im Spitznamen des Volkes**
Berliner Bauten mit Spreewasser getauft
Mit 96 Fotos

arani-Verlag GmbH

Postfach 31 0829 · 1000 Berlin 31
Tel. 030/8 91 10 08

DIE ENTWICKLUNG DES SCHLOSSES
BIS ZU SEINEM LETZTEN ZUSTAND

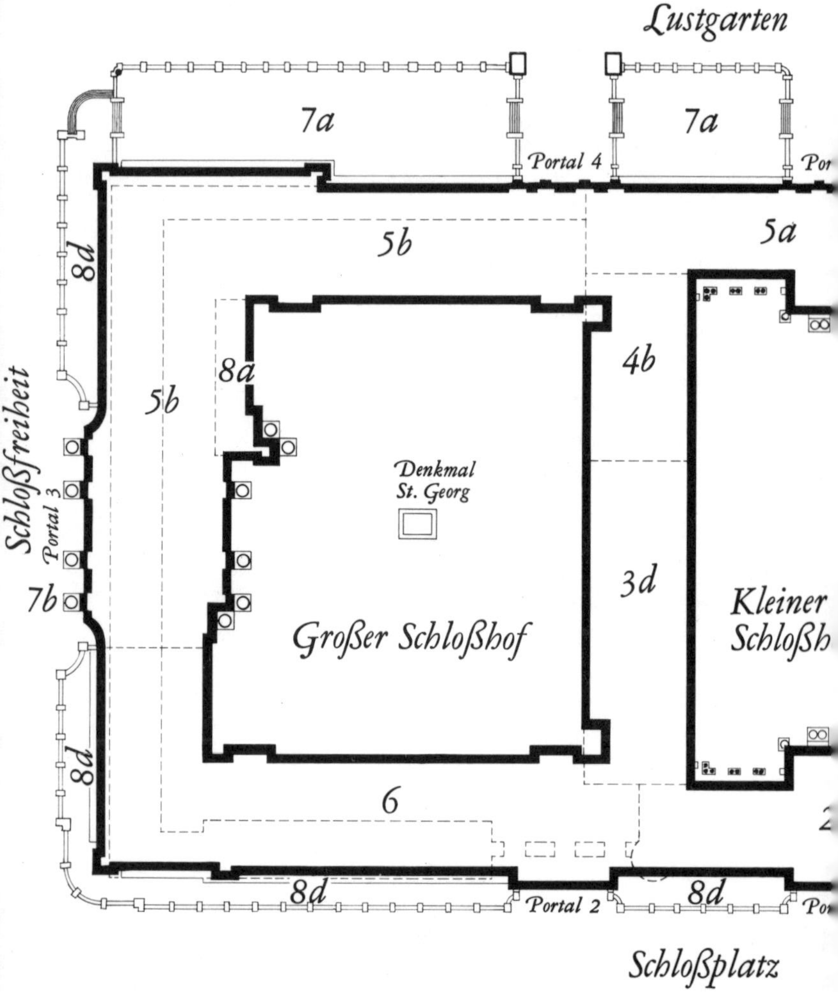

Lustgarten

7a

7a

Portal 4

Por

5b

5a

8d

8a

4b

5b

Schloßfreibeit

Denkmal
St. Georg

3d

Portal 3

Kleiner
Schloßh

7b

Großer Schloßhof

8d

6

8d

Portal 2

8d

Por

2

Schloßplatz

Erläuterungen

Gesamtumriß des Schlosses
die das Schloß umgebenden Terrassenbauten
die Umrisse einzelner Teile im Schloßbaukörper

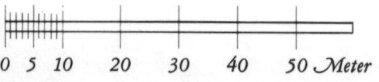

0   5 10   20   30   40   50 Meter